UNIVERSITÉS

DROIT

Introduction au droit

4e édition entièrement refondue
et mise à jour

Jérôme Bonnard
Professeur à l'université de Paris VIII – Saint-Denis

ellipses

96

Dans la collection Universités – Droit

- *Droit fiscal général*, Ph. Augé
- *Histoire des institutions publiques (1789-1870)*, A. Babot et A. Boucaud-Maître
- *Droit de la sécurité sociale*, M. Badel
- *Droit du contentieux communautaire*, J.-N. Billard
- *Introduction au droit*, 4e éd., J. Bonnard
- *Droit européen. Institutions, ordre juridique, contentieux*, C. Boutayeb
- *Introduction historique au droit*, 2e éd., J.-F. Brégi
- *Droit romain : les obligations*, J.-F. Brégi
- *Droit romain : les biens et la propriété*, J.-F. Brégi
- *Le recours pour excès de pouvoir*, J.-F. Brisson
- *Droit des biens*, M. Bruschi
- *Les régimes matrimoniaux*, J. Casey
- *Droit public économique*, M. Cliquennois
- *Droit du crédit*, C. D'Hoir-Lauprêtre
- *Droits fondamentaux et libertés publiques*, J. Fialaire et É. Mondielli
- *Droit des entreprises en difficulté*, J.-J. Fraimout
- *Droit des sociétés*, 3e éd., D. Gibirila
- *Droit de l'environnement*, 2e éd., Ph. Ch.-A. Guillot
- *Droit de l'urbanisme*, 2e éd., Ph. Ch.-A. Guillot avec la coll. de H.-M. Darnanville
- *Droit international de l'économie*, 2e éd., Z. Haquani et Ph. Saunier
- *Droit international privé*, D. Kitic
- *Droit du travail*, D. Langé
- *Droit des obligations*, 2e éd., Ch. Lapoyade Deschamps, L. Bloch, S. Moracchini-Zeidenberg
- *Droit du contentieux administratif*, H. Le Berre
- *Histoire des idées politiques (des origines au xxe siècle)*, A. Leca
- *Droit européen du marché*, N. Ligneul et O. Tambou
- *Théorie(s) du droit*, X. Magnon
- *Droit de la famille*, P. Nicoleau
- *Droit commercial*, L. Paulet
- *Droit institutionnel de l'Union européenne*, C. Picheral
- *Droit administratif des biens*, J.-F. Poli
- *Droit des libéralités*, H. Roland avec la coll. de M.-F. Callu
- *Institutions juridictionnelles*, 10e éd., J.-P. Scarano
- *Introduction au droit international public*, M. Sinkondo
- *Droit international public*, M. Sinkondo
- *Droit pénal général*, 3e éd., M.-Ch. Sordino
- *Droit judiciaire privé*, Olivier Staes
- *Les voies d'exécution*, R. Tendler
- *Droit des services publics*, J.-P. Valette

Du même auteur

- *Droit des assurances*, LexisNexis Litec, 3e éd., 2009.
- *Droit des sociétés*, Hachette Supérieur, coll. « Les Fondamentaux », 7e éd., 2010/2011.
- *Droit des entreprises en difficulté*, Hachette Supérieur, coll. « Les Fondamentaux », 4e éd., 2009.
- *Méthodes de travail de l'étudiant en droit*, Hachette Supérieur, coll. « Les Fondamentaux », 4e éd., 2008.
- *La transmission de la petite et moyenne entreprise : aspects juridiques et fiscaux*, Hachette Supérieur, coll. « Hu Droit », 2004.

ISBN 978-2-7298-5448-5

32, rue Bargue 75740 Paris cedex 15

www.editions-ellipses.fr

PLAN GÉNÉRAL

Cet ouvrage bénéficie d'une actualisation régulière sur le blog :

http://nos-facs-de-droit.over-blog.com/

Catégorie : Introduction au droit, 4e éd., mises à jour

Introduction

Universalité juridique. Il est traditionnel d'envisager une introduction au droit comme une initiation au droit en général, et au droit civil en particulier. Aussi les notions présentées dans ce manuel sont-elles empruntées à diverses branches de droit, comme le droit civil, le droit constitutionnel, le droit administratif, le droit commercial, ou le droit judiciaire privé.

Objectif pédagogique. Cette introduction au droit a été rédigée pour répondre aux besoins de deux catégories d'étudiants. D'une part, ceux de première année de Licence de Droit, qui seront conduits à approfondir ultérieurement les branches de droit qui y sont présentées. D'autre part, les étudiants d'autres diplômes, qui peuvent être tenus de suivre un enseignement introductif au droit. Cet enseignement constitue souvent le seul contact qu'ils auront avec la science juridique. Pour cette raison, l'introduction au droit ne peut se limiter à la simple initiation au vocabulaire, aux concepts et aux institutions juridiques. Il est indispensable de développer certaines questions fondamentales. Dans cette optique, nous avons profité de la présentation des classifications des droits subjectifs, en fonction de leurs sources, de leurs titulaires, et de leur valeur économique, pour exposer les notions essentielles du droit des contrats et des obligations, du droit des personnes, et du droit des biens (voir IIIe Partie, Titre I). Nous avons également profité de la présentation de la jurisprudence pour illustrer l'interprétation judiciaire du droit au moyen des principes de la responsabilité civile (voir IIe Partie, Titre II).

Droit prospectif. Plusieurs réformes sont à l'ordre du jour : lois de bioéthique, statut du beau-parent, droit des contrats, responsabilité civile, droit des biens, entreprise individuelle à responsabilité limitée, acte privé contresigné par un avocat, suppression des juges d'instruction, des juges de proximité, et des avoués, etc. Pour anticiper de futurs changements, nous avons présenté, dans des paragraphes autonomes, en taille réduite, les grandes lignes de ces projets de lois.

Références bibliographiques. La diversité de ces matières a conduit à éliminer toutes références bibliographiques complètes. Le lecteur étant peu averti, une bibliographie exhaustive l'aiderait modérément. Aussi n'a-t-il été mentionné qu'une bibliographie des principaux ouvrages d'introduction au droit (voir *infra* p. 335). Le lecteur intéressé trouvera les études consacrées aux questions de droit civil traitées dans cet ouvrage sous les rubriques « Bibliographie » et « Résumé de jurisprudence », qui suivent les articles du Code civil des éditions Dalloz ou Litec. Quant aux décisions de justice citées, une seule référence est mentionnée. Pour les arrêts de la Cour de cassation, il s'agit de leur publication au *Bulletin des arrêts de la Cour de cassation* (*Bull.*), et, à défaut, de leur numéro de pourvoi. Dans les deux cas, ces arrêts sont accessibles en ligne (www.legifrance.gouv.fr). Il en est de même des arrêts du Conseil constitutionnel et du Conseil d'État. Les arrêts de la Cour européenne des droits de l'homme sont accessibles sur le site de cette juridiction (www.echr.coe.int/echr/fr/hudoc).

Plan. Cette introduction au droit sera divisée en trois parties. La première donnera une vision générale du droit. La deuxième présentera les sources actuelles de la règle de droit. La troisième précisera les règles essentielles qui gouvernent les droits subjectifs.

Première partie

LES DONNÉES PRIMORDIALES DU DROIT

Plan. Cette approche générale du droit a un double objet. D'abord, il s'agit de découvrir le concept de règle de droit, parfois appelée *norme juridique* (Titre I). Ensuite, il convient de présenter les grandes étapes de l'histoire du droit civil, de la Gaule ancienne jusqu'à nos jours (Titre II).

Titre I

LA RÈGLE DE DROIT

Nous présenterons successivement les différentes définitions du droit (Chapitre I), les caractères de la règle de droit (Chapitre II), son fondement (Chapitre III), et les divisions du droit objectif (Chapitre IV).

Chapitre I

Les définitions du droit

1. L'étymologie du mot *droit* exprime l'idée de règle. En effet, ce mot a pour origine l'adjectif latin *directus*, qui signifie, au sens propre du terme, « être en ligne droite ». Seulement, ce terme était une métaphore, et son sens figuré évoquait déjà ce qui est conforme à la règle.

Malgré cette origine, le mot *droit* est défini autrement. C'est ainsi qu'on lui reconnaît deux sens principaux, à la fois antinomiques et complémentaires.

2. Droit objectif. Dans un premier sens, le mot *droit* désigne l'ensemble des règles juridiques qui régissent les hommes dans la vie en société, et dont la violation est sanctionnée par l'autorité publique (dans ce sens, le mot *Droit* est parfois orthographié avec un « D » majuscule). Certes, il aurait été plus simple d'énoncer que le droit est l'ensemble des lois. Seulement, ce raccourci est à éviter, dans la mesure où le droit est composé d'autres sources que la loi, comme la coutume, les usages, voire la jurisprudence. Pour désigner cet ensemble de règles, on emploie les termes de *droit objectif*. Le qualificatif *objectif* est maladroitement tiré du mot *objet*. Ce que l'on veut dire, c'est que le droit est défini par rapport à son objet qui consiste à élaborer des règles de vie sociale.

En principe, ces règles sont uniques pour tous les individus d'une même communauté :

- elles peuvent concerner une période. Ainsi l'Ancien Droit désigne le droit qui était applicable en France avant 1789. Le Droit intermédiaire désigne l'œuvre législative de la Révolution française. Le droit positif (du verbe *poser* = établir) désigne le droit qui est actuellement en vigueur dans un pays ;
- ces règles de droit peuvent aussi concerner une matière ou une discipline, comme le droit civil, le droit du travail, le droit pénal ou le droit des assurances ;

– ces règles peuvent concerner un pays. On parlera ainsi du droit français, du droit italien ou du droit anglais.

3. Grands systèmes de droit. Ces règles peuvent encore concerner un système juridique. Dans cette occurrence, on évoquera le *système anglo-saxon*, dont relèvent les pays anglophones (Angleterre, États-Unis, Australie, certains pays africains, etc.). C'est précisément à propos du droit anglais que l'on emploie les termes de *common law*. Cette expression désigne le droit commun à toute l'Angleterre, tel qu'il a été formulé par les juges des cours royales anglaises de Westminster, spécialement la Chambre des Lords, depuis le XIIIe siècle. Toujours est-il que le système anglo-saxon s'oppose au *système romano-germanique* en partie influencé par le droit romain, vieux de plus de vingt siècles. Ce droit romain avait été reçu en France, dans les pays latins (Italie, Espagne, Portugal, Amérique du Sud), ainsi qu'en Allemagne (depuis 1495, les juges devaient y statuer en principe selon le droit romain), et même au Japon et en Russie (sur le *système marxiste léniniste* : voir *infra* n° 23).

4. Droits subjectifs. Dans un deuxième sens, le mot *droit* désigne le pouvoir qui est reconnu à une personne déterminée sur une chose ou à l'encontre d'une autre personne (dans ce sens, le mot *droit* est souvent orthographié avec un « d » minuscule). C'est dans ce sens que l'on dit familièrement : « J'ai le droit de… » Au siècle dernier, le juriste allemand Ihering (1818-1892) évoquait « un intérêt légitime juridiquement protégé ». Plus souvent, aujourd'hui, il est fait état d'une prérogative juridique individuelle :

- *prérogative*, parce que ce terme est synonyme de « pouvoir de l'individu » ;
- *juridique*, parce que cette prérogative est garantie par l'État. En effet, le droit reconnu à une personne a pour corollaire l'obligation des autres personnes de le respecter, si besoin est, par la contrainte sociale, autrement dit par l'État qui dispose de la force publique ;
- *individuelle*, parce que cette prérogative concerne un individu en particulier. Il s'agit d'une différence essentielle avec le droit objectif qui concerne toutes les personnes d'une même communauté. Dans la mesure où dans le langage juridique une personne déterminée, titulaire de prérogatives juridiques, est appelée « sujet de droit », les mots « droits subjectifs » sont retenus.

Ces droits subjectifs sont divers. Il peut s'agir d'un droit réel, c'est-à-dire un droit qu'une personne exerce directement sur une chose, comme un droit de propriété. Il peut encore s'agir d'un droit personnel. Ces termes désignent la prérogative juridique qu'exerce une personne à l'encontre d'une autre personne. L'exemple type est celui du contrat. Ainsi une banque, dans le cadre d'un contrat de prêt, est en droit d'obtenir du client le remboursement du prêt consenti. Elle est donc titulaire d'un droit subjectif, qui répond, en l'espèce, à la définition du droit personnel.

5. Relations entre le droit objectif et les droits subjectifs. Ils se nouent des relations étroites et complexes entre ces deux concepts.

D'abord, parce que c'est le droit objectif qui garantit l'efficacité des droits subjectifs. Pour qu'une prérogative individuelle soit efficace, elle doit être garantie par l'État. Or, c'est l'État qui, en élaborant des règles générales, impose des devoirs et des obligations aux personnes vivant en société. Prenons l'exemple de l'article 1382 du Code civil, aux termes duquel : « Tout fait quelconque de l'homme, qui cause à autrui un dommage, oblige celui par la faute duquel il est arrivé, à le réparer. » Il s'agit bien d'une règle de conduite générale et impersonnelle, qui fixe les devoirs de tout un chacun en obligeant les fautifs à réparer leurs dommages.

Ensuite, parce que c'est le droit objectif qui reconnaît à une personne une prérogative juridique, autrement dit un droit subjectif. En somme, le droit subjectif trouve son origine dans l'application de la règle générale à une situation particulière. Ainsi l'article 1382 du Code civil confère-t-il à la victime le droit d'être indemnisée. Le même texte définit donc à la fois les contraintes des individus, le Droit objectif, et les prérogatives juridiques individuelles, les droits subjectifs.

6. Discussion. Aucune de nos lois écrites n'utilise les concepts de Droit objectif et de droits subjectifs. Il s'agit de catégories juridiques créées par les théoriciens du droit. Comme le scientifique, le juriste crée des catégories pour ranger les éléments qu'il observe, en fonction des caractères communs qu'ils présentent. Toute règle juridique de vie sociale sera classée dans la catégorie du Droit objectif. Toute prérogative juridique individuelle sera classée dans la catégorie des droits subjectifs. Or, si nul ne conteste l'existence et l'utilité de la catégorie du Droit objectif, il n'en est pas de même de celle des droits subjectifs. Certains auteurs ont relevé que le droit romain ignorait cette dernière catégorie. Le mot *jus*, équivalent de notre mot *droit*, ne désignait que la création juridique objective. De plus, il peut sembler insensé d'envisager une même règle à la fois sous son aspect de relations sociales et sous son aspect de prérogatives conférées à un particulier donné. Il a encore été observé que la catégorie des droits subjectifs exprime une déviation due à l'égoïsme individuel, dans la mesure où elle incite à ne retenir de la règle de droit que les droits individuels qu'elle confère, débarrassés des devoirs et obligations qu'elle engendre.

Aujourd'hui, cette discussion s'est estompée. Elle relève désormais de la philosophie du droit. Quant au juriste pragmatique, il se satisfait de disposer d'une notion qui lui permet de saisir l'aspect de prérogatives individuelles dans les relations juridiques, et de déterminer le bénéficiaire de la protection judiciaire.

Chapitre II

Les caractères de la règle de droit

La règle de droit présente trois caractères essentiels. Elle est générale et abstraite. Elle est obligatoire. Elle comporte une sanction.

8. Une règle générale et abstraite. Cela signifie que la règle de droit s'applique à un ensemble de sujets, membres d'un même groupe social. Par exemple, telle règle s'applique à tous les Français, telle autre à tous les salariés, telle autre à toutes les personnes qui sont mariées. *A contrario*, la règle de droit ne concerne pas une ou plusieurs personnes nommément désignées. En effet, la règle de droit est impersonnelle. Elle ne saurait donc se confondre avec une mesure individuelle, comme l'arrêté de nomination d'un fonctionnaire.

Prenons un exemple avec l'article 18 du Code civil selon lequel : « Est français l'enfant dont l'un des parents au moins est français. » Ce texte ne désigne personne en particulier : il gouverne tous les enfants dont l'un des parents est français.

9. Une règle obligatoire. Toute règle exprime un ordre. Le caractère obligatoire de la règle de droit s'apprécie non seulement à l'encontre des particuliers, mais encore de l'autorité publique. Il en résulte que les administrations sont tenues d'exercer leur action dans le cadre des attributions qui leur sont assignées par la loi. C'est ce que l'on appelle le principe de la légalité administrative.

10. Techniques rédactionnelles. Le caractère obligatoire de la règle de droit apparaît nettement, dès lors que la règle formule des prescriptions ou des interdictions. L'article 63 du Code civil formule une prescription, en ces termes : « Avant la célébration du mariage [...] l'officier de l'état civil [le maire] fera une publication par voie d'affiche apposée à la porte de la maison commune [la mairie]. » C'est ce que l'on appelle la publication des bans (du francisque *ban* : proclamer un ordre). L'article 346 du Code civil est un texte d'interdiction : « Nul ne peut être adopté par plusieurs personnes si ce n'est par deux époux. » D'autres fois, il arrive que la loi soit de nature permissive. Il n'en demeure pas moins que si une loi reconnaît divers droits à des individus, elle exprime, de manière indirecte, un ordre adressé à tout un chacun de respecter ces droits. Il en est ainsi, par exemple, de l'article 9 du Code civil qui proclame le principe selon lequel : « Chacun a droit au respect de sa vie privée. » *A fortiori,* ce texte est un commandement adressé à toutes les personnes de ne pas porter atteinte à la vie privée de leurs congénères.

11. Une règle sanctionnée. En principe, la règle de droit est assortie d'une sanction, au cas où elle serait transgressée. La sanction permet d'en garantir le respect. La sanction n'est pas mise en œuvre par les particuliers eux-mêmes. En effet, contrairement aux sociétés primitives, la justice privée est interdite. De nos jours, seule l'autorité publique a le pouvoir d'imposer le respect de la règle de droit. C'est ainsi que le propriétaire d'un appartement occupé par un squatter ne peut se faire justice lui-même en mettant de force l'occupant dehors.

12. Typologie des sanctions. Les sanctions sont diverses.

En droit pénal, il s'agit généralement d'une peine pécuniaire, l'amende, et d'une peine privative de liberté, l'emprisonnement. Cependant, la peine peut être moins répressive, comme un travail d'intérêt général.

En droit civil, qui n'est pas un droit répressif, les sanctions sont d'un autre ordre. Très souvent, il s'agit de l'annulation de l'acte irrégulier. Par exemple, l'article 1111 du Code civil permet d'annuler un contrat qui a été conclu sous la menace de coups. Une autre sanction type du droit civil consiste en la réparation ou la compensation du dommage de la victime au moyen d'une somme d'argent, appelée « dommages et intérêts ». Tel est le principe posé par l'article 1142 du Code civil : « *Toute obligation de faire* [...] *se résout en dommages et intérêts, en cas d'inexécution de la part du débiteur.* » Concrètement, lorsqu'une prestation prévue dans un contrat n'est pas exécutée, ou est mal exécutée, la partie au contrat, victime de cette situation [le créancier], réclamera des dommages et intérêts à son cocontractant [le débiteur].

Le droit civil connaît des sanctions plus contraignantes. En effet, dans certaines circonstances, il peut être fait appel à la force publique. C'est ainsi que le squatter peut être expulsé *manu militari* de l'appartement qu'il occupe sans droit ni titre à la suite d'une décision de justice (L. n° 91-650 du 9 juill. 1991 portant réforme des procédures civiles d'exécution, art. 61 et s.).

13. Exceptions au caractère coercitif de la règle de droit. Parfois, la règle de droit ne comporte pas de sanctions.

Par exemple, une loi du 9 juin 1999 demande aux établissements scolaires de ne pas acquérir de fournitures fabriquées grâce à de la main-d'œuvre enfantine. Cette loi ne prévoit aucune sanction au cas où les établissements passeraient outre. Pour les uns, il s'agit d'une loi symbolique et incitatrice ; pour les autres, cette loi, qui n'a aucune portée, est hypocrite ou naïve. Toujours est-il que ces règles juridiques non sanctionnées rendent difficile leur distinction avec les règles morales et les obligations naturelles.

§ 1. Les règles morales

14. Dès lors qu'une règle de droit n'est pas sanctionnée, elle se rapproche des simples règles morales ou de bienséance. En effet, dans toutes les sociétés, il existe des impératifs moraux, religieux, sociaux ou politiques.

Certains ont été repris dans nos textes de lois. Par exemple, l'incrimination de l'homicide exprime le cinquième des dix Commandements de Dieu, appelés « Décalogue », transmis à Moïse sur le Sinaï : « Tu ne tueras pas. » Cependant, l'inspiration n'est pas directe, car ces commandements ne font que reprendre des principes fondamentaux immuables et universels de droit naturel, comme « vivre honnêtement » ou « ne pas nuire à autrui ».

D'autres règles morales ou religieuses restent étrangères à notre droit positif : par exemple, la bonté, la charité, la courtoisie, la ponctualité, la politesse ou le désintérêt.

§ 2. Les obligations naturelles

15. Les règles juridiques non sanctionnées peuvent encore être rapprochées des obligations naturelles qui sont créées par les tribunaux en dehors de tous textes de lois. Ces obligations naturelles présentent le caractère obligatoire des règles de droit. Cependant, contrairement à ces dernières, elles ne comportent pas de sanctions. Il en résulte que le créancier d'une telle obligation ne dispose d'aucune action en justice pour en obtenir l'exécution.

16. Un exemple est donné avec l'extinction d'une obligation par prescription, c'est-à-dire à la suite d'un certain temps. Si un créancier n'agit pas pendant une durée déterminée par la loi (en principe cinq ans) pour obtenir le paiement d'une dette, le débiteur est libéré de son obligation juridique ou civile (Req., 17 janv. 1938, *DP* 1940.1.57). Cependant, les tribunaux décident que cette obligation de paiement devient une obligation naturelle ; la conscience exigeant que le débiteur rembourse sa dette même si elle est éteinte par prescription. En conséquence, si le débiteur paye volontairement sa dette après le délai de prescription, il ne peut exercer ultérieurement une action en répétition de l'indu (C. civ., art. 1235, al. 2). Plus simplement dit, il ne peut réclamer la restitution de la somme qu'il a versée, alors même qu'elle n'était plus due.

Chapitre III

Le fondement de la règle de droit

17. Le caractère obligatoire de la règle de droit invite à s'interroger sur les raisons pour lesquelles les personnes obéissent au droit. Il s'agit de la réflexion d'ordre philosophique du fondement du droit, qui porte essentiellement sur la question des rapports qu'entretiennent le droit et l'équité. Le produit de cette réflexion permet de porter un avis sur l'attitude de celui qui refuse d'appliquer une loi qu'il estime être injuste.

Il est évident que pour entreprendre cette réflexion, il faut écarter l'idée commune selon laquelle le droit se confondrait avec l'idée de justice. En somme, il faut admettre l'existence de lois injustes. Est-il juste de sanctionner uniformément celui qui vole une somme dérisoire et celui qui vole une somme considérable ? Est-il juste qu'une personne de 17 ans ne puisse voter ? Chacun peut avoir sa propre opinion sur de tels sujets.

Plan. Nous présenterons, d'abord, les deux grands courants de pensée qui se sont affrontés tout au long de notre histoire. D'une part, le courant idéaliste qui s'accommode de la rébellion à l'encontre d'un droit injuste (Section I). D'autre part, le courant positiviste qui, n'ayant que faire de la quête d'un certain idéal, commande l'obéissance à la loi telle qu'elle est (Section II). Enfin, nous déterminerons l'attitude que doit suivre le juge lorsqu'il applique une loi supposée injuste (Section III).

Section I

Le courant idéaliste

18. Droit naturel. Ce courant regroupe une infinité d'écoles. Leur point commun est qu'il existerait, au-dessus du droit positif, un droit naturel, constitué de lois et de principes immuables et universels. Bien entendu, ce droit naturel exprimerait l'idéal parfait de justice. Pour les maîtres de ces écoles, le droit positif doit tendre vers ce juste idéal. S'il est imprégné de cet idéal universel, il mérite obéissance. Dans le cas contraire, il peut ne pas être obéi.

La thèse est séduisante. Malheureusement, elle pêche par la difficulté de définir avec précision le contenu de ce droit naturel. Cependant, certains ont proposé des solutions pour le découvrir.

Observation de la nature. Aristote, un philosophe grec du IVe s. av. J.-C., affirme que le droit naturel peut être découvert par l'observation de la nature. Il considère que l'univers repose sur un ordre et un équilibre idéal où se réalise l'harmonie de tout et de ses parties. Parmi ces règles, inscrites dans la nature des choses, figurent l'idéal de justice, la vérité, le bien et l'amitié. Aristote énonce alors que la loi juste est celle qui se conforme à cet ordre universel.

Par exemple, pour justifier la propriété privée, Aristote montre qu'elle constitue un facteur de paix sociale et qu'elle permet la constitution du lien social qui repose sur un principe supérieur de l'ordre de l'univers : l'amitié. En effet, celui qui est propriétaire peut donner ses biens pour aider ceux qui sont démunis, et ainsi participer à la paix sociale.

Révélation. Au Moyen Âge, la doctrine d'Aristote a été assimilée et, en quelque sorte, christianisée par saint Thomas d'Aquin (1225-1274). Pour ce grand théologien catholique, l'idéal vers lequel doit tendre le droit positif est inscrit dans la loi de Dieu (*lex aeterna*). Cette loi divine, nécessairement parfaite et juste, peut être découverte de deux manières. Soit par l'observation de la nature, puisque la nature a été créée par Dieu. Soit par la Révélation, c'est-à-dire par l'étude des écritures saintes.

Il en est ainsi du Décalogue, qui énumère les dix Commandements de Dieu. Par exemple, il est dit : « Tu honoreras tes père et mère. » Et, encore : « Tu ne tueras point. » On peut observer que notre droit positif n'est pas étranger à ces prescriptions, qui, il est vrai, se retrouvent pareillement dans d'autres religions ou en dehors de toute croyance religieuse. Par exemple, l'article 371 du Code civil dispose : « L'enfant, à tout âge, doit honneur et respect à ses père et mère. » Ou encore nos lois pénales incriminent l'homicide.

19. Rationalisme. À partir du XVIIe siècle, ce courant idéaliste s'est laïcisé, sous l'influence de l'école du droit de la nature et des gens. Ses auteurs les plus importants sont le Néerlandais Hugo de Groot, dit Grotius (1583-1645), l'Allemand Pufendorf (1622-1694), et le Français Domat (1625-1696). Ils sont tous inspirés du système philosophique de Descartes. C'est pourquoi ils considèrent que l'idéal repose sur la raison. Aussi le droit naturel doit-il être cherché dans la seule nature humaine. Autrement dit, les règles du droit naturel doivent être déduites rationnellement de l'examen de la conscience de l'homme.

> **Démonstration.** L'homme est égoïste. Pour parvenir à ses fins, il a besoin de ses semblables. C'est la raison pour laquelle il vit en société. Puisqu'il est sociable, il doit respecter les engagements qu'il contracte.
>
> C'est sur ce principe idéal, qui dérive exclusivement de l'homme, de sa liberté et de sa volonté, que repose le célèbre article 1134 de notre Code civil : « *Les conventions légalement formées tiennent lieu de loi à ceux qui les ont faites.* » Ce texte signifie que les personnes qui ont conclu un contrat sont obligées de l'exécuter. Leur volonté individuelle est tellement forte qu'elle suffit pour les obliger. En conclusion, le principe de l'article 1384 du Code civil doit être observé, puisqu'il exprime un principe universel fondé sur la raison.

Section II
Le courant positiviste

20. *Dura lex, sed lex.* Le courant positiviste ou matérialiste s'exprime surtout depuis le XIXe siècle. Pour ses auteurs, il faut rejeter toute idée d'un droit naturel transcendant vers lequel devrait tendre le droit positif. En somme, le droit n'est rien d'autre que le droit actuellement en vigueur dans un pays donné (le droit posé ou établi). Dès lors, il n'est plus nécessaire de justifier son caractère obligatoire par référence à une quelconque justice idéale. Toutefois, ces auteurs se divisent quant aux sources du droit positif. Pour les uns, le droit positif est le produit de l'arbitraire étatique. Pour les autres, il est un phénomène social.

Positivisme étatique. Les principaux auteurs de l'école positiviste étatique sont le philosophe allemand Hegel (1770-1831), le juriste allemand Ihering (1818-1892), et le philosophe autrichien Kelsen (1881-1973). Ils identifient le droit à l'État. En effet, ils ne reconnaissent comme seul droit que droit qui est établi et sanctionné par l'État. Or, comme l'État dispose de la force, il impose le respect du droit. D'où la formule selon laquelle le droit ne s'impose que parce qu'il est l'expression de la volonté de l'État. Dans cette opinion, il n'y a plus de place pour accueillir l'idée de justice ou de règle idéale.

21. Normativisme de Kelsen. Le culte prussien de l'État et de la loi qu'il ordonne s'exprime parfaitement dans le normativisme de Hans Kelsen, souvent présenté comme ayant été le plus grand juriste du XXe siècle. Cet auteur a élaboré une « théorie pure du droit », c'est-à-dire dégagée de toute référence philosophique, sociologique ou morale. En somme, le droit est entièrement refermé sur lui-même. Pour Kelsen, la norme juridique doit être étudiée exclusivement sous l'angle de la forme. C'est ainsi qu'il ordonne les normes juridiques dans un vaste ensemble pyramidal cohérent et hiérarchisé.

Au sommet, il place la fameuse norme fondamentale de l'État (sans doute s'agit-il de la Constitution). Au-dessous, figure la loi, qui est à la fois engendrée par la norme supérieure et dépendante de celle-ci. Puis, viennent les décrets et les arrêtés, puisqu'ils sont pris en application de la loi. Ensuite, se positionnent les jugements, dans la mesure où ils appliquent la loi, les décrets et les arrêtés, etc.

Kelsen énonce alors le principe selon lequel la validité de chaque norme résulte, non pas de son contenu, mais de sa régularité formelle. Autrement dit, la validité de la norme dépend de sa conformité, dans l'ordonnancement juridique, à la norme supérieure qui l'a engendrée. Et, dans la mesure où cet ordonnancement provient de l'État, la norme fondamentale, le droit positif est identifié à l'État.

22. Positivisme sociologique. Ce courant doit beaucoup à l'Allemand Savigny (1779-1861), ainsi qu'aux Français Auguste Comte (1789-1853), Durkheim (1858-1917), et Léon Duguit (1859-1928). Ces auteurs se rejoignent pour soutenir que le droit se confond exclusivement avec le droit positif. Seulement, ils rejettent l'idée selon laquelle ce droit positif, étranger au droit naturel, émanerait d'une volonté plus ou moins arbitraire de l'État. Pour eux, le droit est un phénomène social qui doit être envisagé comme tel. Aussi la règle de droit doit-elle être recherchée dans les mœurs, les coutumes, les usages, autrement dit dans le milieu social. La règle de droit est donc un produit spontané de l'évolution des peuples. Et, c'est précisément parce que la règle de droit repose sur le peuple qui l'a sécrétée, la conscience des masses, qu'elle doit être obéie.

Durkheim donne l'exemple du vol. Le vol est un phénomène social, qui agresse le groupe social. Ce groupe va réagir pour préserver sa cohésion, son bien-être, en élaborant des règles de droit. Telle règle érige le vol en délit. Telle autre reconnaît le droit de propriété individuelle. La société a donc généré les règles qui étaient les meilleures pour elle, sous la pression et en fonction de ses besoins.

23. Marxisme et critique du droit. Le marxisme-léninisme s'inscrit dans cette pensée positiviste sociologique. Il s'appuie sur l'observation des faits sociaux, et il en décrit l'évolution, avec pour particularité le schéma de la lutte des classes. C'est ainsi qu'il présente le droit positif comme étant l'expression des intérêts économiques de la bourgeoisie, c'est-à-dire un instrument de contrainte de la bourgeoisie contre le prolétariat. En tant que tel, le droit, pour Karl Marx (1818-1883) et Friedrich Engels (1820-1895), est méprisable. Toutefois, lorsque le prolétariat sortira vainqueur de la lutte des classes, le droit deviendra respectable. En effet, il sera au service d'une fin supérieure : l'édification du communisme. Il permettra donc de distribuer les revenus entre tous, et de fortifier le régime socialiste face aux régimes capitalistes. Bien entendu, dans cette opinion, si le communisme succède à la phase transitoire du socialisme, le droit, n'ayant plus de raison d'être, disparaîtra en tant qu'instrument de contrainte.

En somme, avant la chute du communisme, qui oblige à parler de ce système juridique au passé, les professeurs de droit soviétiques devaient défendre l'idéal d'une société sans droit.

Section III
Le juge et l'équité

24. Position du problème. Au nom d'un certain idéal de justice que possède tout homme, le juge peut-il, dans l'exercice de ses fonctions, refuser d'appliquer une loi qu'il trouverait trop dure ou inéquitable ? Autrement dit, le juge doit-il adopter une attitude positiviste ou une attitude idéaliste ?

En principe, le juge doit être positiviste, et obéir aux lois en les appliquant telles qu'elles, sans état d'âme. Pourtant, certains correctifs vont le conduire à statuer en équité.

Sous-section I L'attitude positiviste du juge

25. *La loi rien que la loi.* La loi doit être appliquée en tant que positive. Elle s'impose donc au juge, de la même manière qu'elle s'impose à tous ceux qui sont tenus de s'y conformer et de l'appliquer. C'est le principe qui inspire l'article 12 du Code de procédure civile : « Le juge tranche le litige conformément aux règles de droit qui lui sont applicables. »

§ 1. Le contrôle de la Cour de cassation

26. Si jamais le juge statue en équité, en violation de la loi, sa décision pourra être annulée. À cet effet, il existe une juridiction, la Cour de cassation, dont le rôle est précisément de sanctionner les violations ou les mauvaises interprétations de la loi par les juges. Comme l'énonce l'article 604 du Code de procédure civile, « le pourvoi en cassation tend à faire censurer par la Cour de cassation la non-conformité du jugement qu'il attaque aux règles de droit ». Si la

Cour de cassation estime que le juge a mal appliqué la loi, elle cassera sa décision, et renverra l'affaire à un autre tribunal afin qu'elle y soit rejugée.

§ 2. Le syllogisme judiciaire

27. Syllogisme. Cette attitude positiviste du juge est la conséquence inéluctable de sa méthode de raisonnement, qui se présente sous la forme d'un syllogisme. Le syllogisme, qu'Aristote a été le premier à formaliser, n'est pas propre au droit. Il s'agit d'une méthode de raisonnement logique qui s'articule autour de trois propositions ou prémices, dont la troisième est la conséquence des deux autres.

- La première proposition est appelée « la majeure ». Il s'agit d'une sorte de principe universel constitué de deux éléments. D'une part, le présupposé ou hypothèse. D'autre part, l'effet ou la conséquence. Prenons un exemple légendaire avec le principe selon lequel : « *Tous les hommes sont mortels.* » Cette majeure comporte une hypothèse : être un homme. Elle comporte aussi une conséquence : être mortel.
- La deuxième proposition est appelée « la mineure ». Il s'agit d'une situation concrète, un cas d'espèce, une histoire. Par exemple, la circonstance selon laquelle les Grecs sont des hommes.
- La troisième proposition est appelée « la conclusion ». Celle-ci est logiquement déduite de la majeure par l'intermédiaire de la mineure. Reprenons notre exemple. Une majeure : « *Tous les hommes sont mortels.* » Une mineure : « *Les Grecs sont des hommes.* » La conclusion logique qui s'impose est que les Grecs sont mortels. On a donc confronté les éléments du cas concret aux conditions ou hypothèses exigées par la règle. Dans la mesure où il y a coïncidence entre le fait que les Grecs soient des hommes et cette hypothèse posée par la règle, on applique la conséquence prévue par la règle.

C'est le raisonnement que suit le juge lorsqu'il applique une règle de droit, qui constitue la majeure, à une situation concrète dont il est saisi, les faits de l'espèce (aussi appelés faits de la cause), qui constituent la mineure. Le juge va confronter les faits dont il est saisi aux hypothèses envisagées par la règle de droit. Si ces faits remplissent les conditions nécessaires à l'application de la règle de droit, autrement dit s'il y a coïncidence, il en empruntera les effets juridiques. Sa conclusion n'est rien d'autre que la déduction logique des conséquences qui résultent de l'application de la règle de droit aux faits de l'espèce.

Application. Rémy a cassé les vitres de la maison de Jean en y jetant des pierres. Jean demande au juge de condamner Rémy à lui verser des dommages et intérêts, sur le fondement de l'article 1382 du Code civil (*Tout fait quelconque de l'homme, qui cause à autrui un dommage, oblige celui par la faute duquel il est arrivé, à le réparer*).

Le juge va confronter les conditions d'application du texte aux circonstances de fait. Trois conditions sont exigées par le texte : une faute, un dommage, et un lien de causalité entre la faute et le dommage. En l'espèce, les trois conditions sont réunies. La faute de Rémy est d'avoir jeté des pierres sur la maison de Jean. Le dommage tient au prix du changement des carreaux. Le lien de causalité est indiscutable, puisque ce sont les pierres jetées par Rémy qui ont cassé les carreaux. Le juge est obligé d'appliquer l'effet juridique, c'est-à-dire la sanction prévue par la règle de droit. Il va donc condamner Rémy à verser des dommages et intérêts à Jean.

Sous-section II Les jugements d'équité

28. Il arrive parfois que le juge statue en équité. Nous retiendrons trois hypothèses.

§ 1. L'équité imposée par la loi

29. La loi peut ordonner au juge de statuer en équité.

Parmi divers exemples, il convient de citer l'article 278 du Code civil. Selon ce texte, le juge doit refuser d'homologuer la convention réglant les conséquences pécuniaires du divorce par consentement mutuel, « si elle fixe inéquitablement les droits et obligations des époux ». Bien entendu, dans la mesure où l'équité est imposée au juge par la loi, le juge en statuant en équité ne fait qu'observer la loi. En somme, son attitude demeure positiviste. Un autre exemple est donné par l'article 6-1 de la Conv. EDH, qui proclame le droit de toute personne à ce que sa cause soit entendue « équitablement ».

Il en est encore ainsi lorsque, en l'absence d'une loi applicable à l'espèce, le juge va, en quelque sorte, créer une règle pour fonder sa décision. D'ailleurs, nous verrons que l'article 4 du Code civil oblige le juge à statuer si la loi n'existe pas ou si elle est obscure ou incomplète. Le juge peut donc profiter de cette liberté pour exprimer l'idéal de justice qui l'anime. Seulement, ici encore, son attitude est positiviste. Il agit de la sorte parce que la loi le lui ordonne.

30. Enrichissement sans cause. L'illustration la plus remarquable en est donnée par la Cour de cassation avec la question de l'*enrichissement sans cause*. En effet, il peut arriver, à la suite d'une opération, que le patrimoine d'une personne s'appauvrisse au profit du patrimoine d'une autre personne, sans cause, c'est-à-dire sans aucune justification. Imaginons un commerçant qui vend des engrais à un locataire fermier qui ne le paye pas. Grâce aux engrais, le terrain est plus fertile, ce qui enrichit son propriétaire. Dans une telle situation, aucun texte ne permet à celui qui s'est appauvri, le marchand, de réclamer une indemnité quelconque à celui qui s'est enrichi, le propriétaire du terrain.

Pour combler cette lacune, la Cour de cassation a reconnu à celui qui s'est appauvri une action dite d'enrichissement sans cause, aussi appelée « action *de in rem verso* », contre celui qui s'est enrichi (Req., 15 juin 1882, S. 1893.1.281). Pour la Cour de cassation, il s'agit d'une action « *dérivant du principe d'équité qui défend de s'enrichir aux dépends d'autrui* ». En somme, l'équité constituerait une sorte de principe général du droit, non écrit, auquel il pourrait être fait appel pour combler une lacune du droit.

§ 2. L'équité autorisée par la loi

31. Parfois, la loi permet au juge de statuer en équité.

Ainsi, dans un passé récent, notre droit autorisait-il les juges de paix, devenus en 1958 juges d'instance (tribunal d'instance), à se prononcer en équité, du moins toutes les fois qu'ils statuaient en dernier ressort. Bien entendu, il était précisé, par une loi du 25 mai 1938, que leurs décisions ne pouvaient être attaquées devant la Cour de cassation pour violation de la loi.

Si nos tribunaux d'instance ont perdu, aujourd'hui, cette prérogative, il n'en est pas de même des juridictions arbitrales. Il s'agit de juridictions privées auxquelles peuvent recourir pour certaines matières, et d'un commun accord, les parties à un litige (voir *infra* n° 492 et s.). En somme, pour trancher leurs différends, les parties s'entendent pour les soustraire aux juridictions officielles étatiques. Dans cette hypothèse, l'article 12, alinéa 4 du Code de procédure civile leur permet de convenir que l'arbitre statue comme « amiable compositeur », c'est-à-dire qu'il se prononce en équité, sans tenir compte des dispositions de la loi, sauf si ces dernières sont d'ordre public.

§ 3. L'équité décidée par le juge

32. Enfin, de sa propre initiative, et en contradiction avec les textes, le juge va parfois faire prévaloir l'équité sur la règle de droit. Cette hypothèse est celle où le juge, sachant d'emblée la décision qu'il va adopter et qui lui est dictée par un sentiment inné de justice, va faire tout son possible pour rechercher la règle de droit la plus appropriée. En somme, il inverse sa méthode de raisonnement. Il ne part plus de la règle de droit pour aller à l'espèce. Il part de la solution qui lui semble la plus équitable, et s'efforce de remonter, plus ou moins habilement, jusqu'à une règle de droit pertinente pour habiller sa décision. Ce n'est plus tellement le droit qui commande la décision, mais plutôt la décision qui sollicite le droit. Quant à la Cour de cassation, sans être dupe, elle pourra éventuellement feindre d'approuver ce raisonnement juridique.

Illustration. Parmi divers exemples médiatiques, citons un arrêt de la cour d'appel de Paris, du 28 mai 2009, qui a relaxé l'association Droit au logement (DAL), qui venait d'être condamnée par un juge de proximité à 12 000 euros d'amende pour avoir installé 374 familles mal-logées dans des tentes, sur la base d'un article 642-2 du Code pénal sanctionnant « *l'abandon d'objets embarrassants sans nécessité sur la voie publique* ». Au contraire, les juges d'appel, après avoir énoncé que « *le simple fait de ne pas pouvoir vivre dans un logement avec une surface normale représentait une menace* (pour l'intégrité des personnes), *ont admis l'état de nécessité* », sur le fondement de l'article 122-7 du Code pénal. Aux termes de ce texte, une personne n'est pas pénalement responsable lorsque, face à un danger actuel ou imminent qui menace elle-même, autrui ou un bien, elle accomplit un acte nécessaire à la sauvegarde de la personne ou du bien.

Chapitre IV

Les divisions du droit objectif

33. Les règles de droit sont réparties dans de vastes catégories juridiques, en fonction des caractères communs qu'elles présentent. Diverses classifications sont envisageables. L'une consiste à distinguer le droit interne (Section I) et le droit international (Section II).

Section I

Le droit interne français

34. Le droit interne est le droit qui est applicable à l'intérieur d'un pays, dès lors qu'aucun élément étranger n'intervient. Par exemple, le droit espagnol, le droit marocain ou le droit anglais. Bien entendu, le droit français va ici retenir notre attention.

35. Dans le cadre de notre droit national, une division majeure permet d'opposer le droit public au droit privé. Cette division fondamentale, qui se prolonge en particulier avec la distinction des juridictions de l'ordre administratif, qui appliquent le droit public, et des juridictions de l'ordre judiciaire, qui appliquent le droit privé, ne se retrouve pas nécessairement dans d'autres pays (par exemple, l'Angleterre).

Summa divisio juris. Cette division du droit public et du droit privé remonterait à l'Empire romain. Ainsi Ulpien (170-228), écrivait-il : «*Parmi les règles du droit, il en est qui intéressent l'État : ce sont les règles du droit public. D'autres concernent les rapports entre particuliers : ce sont les règles du droit privé*» (Digest. 1.2.1.1). La distinction fut reprise dans les *Institutes* de Justinien (1, 4), et par les romanistes et les canonistes médiévaux avec des interprétations diverses (chose publique/chose privée ; utilité publique/utilité privée, etc.). Aux XVe et XVIIe siècles, elle apparaît clairement dans la doctrine. Charles du Moulin (1500-1566), en fait la *summa divisio juris*, et Jean Domat (1625-1696) publie deux ouvrages importants : *Le Droit public*, d'une part, *Les Loix civiles*, d'autre part.

Sous-section I Le droit public

36. Définition. Le droit public réunit l'ensemble des règles qui organisent les personnes publiques (État, collectivités publiques…), et régissent les rapports entre les pouvoirs publics et les particuliers (aussi appelés personnes privées).

Le droit public se subdivise lui-même en plusieurs catégories ou branches, dont les deux principales sont le droit constitutionnel et le droit administratif.

37. Droit constitutionnel. Cette branche du droit public comprend les règles fondamentales qui gouvernent l'État et les pouvoirs publics. Ces règles sont contenues dans la Constitution de la Ve République, promulguée le 4 octobre 1958.

Dans ce cadre, la matière étudie la forme de l'État (République, État unitaire, etc.), et ses trois pouvoirs. D'une part, le pouvoir exécutif, à savoir le président de la République (mode de scrutin électoral, attributions, etc.), et le Gouvernement (constitution, compétences, etc.). D'autre part, le pouvoir législatif, autrement dit le Parlement, qui est composé de l'Assemblée nationale et du Sénat (élection, attributions, relations avec l'exécutif, etc.). Enfin, le pouvoir judiciaire, essentiellement sous l'angle de l'organisation et de la compétence du Conseil constitutionnel et de la Haute Cour de justice.

38. Droit administratif. Cette autre branche du droit public s'intéresse plutôt aux structures inférieures de l'État, sous deux aspects différents. D'abord, l'organisation et le fonctionnement des administrations de l'État (ministères, préfectures, etc.) ; des administrations territoriales (région, département, commune, etc.), et des établissements et entreprises publiques. Ensuite, il envisage les rapports de ces administrations avec les particuliers, souvent qualifiés d'usagers du service public. C'est dans le cadre du droit administratif que sont présentées les règles qui régissent notamment les actes et contrats administratifs, le service public, la responsabilité administrative, la fonction publique, et les biens du domaine public. De même, sont rattachées au droit administratif, les règles qui concernent le budget et la comptabilité publique.

Quant au droit fiscal, qui réunit les règles applicables aux divers impôts et taxes des particuliers au profit de l'État et des collectivités locales, certains le rattache au droit administratif, d'autres au droit privé.

Discussions. L'existence d'un droit administratif, distinct du droit privé, soulève deux sortes de difficultés.

- D'abord, il peut paraître insensé que les rapports auxquels sont parties des personnes publiques soient régis par d'autres règles que celles qui gouvernent les particuliers. Pourquoi les règles de la responsabilité administrative, du contrat administratif ou de la fonction publique, seraient-elles différentes des règles de la responsabilité civile, du contrat civil ou du droit du travail ? À cette question, il est aisé de répondre que les règles administratives doivent prendre en compte des paramètres étrangers au droit privé, comme l'intérêt général qui commande le sacrifice des intérêts particuliers. De plus, un examen comparé des règles administratives et des règles civiles révèle de grandes similitudes.

  Par exemple, on retrouve en matière de responsabilité administrative la plupart des distinctions traditionnelles du droit de la responsabilité civile : responsabilité contractuelle et responsabilité extra-contractuelle ; responsabilité pour faute (responsabilité pour défaut d'organisation et de fonctionnement du service public en droit administratif ; responsabilité de droit commun des articles 1382 et 1383 du Code civil en droit privé), et responsabilité sans faute (responsabilité pour défaut d'entretien des ouvrages publics en droit administratif ; responsabilité du fait des choses de l'article 1384, alinéa 1er du Code civil en droit privé).

  Parfois, la règle administrative repose en partie sur des principes du droit civil, qui est plus ancien. Ainsi, le contrat administratif est-il régi à la fois par des principes essentiels du contrat civil (consentement, objet, cause, force obligatoire, effet relatif, etc.), et par des dispositions qui lui sont spécifiques (clause exorbitante du droit commun, etc.).

- Ensuite, les critères de distinction de ces catégories ne sont pas toujours précis. Il en résulte souvent des problèmes de frontières ; certaines situations hybrides ayant du mal à se reconnaître dans une catégorie donnée. Certes, de telles situations complexes retiennent l'intérêt des juristes, et elles alimentent leurs réflexions. Malheureusement, le justiciable, quant à lui, n'y voit qu'un obstacle supplémentaire pour défendre ses droits.

Application. Au cours d'un séjour dans un centre de vacances, un enfant est victime d'un accident à la suite d'une insuffisance caractérisée du nombre d'animateurs. L'enfant ou ses parents, qui sont des personnes privées, vont agir en responsabilité contre l'organisateur afin d'obtenir des dommages et intérêts. Trois cas de figure peuvent se présenter :

- l'organisateur est une personne privée, telle une association. Le litige mettant en relation deux personnes privées, la juridiction judiciaire (tribunal de grande instance : TGI), sera compétente, et elle appliquera les règles de la responsabilité civile ;

– l'organisateur est une personne publique, telle une commune. Le litige mettant en relation une personne privée et une personne publique, la juridiction administrative (tribunal administratif), sera compétente, et elle appliquera les règles de la responsabilité administrative ;
– l'organisateur est une personne hybride, comme une association constituée, subventionnée et gérée entièrement par une commune. Dans les relations avec la victime, personne privée, faut-il mettre en exergue l'association-personne privée ou, au contraire, la commune-personne publique qui se cache derrière l'association ? Dans le premier cas, le litige devrait relever du TGI et des règles de la responsabilité civile. Dans le second cas, le litige devrait relever du tribunal administratif et des règles de la responsabilité administrative.

Sous-section II Le droit privé

39. Droit commun et droits d'exception. Le droit privé réunit l'ensemble des règles de droit qui s'appliquent aux rapports des particuliers entre eux. Ces particuliers, appelés *personnes privées*, peuvent être aussi bien des personnes physiques que des personnes morales. Les personnes morales désignent des groupements privés, dotés de la personnalité juridique, comme des associations et des sociétés civiles ou commerciales.

Parmi les principales disciplines, branches ou matières qui composent le droit privé, on trouve, par exemple, le droit civil, le droit commercial, aussi appelé droit des affaires, et le droit du travail. Toutefois, le droit civil ne peut être mis sur un pied d'égalité avec les autres branches du droit privé, quand bien même celles-ci ont parfois acquis une certaine autonomie.

D'abord, le droit civil constitue la plus éminente des branches du droit privé. En effet, il repose en partie sur l'ancien droit romain, qui était déjà d'une grande perfection. Cet héritage, qu'il a enrichi au cours des âges, lui a permis d'acquérir un degré élevé de qualité technique, et une certaine stabilité, auxquels ne sauraient prétendre les autres branches du droit privé dont l'origine est plus récente.

Ensuite, le droit civil reste le *droit commun* du droit privé, en ce sens qu'il est applicable à tous ses éléments, à défaut de dispositions particulières. En revanche, les autres branches du droit privé ne constituent que des *droits d'exception*, c'est-à-dire un ensemble de dérogations au droit civil. Il en résulte que si l'un des droits d'exception ne connaît pas de règles propres pour régir les rapports qui relèvent de son domaine, il convient d'appliquer les règles du droit civil, qui ont valeur de fonds commun.

Application. Prenons l'exemple de la vente d'un fonds de commerce. Une telle vente est régie par une loi du 17 mars 1909, qui relève du droit commercial. Or cette loi ne prévoit aucune disposition en ce qui concerne la garantie des vices cachés due par le vendeur du fonds de commerce. Pourtant, le vendeur peut être tenté de cacher à l'acquéreur l'existence d'un arrêté préfectoral de fermeture frappant son commerce. Faute de textes dérogatoires au droit civil, on soumet le vendeur du fonds de commerce à la garantie des vices cachés, telle qu'elle est prévue par les articles 1641 et suivants du Code civil (Civ. 1re, 3 juill. 1996 : *Bull.* nº 290).

40. Droit civil. Étymologiquement, les mots *droit civil* s'entendent du droit propre à une cité ou à un État. En droit romain, les mots latins *jus civile* désignaient donc le droit applicable entre les citoyens résidant à Rome, appelés les *quirites*. Le *jus civile* ou droit des *quirites* s'opposait ainsi au *jus gentium* ou droit des gens. Ce dernier droit s'appliquait, soit à ceux qui n'étaient pas citoyens romains, c'est-à-dire le peuple et les étrangers soumis à l'Empire romain, soit aux citoyens romains dans leurs relations avec ces étrangers.

Au cours de notre histoire, les mots *droit civil* ont perdu ce sens. Tantôt, ils désignaient le droit romain par opposition au droit coutumier (le célèbre recueil du droit romain s'appelait *Corpus juris civilis*). Tantôt, ils désignaient le droit privé par opposition au droit public. Dans ce sens, le droit civil réunissait l'ensemble des règles appliquées entre les particuliers, quelle que soit leur qualité de citoyens.

Aujourd'hui, notre droit civil reste la branche originelle et fondamentale du droit privé, régissant les rapports des particuliers entre eux, et amputée des matières qui forment des droits d'exception.

Contenu du droit civil. Dans cette limite, le droit civil regroupe les règles du droit privé concernant notamment :

- les personnes, personnes humaines et personnes morales ; les éléments de la personnalité (nom, domicile, actes de l'état civil) ; et l'incapacité des mineurs et de certains majeurs protégés ;
- la famille (mariage, divorce, filiation, autorité parentale) ;
- les biens et leur propriété ;
- les obligations. Cette matière regroupe l'étude de la théorie du contrat en général et de la réglementation de certains contrats spéciaux, comme la vente, le mandat ou le louage. C'est aussi dans le cadre du droit des obligations que sont examinées les règles relatives à la responsabilité civile, contractuelle ou extra-contractuelle ;
- les sûretés, c'est-à-dire les garanties qui sont fournies à un créancier pour l'exécution d'une obligation, comme l'hypothèque et le cautionnement ;
- les régimes matrimoniaux, c'est-à-dire les règles d'ordre patrimonial qui régissent les biens des époux au cours du mariage et à sa dissolution, ainsi que les questions pécuniaires du mariage ;
- les successions, avec ou sans testament, et les donations entre vifs.

41. Droit commercial. Cette branche du droit privé réunit les règles relatives aux commerçants, aux sociétés commerciales, aux tribunaux de commerce, et à la concurrence. Elle réunit encore celles qui concernent les opérations de transport, de banque, de bourse, et les instruments de paiement, comme le chèque et la lettre de change. Sans être exhaustif, on peut ajouter les règles relatives aux difficultés des entreprises, généralement appelées droit des procédures collectives.

Ce droit commercial a toujours connu une certaine autonomie par rapport au droit civil. D'abord, il trouve son origine essentiellement dans les usages qui étaient suivis au Moyen Âge par les marchands, soit dans les grandes villes de foire pour le commerce terrestre, soit dans les grands ports pour le commerce maritime (le *jus mercatorum*). C'est d'ailleurs la raison pour laquelle, aujourd'hui encore, le droit maritime est rattaché au droit commercial. Ensuite, en 1807, le droit commercial a vu ses textes réunis dans un code spécifique, le Code de commerce, indépendant du Code civil de 1804. Ce Code commerce étant devenu obsolète (les lois commerciales nouvelles n'y étaient plus intégrées), il a été remplacé, en septembre 2000, par un nouveau Code de commerce qui réunit toutes les dispositions législatives régissant la matière.

Ajoutons que les termes de *droit commercial* étant relativement anciens, beaucoup d'auteurs lui substituent ceux supposés plus modernes ou dynamiques de *droit des affaires* ou *droit de l'entreprise.*

42. Droit du travail. Cette autre branche du droit privé régit les relations entre les employeurs et les salariés. Ce n'est qu'à partir du siècle dernier, avec le développement de la législation protectrice des salariés, que le droit du travail s'est progressivement émancipé du droit civil. Auparavant, il se trouvait réduit à deux modestes articles du Code civil relatifs au contrat dit de louage de services, les articles 1780 et 1781. Il va sans dire que ces articles, rédigés en 1804, étaient loin d'être progressistes et égalitaires. Ainsi l'article 1781 disposait-il : « Le maître est cru sur son affirmation, pour la quotité des gages ; pour le paiement des salaires de l'année échue ; et pour les acomptes donnés pour l'année courante. » Autrement dit, en cas de litige entre un employeur et un salarié sur le versement de salaires, on ne donnait foi qu'à la parole de l'employeur !

Fort heureusement, notre droit contemporain du travail est différent. Aujourd'hui, le nouveau Code du travail, entré en vigueur le 1er mai 2008, réunit une législation protectrice conséquente des salariés. Parallèlement, il s'est développé un véritable droit de la sécurité sociale, souvent réuni au droit du travail sous l'appellation de droit social.

43. Droits non substantiels. Les diverses branches du droit privé qui donnent la substance ou le contenu de la règle juridique ou du litige, comme le droit civil, le droit commercial ou le droit du travail, sont parfois qualifiées de droits substantiels ou matériels. Les droits substantiels se distinguent des droits qui ont pour fonction essentielle de régler leur application, sanction ou mise en œuvre. Ces autres droits sont dits droits non substantiels ou droits régulateurs, car ils sont au service des droits substantiels. Il en est ainsi de la *procédure civile,* aussi appelée droit judiciaire privé, qui définit les règles de procédure devant les juridictions de l'ordre judiciaire. Il en est de même du *droit pénal*, qui définit les incriminations et les sanctions en matière de contraventions, de délits et de crimes.

On ajoutera que la filiation de ces deux matières au droit privé a été discutée. D'un côté, le droit judiciaire privé, en ce qu'il décrit l'organisation et le fonctionnement du service public de la justice, n'est pas étranger au droit public. De l'autre, le droit pénal, qui met en relation le particulier délinquant avec l'État, organisateur de la répression des infractions au nom de la société, a une affinité marquée avec le droit public. Pourtant, cette dernière opinion est minoritaire, le droit pénal étant plus souvent rattaché au droit privé. D'abord, la victime du délinquant est presque toujours un particulier : il s'agit donc d'un différend entre deux personnes privées. Ensuite, les tribunaux répressifs, compétents pour connaître de cette matière (tribunal de police, tribunal correctionnel, cour d'assises), font partie des juridictions de l'ordre judiciaire.

44. Hyperspécialisation. On aurait une vision parcellaire du droit civil, si l'on omettait d'évoquer le phénomène contemporain de multiplication de prétendues branches nouvelles, qui accompagne parfois le mouvement contemporain de codification généralisée du droit français (voir *infra* n° 138 et s.). Sous l'impulsion d'enseignants-chercheurs et de praticiens, des spécialités nouvelles tentent de se détacher du droit civil en faisant valoir essentiellement leur objet. Il en est ainsi, par exemple, du droit des assurances, du droit de la consommation, du droit de la santé, du droit de l'informatique, ou du droit de la construction. On notera simplement que l'autonomie de ces disciplines par rapport au droit civil est souvent artificielle : faute de mécanismes juridiques originaux, elles continuent à se référer aux principes de base du droit commun, tout en se caractérisant par un amas de textes techniques sans lignes directrices clairement identifiables.

Section II

Le droit international

45. Le droit international désigne le droit applicable dès lors qu'un élément étranger intervient. Comme pour le droit interne, il convient, tout d'abord, d'opposer le droit international public au droit international privé (Sous-section I). Ensuite, nous évoquerons le droit communautaire, qui est affilié à l'une et l'autre de ces catégories (Sous-section II).

Sous-section I La division du droit international

46. Le droit international public. Autrefois appelé « Droit des Gens », du latin ***jus gentium*** (*gens, gentis*, signifiant « nation », « peuple »), le droit international public régit les relations entre États souverains. Il régit encore certaines organisations et juridictions internationales, comme l'Organisation des Nations unies (ONU), et la Cour internationale de justice de La Haye.

Ce droit repose sur des normes internationales, distinctes de celles qui sont propres à chaque pays. D'une manière générale, il s'agit de conventions diplomatiques, de traités ou de simples usages.

47. Le droit international privé. Il régit les relations entre particuliers qui tantôt sont de nationalité différente, tantôt ont des biens ou des intérêts dans plusieurs États. Un peu artificiellement, on rattache à cette matière l'étude de la nationalité, quand bien même il n'intervient pas toujours d'éléments étrangers. En outre, lorsque des États se comportent comme des personnes privées, par exemple en faisant du commerce, c'est le droit international privé qui leur est appliqué.

L'objet du droit international privé est de régler les conflits de lois et de juridictions, au moyen de méthodes ou de systèmes qu'il propose. En mettant en œuvre ces méthodes, il est possible de déterminer le droit national et la juridiction qui ont vocation à régir un litige donné. La question peut se poser, par exemple, pour un litige relatif à l'adoption d'un nouveau né brésilien, en Italie, par un couple franco-allemand, et par l'intermédiaire d'une association anglaise ! Dans cette fonction, le droit international constitue un droit non substantiel ou régulateur. Parfois encore, le droit international privé élabore lui-même des règles matérielles ou substantielles, qui donnent directement la solution (par exemple, en énonçant les cas d'attribution et d'acquisition de la nationalité française). Cette méthode dite directe se rencontre également dans certains traités internationaux.

Le droit international privé est d'autant plus complexe que chaque droit interne dispose de ses méthodes spécifiques de détermination de lois et de juridictions.

48. Accords internationaux. Pour éviter des conflits de lois et de juridictions, voire des conflits de méthodes, il existe un droit international privé plus simple, qui est issu de conventions et de traités internationaux. Le domaine de prédilection de ces accords internationaux est celui des relations d'ordre commercial. Dans ce cadre, le droit international vise à l'élaboration d'un droit qui serait, en quelque sorte, supra-national, dans la mesure où il fait abstraction des frontières.

La première technique utilisée est celle de la **convention applicable aux seules relations internationales** des États signataires. Il en résulte que les relations internes à chacun de ces États continuent à être régies par leurs propres lois nationales.

C'est le cas, par exemple, de la convention de Varsovie, du 12 octobre 1929, sur le transport aérien, plusieurs fois amendée (1933, 1955, 1966). Ses dispositions s'appliquent uniquement aux vols internationaux de personnes et de marchandises des quelque 120 pays signataires. Ainsi, en cas d'accident survenu lors d'un vol dont le point de départ et le point de destination sont situés sur le territoire de deux États signataires différents, on applique les règles de la responsabilité du transporteur aérien, telles qu'elles figurent dans la convention. En revanche, en cas d'accident survenu en France lors d'un vol intérieur ou domestique (de l'anglais *domestic* : intérieur, national), on applique les règles du droit interne français.

La deuxième technique utilisée est celle de la **convention uniforme.** Cette fois, la norme internationale est applicable aussi bien aux relations internationales des signataires qu'à leurs relations purement internes. En effet, en signant la convention, les États s'engagent à modifier leur propre droit interne sur le modèle commun de la convention. Toutefois, l'uniformisation est rarement absolue. D'abord, tous les États reconnus n'adhèrent pas systématiquement à ce genre de conventions. Ensuite, pour ménager le particularisme de chacun des États signataires, il est souvent précisé dans la convention que les signataires bénéficient d'un droit de réserve sur certains points.

Prenons, à titre d'exemple, la convention de Genève sur le chèque, du 11 mars 1931. La France, qui a ratifié cette convention, en a introduit les principes dans son droit national au moyen d'un décret-loi du 30 octobre 1935. Il en résulte que des règles identiques s'appliquent pour un chèque émis entre deux Allemands, ou entre deux Français, ou même entre un Français et un Allemand. Seulement, la réalité d'un droit uniforme du chèque est beaucoup moins idyllique : la plupart des pays anglo-saxons n'ont pas signé ou ratifié cette convention, et de nombreux pays signataires ont usé de leur droit de réserve.

Sous-section II Le droit communautaire

49. Caractère hybride. Le droit communautaire, aussi appelé droit européen ou droit de l'Union européenne, réunit l'ensemble des règles matérielles uniformes applicables aux 27 États membres de l'Union européenne. En tant qu'il régit les relations entre les États membres, il est affilié au droit international public. En tant qu'il régit les relations entre les particuliers, il est affilié au droit international privé.

Ce droit communautaire comprend deux sources normatives. La première, sous l'appellation de « droit originaire », réunit les traités qui ont institué les diverses communautés composant l'Union européenne. La seconde, sous l'appellation de « droit dérivé », réunit les normes qui sont prises dans ce cadre communautaire.

§ 1. Le droit communautaire originaire

A. Les sources

50. Traités constitutifs. Le droit communautaire originaire est d'abord composé de trois traités fondamentaux :

- le *traité de Paris*, du 18 avril 1951, qui a institué la Communauté européenne du charbon et de l'acier (CECA). Ce traité a expiré le 25 juillet 2002 ;
- le *premier traité de Rome*, signé le 25 mars 1957 et entré en vigueur le 1er janvier 1958, qui a institué la Communauté économique européenne (CEE). Cette Communauté a été rebaptisée Communauté européenne (CE) par le traité modificatif de Maastricht, entré en vigueur en 1993 ;
- le *second traité de Rome*, également signé le 25 mars 1957, qui a institué la Communauté européenne de l'énergie atomique (CEEA ou EURATOM).

51. Traités complémentaires. Le droit originaire est également composé d'actes complémentaires ou modificatifs qui ont la même valeur que les traités originaires :

- l'*acte unique européen*, signé en février 1986 et entré en vigueur le 1er juillet 1987, qui a notamment donné une base juridique au Conseil européen ;
- le *traité de Maastricht* du 7 février 1992, entré en vigueur le 1er novembre 1993. Ce traité a créé l'Union européenne (UE). Il ne s'agit pas d'une nouvelle organisation communautaire, mais d'une entité composite de structures et de membres. C'est ainsi que l'Union européenne, d'une part, juxtapose les trois Communautés initiales (CECA, CE, CEEA), et, d'autre part, réunit les membres fondateurs des communautés (Allemagne, Belgique, France, Italie, Luxembourg, Pays-Bas), les États de l'Association européenne de libre-échange (Islande, Norvège, Liechtenstein), et les membres ultérieurement admis dans les Communautés et dans l'Union européenne (1973 : Danemark, Irlande, Royaume-Uni ; 1981 : Grèce ; 1986 : Portugal, Espagne ; 1995 : Autriche, Finlande, Suède ; 2004 : Pologne, Hongrie, République Tchèque, Slovaquie… ; 2007 : Bulgarie, Roumanie) ;
- le *traité d'Amsterdam*, signé le 2 octobre 1997 et entré en vigueur le 1er mai 1999. Ce traité a réajusté diverses dispositions du traité de Maastricht dans la perspective de l'élargissement de l'Union européenne ;
- la *charte des droits fondamentaux de l'Union européenne*, signée en décembre 2000. Cette charte recense de multiples droits fondamentaux tels que la dignité humaine, les libertés fondamentales, l'égalité, la solidarité, la citoyenneté et la justice. Le traité de Lisbonne, entré en vigueur fin 2009, confère une valeur juridique contraignante aux droits fondamentaux énumérés par la charte, sous réserve de diverses restrictions pour la Pologne, le Royaume-Uni et la Tchécoslovaquie ;
- le *traité de Nice*, signé le 26 février 2001 et entré en vigueur le 1er février 2003, qui a apporté des adaptations nécessaires au fonctionnement d'une Union élargie à dix nouveaux membres.

52. Traité de Lisbonne. Un projet de traité établissant une Constitution européenne a été présenté lors du Conseil européen de Thessalonique, le 20 juin 2003. Pour surmonter la crise consécutive à la non-ratification de ce traité, un nouveau traité a été signé le 13 décembre 2007, à Lisbonne, par les 27 chefs d'États ou de gouvernement des États membres de l'Union européenne. Ce traité, après avoir été ratifié par l'ensemble des États membres, est entré en vigueur le 1er décembre 2009. Il conserve les traités existants : le traité de Maastricht sur l'Union européenne, et le traité de Rome de 1957 instituant la Communauté européenne, rebaptisé pour l'occasion « Traité sur le fonctionnement de l'Union européenne » (TFUE). En général, le traité de Lisbonne apporte des modifications mineures aux institutions européennes, dans un langage souvent abscons.

On notera, par exemple, que l'Union européenne est désormais dotée de la personnalité juridique (traité de l'UE, art. 46 A) ; et que la Charte des droits fondamentaux de l'Union européenne acquiert la même valeur juridique que les traités (traité de l'UE, art. 6 § 1). On notera encore que la Cour de justice des Communautés européennes prend le nom de Cour de justice de l'Union européenne (CJUE) ; tout en étendant ses compétences au droit de l'Union européenne à moins que les traités n'en disposent autrement (traité de l'UE, art. 19). La procédure préjudicielle de la CJUE est étendue aux actes pris par les organes et organismes de l'Union (TFUE, art. 267), ainsi qu'en matière d'« espace de liberté, de sécurité et de justice » (suppression de l'ancien Titre VI du traité de l'UE prévoyant des restrictions en ces matières). On précisera seulement que le renvoi préjudiciel est une procédure qui permet aux juges nationaux, confrontés à une question concernant le droit de l'Union européenne, de suspendre le procès le temps de sa transmission à la CJUE afin que cette dernière donne son interprétation du droit (voir *infra* n° 193).

B. L'objet

53. L'un des objectifs des divers traités communautaires est d'établir un marché commun en faisant disparaître les frontières économiques entre les États membres.

Dans cette perspective, le traité de Rome, très libéral dans son esprit, pose plusieurs principes fondamentaux comme la libre concurrence des entreprises en matière d'activités économiques ; la libre circulation des marchandises ; ainsi que la libre circulation des personnes, des services et des capitaux.

Ce dernier ensemble de libertés doit être réalisé, notamment en matière économique, grâce à la mise en œuvre progressive de la liberté d'établissement, et de la libre prestation de services.

54. Schématiquement, la **liberté d'établissement** permet aux ressortissants d'un État membre d'ouvrir un établissement dans un autre État membre, aux mêmes conditions que cet État d'accueil impose à ses propres ressortissants. En somme, il s'agit davantage d'une égalité de traitement que d'une liberté proprement dite. L'égalité est obtenue par la technique dite de l'assimilation de l'étranger au national, qui implique la suppression des mesures discriminatoires à l'égard des étrangers.

55. Quant à la **libre prestation de services**, il s'agit de la possibilité donnée à une personne établie dans un pays de l'Union européenne de pratiquer une activité dans n'importe quel autre pays de l'Union, sans avoir à y ouvrir un établissement.

§ 2. Le droit communautaire dérivé

56. Pour mettre en œuvre les divers principes et objectifs communautaires, l'article 189 du traité de Rome, devenu l'article 249 du traité de la Communauté européenne, précise que les institutions communautaires peuvent adopter des règlements, directives, décisions ou encore des recommandations ou avis (ces cinq instruments sont repris par l'article 288 du traité de Lisbonne).

57. Règlements communautaires. Le règlement a une portée générale et obligatoire dans tous ses éléments, et il est directement applicable dans tous les États membres à la date qu'il fixe. Il n'est donc pas nécessaire aux autorités de chaque pays de prendre l'initiative d'une quelconque procédure d'intégration dans leur ordre juridique interne (CJCE, 7 févr. 1973 aff. 39-72, *Commission c. Italie*). Aussi, n'importe quel justiciable peut-il se prévaloir des dispositions d'un règlement européen, alors même qu'il n'aurait fait l'objet d'aucune ratification par les autorités de son pays ou n'aurait pas été spécialement repris dans le corps d'une loi ou d'un règlement interne (CJCE, 10 nov. 1973, aff. 34/73, *Variola*).

58. Directives communautaires. En revanche, la directive n'est pas d'applicabilité directe à l'intérieur des États membres. Elle lie seulement les États membres quant au résultat à atteindre, tout en leur laissant le choix de la forme et des moyens. Il revient donc à chacun des États membres de faire le nécessaire pour transposer de manière fidèle les dispositions de la directive dans son ordre juridique interne.

En France, selon l'objet de la directive, l'intégration est réalisée par le Parlement, au moyen d'une loi, ou par le Gouvernement, au moyen d'un règlement (art. 34 de la Constitution de 1958 ; parmi la centaine de directives européennes adoptées chaque année, une quinzaine sont transposées par des lois, le reste par des actes de nature réglementaire). Éventuellement, lorsque le Parlement est surchargé, la directive peut être transposée par le Gouvernement au moyen d'ordonnances, sous réserve d'une habilitation par le Parlement (art. 38 de la Constitution de 1958).

59. À défaut d'intégration, le justiciable ne peut se prévaloir d'une directive. Toutefois, nous verrons qu'il faut prendre en compte une jurisprudence de la Cour de justice de l'Union européenne : CJUE (nouvelle dénomination de la Cour de justice des Communautés européennes : CJCE). En effet, dans le cas d'une directive non intégrée ou incorrectement intégrée dans l'ordre interne des États membres, la Cour de justice peut l'invoquer à l'encontre des autorités étatiques sous certaines conditions (voir *infra* n° 204).

60. Difficultés d'intégration des directives. La condition tenant à la transposition de la directive dans l'ordre juridique des États membres afin d'en permettre l'effectivité peut conduire à des abus. Selon un rapport du Conseil d'État de 2007 sur « L'administration française et l'Union européenne », en 2006, la France n'était qu'au 23e rang de l'Union pour l'application du droit communautaire. Plus d'une centaine de procédures d'infractions pour transposition insuffisante ou partielle, pouvant conduire à des sanctions financières, ont été exercées contre notre pays (les directives les moins transposées concernent l'environnement, la fiscalité et les douanes).

Par exemple, le Conseil des Communautés européennes a adopté, le 25 juillet 1985, une directive relative à la responsabilité du fait des produits défectueux. L'objet de cette directive était d'imposer un droit uniforme, afin de protéger les consommateurs des États membres, quelle que soit l'origine du produit défectueux leur ayant causé un dommage. Ce n'est qu'après avoir été condamnée par la CJUE, le 13 janvier 1993, que la France a fini par incorporer les dispositions de cette directive dans son droit avec une loi du 19 mai 1998, qui a introduit dans le Code civil les nouveaux articles 1386-1 à 1386-18.

À la décharge des autorités françaises, il faut reconnaître l'extrême difficulté du travail d'intégration de plusieurs centaines de directives européennes, adoptées chaque année dans une relative indifférence avec des concepts qui n'ont pas toujours un équivalent exact dans notre langue juridique. Néanmoins, après avoir été longtemps le mauvais élève de l'Union européenne, la France a entrepris un important effort pour rattraper son retard. Ainsi, au premier semestre 2007, pouvait-elle se targuer d'avoir transposé 98,8 % des directives européennes (avec un déficit de transposition de 1,2 %, la France est au 10e rang de l'Union européenne).

61. Autres actes communautaires. Le droit communautaire dérivé est composé d'autres instruments.

62. Il s'agit d'abord de la *décision*, qui est un acte de droit individuel et concret d'un organe de l'Union européenne (le Conseil ou la Commission). La décision n'a pas de portée générale, et elle n'oblige que ses seuls destinataires (État membre, entreprise ou particulier).

63. Il s'agit ensuite de la *recommandation* et de l'*avis*. Ils n'ont pas non plus de portée générale et, surtout, ils n'obligent pas leurs destinataires. En somme, il s'agit d'une simple invitation adressée à un État membre ou à une personne à suivre une ligne de conduite particulière. Tout au plus, la CJUE estime qu'une recommandation peut servir d'aide à l'interprétation du droit communautaire originaire ou dérivé.

Nos 64-69 réservés

Titre II

L'ÉVOLUTION DU DROIT CIVIL

70. Notre droit positif, actuellement en vigueur, n'a pas été élaboré au cours de cette année, de cette décennie ou du siècle dernier. Certes, cette année encore plus d'une centaine de lois nouvelles vont être discutées et votées au Parlement. Mais, la plupart des lois qui nous régissent sont beaucoup plus anciennes. Pourtant, il y en a très peu qui soient antérieures à 1804. L'une des rares lois qui remonte à cette époque est celle du 6 fructidor an II (1793 dans notre calendrier). Cette loi énonce que l'on ne peut porter de nom ou de prénom autres que ceux indiqués dans l'acte de naissance (voir *infra* n° 770).

La raison pour laquelle notre droit comprend très peu de lois antérieures à 1804, tient à ce que le Code civil, qui date de 1804, a quasiment abrogé tous les textes antérieurs à sa publication, dès lors qu'ils portaient sur des matières faisant l'objet de lois nouvelles qu'il réunissait. C'est ainsi que l'article 7 de la loi du 30 ventôse an XII (21 mars 1804), contenant la réunion des lois civiles en un seul corps de lois, sous le titre de Code civil des Français, énonçait : « À compter du jour où ces lois sont exécutoires, les lois romaines, les ordonnances, les coutumes générales ou locales, les statuts, les règlements cessent d'avoir force de loi générale ou particulière dans les matières qui sont l'objet des dites lois composant le présent code. »

Pour autant, la connaissance de l'histoire du droit civil, en particulier antérieure à 1804, est précieuse. En effet, beaucoup de règles, aujourd'hui en vigueur, s'inspirent, plus ou moins directement, de lois qui remontent à l'Antiquité romaine, au Moyen Âge ou à l'Ancien Régime.

Plan. En suivant l'ordre chronologique, nous retiendrons quatre époques : l'Ancien Droit (Chapitre I), le Droit intermédiaire ou révolutionnaire (Chapitre II), le Code civil de 1804 (Chapitre III), et les lois postérieures à 1804 (Chapitre IV).

Chapitre I

L'Ancien Droit

71. Les mots *Ancien Droit* désignent le droit qui était applicable en France avant la Révolution de 1789. D'abord, on distinguait les pays de droit écrit, d'origine romaine, et les pays de coutumes (Section I). Ensuite, s'ajoutaient à ce droit écrit et à ces lois coutumières, le droit de l'Église ou droit canonique, et le droit d'origine royale (Section II).

Section I

Droit romain écrit et coutumes

72. Plan. Il est traditionnel de présenter l'histoire du droit civil français à partir de la conquête de la Gaule par les Romains, suivie des invasions barbares. En effet, ces deux migrations sont à l'origine de la division de la France en pays de droit romain écrit (Sous-section II), et en pays de coutumes, d'origine barbare ou germanique (Sous-section III). Toutefois, la nécessité de placer des jalons historiques, nous conduit, au préalable, à mettre en scène notre ancienne Gaule indépendante (Sous-section I).

Sous-section I La Gaule indépendante

73. La Gaule conquérante. Avant la conquête romaine et les invasions barbares, la Gaule était peuplée de quelques millions d'habitants, répartis en 500 tribus environ, elles-mêmes regroupées en quelques 90 cités ou États gaulois, comme celle des Parisiens (*Parisii*, capitale Lutèce), ou des Arvernes (Auvergne). Ces peuples étaient continuellement en guerre entre eux. Mais, il leur arrivait de se regrouper et leurs armées étaient redoutées de tous.

C'est ainsi que les Gaulois, avec à leur tête Brennus, prirent Rome, et la dévastèrent, en 390 av. J.-C. Selon l'histoire ou la légende (les oies du Capitole !), lors du sac de Rome, les Gaulois détruisirent la célèbre Loi des XII Tables. Cette Loi constituait la première source écrite d'un droit romain entièrement nouveau, à côté des vieilles lois royales ou coutumes de Rome imprégnées de religion. Elle avait été rédigée vers 451-449 av. J.-C. par deux collèges de magistrats, les *Decemvir* (de *decem* : dix ; et *viri* : hommes). Elle était gravée sur douze tablettes de bronze exposées au Forum (par exemple, la onzième Table prohibait le mariage entre un plébéien et un patricien).

Plus tard, vers 280 av. J.-C., profitant de la mort d'Alexandre, les Gaulois envahirent la Grèce, où ils pillèrent Delphes. Puis, ils pénétrèrent en Asie, dans la vallée du Danube. Pourtant, ces dernières migrations gauloises étaient rarement achevées et marquèrent surtout le déclin de ce grand peuple guerrier.

74. Les lois et coutumes gauloises. Il est bien difficile de donner des renseignements précis sur le droit applicable à ces peuples gaulois, qui reste assez mal connu. Sans doute, parce que les Gaulois n'ayant su écrire leurs lois coutumières orales, il en reste peu de traces. On peut encore penser que le niveau de la civilisation gauloise était assez primitif, et similaire à celui de l'époque de la loi des XII Tables des Romains.

Les quelques détails qui nous sont parvenus ont été conservés par César dans ses commentaires *De Bello Gallico*, et Strabon dans sa *Géographie*, dont la pertinence est souvent critiquée. Selon ces auteurs antiques, le droit gaulois était, en quelque sorte, l'apanage des druides qui, d'une part, connaissaient et enseignaient le droit naturel, les constitutions et les lois particulières des États (Strab. IV.9), d'autre part, accomplissaient les fonctions de la justice, jugeant entre les particuliers et les tribus. Ils pensent que c'est intentionnellement que les druides ont préféré ne pas transcrire leurs poèmes, leurs maximes, leurs rituels ou les lois coutumières qu'ils appliquaient. Ils voulaient de la sorte éviter que leurs connaissances ne soient révélées au vulgaire (leur puissance reposait sur le besoin qu'on avait de leur science) et qu'ils ne soient incités à ne plus exercer leur mémoire (Cæsar, VI.14).

Illustrations. On peut mentionner quelques lois et coutumes gauloises, qui nous sont parvenues, de manière indirecte et fragmentaire.

Par exemple, au niveau de la famille, l'autorité du père est souveraine sur la femme et les enfants. L'enfant vit avec sa mère, à l'écart du père, jusqu'à ce qu'il soit en état de prendre les armes. Le mariage, monogamique, repose sur un contrat où la femme est traitée en égale et associée. Elle apporte une dot, et une quantité égale des biens du mari est grevée à son profit. En cas de décès, ce capital et ses revenus appartenaient au survivant des deux. On citera encore les lois gauloises qui, à l'instar de coutumes germaniques, interdisaient au père de déshériter ses enfants, et celles qui restreignaient le droit de tester aux objets mobiliers (la terre appartenant à la tribu). En fait, l'affectation du patrimoine à la famille, et le principe d'égalité dans la famille semblent résumer le droit successoral des Gaulois.

Sous-section II La Gaule romaine

75. Conquête de la Gaule par les Romains. À la grande époque de la « civilisation gauloise » a succédé le déclin. La science religieuse des druides, qui scellait le monde gaulois, et la valeur guerrière des Gaulois, qui intimidait les peuples voisins, s'est relâchée au profit de l'opulence née de l'agriculture, de l'industrie des métaux, du tissage ou du commerce. Ainsi, lorsque les Romains entreprirent de conquérir le bassin méditerranéen, César parvint-il à dompter la Gaule qui, de 50 av. J.-C. à 395 après notre ère, devint une composante essentielle de l'Empire romain. L'empereur Auguste divisa la Gaule en quatre provinces : la Gaule Narbonnaise, qui était la province principale, et les Gaules Aquitaine, Celtique et Belgique. Cette Gaule s'est romanisée très rapidement devenant, à partir du Ier siècle apr. J.-C., un simple pays gallo-romain. Les Gaulois empruntèrent alors la langue, les arts et même les lois romaines.

76. Droit romain écrit. Ces lois romaines ont surtout été appliquées dans le midi de la France, où la domination des Romains était la plus forte. Le droit romain était qualifié de Droit écrit, parce que, à la différence des anciennes coutumes, il était consigné dans des documents écrits, comme le Code Théodosien qui avait été rédigé en 438 apr. J.-C. pour réunir les Constitutions Impériales (à cette époque, le *codex* désignait un support de l'écrit composé de feuilles de papyrus, écrites sur les deux faces et reliées ensemble ; par extension le terme *codex* a été employé pour désigner des recueils de lois). Toutefois, le document le plus utilisé en Gaule pour présenter le droit romain était ce que l'on appelle communément le « bréviaire d'Alaric ». Ce document avait été publié par le roi Wisigoth Alaric II à l'usage de ses sujets soumis à la loi romaine.

77. *Corpus juris civilis.* Vers le XIIe siècle se substitua à ces deux documents écrits, une autre compilation monumentale du droit romain, qui existait depuis le VIe siècle apr. J.-C. Cette compilation, réalisée à l'initiative de l'empereur romain d'Orient Justinien, s'appelait *Corpus juris civilis*, autrement dit « recueil de droit civil ».

Elle était divisée en quatre parties. Les *Institutes*, qui servaient d'ouvrage élémentaire et didactique du droit. Le *Codex Iustiniani*, qui réunissait les constitutions impériales, rendues depuis l'empereur Hadrien en 138 apr. J.-C (le codex désignait un livre formé de feuilles reliées ensemble et attachées en cahiers). Les *Novelles*, qui réunissaient les constitutions impériales postérieures à l'an 534 apr. J.-C. Les *Pandectes* (du grec *pandectai* : qui contient tout; en latin *Digeste*), qui réunissaient les commentaires des auteurs sur le droit civil et le droit prétorien.

78. Droit prétorien. Ces mots désignaient le droit qu'entendait appliquer le prêteur, magistrat romain faisant fonction de juge, qui était, en principe, élu pour une année. Lors de sa prise de fonctions, il précisait sur un tableau, affiché au Forum, la manière dont il entendait orienter la loi et les dispositions nouvelles qu'il envisageait de prendre. On appelait ce texte, qui recensait les actions dont le prêteur entendait faire application, un édit. Toutefois, chaque prêteur ne créait pas un droit entièrement nouveau. Il se contentait de reprendre l'édit de son prédécesseur, et d'y ajouter quelques actions nouvelles qu'il créait.

Aujourd'hui encore, on aime à employer l'expression *droit prétorien* pour désigner les règles d'origine purement jurisprudentielles, c'est-à-dire le droit, en quelque sorte, créé par les tribunaux.

Sous-section III La Gaule germanique

79. Pays de coutumes. Les pays de coutumes s'opposaient géographiquement aux pays de Droit écrit du midi de la France. Ils désignaient les régions du nord de la Loire. Plus précisément, ils s'étendaient au nord d'une ligne imaginaire qui allait des environs de Genève à l'embouchure de la Charente, avec des infléchissements vers l'Auvergne et la région d'Angoulême.

Les pays de coutumes étaient ainsi nommés parce que le droit qui les régissait trouvait son origine dans des anciennes coutumes qui, contrairement au droit romain, n'avaient pas été consignées dans des écrits. Ces coutumes orales, fortement teintées d'esprit germanique, avaient été apportées en Gaule par les peuples barbares (du grec *barbaros* : étrangers), qui avaient envahi notre pays du IIe au VIe siècle apr. J.-C.

80. Invasions barbares. Les barbares qui ont fait exploser l'empire romain d'Occident, en pleine décadence, désignaient, en général, les tribus germaniques implantées sur la rive droite du Rhin et au-delà. Tels étaient les Burgondes, les Vandales, les Francs, les Goths, divisés en Ostrogoths et Wisigoths, les Suèves, les Alamans, etc. Certains de ces peuples ont envahi la Gaule, soit parce qu'ils étaient attirés par sa richesse, soit parce qu'ils fuyaient d'autres peuples venus des steppes de l'Asie Centrale, en particulier les Huns. Ces derniers, avec à leur tête Attila, pénétrèrent même en Gaule, où ils furent vaincus. Plus tard, Attila mourut en Italie, et les Huns ne firent plus parler d'eux. Seulement, les tribus barbares s'étaient installées en Gaule, et elles y sont restées : les Wisigoths dans l'ouest de la France, les Burgondes dans le Sud-Est, les Francs au nord de la Loire.

81. Coutumes orales. Ces divers peuples germains avaient emmené avec eux leurs coutumes tribales, non écrites, qui se transmettaient oralement. On en connaît quelques éléments, certaines d'entre elles ayant été rédigées par écrit dans des recueils de lois. Par exemple, le code Burgondien, appelé *Loi Gombette* ; ou encore la *Loi salique*, qui réunissait des coutumes des Francs Saliens.

82. Loi salique. La disposition la plus célèbre de la *Loi salique* est celle relative à la transmission des alleux (*De allodis*), c'est-à-dire des terres détenues en pleine propriété. En cas de succession, aucune portion de la « terre salique » ne devait passer aux femmes. Les fils succédaient donc dans l'héritage, à l'exclusion des filles. Plus tard, on assimila le royaume de France à la terre salique, de sorte que les femmes ont toujours été exclues du trône. Mais, le plus souvent, ces lois barbares ne constituaient qu'un catalogue de délits, prévoyant le tarif des compensations en argent dues par l'auteur du délit, et graduées selon le rang de l'offensé. Par exemple, la loi salique énonce que le meurtrier d'un Romain «convive du roi» doit payer 300 sous d'or à ses héritiers, et le meurtrier d'un simple colon romain seulement 45 sous.

83. Personnalité et territorialité des coutumes. Dans un premier temps, le système de la personnalité des coutumes régna dans les pays de coutumes. Avec ce système, chaque individu était régi par la coutume de sa race. Ainsi, au début de tout procès, le juge posait-il la question suivante : quelle loi te régit ? Les parties faisaient alors une *professio juris,* c'est-à-dire qu'elles déclaraient leur droit (lat. *jus, juris* : droit ; *professio* : état qu'on déclare exercer). Bien entendu, les difficultés étaient inextricables, lorsque les parties au litige étaient de race différente.

Puis, en l'espace de trois à quatre siècles, alors que les populations s'étaient fixées et mêlées, l'origine raciale s'estompa, et il devint difficile de déterminer l'origine ethnique de chacun. C'est ainsi que le système de la personnalité des coutumes fut progressivement remplacé par celui de la territorialité des coutumes. Désormais, chaque territoire avait sa propre coutume, applicable à tous ceux qui y vivaient. D'une manière générale, c'était la coutume du groupe ethnique prépondérant qui s'imposait sur le territoire.

84. *Lex fori.* Dès le IXᵉ siècle, avec l'établissement d'une société féodale et l'importance de l'Église, partout où il existait une juridiction indépendante de la justice royale, placée sous l'autorité d'un seigneur ou d'un monastère, la coutume du fief, du territoire ou de la ville constituait un corps de règles autonomes. En effet, à partir de cette époque, et surtout au XIᵉ siècle, la France était couverte d'une multitude de fiefs, qui formaient chacun un État, ayant sa vie propre, ses lois, ses coutumes, et son chef laïque ou ecclésiastique à peu près indépendant. Le juge appliquait la coutume du territoire où il siégeait. C'est ce que l'on appelle, encore aujourd'hui, en droit international privé, le système de la *lex fori* (lat. *forum* : place publique ; par extension tribunal).

85. Rédaction des coutumes. Par nature, les coutumes sont orales. Cependant, lorsque l'écriture s'est développée, il était tentant de les rédiger par écrit pour mieux les connaître.

Dans un premier temps, quelques particuliers érudits, souvent des hommes de lois, sénéchaux ou baillis, entreprirent de rédiger les coutumes locales qu'ils connaissaient. C'est ainsi qu'ont été élaborés des coutumiers, tels le «Très Ancien Coutumier de Normandie», qui remonterait à la fin du XIIᵉ siècle, et le «Grand Coutumier de Normandie», qui daterait du XIIIᵉ siècle. Les historiens du droit expriment également une grande affection pour le coutumier de «Beauvaisis», rédigé par Philippe de Beaumanoir à la fin du XIIIᵉ siècle. Seulement, ces ouvrages, rédigés par des auteurs sans aucune qualité officielle, n'avaient guère de valeur juridique.

Ce n'est que vers les XVᵉ et XVIᵉ siècles que l'autorité publique se décida à rédiger ces coutumes par écrit, non seulement pour les connaître, mais aussi pour les stabiliser. C'est l'ordonnance de Montils-lès-Tours (avril 1454), du roi Charles VII, qui prescrivit leur rédaction. Sous Charles VIII, l'ordonnance d'Amboise (15 mars 1498) établit une nouvelle procédure de rédaction. Cette œuvre considérable s'effectua essentiellement sous les règnes de Louis XII (1498-1515) et de François Iᵉʳ (1515-1547). Pour les historiens, il s'agit du plus important travail législatif de la monarchie, avant les grandes ordonnances de Louis XIV.

Il fut rédigé environ soixante-cinq coutumes générales, comme celles du Berry (1539), de Bourgogne (1459), ou de Paris (1510), et plus de trois cents petites coutumes locales. En réalité, il n'y avait pas autant de droits distincts que de coutumes. Ces coutumes reposaient sur des principes identiques d'essence germanique, et elles ne se distinguaient que sur des détails secondaires.

À titre d'exemple, en matière successorale, toutes les coutumes excluaient de la succession l'enfant naturel. Elles excluaient également de la succession le conjoint survivant en présence de la famille légitime. En l'absence d'héritiers, plusieurs d'entre elles préféraient le fisc au conjoint survivant (Normandie, art. 245 ; Maine, art. 286 ; Anjou, art. 268).

Quelques correctifs. Trois éléments restent à préciser sur les pays de coutumes :

- d'une part, la coutume de Paris, enrichie de doctrine et de jurisprudence, a toujours eu une influence particulière sur l'ensemble de ces pays. D'abord, Paris était la capitale du royaume, et son parlement, dont le ressort était très vaste (Lyon était du parlement de Paris), inspirait la jurisprudence des parlements des autres provinces (sous l'Ancien Régime, les parlements étaient des cours souveraines de justice). Ensuite, en cas de silence d'une coutume régionale sur un point de droit, on appliquait celle de Paris, appelée pour cette raison « Droit commun du Royaume » ;
- d'autre part, les coutumes en vigueur, tout en conservant leur essence germanique, s'étaient modifiées, en raison de l'évolution des événements. Elles s'étaient enrichies de notions nouvelles empruntées à la société féodale, comme la diversité des conditions des personnes et des terres : distinction des seigneurs (suzerains et vassaux), des clercs et des serfs ; distinction des alleux (terres affranchies de redevances), et des bénéfices ou fiefs héréditaires soumis aux impôts, etc. ;
- enfin, le droit romain écrit n'était pas cantonné au midi de la France. Il avait pénétré les pays de coutumes, en particulier pour combler leurs lacunes. C'est ainsi que les coutumes germaniques, assez complètes pour régir les successions, étaient pratiquement muettes sur la question des contrats. Le droit romain régissait donc les contrats dans la France entière.

Section II
Les autres sources de l'Ancien Droit

86. Plan. Dans sa diversité extrême, l'Ancien Droit possédait deux éléments d'unité : le Droit canonique ou ecclésiastique (Sous-section I), et les ordonnances royales (Sous-section II). De plus, il convient d'évoquer la jurisprudence des parlements de l'Ancien Régime (Sous-section III).

Sous-section I Le droit canonique

87. Définition. On appelle droit canonique (du grec *kanôn*, la règle, le modèle), le droit de l'Église catholique. Il existe encore de nos jours et réunit toutes les règles propres aux gens d'Église et aux questions internes d'ordre religieux. Il a ses textes, spécialement un Code de droit canonique, promulgué en 1983 par le pape Jean-Paul II. Mais, en dehors de l'Église, il n'exerce guère d'influence sur notre droit positif.

Puissance de l'Église. Jadis, au contraire, le droit canonique avait une très grande importance. Il faut se souvenir que, dès le IXe siècle, pendant que la royauté tombait et la féodalité montait, l'Église avait une puissance extraordinaire. La société médiévale s'était complètement intégrée dans la chrétienté. Aux côtés des seigneurs et des serfs, le clergé était la troisième composante de la féodalité. Le patrimoine de l'Église, constitué notamment des donations des fidèles, c'est-à-dire de tous les Français (pour être français, il fallait être chrétien), était considérable. Le Moyen Âge a même accepté la suprématie du pouvoir spirituel de l'Église sur le pouvoir temporel des seigneurs. Les évêques allaient jusqu'à déposer les rois et disposer des couronnes. Bientôt, l'Église a eu sa propre hiérarchie, indépendante des seigneurs ; les seigneurs ayant perdu leur droit à l'investiture des évêques, désormais élus par eux-mêmes et par le peuple.

88. Officialité (synonyme de tribunal). C'est dans ce contexte que les juridictions de l'Église furent progressivement affranchies de la juridiction royale. Les tribunaux ecclésiastiques, appelés *officialités* à partir du XIIIe siècle, étaient évidemment compétents en matière de foi (procès contre les hérétiques et les sorciers, etc.). Mais, ils étaient encore compétents en matière civile. En effet, pour étendre son emprise, le droit canonique prenait prétexte de ce que des matières posaient des questions de sacrement ou de conscience. Ainsi le sacrement du mariage permit-il aux officialités de connaître de tous les rapports de famille (mariage, adultère, filiation...). Le serment, qui garantissait l'exécution des testaments et des contrats, fut le prétexte de leur entrée dans la compétence du droit canonique. Et, d'une manière générale, le droit de la procédure et des preuves fut profondément modifié sur le modèle des règles suivies dans les officialités.

Au moins, le droit canonique, qui eut son apogée au XIIIe siècle, présentait-il un double avantage sur le droit coutumier. D'une part, il était plus élaboré techniquement, puisque l'église était non seulement la foi mais l'érudition. D'autre part, il s'appliquait à l'ensemble du pays.

Sous-section II Les ordonnances royales

89. Capitulaires. Les premiers rois mérovingiens et carolingiens avaient un pouvoir législatif, comme le prouvent leurs édits et capitulaires (ainsi appelés en raison de leur rédaction en *capitula*, c'est-à-dire en section d'un ouvrage, en chapitre). Si aucun capitulaire original ne nous reste de l'époque mérovingienne (511-751), en revanche, divers capitulaires subsistent de l'époque carolingienne (751-987).

Par exemple, le Capitulaire de Villis, rédigé par Charlemagne, réglait avec minutie la gestion de ses domaines agricoles. On y lit : « Il y aura dans les basses cours de nos villas non moins de 100 poules et au moins 30 oies. » Ces capitulaires cessent après Charles le Simple (898-922), pendant la féodalité, à raison de l'affaiblissement du pouvoir royal.

90. Ordonnances et édits royaux. Beaucoup plus tard, avec le déclin de la féodalité, la monarchie se reconstitua et recouvra son pouvoir législatif. Pourtant, même lorsque la monarchie devint forte, à la fin du Moyen Âge, avec les règnes de Louis XI (1461-1483) et de ses successeurs, elle ne se préoccupa guère de réformer le droit. Toutefois, au coup par coup, ce pouvoir législatif fut conduit à jouer un plus grand rôle dans le droit, au moyen d'ordonnances ou d'édits royaux.

Les grandes ordonnances et édits. Parmi ces textes, on peut citer l'ordonnance de Villers-Cotteret de 1539, sur le fait de justice, qui impose le français au lieu du latin dans les procès (jusqu'alors, les juges utilisaient le latin, quand bien même les accusés, les témoins ou les parties ne le comprenaient guère). On relèvera encore l'ordonnance de Moulins, de 1566, sur la réforme de justice, qui impose de prouver par écrit les obligations résultant de contrats, au-delà d'un certain montant. Puis, il y eut, sous Louis XIV, les grandes ordonnances de Colbert : procédure civile (1667) ; procédure criminelle (1670) ; commerce terrestre (1673), marine (1681). Enfin, sous Louis XV, les ordonnances du chancelier d'Aguesseau, sur les donations (1731), et les testaments (1735), dont la plupart des dispositions ont été reprises dans notre Code civil.

Sous-section III Les arrêts de règlement des parlements

91. Le parlement était une cour souveraine de justice, qui siégeait à Paris, jugeait en dernier ressort au nom du roi et enregistrait les lois, édits ou autres ordonnances. Son ressort s'étendait sur la plus grande partie de la France, le reste ressortissant à 12 autres cours souveraines, comme les parlements de Bordeaux, de Dijon, de Rennes ou de Toulouse.

Ces parlements, notamment celui de Paris, avaient une grande indépendance par rapport au pouvoir royal, auquel ils s'opposaient bien souvent. L'on sait que, non content de leur omnipotence judiciaire, ils prétendirent à un rôle politique. Les parlements avaient quasiment obtenu (ou pris) le droit de rendre des décisions obligatoires pour l'avenir et pour tout le monde dans leur ressort respectif. Ces décisions, appelées *arrêts de règlement*, étaient prises, tantôt à l'occasion d'un procès, tantôt en dehors de tout procès.

Les arrêts de règlement constituaient de véritables lois. D'une part, les tribunaux inférieurs du ressort du parlement qui les avaient pris étaient obligés de les appliquer à l'avenir. D'autre part, le parlement, qui avait discuté et voté ces arrêts, était lui-même lié par eux, tant qu'il ne les avait pas remplacés. Ainsi les arrêts de règlement diffèrent-ils profondément des arrêts rendus par nos juridictions modernes. Ces derniers n'ont de portée que pour la cause dont le juge est saisi : en aucun cas, ils ne s'imposent à l'avenir aux juges chaque fois qu'il se présente une question semblable.

Évolution du droit. L'un des mérites des parlements de l'Ancien Régime est d'avoir su faire évoluer le droit avec le temps, d'une manière pleine de sagesse et de raison, notamment par des solutions d'équité.

Par exemple, un règlement du parlement de Paris, du 28 février 1662, oblige les héritiers d'un notaire à conserver les minutes de l'office notarial, c'est-à-dire les originaux des actes authentiques qui y sont déposés, dans l'intérêt bien compris du public. La jurisprudence du parlement de Paris a encore largement contribué à la formation du droit des obligations en interprétant et en complétant le droit romain. Elle a aussi admis la révocation automatique des donations en cas de survenance d'enfants (1551), et fait porter la charge des dettes mobilières de la succession sur tous les héritiers, et non sur les seuls héritiers des meubles et des acquêts (arrêt *Boulard* du 14 mai 1562).

92. Conclusion. Ainsi, la caractéristique de l'Ancien Régime était-elle la diversité et la cacophonie des sources de droit. Il n'y avait pas un droit unique et uniforme pour tous les Français. Les règles variaient selon les régions, les classes sociales, etc. Comme l'écrivait Voltaire : « En voyageant en France, on changeait aussi souvent de lois que de chevaux » (Diction. philosophique, voir *Coutumes*).

À titre d'exemple, en 1750, un protestant bourguignon atteignait sa majorité à 14 ans, selon la coutume de Bretagne ; il devait se marier devant le curé, selon le droit canonique ; il devait rédiger son testament selon les formes prescrites par une ordonnance de 1735, et, s'il voulait recevoir un legs, il devait répondre à des conditions d'inspiration romaine.

Chapitre II

Le droit intermédiaire

93. Le droit intermédiaire, encore appelé « droit révolutionnaire », désigne l'œuvre législative de la Révolution. Cette période législative va du 17 juin 1789, jour où les états généraux se sont transformés en Assemblée constituante, au 30 ventôse an XII (21 mars 1804), jour de la promulgation du Code civil. Le droit est dit « Intermédiaire », parce qu'il évoque l'idée d'une période de transition entre l'Ancien Droit et le Droit moderne, issu du Code civil.

Pendant cette période, le travail législatif a été considérable. Évidemment, en ce qui concerne le droit privé, il allait dans le sens de la protection de la liberté individuelle et du respect de la propriété privée.

On retiendra divers exemples, empruntés à chacune des Assemblées successives.

Parmi les réformes de **l'Assemblée constituante** (17 juin 1789-30 sept. 1791), la plus célèbre est celle qui a supprimé les droits féodaux (Décr. 4 août 1789). On citera aussi la suppression du droit d'aubaine, qui attribuait au souverain la succession d'un étranger non naturalisé (L. 6-18 août 1790). D'autres lois affranchirent la propriété du sol qui, sous la féodalité, d'une part, était surchargée de droits de toutes sortes (cens, rentes, etc.), d'autre part, était démembrée en domaine utile et domaine éminent. Désormais, la propriété devenait pleine et entière, telle que nous la connaissons aujourd'hui. Et, en matière de succession, le principe d'égalité fut consacré, en particulier avec la suppression du droit d'aînesse (Décr. 8 avril 1791).

L'Assemblée législative (30 sept. 1791-21 sept. 1792), a introduit l'adoption (L. 18 janvier 1792), fixé la majorité à 21 ans, et supprimé la puissance paternelle sur les majeurs (L. 28 août 1792). Elle a laïcisé le mariage afin de le faire échapper à l'Église (L. 20 sept. 1792), et institué le divorce (autre loi du 20 sept. 1792).

La Convention (21 sept. 1792-26 oct. 1795), a mis presque à égalité les enfants légitimes et les enfants naturels dans la succession de leurs auteurs (lois des 4 juin 1793, 12 brumaire an II, 17 nivôse an II). En effet, dans l'Ancien Droit français, l'enfant naturel était exclu de la succession de ses parents, afin de ne pas porter atteinte à l'honneur et à la dignité du mariage, offensé par la procréation irrégulière d'un enfant. Au contraire, Cambacérès, membre influent du comité de législation de la Convention, proclamait : « L'exhérédation est la peine des grands crimes. Or, l'enfant naturel n'en a pas commis. »

Le Directoire (27 oct. 1795-9 nov. 1799), doit être mentionné pour deux textes majeurs : d'une part, la loi du 11 brumaire an VII, qui organisait la transcription, c'est-à-dire la publicité pour les aliénations immobilières ; d'autre part, la loi du 22 frimaire an VII sur l'enregistrement et les droits de mutation.

94. Les projets de Code civil de Cambacérès. Cette période transitoire est également importante, dans la mesure où elle marqua une volonté certaine d'en finir avec la diversité et le désordre des sources du droit de l'Ancien Régime. Il convenait de substituer, au morcellement du droit et à l'éparpillement des coutumes, une source unique du droit, et faire en sorte que ce droit soit ordonné et structuré. L'idée n'était pas nouvelle. Au contraire, l'unification des sources, la recherche de l'ordre et, éventuellement, la transformation du contenu, étaient les trois directions de travail auxquelles aspiraient tous les grands jurisconsultes, au XVIIe et au XVIIIe siècle (Bourjon, Lamoignon, d'Aguesseau…). Seulement, la volonté politique n'existait pas, la royauté ne s'intéressant guère à la codification. En revanche, la Convention décida la rédaction d'un Code civil. Aussi Cambacérès présenta-t-il successivement trois projets de Code qui, pour diverses raisons, ne virent pas le jour. Pourtant, l'idée d'une codification était désormais ancrée dans les esprits. Il manquait pour la mener à bien l'autorité d'une personne au pouvoir. Cette personne fut Bonaparte.

Chapitre III

Le Code civil de 1804

95. Plan. Pour présenter le Code civil de 1804, toujours en vigueur, nous envisagerons successivement son élaboration (Section I), sa structure (Section II), et son inspiration (Section III).

Section I

L'élaboration du Code civil

96. Sous le **Consulat** (10 nov. 1799-18 mai 1804), Bonaparte, comme Premier consul, assisté de deux Consuls, Cambacérès et Lebrun, concentrait la majeure partie des pouvoirs exécutif et législatif. Sans doute convaincu par Cambacérès, auteur de trois précédents projets de Code civil, Bonaparte eut l'ambition de donner à la France ce Code civil qui lui manquait. Dès son retour de la campagne de Marengo (14 juin 1800), qui lui permit de reconquérir l'Italie, Bonaparte nomma, le 24 thermidor an VIII (13 août 1800), une Commission chargée de préparer un projet de Code civil.

97. Commission de rédaction. Les membres de cette Commission étaient quatre anciens avocats aux parlements, qui avaient été élus à de très hauts postes de magistrat. Tronchet, président de cette Commission, était président du tribunal de cassation (notre Cour de cassation). Bigot du Préameneu était commissaire du gouvernement près le tribunal de cassation. Maleville était juge près le tribunal de cassation. Portalis était commissaire du gouvernement près le tribunal des prises (juridiction administrative spéciale, supprimée en 1814, qui était compétente pour apprécier la validité des prises maritimes, opérées par notre marine en temps de guerre).

En général, on reconnaît à Portalis un rôle prépondérant en ce qui concerne l'esprit du Code et la clarté de son style. De plus, d'autres protagonistes ont participé activement aux séances de travail de la Commission, notamment Cambacérès, le conseiller d'État Treilhard, et Bonaparte lui-même qui, à défaut d'être juriste, avait, dit-on, un certain bon sens.

Ce travail fut achevé en quatre mois. Il est vrai que les Assemblées précédentes avaient préparé tous les matériaux nécessaires. Le Code civil fut voté par une loi du 30 ventôse an XII (21 mars 1804), sous le nom de « Code civil des Français ». Trois ans plus tard, sous le Premier Empire (18 mai 1804-6 avril 1814), il reçut le nom de Code Napoléon (L. 3 sept. 1807), qu'il a perdu depuis (Code civil Napoléon de 1804, édition originale, téléchargement : http://gallica.bnf.fr/).

98. Vote du Code civil. Bonaparte ordonna l'envoi du projet de Code civil à toutes les cours judiciaires, tribunal de cassation et tribunaux d'appel, afin de recueillir leurs observations. Puis, le projet fut discuté au Conseil d'État, successivement présidé par Bonaparte et Cambacérès. Après, il fut présenté au Tribunat. En effet, sous la Constitution du 22 frimaire an VIII (13 décembre 1799), qui avait organisé le Consulat et qui subsista, en partie, pendant l'Empire, les lois étaient d'abord discutées au Conseil d'État, puis au Tribunat qui émettait un avis favorable ou défavorable, avant d'être votées par le corps législatif. Le Tribunat, qui était composé de nombreux révolutionnaires hostiles au Premier consul, émit un avis défavorable, et le corps législatif commença par rejeter la première partie du Code civil. Ces Assemblées reprochaient au Code civil de n'être qu'une copie du droit romain et de nos droits coutumiers, et non un droit révolutionnaire entièrement nouveau. Bonaparte, en parfait stratège, retira aussitôt son projet de Code. Il modifia la composition du Tribunat, en prenant soin d'écarter tous ceux qui lui étaient hostiles. Il réforma aussi quelque peu la procédure législative pour minimiser l'influence du Tribunat sur le corps législatif. Le Code fut ainsi voté le 30 ventôse an XII.

Section II
La structure du Code civil

99. Plan tripartite. Le Code civil se compose de 36 lois, qui ont été discutées et votées, les unes après les autres, de 1803 à 1804. Puis, ces 36 lois ont été réunies et ordonnées dans une compilation, appelée « Code civil ». C'est la loi précitée du 30 ventôse an XII qui a décidé et promulgué ce corps unique de règles. Les 36 lois ont donné naissance à 36 titres, qui réunissent

2281 articles (aujourd'hui, 2534). Ces 36 titres ont été distribués en trois livres (un quatrième livre concernant les sûretés et un cinquième livre relatif aux dispositions du Code civil applicables à Mayotte ont été ajoutés depuis 2002).

Les livres du Code civil sont précédés d'un titre préliminaire très succinct, qui ne comporte que 6 articles. Ce titre, intitulé : « De la publication, des effets et de l'application des lois en général », devait être beaucoup plus long. Il avait été entièrement rédigé par Portalis, en 39 articles. Dans la mesure où ces articles contenaient beaucoup d'opinions doctrinales et d'affirmations philosophiques, ils furent pour la plupart écartés.

Le livre Ier du Code civil, intitulé : « Des personnes », réunit 12 titres (en 1999, un treizième titre relatif au pacte civil de solidarité et au concubinage a été ajouté). Par exemple, un titre pour la nationalité française ; un pour le mariage, un pour le divorce, etc.

Le livre II, intitulé : « Des biens, et des différentes modifications de la propriété », réunit 4 titres. L'un d'entre eux, par exemple, présente la distinction des biens, l'autre la propriété.

Le livre III, le plus long, avec une vingtaine de titres, est intitulé : « Des différentes manières dont on acquiert la propriété. » En réalité, l'intitulé est trompeur, car ce livre sert plutôt de « fourre-tout ». On y trouve quasiment toutes les matières qui n'entrent pas dans les deux premiers livres, certaines d'entre elles n'étant en rien des modes d'acquisition de la propriété (les successions, les donations, les obligations, les contrats, les privilèges et les hypothèques, la prescription et la possession...).

100. Origine. Le plan du Code civil s'inspire du plan des *Institutes* d'un jurisconsulte romain, Gaius (110-160), remanié au XVIIe siècle par Leibniz et les jurisconsultes de l'école du droit naturel.

Dans cet ouvrage, destiné aux étudiants, Gaius exposait les règles de droit dans un ordre logique en suivant un plan en trois parties : « *Omne autem jus quo ultimur val ad personas pertinat vel ad res vel ad actiones* » (Il y a dans le droit positif, les personnes, les choses et les actions en justice). En fait, ce plan résulte d'une stricte observation du monde : il décrit la vie juridique comme une action dramatique en examinant les acteurs (les personnes), le décor (les biens), et les mouvements de scène (les actions ou obligations).

101. Style. Si le plan tripartite du Code civil n'a jamais soulevé l'enthousiasme, en revanche, le style de ce Code a toujours suscité l'admiration pour sa précision et sa clarté (Stendhal conseillait d'en lire chaque jour quelques articles pour apprendre à bien écrire). Il est vrai que nombre de ces articles ont une belle tournure. Pour les rédacteurs du Code civil, il s'agissait d'énoncer des principes fondamentaux, en se gardant de rentrer trop dans le détail : « Peu de causes sont susceptibles d'être décidées par un texte précis. L'office de la loi est de fixer par des grandes vues des maximes générales du droit, d'établir des principes féconds en conséquence et non de descendre dans le détail des questions qui peuvent naître sur chaque matière » (Portalis, Discours préliminaire sur le projet de Code civil, 1er pluviôse an IX).

Parmi quelques articles, aujourd'hui encore en vigueur, on peut citer l'article 2 : « La loi ne dispose que pour l'avenir ; elle n'a point d'effet rétroactif » ; l'article 371 : « L'enfant, à tout âge, doit honneur et respect à ses parents » ; l'article 516 : « Tous les biens sont meubles ou immeubles », etc. Ces articles, un peu en forme de maximes, toujours claires, nous rappellent que les rédacteurs du Code civil étaient non seulement des juristes, mais aussi des esprits éclairés, ouverts à la philosophie, comme Portalis, ou aux belles lettres, comme Tronchet.

Section III

L'esprit du Code civil

102. Plan. Notre Code civil est un compromis, à la fois des sources de l'Ancien Droit et des idées de l'époque. D'abord, il s'agit d'une transaction essentiellement entre le droit romain et le droit coutumier (Sous-section I). Ensuite, le Code civil exprime une philosophie individualiste, tempérée par le courant rationaliste moderne (Sous-section II).

Sous-section I L'agencement des sources de l'Ancien Droit

103. Unification du droit. En ce qui concerne les règles substantielles qui composent notre Code civil de 1804, il ne s'agit aucunement de lois entièrement nouvelles dues à l'imagination des membres de la commission de rédaction. Certes, les 36 lois qui composaient le Code civil étaient nouvelles, puisqu'elles avaient été discutées et votées de 1803 à 1804. Seulement, ces lois nouvelles étaient essentiellement inspirées des sources du droit de l'Ancien Régime.

C'est la raison pour laquelle le Tribunat avait émis un avis défavorable. Les tribuns, dont les uns étaient des représentants de la Révolution, et d'autres des hommes hostiles au Premier consul, raillaient même ce Code. Pour eux, il ne s'agissait que d'une copie servile du droit romain et du droit coutumier, une compilation plate sans aucune originalité.

À ces critiques, Portalis répondait qu'il ne s'agissait pas d'être original, car le Code civil ne s'adressait pas à un peuple nouveau, mais à une société vieille de plus de dix siècles qui, malgré la Révolution, avait conservé ses habitudes et son ancien esprit. Notre Code civil se présente donc comme une mise en ordre des diverses sources du droit de l'Ancien Régime. Pour les rédacteurs du Code civil, il fallait non pas créer du droit, mais unifier le droit, de sorte qu'un seul et unique droit s'applique à tous les Français.

104. Prépondérance du droit romain et des coutumes. Pour réaliser l'unification du droit, les rédacteurs du Code civil ont sélectionné, parmi toutes les sources de l'Ancien Régime, celles qui leur semblaient être les plus raisonnables.

Le droit romain et les coutumes occupent une place essentielle dans le Code civil. Le droit romain a surtout été utilisé pour le régime de la propriété et des obligations, ainsi qu'en matière de succession *ab intestat*. Le droit coutumier, principalement la coutume de Paris, a fourni les textes concernant le régime légal de la communauté des meubles et acquêts entre époux, l'incapacité de la femme mariée, et la puissance maritale.

105. Les ordonnances royales, les lois révolutionnaires et le droit canonique ont une certaine importance dans le Code civil.

D'une part, certaines ordonnances royales ont été conservées. Il en est ainsi, par exemple, des ordonnances de d'Aguesseau pour les donations (1731) et les testaments (1735), de Moulins pour la preuve (avril 1667), de Villers-Cotterêts (août 1539), de Blois (mai 1579), et de Saint-Germain aussi appelée Code Louis (avril 1667) pour l'organisation technique de l'état civil.

D'autre part, quelques lois de la Révolution ont été retenues : l'une, qui fixait la majorité à l'âge de 21 ans, l'autre, sur la transcription hypothécaire, et surtout celle qui admettait le divorce pour causes déterminées et même par consentement mutuel. En revanche, les autres lois révolutionnaires ont été écartées.

Quant au droit canonique, seules quelques règles sur le mariage et la légitimation ont été maintenues.

Sous-section II L'influence des idées individualistes et rationalistes

106. Pondération. L'inspiration du Code civil n'est ni révolutionnaire, ni réactionnaire. Le Code civil est un code modéré, comme l'étaient ses rédacteurs dans les domaines politique et juridique. Peut-être que la grande chance de ce Code est qu'il n'ait été rédigé, ni pendant la Révolution, ni sous l'emprise du régime militaire napoléonien. Rédigé entre ces deux périodes, il a su éviter les excès de ces influences réciproques. Toutefois, il emprunte à la Révolution la laïcisation du mariage et de l'état civil, l'égalité des droits dans les successions, et la liberté dans les contrats. À la Réaction, il emprunte la puissance maritale, l'obéissance de la femme à son mari, et l'incapacité de la femme mariée (on voulait de la sorte lutter contre le relâchement des mœurs).

D'une manière générale, ce Code civil peut être présenté comme le triomphe de l'individualisme, tempéré par un autre courant philosophique, qui s'était propagé depuis le XVIIe siècle, le rationalisme.

107. Le triomphe de l'individualisme. L'individualisme est une doctrine qui affirme la prééminence de l'individu sur les groupes sociaux. D'abord, parce que l'homme vivant à l'état de nature a précédé la société. En effet, par la force des choses, à l'origine, il n'y avait aucune autorité sociale, aucun État ou autre groupement constitué. Aussi, pour les philosophes individualistes, tels les Anglais Thomas Hobbes (1588-1679), John Locke (1632-1704), ou Jean-Jacques Rousseau (1712-1778), les hommes, à l'état naturel, vivaient-ils libres et égaux. Ensuite, parce que, une fois la société constituée, celle-ci doit être au service des hommes. Elle doit notamment leur permettre de faire valoir leurs intérêts ou droits propres, ainsi que leur liberté individuelle.

108. Le rationalisme juridique : Jean Domat. C'est vers le milieu du XVIIe siècle, avec l'éveil en France de la philosophie moderne cartésienne fondée sur la raison humaine que l'on observe l'introduction du rationalisme dans le droit.

Le rationalisme juridique doit, à peu près tout, à un de nos plus grands jurisconsultes, Jean Domat (1625-1696), auteur des *Loix civiles dans leur ordre naturel*. Avec cet ouvrage, Domat entendait offrir à la France un corps de droit ordonné et conforme à l'idéal chrétien. Pour servir ce dessein, il prit comme seule source le droit écrit romain. Pour Domat, le droit romain était raisonnable parce qu'il était imprégné de philosophie, dès Cicéron, et formé par la sagesse et l'expérience de longs siècles. Toutefois, Domat ne retient du droit romain que les règles qui sont conformes à la nature, équitables selon la raison (et non pas découvertes par l'observation ou révélées). En effet, Domat admet l'existence d'un droit naturel constitué de principes naturels et immuables de l'équité, découverts par la raison humaine, antérieur et supérieur aux lois positives.

Pour mener à bien sa tentative de systématisation du droit, Domat emprunte la méthode de Descartes. D'abord, il expose les principes naturels de l'équité, comme « ne pas nuire à autrui ». Ensuite, il examine les relations entre les faits qui génèrent des différends, et les principes retenus pour les trancher. À partir de ces principes, il formule des lois propres aux diverses sortes de différends. Enfin, il met en ordre ces lois civiles, par exemple, en les distinguant ou en les assemblant selon divers critères, etc. Le succès des *Loix civiles* fut considérable, et le rationalisme juridique fut entretenu et développé par nos plus grands juristes jusqu'à la fin du XVIIIe siècle : en particulier Bourjon († 1751), d'Aguesseau (1668-1751), et Pothier (1699-1772).

Application. Les courants individualiste et rationaliste qui avaient envahi notre droit ont certainement influencé les rédacteurs du Code civil. Presque tout ce qui concerne la propriété dans le Code civil révèle la synthèse de ces deux courants.

L'exemple le plus ostensible est apporté par le célèbre article 544 du Code civil. Cet article commence par affirmer : « *La propriété est le droit de jouir et de disposer des choses de la manière la plus absolue* [...]. » Cette propriété individuelle et exclusive est la marque de l'individualisme. En effet, dans cette doctrine, la propriété individuelle occupe une place essentielle, car il s'agit d'un aspect de la liberté humaine. Et, bien entendu, elle doit être absolue, donc constituée des trois prérogatives que sont l'*usus*, le *fructus* et l'*abusus*, sans réserves. Mais, l'article 544 se termine de la manière suivante : « *pourvu qu'on n'en fasse pas un usage prohibé par les lois ou par les règlements.* » Ici, apparaît la restriction fondée sur l'intérêt commun, autrement dit la raison.

Chapitre IV

Les lois postérieures au Code civil

109. Nos lois aujourd'hui en vigueur ne sont plus les même que celles qui figuraient dans le Code civil en 1804. Environ deux tiers des articles du Code civil ont vu leur contenu changer depuis sa promulgation. En effet, notre époque contemporaine est témoin d'une production législative considérable.

De plus, contrairement à la volonté des rédacteurs du Code civil, toutes les lois civiles ne sont plus dans le Code civil. Par exemple, la loi du 1er juillet 1901 sur le contrat d'association et celle du 13 juillet 1930 sur le contrat d'assurance n'ont pas été intégrées dans le Code civil. Toutefois, certaines de ces lois *a priori* civiles ont été intégrées dans d'autres codes moins généralistes, comme le Code des assurances, en 1971. En effet, notre époque contemporaine est aussi marquée par un phénoménal mouvement de codification de l'ensemble du droit français.

110. Plan. Nous présenterons, tout d'abord, les principales étapes de la production législative depuis 1804 (Sous-section I), puis ce mouvement contemporain de codification généralisée du droit français (Sous-section II).

Section I

L'évolution de la production législative

111. D'une manière très schématique, on peut distinguer trois périodes dans l'évolution du droit civil. L'une, sur près d'un siècle, de 1804 à 1880, avec quelques dizaines de lois nouvelles (Sous-section I). L'autre, de 1880 à 1958, avec quelques centaines de lois nouvelles (Sous-section II). La dernière, de 1958 à nos jours, avec plusieurs milliers de lois nouvelles (Sous-section III).

Sous-section I De 1804 à 1880

112. Au cours de cette première période, il y eut peu de lois nouvelles. Sans doute l'existence d'un Code civil, entièrement nouveau, qu'il convenait d'interpréter, puis de mettre en œuvre, explique-t-elle cette relative inertie législative.

Toutefois, de manière épisodique, quelques lois nouvelles, marquées par les données sociales de leur époque, méritent d'être citées. Sous la Restauration (1814-1830), qui marque le retour de la monarchie avec Louis XVIII, une loi du 8 mai 1816 a aboli le divorce. Cette loi résultait de la Charte de 1814 qui proclamait la religion catholique romaine comme religion d'État. Sous le Second Empire (1852-1870), une loi du 23 mars 1855 sur la transcription en matière hypothécaire, a complété la législation en matière de publicité foncière.

Sous-section II De 1880 à 1958

113. Contexte politique et social. Pendant cette période, la production législative a augmenté, pour plusieurs raisons.

D'une part, l'influence du suffrage universel. Certes, il avait été établi dès 1848, mais il n'a véritablement été détenu et utilisé par le Parlement, au profit du peuple, que sous la IIIe République (1870-1940), spécialement avec le président Jules Grévy (1879-1887).

D'autre part, la révolution industrielle, accomplie entre 1815 et 1848, a bouleversé profondément les rapports sociaux. La fortune terrienne de l'aristocratie a cédé la place à la fortune industrielle, mobilière et même immobilière, au sens urbain du terme, de la grande bourgeoisie. Une classe ouvrière s'est constituée, caractérisée par une grande misère et des conditions de travail pénibles. Des doctrines sociales ont encore pénétré les idées. Qu'il suffise d'évoquer le père Henri-Dominique Lacordaire, qui déclarait en 1848 : « Sachez donc ceux qui l'ignorent, sachez les ennemis de Dieu et du genre humain, quelque nom qu'ils prennent, qu'entre le fort et le faible, entre le riche et le pauvre, entre le maître et le serviteur, c'est la liberté qui opprime, et la loi qui affranchit. Le droit est l'épée des grands, le devoir est le bouclier des petits. »

C'est dans ce contexte que les parlementaires, pour répondre aux attentes de leurs électeurs, ont voté de nombreuses lois (70 lois de 1880-1898).

114. Droit civil. En droit commun, on peut citer le rétablissement du divorce (27 juillet 1884), l'instauration d'une déchéance de la puissance paternelle, qui échappait jusqu'alors au contrôle de l'État (24 juillet 1889), l'élargissement des droits successoraux du conjoint survivant (9 mars 1891), ainsi que ceux des enfants naturels (25 mars 1896).

Dans la première moitié du XXe siècle, d'autres domaines du droit civil ont été profondément remaniés. Il en est ainsi de la matière des contrats, jusqu'alors abandonnée à la liberté des parties. Afin de protéger la partie la plus faible, le législateur a multiplié les réglementations impératives, notamment pour le contrat d'assurance terrestre (13 juillet 1930), les baux d'habitation (1er septembre 1948), et les baux ruraux (13 avril 1946). Ces dernières lois, qui concernent les rapports entre bailleurs et preneurs, ont du même coup altéré l'absolutisme de la propriété individuelle. En particulier, parce qu'elles ont reconnu au locataire un droit au maintien dans les lieux malgré le désaccord du propriétaire. Cette propriété individuelle a connu bien d'autres infortunes. Avec le socialisme, des particuliers ont été dépossédés de leurs biens. L'exemple type est celui de la nationalisation d'entreprises privées, engagée par le Gouvernement du Front populaire, en 1936. D'autres restrictions à la propriété ont été commandées par l'intérêt général, dont le domaine n'a cessé de s'étendre. C'est ainsi que le législateur n'a cessé de développer, pour permettre la réalisation de réseaux ferrés, routiers et fluviaux, ainsi que l'électrification du pays, l'expropriation pour cause d'utilité publique ou les servitudes d'utilité publique.

115. Droit du travail. Il convient également de citer les premières lois protectrices dans le domaine des conditions de travail : loi du 21 mars 1884 reconnaissant la liberté d'association professionnelle ; lois des 27 décembre 1890 et 19 juillet 1928 instituant le délai de préavis et la faculté pour les juges d'accorder des dommages et intérêts au salarié abusivement licencié ; loi du 13 juillet 1906 accordant un repos hebdomadaire, etc. En matière de responsabilité civile, une loi du 9 avril 1898 a mis le risque professionnel à la charge de l'employeur en dispensant le salarié victime d'un accident de travail de prouver la faute de celui-ci. En 1936, sous le Front populaire, d'autres lois instituèrent la semaine de 40 heures, les congés payés, etc.

Sous-section III De 1958 à nos jours

116. Cette dernière période, dont on peut prendre comme point de départ très approximatif la naissance de la Ve République, connaît une accélération de la production législative quasiment incontrôlée.

§ 1. La méthode législative

117. Quantification du droit. Sur la base du décompte opéré par Légifrance à partir de la base LEGI, 2619 textes de nature législative, dont 2314 lois et 519 ordonnances, étaient en vigueur au 1er juillet 2007 (les lois autorisant la ratification de traités ou d'accords internationaux ne sont pas comptabilisées). En outre, 23883 décrets étaient recensés au 1er juillet 2008 (en ligne : www.legifrance.gouv.fr : « Qualité de la réglementation », « Évolution du volume des textes »).

De son côté, en 2006, le Conseil d'État faisait état d'un stock beaucoup plus élevé : « 10 500 lois et 120 000 décrets réglementaires en vigueur » (C.E., rapport public 2006, p. 239 ; en ligne : www.conseil-etat.fr).

À cela, il convient d'ajouter environ 17 000 règlements, directives et décisions communautaires (chaque année, environ 100 directives et 600 règlements sont adoptés), 7 400 traités, conventions ou accords internationaux (la France négocie près de 200 accords bilatéraux chaque année), et, sans doute, plusieurs dizaines de milliers d'arrêtés et de circulaires.

118. Statistiques. Le nombre de lois n'augmente pas sensiblement chaque année. Ainsi la base LEGI comptabilisait-elle 55 textes de nature législative en 2007 (40 lois et 15 ordonnances), contre 62 textes de même nature en 1998 (42 lois, 20 ordonnances). Entre le 1er juillet 2007 et le 30 juin 2009, 86 lois ont été promulguées.

En fait, la complainte doctrinale quant à l'inflation législative est essentiellement attachée à la complexité et à longueur moyenne des textes qui cherchent à tout prévoir (en moyenne 93 lignes en 1950, contre 250 lignes aujourd'hui ; le *Recueil des lois* édité par l'Assemblée nationale est passé de 433 pages en 1973 à plus de 2 000 pages en 2009). Il est également reproché le rythme trop rapide de leur modification (environ 10 % des quelque 102 000 articles de nos codes, dénombrés au 1er janvier 2009, changeraient chaque année ; trois quarts des articles du Code général des collectivités territoriales ont été modifiés depuis 1996).

119. Lois d'émotion et d'opportunité. Aujourd'hui, dès qu'un problème de société ou un fait divers médiatique se présente, une loi nouvelle est annoncée et préparée dans la précipitation pour donner l'apparence d'un pouvoir réactif.

Par exemple, en 2009, les annonces de la création d'un délit d'« appartenance à un groupement », à la suite d'une bagarre entre bandes dans un lycée ; d'une « force mobile d'agents » pour fouiller les cartables à l'école, à la suite du coup de couteau porté par un enfant de 13 ans à une enseignante ; ou l'interdiction du port du voile intégral (*burqa* ou *burka*) susceptible de concerner 1 900 musulmanes sur 6 millions vivant en France (Prés. Rép., 12 janv. 2010, discours).

120. *Lobbying.* À cela s'ajoute la dépendance du pouvoir à l'égard de groupes de pression, qui ont une influence considérable à tous les stades du processus législatif.

Tantôt, ces groupes imposent le vote de lois mémorielles qui empiètent sur l'histoire, en particulier pour la reconnaissance de génocides et de l'esclavage (Loi no 90-615 du 13 juillet 1990 tendant à réprimer tout acte raciste, antisémite ou xénophobe ; Loi no 2001-70 du 29 janvier 2001 relative à la reconnaissance du génocide arménien de 1915 ; Loi no 2001-434 du 21 mai 2001 tendant à la reconnaissance de la traite et de l'esclavage en tant que crime contre l'humanité).

Tantôt, ils interviennent dans des domaines nouveaux d'une grande complexité (marchés financiers, énergie, informatique, bioéthique, médias et télécommunications, etc.). Dans ce cas, leurs organes représentatifs n'hésitent plus à préparer des avant-projets de lois « prêts à l'emploi », rédigés dans un langage abscons, et qui sont susceptibles d'être adoptés, en nocturne, par quelques parlementaires de corvée de présence ignorant tout du sujet (la loi « création et Internet », dite HADOPI, avait été rejetée par 16 députés sur 24 présents en avril 2009, avant d'être revotée un mois plus tard par des parlementaires quasiment réquisitionnés, puis censurée par le Conseil constitutionnel : voir *infra* no 241). Les lois de bioéthique, de leur côté, ont quasiment été muselées par les membres de réseaux dits d'éthique et l'Église catholique (interdiction de la gestation pour autrui et de l'euthanasie active ; restrictions à l'assistance médicale à la procréation, au diagnostic préimplantatoire (DPI) et aux recherches sur les cellules souches embryonnaires, etc., voir *infra* n° 1012 et s.). La plupart des lois en matière de droit des sociétés, depuis ces dix dernières années, ne font que transcrire des recommandations préconisées par les fédérations patronales dans divers rapports établis à cet effet ; la réglementation des marchés financiers est quasiment définie par les acteurs de la « place de Paris », etc.

121. Influence de la doctrine. On ajoutera que les professeurs de droit ne sont pas en reste. C'est ainsi que des groupements, formels ou informels, d'universitaires sont à l'origine, et parfois même les maîtres d'œuvre, du mouvement contemporain de recodification du droit civil.

Par exemple, l'ordonnance du 23 mars 2006 portant réforme du droit des sûretés est largement inspirée des propositions de l'Association Henri Capitant (voir *infra* n° 137). En 2008, cette même Association a préparé un avant-projet de loi portant réforme du droit des biens, qui a été remis au ministère de la Justice (voir *infra* n° 134). Pour l'année 2010, ont été annoncées par le ministre de la Justice une rénovation du droit des contrats et une modernisation du droit des obligations (discours du 21 janvier 2010), vivement souhaitées par des universitaires ayant déjà préparé spontanément des avant-projets de textes (voir *infra* n° 131).

122. Insécurité législative. Cette abondance un peu folle de lois et de règlements dans tous les domaines est néfaste. Elle institue *de facto* une perte de confiance du justiciable dans la loi et un sentiment d'insécurité. Nos lois sont trop abondantes et complexes pour être connues et accessibles de tous. Certes, le droit, comme toute science, était plutôt l'apanage de *jurisprudentes*, qu'il s'agisse de professeurs de droit, d'avocats, de juges ou de notaires. Seulement, à une certaine époque, ces personnes connaissaient essentiellement le droit civil dans son ensemble. Or, aujourd'hui, chacun a été conduit, par la force des choses, à se spécialiser dans une branche technique particulière. Tel juriste est plutôt spécialiste du droit de la construction, tel autre du droit de la consommation ou de la concurrence, et ainsi de suite.

De plus, les justiciables et les spécialistes du droit sont embarrassés par les modifications successives des lois. Le sentiment d'insécurité résulte de ce que nul ne sait plus à l'avance quelles sont les règles juridiques qui vont régir une situation donnée, au moins pendant un certain temps. À la limite, à peine une loi nouvelle est-elle promulguée, qu'on évoque déjà la réforme à venir, avant même que la doctrine et la jurisprudence n'aient pu en interpréter les difficultés.

Un seul exemple suffira : la loi du 20 novembre 2007 relative à la maîtrise de l'immigration, à l'intégration et à l'asile constitue la 28e ou 29e révision de la matière depuis une ordonnance du 2 novembre 1945 ! Un énième projet de loi relatif à l'immigration, à l'intégration et à la nationalité a été présenté en conseil des ministres le 31 mars 2010.

123. Paralysie des lois. Cette insécurité est accentuée par l'incertitude concernant l'applicabilité des lois nouvelles. Les administrations centrales sont incapables de faire face à la frénésie législative en publiant les textes d'application et les circulaires dans un délai raisonnable.

Ainsi, en 2009, le taux d'application des lois votées après déclaration d'urgence, procédure emportant pourtant présomption de diligence du suivi réglementaire, était de 80 %. En 2007-2008, le Sénat révélait que le taux de publication des mesures réglementaires prescrites par les lois promulguées pendant cette période était de 24,6 % contre 32,1 % l'année précédente. De son côté, en 2008, le Premier ministre observait que 20 % des décrets d'application de la précédente législature n'avaient toujours pas vu le jour (conseil des ministres du 13 février 2008).

Pour remédier à ce problème, il est désormais prévu l'établissement d'un bilan d'application des lois tous les six mois, ministère par ministère, adressé au Parlement, remis à la presse et mis en ligne sur Internet (circulaire du 29 février 2008 relative à l'application des lois).

§ 2. Le contenu du droit

En nous limitant aux lois civiles fondamentales du droit privé, des parties entières du Code civil ont été modifiées depuis 1958.

A. Droit des personnes et de la famille

124. Dans le domaine du **droit des personnes physiques**, il faut mentionner les textes sur le nom de famille (L. 4 mars 2002 ; L. 13 juin 2003), ainsi que l'introduction, en 1994, d'une législation en matière de bioéthique en réponse aux questions posées par l'évolution de la biologie, de la médecine et des mœurs (recherches sur l'embryon, procréation médicalement assistée, gestation pour autrui, euthanasie, etc.). Cette législation a inscrit dans notre Code civil divers grands principes comme la primauté de la personne humaine, l'inviolabilité, l'intégrité, et la non-patrimonialité du corps humain (voir *infra* n° 1014).

125. Révision des lois de bioéthique. Une première série de trois lois a été adoptée en juillet 1994 (voir *infra* n° 1011). En raison de l'évolution des sciences et techniques du vivant, il était prévu leur réexamen dans un délai de cinq ans. Avec retard, ces lois ont été révisées par une loi du 6 août 2004 relative à la bioéthique. Cette loi prévoyait son propre réexamen dans un délai de cinq ans, la réforme étant programmée pour l'année 2010. À cette fin, le Premier ministre a demandé au Conseil d'État de réaliser une étude sur l'ensemble des questions posées par les lois de bioéthique. L'étude, élaborée par un groupe de travail multidisciplinaire, sous l'égide du Conseil d'État qui l'a adoptée en Assemblée générale plénière, a été rendue publique en mai 2009 (en ligne : www.conseil-etat.fr). Elle devrait servir de base de travail à la rédaction des nouveaux textes, à l'instar des propositions émises par les « états généraux de la bioéthique », qui se sont tenus, en 2009, sous l'égide du ministère de la Santé et de l'Agence de la biomédecine, et des recommandations du rapport de la mission d'information de l'Assemblée nationale sur la révision des lois de bioéthique, présenté le 20 janvier 2010 (en ligne : www.assemblee-nationale.fr).

Sur la plupart des questions envisagées, le Conseil d'État organise le *statu quo ante* ou des adaptations mineures, qu'il justifie par des *a priori* à base de métaphysique ou de valeurs chrétiennes traditionnelles. Il en est ainsi, par exemple, de la condamnation de l'euthanasie réclamée par des malades incurables (voir *infra* n° 728) ; de la non-extension aux femmes célibataires de la procréation médicalement assistée, alors que les états généraux de la bioéthique y seraient favorables (voir *infra* n° 1040) ; de la prohibition de la gestation de mères porteuses pour le compte d'autrui (voir *infra* n° 1049) ; et du clonage thérapeutique (voir *infra* n° 1026). Cependant, en matière de procréation médicalement assistée, le Conseil d'État préconise la levée partielle de l'anonymat du donneur de sperme, sous réserve du consentement de ce dernier, afin que l'enfant puisse connaître son père (voir *infra* n° 1057).

126. Quant au **droit de la famille**, il a fait l'objet, ces quarante dernières années, d'un bouleversement complet, sous l'autorité du doyen Carbonnier qui a rédigé la plupart des avant-projets de lois. D'une manière générale, les nouvelles relations au sein de la famille sont marquées par la mise en œuvre du principe d'égalité civile : égalité entre l'homme et la femme d'une part ; égalité entre les enfants selon leur naissance d'autre part.

127. Réformes acquises. Ces réformes sont innombrables : tutelle et émancipation (L. 14 déc. 1964 ; L. 12 mai 2009 qui fait disparaître la compétence du juge des tutelles en matière de tutelle des mineurs, d'émancipation et d'administration légale au profit du juge aux affaires familiales) ; régimes matrimoniaux, avec l'apparition de l'idée d'égalité des époux dans le domaine patrimonial (L. 13 juill. 1965) ; adoption, avec le souci d'en étendre et simplifier les conditions (L. 11 juill. 1966 ; L. 5 juill. 1996 ; L. 4 juill. 2005 ; une nouvelle réforme était envisagée pour l'année 2010) ; incapables majeurs (L. 3 janv. 1968 ; L. 5 mars 2007) ; autorité parentale désormais exercée par les deux époux et remplaçant la puissance paternelle (L. 4 juin 1970 ; L. 22 juill. 1987 ; L. 8 janv. 1993) ; filiation, avec l'égalité des filiations légitime et naturelle, et l'abolition du statut défavorable d'enfant adultérin (L. 3 janv. 1972 ; Ord. 4 juill. 2005) ; divorce avec l'introduction des divorces par consentement mutuel et pour rupture de la vie commune (L. 11 juill. 1975 ; L. 26 mai 2004) ; absence (L. 28 déc. 1977) ; pacte civil de solidarité, avec la création d'un statut des gens non mariés (L. 15 nov. 1999 ; L. 23 juin 2006) ; succession, afin d'améliorer le sort du conjoint survivant et des enfants nés hors mariage (L. 3 déc. 2001 ; L. 23 juin 2006).

128. Réforme à venir : le statut du beau-parent. Un projet de loi relatif aux droits des tiers qui vivent au domicile d'un enfant pourrait être discuté au Parlement en 2010 (1,2 million d'enfants vivent dans une famille recomposée, dont 30 000 avec des personnes de même sexe). Cette réforme devrait permettre aux adultes qui entourent l'enfant, sans en être ses parents biologiques, d'intervenir dans l'exercice de l'autorité parentale à son égard.

Un avant-projet de loi avait été préparé en ce sens au printemps 2009. Cependant, il a été retiré en catastrophe, certains groupes de pressions considérant que le tiers aurait pu être le beau-parent d'un enfant né au sein d'un couple homosexuel (dans plusieurs pays, le beau-parent peut partager l'autorité parentale quelle que soit son orientation sexuelle, même si l'enfant est né au sein d'un couple homosexuel ; dans un autre domaine, le tribunal administratif de Besançon, le 10 novembre 2009, a déclaré illégal le refus d'agrément d'adoption opposé par le président d'un conseil général à une personne homosexuelle vivant en couple : *D.* 2009, p. 2807). Le Premier ministre ayant demandé à un député, Jean Leonetti, d'évaluer cet avant-projet de loi, celui-ci, dans un rapport, remis le 7 octobre 2009, a tenu à affirmer qu'il ne consacrait, en aucune manière, un quelconque statut de beau-parent au bénéfice des familles homoparentales (en ligne : www.gouvernement.fr). Et, fin 2009, le gouvernement a rappelé qu'il n'était pas favorable à l'adoption d'enfants par des couples homosexuels.

Convention de partage de l'autorité parentale. Toujours est-il que cette réforme éventuelle devrait permettre à un tiers, quel qu'il soit (beau-parent, grands-parents, frères et sœurs, personne de confiance...), de partager l'autorité parentale avec le parent de l'enfant, selon les dispositions d'une convention définie d'un commun accord par les parties, en présence d'un médiateur, puis homologuée par le juge aux affaires familiales. Ce tiers pourrait également entretenir des relations avec l'enfant après séparation avec le parent de l'enfant ou décès de celui-ci. Plus généralement, la médiation familiale serait développée.

B. Droit civil économique

129. Le bicentenaire du Code civil de 1804 a ravivé l'idée de réviser les diverses branches du droit civil économique ou patrimonial français, constituées du droit des biens, du droit des contrats et des obligations, du droit des sûretés, et du droit de la prescription qui les complète nécessairement. Il est vrai que les principes fondamentaux de ces matières reposent en partie sur des textes rédigés il y a plus de deux siècles, et dont beaucoup sont devenus obsolètes eu égard à la prégnance significative de la jurisprudence et aux nombreuses interventions ponctuelles et spéciales du législateur.

1. Droit des biens

130. Depuis 1958, le législateur est souvent intervenu en droit des biens. En particulier, plusieurs lois ont limité le droit de propriété en renforçant les droits du locataire (L. 22 juin 1982; L. 23 déc. 1986; 1986, L. 6 juill. 1989). On citera également les lois relatives à l'organisation impérative de la copropriété (L. 10 juill. 1965; L. 21 juill. 1994; L. 13 déc. 2000). Seulement, ces interventions restent ponctuelles, et les grandes divisions, ainsi que les concepts du droit des biens, sont toujours définis par les textes anciens (les lapins de garennes de l'article 524; les moulins et bains sur bateaux de l'article 531).

131. Avant-projet portant réforme du droit des biens. Le droit des biens pourrait faire l'objet d'une réforme imminente. Sous l'égide de l'Association Henri Capitant, des universitaires et des professionnels ont préparé un avant-projet de loi portant réforme du droit des biens, qui a été remis, en novembre 2008, au ministère de la Justice. Pour l'essentiel, il s'agit de clarifier et de simplifier le droit des biens dans un esprit pragmatique et pédagogique.

Cette volonté se traduit par la suppression d'une cinquantaine d'articles, et le rapatriement dans le livre II du Code civil des règles relatives à la possession et à l'usucapion jusque-là isolées en fin de Code (C. civ., art. 2255, 2262 et 2279 et suivants). On notera des définitions de concepts, oubliées du Code civil, comme le patrimoine, les biens, les droits réels et personnels, la possession ou la détention (voir *infra* n°s 894, 899, 909, 927). Le législateur pourrait déroger, au cas par cas, à la conception classique de l'unité du patrimoine selon laquelle le patrimoine est toujours une émanation de la personne (voir *infra* n° 894). Il est vrai que cette théorie d'Aubry et Rau est remise en cause par de nombreuses réformes. Des réformes récentes avec la consécration légale de sociétés unipersonnelles (L. 11 juill. 1985), et l'institution du patrimoine fiduciaire (L. 19 févr. 2007). Et, dernièrement, avec le nouveau statut de l'entrepreneur individuel à responsabilité limitée, applicable à compter du 1er janvier 2011 (voir *infra* n° 893). Ce statut opère une révolution du droit français en consacrant l'entreprise à patrimoine affecté, donc la dualité des patrimoines d'une personne juridique. Citons également la suppression de l'article 2279 du Code civil : «*En fait de meubles, possession vaut titre.*» Cet article, facile à retenir, qui date de 1804, serait remplacé par deux articles moins énigmatiques et mélodieux : l'un consacré à la fonction probatoire de la possession, l'autre à sa fonction acquisitive (voir *infra* n° 685).

2. Droit des contrats, des obligations et de la responsabilité

132. Contrairement au droit de la famille, le droit privé des contrats et des obligations n'a fait l'objet, pour l'instant, que de réformes législatives ponctuelles :

133. En matière de contrats, deux exemples parmi d'autres peuvent être donnés.

D'une part, de nombreuses lois sont intervenues pour protéger le consommateur (L. 22 déc. 1972, démarchage et vente à domicile; L. n° 78-22 du 10 janv. 1978, dangers du crédit; L. n° 78-23 du 10 janv. 1978, clauses abusives; L. 13 juill. 1979, crédit immobilier; L. 31 déc. 1989, surendettement des particuliers, L. 21 juin 2004, économie numérique, etc.). Certaines d'entre elles ont été réunies, en 1993, pour former le Code de la consommation.

D'autre part, dans le secteur de la construction immobilière, de nouveaux contrats ont été créés (L. 3 janv. 1967, vente d'immeuble à construire ; L. 16 juill. 1971, promotion immobilière ; L. 19 déc. 1990, contrat de construction d'une maison individuelle). Ces textes ont été intégrés, en 1978, dans le Code de la construction et de l'habitation.

134. Réforme du droit des contrats. En juillet 2008, le ministère de la Justice a révélé et soumis à la consultation des milieux professionnels un projet de réforme du droit des contrats modifiant le livre III du Code civil et plus particulièrement son titre III, qui serait intitulé : « Les obligations » (sur le contenu de ce projet de texte ; voir *infra* n° 583 et s.). En janvier 2010, le garde des Sceaux a précisé que la réforme serait soumise au Parlement au cours de l'année, et qu'elle avait pour objectif de « sécuriser et de moraliser les relations contractuelles ».

Ce projet a été élaboré sur la base des travaux menés par deux groupes de travail différents, l'un animé par le professeur Catala, l'autre par le professeur Terré. Il s'inspire également de projets d'harmonisation du droit européen et international des contrats (Principes du droit européen des contrats ; projet de Code européen du droit des contrats ; Principes relatifs aux contrats du commerce international-Unidroit, le Code Gandolfi). Il intègre dans le Code civil les principales évolutions d'origine jurisprudentielle et doctrinale déjà admises en droit positif.

D'ores et déjà, quelques innovations de ce projet soulèvent des discussions épiques. Au titre des changements : l'offre de contracter deviendrait irrévocable ; le contrat serait formé au moment de la réception de l'acceptation, et non plus dès l'émission de celle-ci ; les notions d'objet et de cause du contrat seraient abandonnées, la « célèbre » cause du droit français des contrats étant remplacée par la notion d'intérêt ; la condition résolutoire ou suspensive n'aurait plus d'effet rétroactif ; le contrat pourrait être révisé pour imprévision, etc.

135. En matière de responsabilité, le législateur a créé des régimes spéciaux qui dérogent par de nombreux aspects au droit commun de la responsabilité civile. Il en est ainsi de la responsabilité des accidents de la circulation (L. 5 juill. 1985, non intégrée dans le Code civil), et de la responsabilité du fait des produits défectueux (C. civ., art. 1386-1 à 1386-18). Ces deux régimes spéciaux reposent sur une responsabilité objective, qui ne suppose pas la démonstration d'une faute.

136. Réforme des règles de la responsabilité civile. La réforme du droit des contrats devrait être complétée par un texte sur le régime des obligations en général (modalités, extinction, preuve), et un autre sur la responsabilité. De plus, la commission des lois du Sénat a rendu public, en juillet 2009, un rapport d'information, dont elle avait pris l'initiative, intitulé : « Responsabilité civile : des évolutions nécessaires » (en ligne : site du Sénat).

On retiendra trois des vingt-huit recommandations. 1°) L'introduction en droit français des actions collectives en responsabilité en cas de fautes lucratives commises à l'encontre d'une pluralité de victimes et générant des dommages individuels de faible montant. 2°) L'obligation pour la victime d'un préjudice non corporel de diminuer ou de ne pas aggraver son dommage. 3°) L'autorisation des dommages-intérêts punitifs, c'est-à-dire au-delà du montant du préjudice subi, en cas de fautes lucratives dans le domaine du droit des médias et du droit de la concurrence (actuellement, le montant des dommages et intérêts n'est pas attaché à la gravité du comportement de l'auteur du dommage, mais à la seule valeur du dommage, sans pouvoir procurer à la victime une perte ou un profit).

3. Droit des sûretés et de la prescription

137. En ces matières, deux réformes sont d'ores et déjà acquises :

- d'une part, la **réforme du droit des sûretés,** issue d'une ordonnance du 23 mars 2006. Les innovations sont plutôt formelles avec une réécriture des textes dans un langage plus accessible et leur réunion au sein du nouveau livre IV du Code civil (art. 2284 à 2488). Quelques retouches substantielles concernent les sûretés réelles, alors que le cautionnement et les privilèges ont intégré le livre IV à droit constant, et que la fiducie a été instituée par une loi postérieure du 19 février 2007 ;
- d'autre part, la **réforme du droit de la prescription**, opérée par une loi du 17 juin 2008. On retiendra le nouveau délai de cinq ans de la prescription extinctive des actions mobilières et personnelles, au lieu de trente ans auparavant (C. civ., art. 2224).

Section II
La codification généralisée du droit

138. Origine. La codification du droit français ne se limite pas au Code civil de 1804. Dès le XIXe siècle, trois autres codes napoléoniens, de moindre qualité, ont été promulgués : le Code de procédure civile (1806), le Code de commerce (1807), et le Code pénal (1810). Entre 1910 et 1945, cinq autres codes ont vu le jour, en particulier le Code du travail, qui a été promulgué par fragment de 1910 à 1917.

Ce mouvement s'est accéléré au lendemain de la Seconde Guerre mondiale. Il s'est alors exprimé l'idée d'un droit français entièrement codifié, autrement dit d'un ensemble de codes regroupant tous les textes législatifs et réglementaires en vigueur. Une commission de codification a effectué un travail considérable, qui s'est concrétisé par la promulgation, par décrets, d'une cinquantaine de codes, parmi lesquels le Code des douanes (1948), le Code général des impôts (1950), le Code de procédure civile (1975), le Code des assurances (1976), et le Code de la construction et de l'habitation (1978).

139. Commission supérieure de codification. Cette politique de codification, destinée à rendre le droit plus accessible aux justiciables, a été relancée, en 1989, avec l'institution d'une commission supérieure de codification. À la suite de ses travaux, de nombreux codes ont été promulgués, par exemple, le Code de la propriété intellectuelle (1992), le Code de la consommation (1993), et le nouveau Code pénal (1994).

En 1996, le pouvoir exécutif a exprimé la volonté d'achever la codification de l'ensemble des lois et des règlements dans un délai de cinq ans, avec l'élaboration de 42 codes (circ. 30 mai 1996 : *J.O.* du 5 juin). Même si ce « pari » audacieux n'a pu être tenu, de nombreux codes, souvent remplis d'imperfections, ont été promulgués, dans la précipitation, au cours de l'année 2000 : Code de l'action sociale et des familles ; nouveau Code de commerce, Code de l'éducation, Code de l'environnement ; Code de la santé publique, Code monétaire et financier, etc.

En 2004, diverses ordonnances ont publié les parties législatives de nouveaux codes : patrimoine, recherche, tourisme, administration, sport, etc. Ce mouvement de codification se poursuit encore aujourd'hui (Code de l'organisation judiciaire en 2006 ; Code de déontologie des professionnels de l'expertise comptable en 2007 ; nouveau Code du travail en 2008). Cette frénésie codificatrice s'est poursuivie en 2009 en particulier avec le Code du cinéma et de l'image animée. Pour l'année 2010, il était prévu un Code de la justice pénale des mineurs afin de remplacer l'ordonnance du 2 février 1945 relative à l'enfance délinquante. Toujours est-il que le droit français comprend désormais environ 65 codes.

140. Élaboration. L'élaboration de ces innombrables codes suit presque toujours la même procédure. Après la décision de codification d'une matière, des commissions *ad hoc* réunissent et ordonnent sous une numérotation appropriée l'ensemble des lois (codés L-) et des règlements (codés R-, D-, ou A-) relevant de la matière. Sauf quelques exceptions, comme le Code de la justice pénale des mineurs, la codification est à droit constant. Cela signifie qu'il s'agit d'inventorier les textes en cause et de les ordonner, sans en modifier le contenu. En fait, les textes antérieurs sont expressément abrogés mais leur contenu est repris dans le code, à l'exception de ceux obsolètes dont on considère qu'ils avaient été implicitement abrogés.

À l'origine, cette compilation, appelée « code », faisait l'objet d'une loi votée par le Parlement. Cependant, le recours à la procédure législative ordinaire soulevait des difficultés. Il fallait d'abord obtenir l'aval du Parlement, alors même que son ordre du jour, très chargé, ne lui permettait guère de discuter et d'examiner une multitude de lois portant codification de l'ensemble des branches du droit français. Ensuite, les parlementaires, qui disposent d'un droit d'amendement, pouvaient l'exercer pour modifier le contenu même des textes, contrairement aux souhaits du Gouvernement et au caractère en général constant du code. Aussi, pour contourner ces obstacles, le Gouvernement recourt-il, depuis 1999, à la procédure des ordonnances prévue à l'article 38 de la Constitution. Ce procédé a été validé par le Conseil constitutionnel (Cons. const., n° 99-421, 16 déc. 1999, *J.O.* du 22 déc.). La codification est donc désormais effectuée par le Gouvernement, sur habilitation du Parlement, et les ordonnances reçoivent une valeur législative après avoir été approuvées par une loi de ratification.

141. Anomalies. Ces multiples codes qui sont élaborés, dans la précipitation, par des fonctionnaires des ministères, souvent étrangers aux règles substantielles qu'ils manipulent, et sans discussion publique, font l'objet de critiques. Il existe de nombreuses contradictions entre les codes et, parfois même, les articles d'un même code ; certains de ces codes n'intègrent pour l'instant que la partie législative de la matière, l'intégration des textes d'origine réglementaire se faisant attendre plusieurs années (partie législative du Code de commerce en 2000 ; partie réglementaire en 2007 ; en 2010, la partie réglementaire du Code de l'éducation de l'an 2000 n'était toujours pas achevée) ; des dispositions initialement déclarées illégales sont maintenues, d'autres, légales, sont omises ; des erreurs sont maladroitement réparées, en urgence, au moyen de lois votées par le Parlement.

Plus étrange encore, ces codes n'intègrent pas les règlements européens, qui constituent une véritable source du droit interne français, puisqu'ils sont d'applicabilité directe dans la législation de chacun des États membres de l'Union européenne.

142. Lois équivalentes aux dispositions abrogées. Enfin, ce procédé de codification, sans altération des textes réunis, conduit à des solutions singulières, dès lors que la jurisprudence décide que la codification à droit constant n'opère aucun effet novatoire (Crim., 16 oct. 1996 :

Bull. crim., n° 367). Ainsi des faits survenus sous l'empire de dispositions pénales anciennes, abrogées par le nouveau Code de la consommation, peuvent-elles être poursuivies sur le fondement de dispositions pénales identiques du nouveau Code. Pourtant, en matière pénale, le principe de la légalité des délits et des peines devrait empêcher de poursuivre sur le fondement de nouvelles dispositions pénales des faits intervenus, sous l'empire d'une ancienne loi (voir *infra* n° 276). Tout au plus, permet-il à la loi pénale nouvelle «plus douce» de s'appliquer rétroactivement aux faits survenus sous l'empire de la loi pénale ancienne.

N°s 143-149 réservés

Deuxième partie

LES SOURCES DU DROIT OBJECTIF

150. En guise de prologue. La détermination des sources actuelles de la règle de droit conduit à appréhender, de manière indissociable, deux aspects. D'une part, la détermination des autorités créatrices de la règle de droit. D'autre part, la détermination du type d'actes pris par ces autorités. Dans ce cadre, nous serons amenés à opposer la loi et la coutume, qui constituent des sources indiscutables du droit positif français, à la jurisprudence, qui constitue une source d'interprétation du droit. En revanche, nul ne conteste l'exclusion de la doctrine en tant que source créatrice du droit.

151. Doctrine. On entend par doctrine (lat. *doctrina,* de *docere,* enseigner), les opinions et les idées émises par les auteurs. Le plus souvent, il s'agit de professeurs des universités, qui publient leurs travaux de recherches.

Ces opinions doctrinales ne constituent pas une source du droit, dans la mesure où la doctrine n'a aucun pouvoir de contrainte. Il s'agit simplement d'une œuvre intellectuelle de réflexion, de systématisation, voire d'interprétation plus ou moins critique d'une loi nouvelle ou d'une décision importante rendue par un tribunal sur une question controversée. Autrement dit, ce n'est pas parce que tel éminent professeur défendrait l'idée selon laquelle le port de la ceinture de sécurité serait une atteinte aux libertés publiques que les gendarmes vont cesser de verbaliser les contrevenants, et les tribunaux de les sanctionner.

Néanmoins, il arrive que l'opinion doctrinale ait une influence sur la création ou l'interprétation de la règle de droit. Ainsi, lorsqu'une loi nouvelle est élaborée, il n'est pas rare d'y découvrir des principes jusqu'alors défendus par des auteurs spécialistes incontestés de la matière. Quant au juge, en présence d'une difficulté d'application d'un texte, il peut toujours s'inspirer des solutions préconisées par un professeur de droit dans ses écrits. Toutefois, il ne faut pas oublier que la doctrine élabore plutôt des théories, des systèmes de droit, alors que les tribunaux sont confrontés à des cas d'espèce. En somme, d'un côté il y a une sorte de droit savant, de l'autre un droit plus concret.

152. ***Jurislateur.*** Il arrive que la Chancellerie (ministère de la Justice) confie à un professeur de renom le soin d'élaborer un avant-projet de loi. Nous avons déjà évoqué le doyen Carbonnier auteur de la plupart des projets de textes qui, depuis 1964, ont conduit à la réforme presque complète du droit de la famille (voir *supra* n° 126).

Par ailleurs, actuellement, des pans entiers du Code civil sont en voie d'être révisés grâce à l'apport d'avant-projets de lois élaborés par des universitaires, spontanément ou à la demande des pouvoirs publics (ex. : Rapport présenté par le professeur Catala sur l'avant-projet de réforme du droit des obligations et du droit de la prescription et de la possession, en septembre 2005 ; Pour une réforme du droit des contrats, sous la direction du professeur Terré, en décembre 2008 ; Avant-projet de réforme du droit des biens par l'Association Henri Capitant, en novembre 2008 : sur ce rôle des universitaires : voir *supra* n° 121).

153. Les grands auteurs. Ces auteurs, qui sont-ils ? Pour ne citer que les plus anciens civilistes, nous avons déjà rencontré des jurisconsultes de l'Ancien Droit, comme Domat (1625-1696), d'Aguesseau (1668-1751) ou Pothier (1699-1772). Pour le XIXe siècle, il convient de retenir les noms d'Aubry (1803-1883), et de Rau (1803-1877), dont nous évoquerons, en temps voulu, la théorie du patrimoine (voir *infra* n° 874). Pour le siècle dernier, il convient de citer Planiol (1853-1931), dont nous exposerons la théorie personnaliste, à l'occasion de la division des droits subjectifs en droits réels et en droits personnels (voir *infra* n° 931), François Gény (1861-1959), Ripert (1880-1958), ou encore Carbonnier (1908-2003).

Plan. La question de la doctrine ayant été considérée, il convient désormais d'examiner, d'une part, les sources directes du droit (Titre I), d'autre part, la jurisprudence, qui constitue une source indirecte du droit (Titre II).

Titre I

LES SOURCES DIRECTES DU DROIT

154. Plan. Les sources créatrices de la règle de droit sont de deux ordres. D'une part, la loi qui constitue une source écrite du droit, de nature formelle, en ce qu'elle émane d'un pouvoir constitué de l'État (Chapitre I). D'autre part, la coutume qui est une source non écrite du droit, de nature non formelle, qui naît spontanément du corps social (Chapitre II).

Chapitre I

La loi

155. Définition. Le mot *loi* connaît deux sens. Un sens étroit ou formel, qui désigne toutes règles de droit écrites émanant de l'organe étatique investi du pouvoir législatif par la Constitution, en l'occurrence le Parlement. Un sens large ou matériel, qui désigne toutes règles de droit écrites émanant, d'une part, du pouvoir législatif, d'autre part, du pouvoir exécutif, notamment le Gouvernement et d'une manière générale l'administration. Ce pouvoir exécutif, en tant qu'il crée du droit, s'appelle *pouvoir réglementaire*, d'où le terme de *règlement*, qui englobe les décrets et les arrêtés. C'est ce sens matériel, qui réunit les lois au sens strict du terme et les règlements, que nous retiendrons.

156. Lois impératives et lois supplétives. Aux yeux d'un juriste anglais, les lois sont nécessairement impératives. En revanche, en France, une loi est tantôt impérative, tantôt supplétive.

Une loi impérative, aussi appelée loi d'ordre public, est une loi qui s'impose sans que les parties ne puissent y déroger par des accords particuliers. Par exemple, l'article 147 du Code civil dispose : « On ne peut contracter un second mariage avant la dissolution du premier. » Cette règle est impérative et elle ne peut être écartée, quand bien même les personnes en cause seraient consentantes pour vivre en état de bigamie.

Une loi supplétive, encore appelée loi interprétative, est une loi qui ne s'impose qu'à défaut de volonté, expresse ou tacite, contraire des particuliers. Une telle loi, comme toutes règles de droit, reste obligatoire, dans la mesure où elle a vocation à s'appliquer, dès lors que les particuliers n'ont pas convenu de l'écarter. Seulement, le caractère obligatoire est atténué, puisque la règle prévue par le législateur ne s'impose qu'à titre supplétif.

157. Application. Pour régler le sort des biens des époux, le Code civil prévoit un régime de communauté d'acquêts. Avec ce régime légal, tous les biens qui sont acquis, à titre onéreux, par les époux durant leur mariage sont mis en commun. En conséquence, à la dissolution du mariage, soit par le divorce, soit au décès de l'un d'entre eux, les époux ou leurs héritiers se partageront ces biens. Toutefois, dans la mesure où l'article 1400 du Code civil énonce que cette loi est supplétive, les époux sont libres de s'entendre pour adopter un autre régime matrimonial, tel celui de la séparation des biens. Pour ce faire, il leur suffit de rédiger, devant notaire, un contrat de mariage. Le régime de communauté d'acquêts n'est donc pas impératif. Seulement, si les époux ne choisissent pas un autre régime, ce régime légal de communauté s'appliquera à eux. C'est en cela qu'une règle supplétive demeure néanmoins obligatoire.

158. Critères. Dans certains cas, le législateur énonce expressément le caractère impératif ou supplétif de la loi. Par exemple, l'article 2 de la loi du 6 juillet 1989 sur les baux d'habitation énonce : « Les dispositions du présent titre sont d'ordre public. » D'autres fois, le législateur affirme le caractère impératif d'une loi en employant les mots : « à peine de nullité » ; « nonobstant toutes conventions contraires » ; « toute convention contraire est nulle » ; ou encore : « toute clause contraire est réputée non écrite ».

À l'inverse, le législateur peut aussi affirmer expressément le caractère supplétif d'une règle. Par exemple, concernant la modification des statuts d'une société, l'article 1836 du Code civil dispose : « les statuts ne peuvent être modifiés, à défaut de clause contraire, que par l'accord unanime des associés. »

Parfois, la loi ne donne aucune précision quant à son caractère impératif ou supplétif. Il appartient alors au juge, dans le cadre de son pouvoir d'interprétation, de dire quel est le caractère de la règle. Par exemple, l'article 1315 du Code civil énonce le principe général selon lequel la charge de la preuve incombe au demandeur au procès. Dans le silence du texte, la jurisprudence décide qu'il est supplétif de la volonté des parties (Com., 19 juillet 1965, *Bull.*, n° 456). Ainsi, les parties peuvent-elles modifier d'un commun accord les règles de la charge de la preuve de l'article 1315 du Code civil (voir *infra* n° 1181).

Plan. Après avoir présenté le classement des normes juridiques entre elles (Section I), on déterminera les domaines respectifs de la loi et du règlement (Section II). Puis, nous envisagerons deux questions essentielles qui dominent le droit : d'une part l'application de la loi (Section III), d'autre part son interprétation (Section IV).

Section I
La hiérarchie des normes juridiques

159. Parmi les règles écrites du droit, il y a lieu de distinguer les règles constitutionnelles, les règles internationales, les règles législatives, et les règlements, c'est-à-dire les décrets et les arrêtés. On a l'habitude d'énumérer les règles écrites dans cet ordre qui exprime une hiérarchie ; la règle inférieure étant subordonnée à la règle supérieure qu'elle est tenue de respecter.

Plan. Nous exposerons cette hiérarchie des règles écrites en évitant, dans un premier temps, d'y intégrer les règles internationales. Nous présenterons donc la hiérarchie des règles internes (Sous-section I), puis, l'autorité des règles internationales par rapport aux règles internes (Sous-section II).

Sous-section I La hiérarchie des règles internes

160. Selon leur ordre hiérarchique, les règles internes écrites sont constituées des règles constitutionnelles (§1), des lois ordinaires (§2), et des règlements (§3). Chacune de ces catégories comprend diverses sortes d'actes qui, eux-mêmes, peuvent faire l'objet d'une hiérarchie.

§ 1. Les règles constitutionnelles écrites

161. Les règles constitutionnelles englobent trois sources : la Constitution (A), les principes fondamentaux reconnus par les lois de la République (B), et les lois organiques (C).

A. La Constitution

162. La Constitution du 4 octobre 1958 est au sommet de la hiérarchie des normes. Deux raisons expliquent cette prééminence : d'une part, la Constitution contient les règles constitutives de la société ; d'autre part, elle organise la production des normes juridiques en conférant au Parlement et au Gouvernement le pouvoir d'édicter des lois ou des règlements.

Sont assimilées à la Constitution, toutes les lois constitutionnelles qui l'ont modifiée ou complétée (plus de vingt-cinq révisions depuis 1958).

163. Modalités de révision. La révision peut être *votée par référendum*, conformément à l'article 89 de la Constitution. L'initiative appartient concurremment au président de la République et aux membres du Parlement. En principe, le texte est voté par les deux Assemblées, puis approuvé par référendum. C'est la procédure qui a été suivie pour l'élection du président de la République au suffrage universel direct, en novembre 1962, et la réduction de son mandat à cinq ans, en octobre 2000. Toutefois, le référendum est écarté, lorsque le président de la République décide de soumettre le projet de révision au *vote du Congrès* qui réunit les deux Assemblées. Cette procédure simplifiée a été retenue pour la loi constitutionnelle de modernisation des institutions, en juillet 2008.

B. Les principes fondamentaux reconnus par les lois de la République

164. Le Préambule de la Constitution de 1958 renvoie expressément à la Déclaration des droits de l'homme de 1789, ainsi qu'au Préambule de la Constitution de 1946, et à la Charte de l'environnement, adoptée par la loi de révision de la Constitution du 1er mars 2005. Aussi les principes fondamentaux énoncés par ces sources sont-ils assimilés au texte constitutionnel proprement dit.

165. Décision du Conseil constitutionnel du 16 juillet 1971. La valeur constitutionnelle de ces principes résulte d'une décision du Conseil constitutionnel du 16 juillet 1971 (Cons. const., 16 juill. 1971, *Rec.* p. 29). Une loi avait été votée par le Parlement, en 1971, pour instaurer, à l'initiative du Préfet, un contrôle *a priori* des associations par l'autorité judiciaire. Le Conseil a déclaré cette loi contraire à la Constitution en se référant, pour la première fois, à son Préambule et, en conséquence, aux textes auxquels il se réfère.

Cependant, l'autorité des droits et des principes mentionnés dans ces textes varie selon leur nature propre et la forme de leur énoncé. Ainsi le Préambule de la Constitution de 1946 commence-t-il par énumérer certains principes politiques, économiques et sociaux « particulièrement nécessaires à notre temps », par exemple l'égalité de la femme, le droit d'asile, le principe de non-discrimination, le droit à l'emploi, le droit syndical, le droit de grève, et l'accès à l'instruction. Puis, il se contente d'évoquer l'existence d'autres « principes fondamentaux », sans les définir.

Profitant de cette imprécision, le Conseil constitutionnel, par sa décision du 16 juillet 1971, s'est arrogé le droit de découvrir de nouveaux principes fondamentaux reconnus par les lois de la République (PFRLR). Parmi ceux-ci : la liberté d'association (Cons. const., 16 juill. 1971, préc.) ; la liberté individuelle, à propos des fouilles des véhicules (Cons. const., 12 janv. 1977) ; l'indépendance des professeurs d'universités (Cons. const., 20 janv. 1984, *Rec.* p. 39) ; l'indépendance de la juridiction administrative (Cons. const., 22 juill. 1980, *Rec.* p. 46) ; la liberté d'enseignement (Cons. const., 23 nov. 1977, *Rec.* p. 42) ; le respect des droits de la défense (Cons. const., 2 déc. 1976, *Rec.* p. 39). Plus récemment, le Conseil a consacré un principe de justice pénale selon lequel les mineurs ne peuvent être jugés et sanctionnés dans les mêmes conditions que les majeurs (Cons. const., 29 août 2002, *J.O.* du 10 septembre ; 13 mars 2003, *J.O.* du 19 mars).

166. Trompe l'œil. En revanche, ne constituent pas des PFRLR certains « objectifs de valeur constitutionnelle » reconnus par le Conseil constitutionnel sur le fondement de la Constitution, de la Déclaration des droits de l'homme, ou du Préambule de la Constitution de 1946. En effet, le Conseil accole ce qualificatif à divers principes qu'il formule, comme la sauvegarde de l'ordre public (Cons. const., 141 DC du 27 juill. 1982 ; Cons. const., 484 DC du 20 nov. 2003, avec le droit de mener une vie familiale normale) ; la possibilité de disposer d'un logement décent (Cons. const., 503 DC du 12 août 2004) ; ou l'accessibilité et l'intelligibilité de la loi (Cons. const., 421 DC du 16 déc. 1999 ; Cons. const., DC du 28 avr. 2005). Il ne s'agit pas de principes constitutionnels, mais de conseils d'orientations assignés à la mise en œuvre de la norme juridique, en particulier des PFRLR. Leur place dans la hiérarchie des normes donne malheureusement lieu à des discussions savantes sans fin.

167. Rapprochement du Conseil d'État. De son côté, le Conseil d'État, dans un arrêt *Kone*, du 3 juillet 1996, s'est également reconnu le droit de découvrir des PFRLR dans le cadre de son pouvoir d'interprétation de la Constitution et des conventions internationales (C.E., 3 juill. 1996, *D.* 1996.509). Il a, par exemple, reconnu l'existence d'un principe général du droit de l'extradition, rattaché aux PFRLR, selon lequel l'État requis peut refuser une extradition lorsqu'elle est demandée dans un but politique.

168. Principes à valeur constitutionnelle. Les PFRLR sont souvent noyés dans la catégorie plus vaste et imprécise des principes à valeur constitutionnelle. Cette catégorie intègre des principes généraux du droit qui ont été élevés à la valeur constitutionnelle, comme le principe d'égalité d'accès des citoyens aux emplois publics (C.E., 8 mai 1954, *Barrel et autres*, *Rec.* p. 308).

169. Charte de l'environnement. En revanche, les principes prévus par la Charte de l'environnement de 2004, comme les principes de prévention (art. 3), du pollueur-payeur (art. 4), de précaution (art. 5), d'information du public (art. 7), souvent évoqués à propos des antennes relais et des organismes génétiquement modifiés, ne constituent pas (ou plus) des principes généraux du droit élevés à la valeur constitutionnelle. Depuis l'intégration, en 2005, de la Charte dans le Préambule de notre Constitution, toutes ses dispositions ont, par nature, un fondement constitutionnel (C.E., 3 oct. 2008, *Commune d'Annecy*; Cons. const., nº 2008-564 DC du 19 juin 2008, à propos de la loi relative aux OGM).

170. Bloc de constitutionnalité. En définitive, les règles écrites de valeur constitutionnelle, dont le respect s'impose à la loi, comprennent :

1. la Constitution de 1958;
2. la Déclaration des droits de l'homme et du citoyen de 1789, et le Préambule de la Constitution de 1946, en particulier les principes « particulièrement nécessaires à notre temps ». La Charte de l'environnement de 2004 fait également partie du bloc de constitutionnalité, depuis son intégration au Préambule de la Constitution par la révision constitutionnelle du 1er mars 2005;
3. les principes fondamentaux reconnus par les lois de la République (PFRLR), ainsi que les principes de valeur constitutionnelle découverts par le Conseil constitutionnel et le Conseil d'État.

C. Les lois organiques

171. Le texte de la Constitution est assez succinct. Il ne donne sur les matières qu'il envisage que les lignes directrices. Par exemple, il n'est nulle part indiqué la durée des sessions du Parlement ou le nombre des députés et des sénateurs. C'est la raison pour laquelle plusieurs articles de la Constitution renvoient à des lois organiques pour préciser les règles d'organisation et de fonctionnement des pouvoirs et organes mentionnés. Des lois organiques déterminent également le contenu et la procédure d'élaboration des lois de finances et de financement de la sécurité sociale (Const., art. 34 al. 4 & 5). Leur procédure d'élaboration est décrite à l'article 46. Aujourd'hui, notre Constitution prévoit trente-neuf lois organiques dont quinze en application de la révision constitutionnelle du 23 juillet 2008 de modernisation des institutions de la Ve République (*J.O.* du 24 juillet).

Dans la hiérarchie des règles écrites, on reconnaît aux lois organiques, d'une part, une valeur *supra*-législative, les lois ordinaires devant être conformes à leurs dispositions (Cons. const., 24 déc. 1979), d'autre part, une valeur *infra*-constitutionnelle, dans la mesure où, édictées en application de la Constitution, elles lui sont subordonnées (Cons. const., 2 déc. 1992 et 20 mai 1998).

§ 2. Les lois ordinaires

172. Initiative. Les lois ordinaires sont les lois qui sont votées par le Parlement dans les matières prévues par l'article 34 de la Constitution (voir *infra* nº 223). L'initiative en revient soit au Premier ministre, soit aux membres du Parlement. Dans le premier cas, on emploie les termes de *projets de lois*, dans le second cas, ceux de *propositions de lois* (lors de la session parlementaire 2008-2009, 29 lois ont été adoptées dont 7 d'origine parlementaire, non comprises les conventions internationales ratifiées ou approuvées).

173. Procédure d'élaboration. Le projet de texte est d'abord examiné par une commission de chacune des deux Assemblées, c'est-à-dire l'Assemblée nationale et le Sénat (art. 43). Puis, il est discuté et voté par chaque Assemblée, en vue de l'adoption d'un texte identique (art. 45). À cette occasion, le Gouvernement et les parlementaires ont un droit d'amendement (art. 44). Au cas où les Assemblées ne parviennent pas à adopter un texte identique, une commission mixte paritaire est prévue pour parvenir à l'adoption d'un texte commun (art. 45). En ce cas, le texte peut être soumis par le Gouvernement pour approbation aux deux Assemblées. Si cette procédure de conciliation n'aboutit pas, le Gouvernement peut, après une nouvelle lecture par les deux Assemblées, demander à l'Assemblée nationale de statuer définitivement (art. 45).

174. Le « 49-3 ». La loi peut également être adoptée sans vote dans le cadre de la procédure de l'article 49, alinéa 3, déjà utilisée près d'une centaine de fois sous la Ve République. Il s'agit de l'hypothèse où le Premier ministre décide d'engager la responsabilité de son Gouvernement sur le vote d'un texte. Le texte est réputé adopté si une motion de censure n'est pas déposée et votée par la majorité des membres qui composent l'Assemblée nationale. Toutefois, depuis la révision constitutionnelle du 23 juillet 2008, le recours à l'article 49-3 est désormais limité aux projets de lois de finances et de financement de la sécurité sociale, ainsi que pour un autre projet ou proposition de loi par session.

175. Ordonnances. Aux lois ordinaires, il convient d'assimiler les ordonnances de l'article 38 de la Constitution, à partir du moment où, après avoir été prises en conseil des ministres, elles ont été ratifiées par le Parlement.

Avec ces ordonnances, le pouvoir exécutif légifère dans des matières qui, selon l'article 34, sont normalement du domaine de la loi, c'est-à-dire réservées au Parlement. Toutefois, lorsque le Gouvernement demande au Parlement la permission d'empiéter sur son domaine, le Parlement peut l'autoriser en votant une loi dite d'habilitation. Une fois l'ordonnance prise en conseil des ministres, après avis du Conseil d'État, cette ordonnance doit être ratifiée de manière expresse par le Parlement. Dès qu'elle est ratifiée, elle acquiert valeur de loi. Dans le cas contraire, elle n'a que valeur réglementaire.

§ 3. Les règlements

176. Il s'agit des règles de droit écrites qui émanent du pouvoir exécutif. Ces règlements font l'objet d'une hiérarchie, en fonction de l'autorité dont ils émanent.

177. Décrets du président de la République. Ils sont au sommet de la hiérarchie des règlements. À ces décrets, sont assimilées les ordonnances de l'article 38 de la Constitution tant qu'elles n'ont pas été ratifiées par le Parlement.

178. Décrets du Premier ministre. Ils sont de deux sortes :

- d'une part les décrets d'application, qui viennent préciser les modalités d'application d'une loi ordinaire. Il s'agit donc de règlements subordonnés à la loi, prévus par l'article 34 de la Constitution dans certaines matières ;

– d'autre part les décrets autonomes, qui sont pris dans le cadre de l'article 37 de la Constitution, c'est-à-dire dans des matières qui sont réservées au Gouvernement, faute d'être mentionnées dans l'article 34. Ces règlements sont dits autonomes, parce qu'ils ne sont pas pris en application d'une loi : ils sont indépendants de toute loi.

179. Arrêtés. Ils sont au dernier niveau de la hiérarchie des règlements. Il en existe diverses sortes, selon le niveau de l'autorité dont ils émanent : interministériels, ministériels, préfectoraux, municipaux, etc. L'autorité exécutive d'un établissement public, tel le président d'une Université, dispose également d'un pouvoir réglementaire.

180. Circulaires. Les ministres et chefs de services adressent souvent aux agents placés sous leur autorité des circulaires et des instructions dont la valeur juridique est discutée. Dans un premier temps, le Conseil d'État avait distingué les circulaires interprétatives, simples mesures d'ordre interne à l'administration, non susceptibles de recours pour excès de pouvoirs, et les circulaires réglementaires, qui, fixant des règles nouvelles, pouvaient être déférées au juge (C.E., 29 janv. 1954, *Notre-Dame du Kreisker, Rec.* p. 64). Aujourd'hui, un critère de distinction plus simple est mis en œuvre : il porte sur le caractère impératif ou non des circulaires (C.E., 18 déc. 2002, *Mme Duvignères*). Les circulaires qui contiennent des dispositions impératives peuvent faire l'objet d'un recours pour excès de pouvoir, même si elles ne modifient pas le droit (C.E., 8 mars 2006, *FCPE*), alors que les autres ne peuvent être déférées au juge.

On ajoutera qu'en application d'un décret du 8 décembre 2008, toute circulaire qui ne figure pas sur le site www.circulaires.gouv.fr/ est réputée abrogée, sauf celles dont la loi permet à un administré de se prévaloir (près de 2000 circulaires publiées pour le domaine « éducation, enseignement supérieur, recherche »).

Sous-section II La suprématie des traités internationaux

181. Droit conventionnel international. L'une des sources du droit international est d'origine conventionnelle. Elle est constituée des traités, conventions et divers accords, conclus par la France avec d'autres États. Ce droit soulève des difficultés en cas de contradiction entre ses dispositions et celles d'une loi française. Il convient dès lors de préciser la place qu'occupent ces traités internationaux dans notre hiérarchie des normes juridiques.

182. Textes. Selon l'article 55 de la Constitution : « Les traités ou accords régulièrement ratifiés ou approuvés ont, dès leur publication, une autorité supérieure à celle des lois, sous réserve, pour chaque accord ou traité, de son application par l'autre partie. » Ce texte affirme donc la primauté des traités conclus par la France sur ses propres lois, au sens large du terme (lois et règlements).

Tout au plus, l'article 54 précise-t-il : « Si le Conseil constitutionnel [...] a déclaré qu'un engagement international comporte une clause contraire à la Constitution, l'autorisation de ratifier ou d'approuver l'engagement international en cause ne peut intervenir qu'après la révision de la Constitution. » C'est en application de ce texte que la Constitution a été modifiée par une loi du 23 février 2007 relative à l'interdiction de la peine de mort. Cette modification était indispensable pour permettre la ratification par la France du deuxième protocole de la convention de New York du 15 octobre 1989 portant abolition de la peine de mort.

183. Règle mort-née. On notera, par ailleurs, la disparition dans le texte du traité de Lisbonne de la formule provocatrice, qui avait été retenue, en 2003, par l'article 1-6 du projet de traité établissant une Constitution européenne, en définitive non adoptée : « La Constitution [européenne] et le droit adopté par les institutions priment le droit [y compris constitutionnel] des États membres. »

Plan. On examinera la place des traités internationaux à l'égard de notre Constitution (§1), puis celle du droit communautaire originaire à l'égard de nos lois internes (§2).

§ 1. La primauté de la Constitution sur les traités

184. Si l'article 55 de la Constitution proclame la suprématie des traités internationaux sur les lois françaises, il ne règle pas le conflit susceptible d'exister entre un traité international et notre Constitution, laquelle ne saurait être assimilée à une simple loi. D'aucuns considèrent que la Constitution française ne peut être subordonnée aux traités internationaux, en particulier au droit européen, quand bien même en adhérant à des communautés supra-nationales, la France se soumet, dans certains domaines, à une autorité commune.

185. Cette supériorité de la Constitution est défendue par **le Conseil d'État et la Cour de cassation**, en termes identiques : « La suprématie conférée aux engagements internationaux ne s'applique pas, dans l'ordre interne, aux dispositions de nature constitutionnelle » (C.E., 30 octobre 1998, *Sarran*, *Rec.* p. 368 ; C.E., 3 déc. 2001, *Synd. nat. industr. pharmaceut.* : *Rec.* p. 624 ; C.E., 8 févr. 2007, *Sté Arcelor* ; *D.* 2007.2273, note Verpeaux ; Ass. plén., 2 juin 2000, *Fraisse, Bull.* n° 4). En clair, les juges ne sauraient écarter une disposition de la Constitution au motif qu'elle serait contraire à un engagement international de la France.

186. Quant au **Conseil constitutionnel**, il a développé une jurisprudence d'une grande subtilité qui donne lieu à des interprétations multiples. Le Conseil semble devoir placer les traités internationaux au-dessus de nos lois, mais au-dessous des normes à valeur constitutionnelles (Cons. const., 19 nov. 2004, *Traité établissant une constitution pour l'Europe*, Décis. n° 2004-505 DC du 19 nov. 2004). C'est la raison pour laquelle il met en œuvre deux principes complémentaires (Cons. const., Décis. n° 2004-496 DC du 10 juin 2004 ; *D.* 2004, p. 1739, note Mathieu ; Cons. const., Décis. n° 2006-540 DC, du 27 juill. 2006) :

- d'une part, il ne lui appartient plus de contrôler les lois de transposition des directives communautaires, du fait de l'article 88-1 de la Constitution, issu de la révision constitutionnelle de 1992 consécutive au traité de Maastricht (« La République participe aux Communautés européennes et à l'Union européenne, constituées d'États qui ont choisi librement, en vertu des traités, qui les ont instituées, d'exercer en commun certaines de leurs compétences ») ;
- d'autre part, il maintient son contrôle de la conformité à la Constitution des lois de transposition de directives, « en raison d'une disposition expresse contraire de la Constitution », c'est-à-dire une disposition spécifique à la Constitution, sans équivalent dans le droit communautaire primaire (sa décision du 27 juillet 2006 emploie les termes inédits de

« règle ou principe inhérent à l'identité constitutionnelle de la France »). Ce serait le cas, par exemple, d'une directive comportant une discrimination en fonction de l'origine ethnique des personnes. Dans une telle circonstance, la Constitution française prévaut et le Conseil peut exercer son contrôle.

§ 2. La primauté du droit communautaire sur les lois

187. Il reste à examiner la portée du principe de la primauté des traités sur les lois internes non constitutionnelles. Cette question peut être présentée, d'abord, dans le cadre du droit communautaire traditionnel (A), puis, dans celui particulier de la Convention européenne des droits de l'homme (B).

A. La primauté du droit communautaire originaire et dérivé

188. Fondement. L'article 55 de la Constitution confère aux traités et accords internationaux régulièrement ratifiés une autorité supérieure à celle des lois. Cette disposition a vocation à s'appliquer à toutes sortes d'engagements internationaux de la France, y compris aux divers traités qui ont institué l'Union et la Communauté européenne, ainsi qu'à ceux qui les ont modifiés ou complétés. En outre, la Constitution renferme un article spécifique au droit communautaire : l'article 88-1, issu de la révision constitutionnelle de 1992 (voir *supra* n° 186). Cet article impose à la France de respecter les obligations qui résultent de son engagement européen, et d'abandonner les compétences et les prérogatives qui sont exercées en commun.

Plan. Aux termes d'une évolution jurisprudentielle laborieuse, ce principe de la primauté des traités et accords bénéficie aujourd'hui tant au droit communautaire originaire (1), qu'au droit communautaire dérivé (2).

1. Le cas du droit communautaire originaire

189. Position du problème. Il arrive qu'une disposition d'une loi interne soit contraire à celle fixée dans un traité ratifié par la France. Par exemple, une loi imposerait un diplôme français pour exercer une profession donnée, alors qu'un engagement international conclu par la France permettrait l'accès à cette profession à tous les titulaires d'un diplôme de l'Union européenne. En présence d'un tel conflit, deux hypothèses sont distinguées. La première concerne une loi interne qui est antérieure au traité. La seconde concerne une loi interne qui est postérieure au traité.

190. Loi antérieure au traité. Lorsque la loi est antérieure au traité, il n'y a guère de difficultés. Conformément à l'article 55 de la Constitution, le traité postérieur l'emporte sur la loi plus ancienne qui lui est contraire (C.E., 23 nov. 1936 : *Abdoulhoussen* ; C.E., 23 déc. 1949 : *Sté Cominfi*).

Cette solution n'est que l'application du principe de logique juridique selon lequel : « toute nouvelle loi abroge une loi antérieure qui lui est contraire. » Bien que cet adage ne semble viser qu'un conflit entre des lois de même niveau hiérarchique, on considère que l'entrée en vigueur d'un traité dans notre ordre juridique interne provoque l'abrogation de toutes les lois internes antérieures dont les dispositions lui sont contraires. D'une manière générale, cette entrée en vigueur est subordonnée au vote d'une loi de ratification par le Parlement, chaque fois que le traité modifie des dispositions de nature législative (art. 53).

191. Loi postérieure au traité. Lorsqu'une loi interne nouvelle est contraire aux dispositions d'un traité antérieur, la solution est plus difficile. En effet, trois questions s'entremêlent : quel texte prime les autres ? Y a-t-il contrôle de cet ordre hiérarchique éventuel ? Qui va exercer ce contrôle ?

Afin d'y voir plus clair, il convient de retracer les grandes étapes de la jurisprudence (a), avant de s'interroger sur le contrôle de la conventionnalité de nos lois à un traité international antérieur (b).

a. L'ÉVOLUTION DE LA JURISPRUDENCE

192. L'abondance des juridictions compétentes. Jusqu'à l'arrêt *Nicolo* du Conseil d'État, rendu en octobre 1989, un grand désordre régnait dans la jurisprudence pour déterminer si un traité international devait ou non prévaloir sur une loi interne postérieure et, dans l'affirmative, quel juge était compétent pour contrôler la conformité de cette loi au traité. C'est ainsi que quatre hautes juridictions ont pu avoir des réponses différentes : le Conseil constitutionnel, le Conseil d'État, la Cour de cassation, et la Cour de justice des Communautés européennes (CJCE).

193. Renvoi préjudiciel devant la Cour de justice de l'Union européenne. On précisera que la CJCE, devenue Cour de justice de l'Union européenne (CJUE), qui siège à Luxembourg, est une juridiction créée par les traités ayant institué les communautés européennes. Depuis le traité de Lisbonne, la Cour de justice de l'Union européenne comprend trois juridictions : la Cour de justice, le Tribunal (anciennement « Tribunal de première instance ») ; et le Tribunal de la fonction publique.

La CJUE est chargée de régler les difficultés soulevées par l'application des traités communautaires. À cette fin, elle est obligatoirement saisie par les juridictions nationales statuant en dernier ressort, dès lors que ces juridictions sont confrontées à une difficulté d'interprétation d'un texte communautaire (art. 234 du traité CE). C'est ce que l'on appelle un *renvoi préjudiciel* ; le Conseil d'État et la Cour de cassation devant surseoir à statuer jusqu'à la décision de la CJUE. L'interprétation de la CJUE s'impose alors aux juridictions nationales pour garantir l'uniformité d'interprétation du traité dans les différents pays membres. Il n'en résulte pas une quelconque subordination des juridictions nationales à la CJUE. Nos juridictions nationales tiennent toujours leur existence et leur compétence de leur Constitution nationale. Il faut plutôt voir dans la procédure préjudicielle un judicieux « instrument de coopération judiciaire » (CJCE, 15 mai 2003, *aff. Salzmann*, C.300/01 : *JOUE* 2003/C 158/09).

On rappellera que la procédure préjudicielle a été étendue par le traité de Lisbonne sur le fonctionnement de l'Union européenne (TFUE), entré en vigueur le 1er décembre 2009, aux actes pris par les organes et organismes de l'Union, désormais incorporés au droit de l'Union (TFUE, art. 267). La Cour de justice peut donc contrôler la conformité des législations nationales avec ces actes, comme ceux du Parlement européen et du Conseil européen produisant des effets juridiques à l'égard des tiers, à la demande des juges nationaux, dans le cadre d'un renvoi préjudiciel (voir *supra* nº 52). Cette procédure a également été étendue en matière d'« espace de liberté, de sécurité et de justice ». Ainsi, dans le domaine de la police et de la justice pénale, la Cour de justice est-elle désormais compétente pour statuer à titre préjudiciel à la demande des juridictions nationales (l'art. 10 du Protocole n° 36 précise toutefois que cette compétence ne produira pleinement ses effets que cinq ans après l'entrée en vigueur du traité de Lisbonne).

194. Première étape. Le Conseil d'État (C.E., 1er mars 1968, *Semoules de France*, *Rec.* p. 149), et la Cour de cassation (Civ., 22 déc. 1931, *D.* 1932-131), ont d'abord considéré que la question de la conformité ou non d'une loi nationale à un traité ne relevait pas de leur compétence pour au moins trois raisons : 1) l'article 55 de la Constitution n'habilite pas formellement le juge à assurer le respect de la hiérarchie des normes qu'il édicte ; 2) la Constitution confie au seul Conseil constitutionnel le contrôle de la constitutionnalité des lois, c'est-à-dire le contrôle du respect de la loi à la Constitution ou à un traité international ; 3) dans notre tradition de la séparation des pouvoirs judiciaire et législatif, il est peu concevable qu'un juge puisse juger une loi. Aussi nos tribunaux se contentaient-ils de faire prévaloir la loi nouvelle, *a priori* valable, sur un traité antérieur.

195. Deuxième étape. En revanche, la Cour de justice des Communautés européennes (aujourd'hui : CJUE) a proclamé la primauté du droit communautaire sur le droit national, par référence à l'existence d'un ordre juridique communautaire spécifique : « Issu d'une source autonome, le droit né du traité ne pourrait donc, en raison de sa nature spécifique originale, se voir judiciairement opposer un texte interne sans perdre son caractère communautaire et sans que soit mise en cause la base juridique de la Communauté elle-même » (CJCE, 15 juill. 1964, *Costa c. ENEL* : Clunet, 1964-697). Il en résulte que les États et les particuliers eux-mêmes doivent respecter les droits conférés par le droit communautaire originaire.

196. Ce droit a un **effet direct vertical**, en ce qu'il permet à un particulier de l'invoquer contre une autorité publique devant ses juridictions nationales (effet vertical ascendant), ou à l'autorité publique de l'invoquer contre un particulier (effet vertical descendant).

Ce droit communautaire a également un **effet direct horizontal**, en ce qu'il permet à un particulier de l'invoquer contre un autre particulier (ex. : litige entre un salarié et son employeur) Toutefois, l'effet direct du droit communautaire n'est pas automatique. Les dispositions en cause doivent être suffisamment claires et précises et créer une obligation inconditionnelle, en ce sens que leur mise en œuvre ne nécessite pas des mesures complémentaires ou d'exécution adoptées par les États (CJCE, 5 févr. 1963, *Van Gend en Loos*). En somme, la norme n'a pas besoin d'être transposée.

197. Troisième étape. La Cour de cassation a opéré un revirement avec son arrêt *Jacques Vabre*, rendu en chambre mixte, le 24 mai 1975 (Cass. ch. mixte, 24 mai 1975 : *Bull.* n° 4). Pour la Cour de cassation, le traité de Rome doit prévaloir sur une loi interne contraire postérieure : « Le traité de Rome du 25 mars 1957 qui, en vertu de l'art. 55 de la Constitution, a une autorité supérieure à celle des lois, institue un ordre juridique propre intégré à celui des États membres ; en raison de cette spécificité, l'ordre juridique qu'il a créé est directement applicable aux ressortissants de ces États et s'impose à leurs juridictions ; dès lors, c'est à bon droit, et sans excéder ses pouvoirs, que la cour d'appel a décidé que l'article 95 du traité devait être appliqué en l'espèce, à l'exclusion de l'article 265 du Code des douanes, bien que ce dernier fût postérieur. » Tout au plus, certains auteurs discutent sur le point de savoir si cet arrêt se fonde sur l'article 55 de la Constitution, applicable à tous les traités communautaires, ou sur l'existence d'un ordre juridique communautaire spécifique, à l'instar de l'arrêt *Costa* de la CJCE.

198. Quatrième étape. Enfin, le Conseil d'État a abandonné sa jurisprudence de la prévalence de la loi postérieure, avec l'arrêt *Nicolo* du 20 octobre 1989 (C.E., 20 oct. 1989, *Nicolo*, Rec. p. 190). En l'espèce, le Conseil d'État a accepté de vérifier si une loi interne était conforme aux dispositions du traité de Rome. Par là même, il reconnaissait la primauté du traité international sur une loi interne contraire postérieure. Les particuliers peuvent donc invoquer les dispositions des traités régulièrement ratifiés devant leurs juridictions nationales contre l'État (effet direct vertical) ou contre d'autres particuliers (effet direct horizontal), chaque fois que la loi française n'est pas conforme à ces dispositions.

b. Le contrôle de conventionnalité

199. Désormais, on peut considérer que l'article 55 de la Constitution, qui proclame expressément la supériorité des traités et accords internationaux sur la loi ordinaire, habilite implicitement les juridictions ordinaires à exercer le contrôle de la conformité de la loi à ces traités et accords internationaux. Dans cette fonction, les juges judiciaires et administratifs peuvent donc écarter, pour cause de contrariété à la Constitution, l'application d'une loi interne contraire à une disposition d'un traité antérieur régulièrement ratifié.

200. La décision IVG du Conseil constitutionnelle du 15 janvier 1975. Cette solution est d'autant plus étonnante que le Conseil constitutionnel, depuis une décision du 15 janvier 1975, se refuse à exercer le contrôle de nos lois internes aux droits fondamentaux garantis par les traités et accords internationaux (Cons. const., 74-54 DC du 15 janvier 1975 ; dans le même sens : Cons. const., 535 DC du 30 mars 2006, etc.).

Le Conseil avait été saisi sur la base l'article 61 de la Constitution d'un recours contre la loi *Veil* du 17 janvier 1975 libéralisant l'interruption volontaire de grossesse. Cette mesure était critiquée comme contraire à l'article 2 de la Conv. EDH, aux termes duquel «*le droit de toute personne à la vie est protégé par la loi*». Le Conseil ne s'est alors pas reconnu le pouvoir de contrôler la conformité de cette loi à l'article 2 de la Conv. EDH, au motif «*qu'il n'appartient pas au Conseil constitutionnel, lorsqu'il est saisi en application de l'article 61, d'examiner la conformité d'une loi aux stipulations d'un traité ou d'un accord international*».

201. La dualité des contrôles de conformité. Il faut en conclure qu'il existe en France deux contrôles de conformité de nos lois, l'un à l'égard de la Constitution, l'autre à l'égard des traités et accords internationaux. Le premier, appelé *contrôle de constitutionnalité*, relève du monopole du Conseil constitutionnel, la Cour de cassation et le Conseil d'État refusant pour l'instant de l'exercer (voir *infra* n° 242) ; l'autre, souvent qualifié de *contrôle de conventionnalité*, est assuré par les juridictions ordinaires, le Conseil constitutionnel refusant de l'exercer !

Ce partage est d'autant plus regrettable que beaucoup de principes fondamentaux qui font partie du bloc de constitutionnalité sont quasiment identiques aux divers droits énumérés dans la Conv. EDH, du fait du recours, dans chacun de ces textes, à des notions très vagues et extensives susceptibles de se recouper ou de s'éclairer mutuellement. C'est sans doute la raison pour laquelle le juge constitutionnel et le juge administratif incorporent parfois indirectement au bloc de constitutionnalité des dispositions issues de la Conv. EDH, dès lors que, pour définir un principe constitutionnel, ils se prononcent «à la lumière» des droits garantis par la Conv. EDH (Décision 260 DC du 28 juill. 1989, interprétant le principe constitutionnel du respect des droits de la défense par référence implicite à l'art. 6 de la Conv. EDH ; Décision 467 DC du 13 mars 2003 se référant à l'art. 5 de la Conv. EDH ; C.E., 22 avr. 2005, req. n° 257406, *M. M.* : « Considérant que la décision contestée [...] n'a pas méconnu le principe à valeur constitutionnelle du droit pour les personnes intéressées d'exercer un recours effectif devant une juridiction, rappelé par les stipulations de la Conv. EDH »).

2. Le cas du droit communautaire dérivé

202. La question s'est également posée de l'application du principe de l'article 55 au droit communautaire dérivé, c'est-à-dire aux normes qui sont prises dans ce cadre communautaire. Il en est ainsi des règlements et des directives communautaires prévus par l'article 189 du traité de Rome, devenu l'article 249 du traité CE. Rappelons qu'aux termes de ce texte, les règlements sont directement applicables à l'intérieur des État membres, contrairement aux directives qui ne fixent que les objectifs à atteindre, laissant aux États le soin d'adopter les mesures nécessaires à l'obtention du résultat prescrit, au moyen de lois ou de règlements nationaux (voir *supra* n° 58).

À l'évidence, ces règlements et directives communautaires ne constituent pas des traités ou des accords au sens de l'article 55 de la Constitution. Ils ne devraient donc pas primer les lois françaises.

203. Règlements communautaires. Pourtant, le Conseil d'État, à la suite de l'arrêt *Nicolo*, n'a pas hésité à consacrer la primauté des règlements communautaires sur une loi interne postérieure (C.E., 24 septembre 1990, *Boisdet*, *Rec.* p. 251). Ainsi les règlements communautaires peuvent-ils être invoqués par et/ou contre les particuliers devant les juridictions nationales, sous réserve qu'ils créent des droits ou des obligations à leur profit ou à leur encontre.

204. Directives communautaires. Quant aux directives, leur primauté sur le droit interne français, qui est désormais acquise, nécessite de plus amples explications. Il convient d'envisager deux hypothèses :

La première hypothèse concerne une directive qui, après avoir été adoptée au niveau communautaire, a été correctement intégrée dans notre ordre juridique par les autorités françaises au moyen d'une loi ou d'un règlement. Dans cette hypothèse, il n'y a aucun conflit entre la directive et notre droit national, puisque la directive s'est incorporée automatiquement à ce droit. La question de la primauté du droit communautaire disparaît donc.

La deuxième hypothèse concerne une directive européenne non transposée ou incorrectement transposée dans notre droit interne.

Dans cette situation, la **Cour de justice de l'Union européenne** (ex-CJCE) opère une distinction. D'une part, elle admet l'effet direct vertical de la directive. Un particulier peut donc invoquer la directive contre l'État qui a manqué à ses obligations, sous réserve que ses dispositions soient inconditionnelles et suffisamment claires et précises (CJCE, 4 déc. 1974, *Van Duyn*). D'autre part, elle prive d'effet direct horizontal la directive, faute pour celle-ci de créer des obligations vis-à-vis des particuliers. Un particulier ne peut donc l'invoquer à l'occasion d'un litige avec d'autres particuliers (CJCE, 26 février 1986, *Marshall*, *Rec.* 749 ; CJCE, 14 juill. 1994, *Paola Facini Dori*).

De son côté, le **Conseil d'État** est longtemps resté fidèle au texte même de l'article 189 du traité de Rome (art. 249 du traité de la CE) : à savoir que les directives ne sont pas d'applicabilité directe dans l'ordre interne. C'est ainsi qu'il refusait de contrôler la conformité d'un acte administratif individuel, tel un arrêté d'expulsion, aux dispositions d'une directive (C.E., 22 déc. 1978, *Cohn-Bendit*, *Rec.* p. 524).

Cependant, le Conseil d'État a opéré deux revirements successifs de jurisprudence quant à l'effet direct des directives :

- d'abord, il a admis la primauté des directives sur les actes administratifs réglementaires comme un décret ou un arrêté ayant une portée générale et impersonnelle (C.E., 28 février 1992, 2 espèces, *Rothmans et Philipp Morris*, *Rec.* p. 78 et 80). Un particulier peut donc invoquer contre l'État (ou l'entité soumise à son contrôle) une directive communautaire dont un acte administratif réglementaire transgresserait les objectifs ;
- ensuite, il a fini par reconnaître la possibilité pour tout justiciable de se prévaloir, à l'appui d'un recours dirigé contre un acte administratif même non réglementaire, des dispositions claires et précises d'une directive non intégrée ou mal intégrée à l'encontre d'une autre personne (C.E., ass. 30 oct. 2009, n° 298348, *Mme Perreux*, à paraître au Recueil Lebon).

205. Recours indirects des particuliers devant la Cour de justice de l'Union européenne. En principe, avant l'entrée en vigueur du traité de Lisbonne, un particulier ne pouvait invoquer une directive européenne contre un État que devant ses juridictions nationales. Il pouvait en être ainsi, par exemple, dans le cadre d'un recours en annulation ou en répétition de l'indu. En revanche, les particuliers ne pouvaient saisir directement la CJCE (devenue CJUE) de recours en manquement contre un État membre, n'ayant pas transposé une directive ou l'ayant mal transposée.

Tout au plus, le traité de l'Union européenne avait-il créé un lien entre les juridictions nationales et la CJCE avec la procédure de renvoi préjudiciel en interprétation, organisée par l'article 177 du traité de Rome (devenu l'article 234 du traité de l'UE). Comme nous l'avons vu, cette procédure permet à la CJUE de statuer à tout moment, à la demande d'un juge national, sur la portée d'une disposition du droit communautaire (voir *supra* n° 193). C'est d'ailleurs par ce mécanisme que la CJUE est parvenue à élaborer sa propre jurisprudence protectrice des particuliers contre les manquements étatiques.

> **Illustration.** En 2008, la Cour de cassation a demandé à la CJUE d'interpréter une disposition de la directive communautaire du 25 juillet 1985 relative à la responsabilité du fait des produits défectueux (Com., 24 juin 2008, *Bull.* n° 128). La question était de savoir si ce régime spécial de responsabilité intégrait la réparation des dommages causés aux biens professionnels ou seulement la réparation des dommages causés à des biens réservés à l'usage ou à la consommation privée. La CJUE s'est prononcée pour une interprétation restrictive en écartant l'application de ce régime communautaire dans la première hypothèse, tout en ajoutant que rien ne s'opposait à ce que d'autres régimes de responsabilité propres aux droits nationaux englobent cette hypothèse (CJCE, 4 juin 2009 : *D.* 2009, p. 1731, note Borghetti).

206. Recours directs des particuliers devant la Cour de justice de l'Union européenne. Le traité de Lisbonne, entré en vigueur le 1er décembre 2009, a assoupli les conditions de recevabilité des recours introduits par les particuliers, qu'il s'agisse de personnes physiques ou morales (ex.

des entreprises). C'est ainsi qu'un particulier peut, aujourd'hui, introduire un recours contre un acte réglementaire des institutions, organes et organismes de l'Union, dont il est le destinataire ou qui le concerne directement et individuellement, ainsi que contre un acte réglementaire qui le concerne directement et qui ne comporte pas de mesures d'exécution (TFUE, art. 263).

B. La primauté de la Convention européenne des droits de l'homme

207. Conv. EDH. Une place à part doit être réservée à la Convention européenne de sauvegarde des droits de l'homme et des libertés fondamentales, aussi appelée convention européenne des droits de l'homme. Cette convention a été signée le 4 novembre 1950, sous l'égide du Conseil de l'Europe, et ratifiée par l'ensemble des États membres de l'Union européenne, dont la France, le 3 mai 1974. Elle comprend treize protocoles additionnels, comme le Protocole n° 6 qui demande d'interdire la peine de mort en temps de paix.

208. Applicabilité directe. La Conv. EDH est d'applicabilité directe dans notre pays, tant en vertu de l'article 55 de la Constitution, qui donne une valeur supérieure aux traités et accords internationaux sur les lois internes, que de ses dispositions spécifiques.

Par ailleurs, l'article 6 § 3 du traité de Lisbonne, entré en vigueur le 1er décembre 2009, précise que « Les droits fondamentaux, tels qu'ils sont garantis par la Conv. EDH et tels qu'ils résultent des traditions constitutionnelles communes aux États membres, font partie du droit de l'Union en tant que principes généraux » (ils avaient déjà été érigés par la CJCE en principes communautaires : CJCE 15 mai 1986, aff. 22/84).

209. Recours des citoyens devant les juges nationaux. Toute personne peut donc se prévaloir des droits subjectifs garantis par la Conv. EDH devant les juridictions nationales administratives et judiciaires (C.E., 19 avr. 1991, *Belgacem et Mme Babas*, deux espèces, Rec. p. 152 et p. 162).

Dans ce cas, nous savons que les juges ordinaires exercent quasiment un contrôle inédit de conventionnalité, écartant ou censurant les dispositions de nos lois internes qu'ils considèrent incompatibles avec les droits proclamés par la Conv. EDH, alors même que le Conseil constitutionnel se refuse à exercer un tel contrôle (voir *supra* n° 200). C'est ainsi, par exemple, que la Cour de cassation a écarté l'application d'une loi française rétroactive aux instances en cours, au nom du droit à un procès équitable garanti par l'article 6 de la Conv. EDH (Cass., ass. plén., 23 janv. 2004 : *Bull.*, n° 2 ; voir *infra* n° 272).

210. Recours des citoyens devant la Cour EDH. Plus original encore, une personne qui n'obtient pas satisfaction devant les juridictions nationales peut former un recours individuel devant la Cour européenne des droits de l'homme (en abrégé : Cour EDH).

Cette juridiction, composée de 47 juges élus pour 6 ans, siège à Strasbourg de façon permanente (il ne s'agit pas d'une institution de l'Union européenne). Placée auprès du Conseil de l'Europe, elle est chargée de veiller au respect de la Conv. EDH. On notera qu'un citoyen ne peut saisir la Cour EDH qu'après avoir épuisé toutes les voies de recours disponibles du droit national (la Cour EDH peut aussi être saisie par les États). La Cour EDH peut ainsi être amenée à affirmer la non-conformité à la Conv. EDH d'une décision ou d'une pratique administrative, voire d'une procédure d'un État signataire.

1. Champs de compétence de la Cour de Strasbourg

211. Prolifération des droits de l'homme. Les multiples condamnations, prononcées chaque année par la Cour EDH contre les États, au nom du respect des droits de l'homme et des libertés fondamentales, donnent lieu à un sentiment de malaise (en 2009, la Cour EDH a rendu 1 625 arrêts dont les deux tiers de condamnation ; fin 2009, le stock d'affaires pendantes s'élevait à plus de 120 000). À la décharge des États concernés, ces décisions sont parfois la conséquence d'un champ d'intervention de la Cour EDH quasiment illimité.

212. – D'une part, les droits et libertés contenus dans la Convention EDH sont évoqués en termes très généraux et difficiles à définir. Par exemple, sont garantis : le droit à la vie (art. 2) ; le droit à la liberté et à la sûreté (art. 5) ; le droit à un procès équitable, public, dans un délai raisonnable, et par un tribunal indépendant et impartial (art. 6 ; ce droit est celui qui est le plus souvent invoqué par les requérants) ; le droit au respect de la vie privée (art. 8) ; la liberté de pensée, de conscience et de religion (art. 9) ; le droit à la liberté d'expression (art. 10) ; ou encore l'interdiction de toute discrimination entre individus ou groupes d'après certains caractères particuliers (origine, sexe...), conduisant à une inégalité (art. 14).

213. C'est ainsi que deux arrêts de la Cour EDH, rendus au cours de l'année 2009, ont retenu l'attention des médias et des juristes. L'un a jugé contraire à la liberté de religion, garantie par l'article 9 de la Conv. EDH, la présence d'un crucifix dans des salles de classes d'écoles primaires italiennes, aux motifs qu'une telle pratique restreignait le droit des parents d'éduquer leurs enfants selon leurs convictions, ainsi que le droit des enfants de croire ou de ne pas croire (Cour EDH, 3 nov. 2009, n° 30814/06, *Lautsi c. Italie*). L'autre a condamné la Turquie au motif qu'un suspect n'avait pu être assisté par un avocat, dès le moment de son placement en garde à vue ou en détention provisoire (Cour EDH, 13 oct. 2009, req. n° 7377/03, *Dayanan c. Turquie*). La Cour de Strasbourg s'est notamment fondée sur l'article 6 de la Conv. EDH qui garantit le droit à un procès équitable.

214. – D'autre part, la Cour EDH n'hésite pas à interpréter les droits subjectifs contenus dans la Convention et ses protocoles additionnels de manière très extensive, voire à dégager de nouveaux droits et à les faire évoluer au gré des circonstances, sans se préoccuper d'assurer une certaine continuité à sa propre jurisprudence.

215. À titre d'exemple, la Cour a examiné les règles définies par la Pologne concernant l'avortement, au nom du droit au respect de la vie privée de l'article 8 de la Convention, qui recouvrirait, selon elle, l'intégrité physique et psychique (Cour EDH, 20 mars 2007, req. n° 5410/03, *Tyziac c. Pologne*). Et, sur le fondement original du droit au respect de la propriété privée (Protocole n° 1, art. 1), elle a qualifié de « bien », susceptible d'expropriation illicite, une allocation de chômage non versée au requérant (Cour EDH, 16 sept. 1996, 39/1995/545/631, *Gaygusuz c. Autriche*).

216. Condamnation de la France. La France n'est pas épargnée. Il existe un abondant contentieux destiné à apprécier la conformité des lois et des pratiques françaises aux droits affirmés par la Conv. EDH (20 condamnations de la France par la Cour de Strasbourg pour la seule année 2009 !).

La France a ainsi été condamnée pour torture à la suite de sévices infligés par des policiers sur une personne gardée à vue (Cour EDH, 28 juill. 1999, *Selmouni c. France*). Les juges européens se sont fondés sur l'article 3 de la Conv. EDH selon lequel : « *Nul ne peut être soumis à la torture ni à des peines ou traitements inhumains ou dégradants.* » La France a été jugée coupable d'avoir enfreint l'article 5 § 3 (droit à la liberté et à la sûreté) de la Conv. EDH pour avoir maintenu des prévenus en détention provisoire pendant 6 ans (Cour EDH, 8 oct. 2009, req. n° 35469/06, N. *c. France*). Elle a encore été condamnée parce que l'ancien article 760 du Code civil réduisait la part successorale de l'enfant adultérin par rapport aux enfants légitimes ou naturels (Cour EDH, 1er février 2000, *Mazurek c. France*). Cette disposition transgressait l'article 14 de la Conv. EDH, qui interdit de traiter de manière différente, sauf justification, objective et raisonnable, des personnes placées dans des situations comparables. La France a également été condamnée pour discrimination, pour avoir refusé de faire droit à une demande d'adoption par une femme célibataire homosexuelle (Cour EDH, 22 janv. 2008, req. n° 4346/02, *E.B. C. France*). Elle a aussi été condamnée pour « *traitement inhumain et dégradant en prison* » en raison des transfèrements répétés de prison [14 fois en sept années], de séjours prolongés à l'isolement et de fouilles corporelles systématiques (Cour EDH, 9 juill. 2009, *C. Khider c. France*).

En revanche, la Cour européenne a estimé que la loi française du 22 janvier 2002, qui permet à la mère de demander et d'obtenir le secret de son identité au moment ou après l'accouchement (enfants nés sous X), n'était pas contraire aux principes de la Conv. EDH (Cour EDH, 13 févr. 2003, *Odièvre c. France*). Elle a également considéré que la France n'avait pas violé les droits à la liberté de pensée, de conscience et de religion (Conv. EDH, art. 9), en interdisant le port du voile à l'école, et en expulsant une élève en raison de son refus de le retirer durant les cours d'éducation physique ; cette sanction n'étant qu'un moyen de sauvegarder la liberté d'autrui et l'ordre public (Cour EDH, 4 déc. 2008, *Dogru c. France* ; dans le même sens Cour EDH, 17 juill. 2009, *Atkas et autres c. France*).

2. *La portée des arrêts de la Cour EDH*

217. Condamnation pécuniaire. En principe, la Cour de Strasbourg n'a pas le pouvoir d'annuler les décisions dénoncées. Elle peut seulement condamner l'État en cause à accorder à la personne sanctionnée en violation d'un droit garanti par la Convention « une satisfaction équitable » sous la forme d'une indemnité financière (Conv. EDH, art. 41). Concrètement, le particulier qui, après avoir perdu son procès devant une juridiction française, et épuisé les voies de recours, obtient un arrêt favorable de la Cour EDH donnant tort à cette juridiction, ne peut faire rejuger son affaire (Soc., 30 sept. 2005 : *D.* 2005, p. 2800). Autrement dit, les arrêts de la Cour de Strasbourg, qui constatent la violation d'un droit garanti par la Conv. EDH, n'ont aucune portée à l'égard des décisions de justice définitives rendues par la France, à raison du principe de l'autorité de la chose jugée.

218. Modification spontanée du droit. Il n'en demeure pas moins que l'État condamné peut prendre l'initiative de modifier son propre droit pour le rendre conforme aux principes formulés par la Conv. EDH. La Cour EDH va même plus loin en précisant qu'un État condamné a l'obligation de prendre les mesures nécessaires afin de permettre « l'exécution correcte et entière » de ses arrêts (Cour EDH, 30 juin 2009, req. 32772/02, *VGT c. Suisse* n° 2).

Par exemple, après avoir été condamnée par la Cour de Strasbourg, le 25 mars 1992 (Cour EDH, 25 mars 1992, *aff. B. c. France*), la Cour de cassation a modifié sa jurisprudence qui interdisait à un transsexuel d'obtenir la rectification de son état civil (Ass. plén., 11 déc. 1992, *Bull.*, n° 13 : voir *infra* n° 786).

De son côté, le législateur, à la suite de l'arrêt *Mazureck* du 1er février 2000, a abrogé les dispositions successorales discriminatoires à l'encontre des enfants adultérins (L. nº 2001-1135 du 3 décembre 2001 relative aux droits du conjoint survivant et des enfants adultérins). De même, la France envisageait de modifier sa législation relative à la garde à vue, dans le courant de l'année 2010 (plus de 800000 gardes à vue en 2009). Actuellement, l'article 63-4 du Code de procédure pénale, s'il permet au gardé à vue de s'entretenir, dès la première heure, avec un avocat, ne permet pas à ce dernier d'accéder au dossier. La France risque donc d'être condamnée par la Cour EDH, pour violation du droit à un procès équitable consacré par l'article 6 de la Conv. EDH, à l'instar de la Turquie, en 2009, dans l'arrêt *Dayanan* (voir *supra* nº 213).

219. Réexamen d'une décision pénale définitive. Toutefois, la loi du 15 juin 2000 relative à la présomption d'innocence et aux droits des victimes a renforcé la portée des arrêts de la Cour EDH à l'égard des décisions pénales définitives rendues en France. Désormais, en matière pénale, il existe une procédure de réexamen des décisions définitives « dans l'intérêt des droits de l'homme » (C. pr. pén., art. 626). Une personne qui a été reconnue coupable d'une infraction pénale peut demander un réexamen de son affaire lorsqu'il résulte d'un arrêt de Cour de Strasbourg que sa condamnation a été prononcée en violation des dispositions de la Conv. EDH. Cependant, le réexamen ne peut être demandé que si la violation constatée entraîne pour le condamné des conséquences dommageables auxquelles la satisfaction équitable, allouée sur le fondement de l'article 41 de la Conv. EDH, ne peut mettre un terme (par exemple, en cas d'incarcération de la personne).

La demande est adressée à une Commission de réexamen de la Cour de cassation. Si cette Commission estime la demande justifiée, elle renvoie l'affaire pour qu'elle soit de nouveau jugée devant l'Assemblée plénière de la Cour de cassation, ou devant une juridiction du même ordre et du même degré que celle qui a rendu la décision litigieuse.

Section II
Les domaines respectifs de la loi et du règlement

220. Position du problème. Le pouvoir législatif, c'est-à-dire les deux Assemblées constituant le Parlement, et le pouvoir exécutif, notamment le président de la République, le Gouvernement et les administrations, peuvent élaborer des lois au sens large ou matériel. Il est donc important de déterminer les matières dans lesquelles le pouvoir législatif peut intervenir et celles qui relèvent du pouvoir exécutif.

Bien entendu, la manière dont le partage des compétences est établi dépend de l'importance respective du Parlement et du Gouvernement dans nos institutions. Ainsi, sous les régimes parlementaires, qui ont précédé la Ve République, la primauté du Parlement se traduisait par la primauté de la loi. En revanche, la Constitution du 4 octobre 1958, afin de limiter les pouvoirs du Parlement, a réduit sa fonction législative au profit du Gouvernement.

Plan. Nous présenterons, d'abord, ce recul de la loi dans la Constitution de 1958 (Sous-section I). Puis, nous examinerons les mesures qui ont été prévues dans nos institutions, au cas où un règlement intervient dans le domaine législatif, ou une loi dans le domaine réglementaire (Sous-section II).

Sous-section I Le recul de la loi dans la Constitution de 1958

221. IIIe et IVe République. Avant la Constitution de 1958, le Parlement était souverain en matière législative. Quant au Gouvernement, il n'avait qu'un pouvoir résiduel. Cette suprématie de la loi sur le règlement reposait sur l'idéal révolutionnaire, exprimé par l'article 6 de la Déclaration des droits de l'homme de 1789 : « La loi est l'expression de la volonté générale. » Dans la mesure où le Parlement est l'organe élu par le peuple qui représente cette volonté, il est normal qu'il ait la primauté en matière législative. La loi se confondait donc avec son sens formel d'acte émanant du seul Parlement.

Ce système n'était plus réellement appliqué sous la IIIe République (1875-1940) et la IVe République (1946-1958). Dès 1924, le Parlement avait pris l'habitude de déléguer au Gouvernement une partie de son pouvoir législatif en le chargeant de procéder à des réformes au moyen de décrets-lois. Cette procédure ne mettait pas en cause le principe même de suprématie de la loi. D'une part, une loi d'habilitation du Parlement, dite « de pleins pouvoirs », était nécessaire. D'autre part, seule une loi postérieure de ratification du Parlement conférait au décret-loi valeur de loi.

222. Ve République. La Constitution de 1958 a posé un système différent; remplaçant le parlementarisme absolu par un parlementarisme limité. Désormais, le pouvoir législatif est réparti entre l'exécutif, spécialement le président de la République et le Premier ministre qui prennent des dispositions générales appelées « décrets », le peuple avec les lois référendaires, et le Parlement qui vote les lois proprement dites.

De plus, la technique de répartition des compétences entre le Parlement et le Gouvernement réduit davantage le rôle du Parlement en matière législative. En effet, l'article 34 énumère les matières qui relèvent de la loi votée par le Parlement. Le Parlement a donc perdu sa compétence illimitée, puisque toute énumération est, par nature, limitative. L'article 37, quant à lui, énonce le principe selon lequel : « Les matières autres que celles qui sont du domaine de la loi ont un caractère réglementaire. » Autrement dit, le Gouvernement exerce le pouvoir normatif de droit commun. La compétence du Gouvernement est d'autant plus grande qu'il peut intervenir, dans certaines matières énumérées à l'article 34, avec la technique des règlements pris en application de la loi.

Plan. Nous examinerons successivement : le domaine de la loi (§1) ; le domaine mixte de la loi et du règlement (§2) ; et le domaine du règlement (§3).

§ 1. Le domaine de la loi

223. Principe. D'un côté, l'article 24 de la Constitution formule le principe selon lequel : « Le Parlement vote la loi. » De l'autre, l'article 34 énumère les matières qui relèvent de cette compétence législative du Parlement. Toutefois, une lecture attentive de cet article révèle une distinction. Les deux premiers paragraphes énumèrent des matières pour lesquelles : « La loi fixe les règles. » Le troisième paragraphe énumère des matières pour lesquelles : « La loi détermine les principes fondamentaux » (d'autres paragraphes concernent les lois de finances et de financement de la sécurité sociale).

Dire : « La loi fixe les règles » signifie deux choses. D'une part, elle énonce les principes fondamentaux qui gouvernent ces matières. D'autre part, elle précise les règles plus techniques d'application de ces matières. En somme, le Parlement est seul compétent pour l'ensemble du contenu de ces matières. Parmi les matières ainsi énumérées figurent : les droits civiques et les libertés publiques ; la liberté, le pluralisme et l'indépendance des médias (ajoutés par la loi constitutionnelle du 23 juillet 2008) ; la nationalité, l'état et la capacité des personnes, les régimes matrimoniaux, les successions et les libéralités ; la détermination des crimes et délits ainsi que les peines qui leur sont applicables ; la procédure pénale ; les impôts et la monnaie ; la création des catégories d'établissements publics et des nouveaux ordres de juridiction ; le statut des magistrats et les garanties des fonctionnaires ; le régime électoral des assemblées parlementaires et locales.

Par exemple, la loi du 13 juillet 1965 portant réforme des régimes matrimoniaux a été votée par le Parlement, sans le concours du Gouvernement. Elle fixe des principes fondamentaux, comme l'adoption du régime légal de la communauté d'acquêts. Elle prévoit également les règles d'application, comme la composition exacte de l'actif et du passif de cette communauté.

224. Compétences partagées. Par commodité, le Parlement, même dans son domaine réservé, n'hésite pas à laisser au Gouvernement le soin de définir les détails d'application de la règle au moyen de décrets. La loi qui est votée par le Parlement le prévoit expressément. À l'inverse, le Gouvernement peut renoncer à se prévaloir de son domaine exclusif réglementaire au profit du législateur (Cons. const., 30 juill. 1982, n° 82-143 DC).

§ 2. Le domaine mixte de la loi et du règlement

225. Règlements pris en application de la loi. Le troisième paragraphe de l'article 34 débute par ces mots : « La loi détermine les principes fondamentaux. » Puis, diverses matières sont énumérées. Il en résulte, pour ces matières, un partage des compétences entre le Parlement et le Gouvernement :

- d'une part, le Parlement ne fixe dans la loi que les principes fondamentaux de la matière. *A contrario*, il ne saurait en préciser les règles techniques d'application ;
- d'autre part, le Gouvernement, au moyen de règlements, intervient pour mettre en œuvre ces principes fondamentaux, c'est-à-dire fixer les règles techniques d'application. Certes, l'article 34 ne donne pas explicitement au Gouvernement le pouvoir de mise en œuvre des principes fondamentaux de ces matières. Seulement, ce pouvoir peut être déduit de l'article 37 selon lequel : « Les matières autres que celles qui sont du domaine de la loi ont un caractère réglementaire. » Autrement dit, tout ce qui ne relève pas de la loi parlementaire relève du règlement.

226. Domaine. Ces matières partagées entre le pouvoir législatif et le pouvoir réglementaire sont importantes.

En dehors du droit civil, on y trouve l'organisation de la Défense nationale ; la libre administration des collectivités territoriales, de leurs compétences et de leurs ressources ; l'enseignement ; le droit du travail, le droit syndical et la sécurité sociale. En outre, depuis la révision constitutionnelle du 1er mars 2005, la loi détermine encore les principes fondamentaux « de la préservation de l'environnement », issus de la Charte de l'environnement et désormais intégrés dans le préambule de notre Constitution (voir *supra* n° 169). À cet égard, on notera que la Charte renvoie expressément à la « loi » pour fixer les « conditions » de mises en œuvre des principes de précaution, de prévention, du pollueur-payeur, et d'information du public.

Quant au droit civil, il s'agit « du régime de la propriété, des droits réels et des obligations civiles et commerciales ». Ces quelques mots permettent de faire échapper au monopole du Parlement des aspects techniques du droit civil. En effet, les « obligations civiles et commerciales » incluent tous les contrats civils et commerciaux (vente, bail, mandat, prêt, transport, assurance, société, association, cautionnement, etc.), ainsi que tous les régimes de responsabilité.

Par exemple, une loi du 19 février 2007 qui a créé la fiducie prévoit une déclaration d'existence de cette opération. C'est donc un décret du 7 mai 2007 qui précise le délai et le contenu de la déclaration d'existence.

227. Hésitations. La frontière entre les principes fondamentaux et leurs règles d'application est difficile à établir. Dans les situations incertaines, le Conseil constitutionnel (Cons. const., 27 nov. 1959, n° 59-1 L, *Rec.* Cons. const. p. 67), et le Conseil d'État (C.E., 28 oct. 1961, *M. de Laboulaye*, *Rec.* p. 570), n'ont pas hésité à se référer à l'état antérieur du droit, spécialement aux limitations législatives antérieures à 1958. Cette méthode profite au Parlement, puisqu'il possédait, à cette époque, une compétence de droit commun. D'autres fois, ces hautes juridictions s'inspirent soit des libertés publiques, comme les libertés de l'enseignement, d'association, d'opinion, ou de religion (ex. : Cons. const., 23 juillet 1976, n° 76-88 L., *Rec.* p. 50), soit des principes généraux du droit, comme le respect des droits de la défense dans le procès pénal.

§ 3. Le domaine du règlement

228. Règlements autonomes. En dehors des domaines réservés au Parlement, ou partagés entre le Parlement et le Gouvernement, il existe un domaine réservé au Gouvernement.

Conformément à l'article 37 de la Constitution, ce domaine concerne toutes les matières qui ne sont pas énumérées par l'article 34. Dans la mesure où ce domaine du Gouvernement ne fait pas l'objet d'une énumération de matières, cas par cas, on dit parfois que le Gouvernement a une compétence législative de droit commun. En effet, il est titulaire d'une compétence générale, sauf pour les matières qui sont spécialement réservées au Parlement. Ces règlements, qui sont pris par le Gouvernement en ce domaine, sont dits « autonomes », parce qu'ils ne sont pas pris en application de la loi.

229. Portée réelle. Certains auteurs observent que ces règlements autonomes sont peu nombreux, à raison de l'énumération assez complète et au moyen de formules très larges des matières visées par l'article 34.

Ceci étant, à titre d'exemple, en droit pénal, toute une catégorie d'incriminations relève de la compétence exclusive du Gouvernement. Il s'agit de la détermination des contraventions. En effet, l'article 34 ne réserve au Parlement que la détermination des crimes et des délits. C'est donc le Gouvernement qui est compétent pour édicter des contraventions dans les domaines du Code de la route, de l'hygiène et de la sécurité, de la santé, etc.

230. Précisions. En définitive, il résulte de la combinaison des articles 34 et 37 de la Constitution que le législateur ordinaire n'est peut-être plus le Parlement, mais davantage le Gouvernement. Ce recul de la loi parlementaire est d'autant plus manifeste que le Parlement peut voir son domaine de compétence se restreindre de deux manières :

– d'une part, avec les *pouvoirs exceptionnels du président de la République*, en période de troubles, comme le prévoit l'article 16 de la Constitution ;

– d'autre part, au moyen de la procédure des *ordonnances de l'article 38*, inspirée de celle de nos anciens décrets-lois. En effet, le Gouvernement peut demander au Parlement, pour l'exécution de son programme et pour un délai limité, de prendre par ordonnances des mesures qui relèvent du domaine de la loi.

231. Déviation. La procédure des ordonnances permet d'éviter des discussions et des amendements sur des textes souvent très techniques. C'est la raison pour laquelle elle est actuellement utilisée pour mener à bien la codification généralisée du droit français à droit constant. En revanche, sa banalisation dénature l'esprit même de nos institutions (190 ordonnances de 2002 à 2006, dont 84 pour la seule année 2005). La seule loi de modernisation de l'économie, dite LME, du 4 août 2008, comprenait un nombre jamais atteint d'habilitations du Gouvernement à légiférer par ordonnances : plus d'une vingtaine d'ordonnances publiées en quelques mois sur des sujets essentiels (réforme du droit des entreprises en difficulté, de l'appel public à l'épargne, etc.).

Sous-section II La sanction des empiétements respectifs de la loi et du règlement

232. Position du problème. Avant 1958, la loi était un acte incontestable : elle était l'expression de la volonté du peuple, représenté par le Parlement, souverain en matière législative. Aussi, la validité d'une loi ne pouvait-elle être mise en cause devant une quelconque juridiction. Quant au règlement, il était contestable comme n'importe quel acte administratif, spécialement par la voie du recours pour excès de pouvoir devant le juge administratif.

Avec la Constitution de 1958, le système a été modifié. Il a été établi deux domaines distincts de compétence : celui du Parlement pour la loi; celui du Gouvernement pour le règlement. Des conflits étaient inévitables, d'autant plus que la formulation des matières réservées au Parlement par l'article 34 est souvent trop générale. Ajoutons à cela l'imprécision de la division entre les principes fondamentaux et les règles de mise en œuvre de ces principes. Dans cette occurrence, il arrive que la loi votée par le Parlement dépasse la compétence qui lui était assignée par l'article 34, empiétant sur celle du Gouvernement. À l'inverse, il arrive que le pouvoir réglementaire empiète sur le domaine réservé du Parlement.

Plan. C'est la raison pour laquelle des mécanismes ont été prévus afin de protéger le règlement contre la loi (§1), et la loi contre le règlement (§2).

§ 1. L'empiétement de la loi sur le règlement

233. Contrôle de constitutionnalité des lois. Lorsque la loi empiète sur le domaine réglementaire, il existe un contrôle, qui a pour objet de vérifier si une loi est conforme ou non à la Constitution. Ce contrôle est exercé par le Conseil constitutionnel.

234. Limites de la Constitution. Les fondateurs de notre Constitution n'ont pas eu l'intention d'instaurer un véritable contrôle de constitutionnalité des lois, habitués qu'ils étaient au système de l'incontestabilité, par essence, de la loi.

Quant au Conseil constitutionnel qu'ils ont créé, ils n'entendaient guère en faire une juridiction gardienne de notre Constitution. Il s'agissait, tout au plus, d'un organe de contrôle du Parlement, dont il convenait d'empêcher les excès des Républiques précédentes. Dans ce rôle de surveillance du Parlement, le Conseil constitutionnel devait se contenter de contrôler la régularité externe de la loi. Autrement dit, il devait veiller au respect de la procédure législative et des règles de compétence entre le Parlement et le pouvoir exécutif. En revanche, le contrôle de la constitutionnalité des lois ne devait pas porter sur le fond même de la loi, autrement dit son contenu.

235. Extension à l'initiative du Conseil constitutionnel. Pourtant, le Conseil constitutionnel s'est accaparé une telle prérogative qui, aujourd'hui, ne lui est plus contestée. C'est avec sa décision du 16 juillet 1971 que le Conseil s'est engagé dans la voie d'un contrôle interne du contenu même de la loi (voir *supra* n° 165).

La loi en cause, du 23 juin 1971, instituait un contrôle *a priori* des associations par l'autorité judiciaire. Pour le législateur, ce contrôle préalable de la légalité de l'association n'était pas une entorse au principe de la liberté d'association. En effet, il devait être confié à l'autorité judiciaire, elle-même gardienne des libertés individuelles, selon la tradition libérale et l'article 66 de la Constitution (« Nul ne peut être arbitrairement détenu. L'autorité judiciaire, gardienne de la liberté individuelle, assure le respect de ce principe dans les conditions prévues par la loi »). Or, en l'espèce, le Conseil a véritablement contesté le choix du législateur pour en imposer un autre. Il a considéré que le principe fondamental de la liberté d'association, résultant du Préambule de la Constitution et des textes auxquels il fait référence, ne pouvait être garanti que par l'absence complète de tout contrôle préalable.

Depuis cette décision, on considère que le Conseil constitutionnel est juge et gardien des droits et libertés fondamentales des citoyens, indépendant des pouvoirs législatif et exécutif. L'autorité du Conseil est d'autant plus importante que le Conseil a élargi le domaine dit du « bloc de constitutionnalité », en découvrant, au cas par cas, de nouveaux principes fondamentaux à valeur constitutionnelle (voir *supra* n° 165). À l'extrême, le Conseil peut contrôler tous les textes dont il est saisi, en déterminant librement s'ils ont ou non une valeur constitutionnelle.

236. Limites du contrôle de constitutionnalité. Le Conseil constitutionnel a restreint son domaine de compétence dans deux domaines :

- d'une part, il refuse d'exercer un contrôle de constitutionnalité des lois de révision de la Constitution (Cons. const., 26 mars 2003, n° 2003-469 DC : « Le Conseil constitutionnel ne tient ni de l'art. 61, ni de l'art. 89, ni d'aucune disposition de la Constitution le pouvoir de statuer sur une révision constitutionnelle ») ;
- d'autre part, il s'interdit de juger de la conformité des dispositions d'une loi qui transpose une directive communautaire en droit interne (Cons. const., 10 juin 2004 : voir *supra* n° 200). Cependant, il reprend son contrôle de conformité d'une telle loi, chaque fois qu'elle méconnaît un principe inhérent à l'identité constitutionnelle de la France (voir *supra* n° 186).

237. Contrôle, *a priori*, par voie d'action. Les lois organiques sont obligatoirement déférées au Conseil constitutionnel, avant leur promulgation (Const., art. 61, al. 1). Les lois ordinaires peuvent être déférées au Conseil constitutionnel, avant leur promulgation, par le président de la République, le Premier ministre, les présidents de chaque Assemblée, ou 60 députés ou sénateurs (Const., art. 61, al. 2). La promulgation de la loi, qui précède sa publication au *Journal officiel*, prend la forme d'un décret du président de la République pris, en principe, dans les quinze jours qui suivent la transmission au Gouvernement. Après la promulgation de la loi, le Conseil constitutionnel n'est plus compétent pour contrôler sa conformité à la Constitution, tout du moins, par voie d'action.

238. Contrôle, *a posteriori*, par voie d'exception. La révision constitutionnelle du 24 juillet 2008 a introduit la possibilité d'une saisine du Conseil constitutionnel par voie d'exception, soit à l'initiative de la juridiction saisie de l'affaire au fond, soit à celle du justiciable. Désormais, lorsque, à l'occasion d'une instance en cours devant une juridiction, il est soutenu qu'une disposition législative porte atteinte aux droits et libertés garantis par la Constitution, le Conseil constitutionnel peut être saisi sur renvoi du Conseil d'État ou de la Cour de cassation qui se prononce dans un délai déterminé (Const., art. 61-1).

On notera, toutefois, deux conditions restrictives par rapport au système américain de l'exception d'incontestabilité, issu de l'arrêt *Marbury C/Madison* (1803). D'une part, le juge lui-même ne peut procéder au contrôle de constitutionnalité. D'autre part, les citoyens ne peuvent toujours pas saisir directement le Conseil constitutionnel. Cette saisine ne peut intervenir qu'à l'occasion d'une instance en cours et elle doit passer le filtrage de la Cour de cassation et du Conseil d'État.

239. La question prioritaire de constitutionnalité des lois. La loi organique n° 2009-1723 du 10 décembre 2009 a mis en œuvre la révision constitutionnelle du 23 juillet 2008 en ce qui concerne la possibilité donnée au justiciable de saisir indirectement le Conseil constitutionnel (Constitution, art. 61-1). Ainsi, depuis le 1er mars 2010, la question de l'inconstitutionnalité d'une loi peut-elle être soulevée par un justiciable devant toute juridiction relevant du Conseil d'État en matière administrative ou de la Cour de cassation en matière judiciaire, y compris pour la première fois en cause d'appel.

Cette procédure d'exception permet donc au justiciable de contester la conformité d'une disposition législative aux droits et libertés garantis par la Constitution. La juridiction saisie doit statuer sans délai par une décision motivée sur la transmission de la question au Conseil d'État ou à la Cour de cassation. En principe, cette juridiction sursoit à statuer jusqu'à la réception de la décision du Conseil d'État ou de la Cour de cassation ou, s'il a été saisi, du Conseil constitutionnel. Le Conseil d'État ou la Cour de cassation doivent statuer dans un délai de 3 mois à compter de la présentation du moyen. Si ces hautes juridictions considèrent que la question prioritaire de constitutionnalité (QPC) est nouvelle ou présente une difficulté sérieuse, elles saisissent le Conseil constitutionnel, qui dispose de 3 mois pour rendre une décision motivée sur la constitutionnalité de la loi. Sa décision est notifiée aux parties, communiquée au Conseil d'État ou à la Cour de cassation, ainsi qu'à la juridiction initialement saisie. Elle est également publiée au *Journal officiel*.

Grâce à cette réforme, le Conseil constitutionnel, désormais chargé de contrôler la constitutionnalité de l'ensemble des lois en vigueur, y compris celles votées avant sa création en 1958 (et non plus des seules lois non encore entrées en vigueur : voir *supra* n° 237), peut donc abroger purement et simplement les textes qu'il juge non conformes aux droits et libertés garantis par la Constitution. Au 1er juin 2010, dans le cadre de cette procédure, la Cour de cassation et le Conseil d'État avaient déjà transmis une quinzaine de QPC au Conseil constitutionnel. À la suite de l'une d'elles, le Conseil constitutionnel a déclaré contraire au principe d'égalité, garanti par la Déclaration des droits de l'homme de 1789, des dispositions de plusieurs lois de finances qui gelaient le montant des pensions de retraite des ressortissants des ex-colonies françaises ayant combattu pour la France pendant la Seconde Guerre mondiale (Cons. const., Décr. n° 2010-1 QPC du 28 mai 2010, *J.O.* du 29 mai). Pour le Conseil constitutionnel, « si le législateur pouvait fonder une différence de traitement sur le lieu de résidence en tenant compte des différences de pouvoir d'achat, il ne pouvait établir, au regard de l'objet de la loi, de différence selon la nationalité entre titulaires d'une pension civile ou militaire de retraite [...] résidant dans un même pays étranger ».

Ces nouvelles prérogatives du Conseil constitutionnel inquiètent la Cour de cassation qui manifeste une opposition certaine à la QPC. En effet, en termes de prestige, le Conseil constitutionnel est susceptible d'accéder au rang d'une véritable Cour suprême, portant ombrage tant au Conseil d'État qu'à la Cour de cassation. Aussi la Cour de cassation, à l'occasion d'une QPC qui lui était soumise, a purement et simplement demandé à la Cour de justice de l'Union européenne (CJUE) de statuer en urgence sur une question préjudicielle relative à la conformité de la loi organique du 10 décembre 2009 au droit de l'Union européenne, en particulier du traité de Lisbonne (Cass., QPC, 16 avr. 2010, n° 10-40002). Pour la Cour de cassation, cette réforme prive nos juridictions nationales, confrontées à une difficulté d'interprétation d'un texte communautaire, de la possibilité de saisir la CJUE, une fois que le Conseil constitutionnel s'est prononcé (voire *supra* n° 193). *A priori*, la Cour de cassation ne pouvait pas demander au Conseil constitutionnel de se prononcer sur cette question, puisque celui-ci s'est toujours refusé d'exercer un contrôle de la conformité de nos lois aux traités et accords internationaux, aussi appelé contrôle de conventionnalité (voir *supra* n° 201). Au jour où ces lignes sont écrites, la CJUE n'avait pas encore statué. Si jamais elle donne raison à la Cour de cassation, la procédure actuelle de la QPC devrait être revue et corrigée au moyen d'une nouvelle loi organique plus conforme au droit de l'Union européenne. Peut-être qu'une telle loi organique conférerait alors au Conseil constitutionnel, en plus du contrôle de constitutionnalité des lois, un contrôle de leur conventionnalité !

240. Sanction du contrôle. Selon l'article 62 de la Constitution, une disposition déclarée inconstitutionnelle sur le fondement de l'article 61 (saisine par voie d'action) ne peut être promulguée ni mise en application. Une disposition déclarée inconstitutionnelle sur le fondement de l'article 61-1 (saisine par voie d'exception) est abrogée à compter de la publication de la publication de la décision du Conseil constitutionnel ou d'une date ultérieure fixée par cette décision. Dans les deux cas, les décisions du Conseil ne sont susceptibles d'aucun recours, et elles s'imposent aux pouvoirs publics ainsi qu'à toutes les autorités administratives et juridictionnelles.

241. La censure de la taxe carbone et de la loi HADOPI-I. D'une manière générale, les lois déclarées inconstitutionnelles sont celles dont les dispositions ne sont pas conformes aux principes fondamentaux reconnus par les lois de la République, comme la liberté d'association (Cons. const. 16 juillet 1971, préc.), ou l'égalité devant la loi et la justice (Cons. const. 23 juillet 1975, *JCP* 1975-II-18200).

À cet égard, l'année 2009 a été marquée par la censure par le Conseil constitutionnel du dispositif de sanction de la loi HADOPI-I, du 12 juin 2009 favorisant la diffusion et la protection de la création sur Internet (Cons. const., 10 juin 2009, Décision n° 2009-580). Le Conseil a estimé que le législateur ne pouvait confier la mesure de suspension d'abonnement à Internet à une autorité administrative indépendante, en l'occurrence l'HADOPI. Rappelant sa jurisprudence constante sur la liberté de communication et d'expression, énoncée à l'article 11 de la Déclaration des droits de l'homme de 1789, qui implique la liberté d'accéder aux services de communication au public en ligne, le Conseil a précisé qu'un tel pouvoir de sanction ne pouvait incomber qu'au juge. Il a par ailleurs estimé que le texte violait la présomption d'innocence, elle aussi inscrite dans la Déclaration des droits de l'homme, puisque l'abonné, pour s'exonérer des sanctions instituées, devait « produire des éléments de nature à établir que l'atteinte portée au droit d'auteur procède de la fraude d'un tiers ». La loi HADOPI-II, du 28 octobre 2009, confie donc la sanction du téléchargement illégal au juge au lieu d'une autorité administrative.

L'année 2009 a également été marquée par la censure par le Conseil constitutionnel des articles de la loi de finances pour 2010 instituant la contribution carbone, en raison de l'importance des régimes d'exemption totale en faveur des entreprises les plus polluantes (Cons. const., 29 déc. 2009, Décision n° 2009-599). Pour les Sages du Conseil, ces régimes d'exemption étaient donc contraires à l'objectif de lutte contre le réchauffement climatique et ils créaient une rupture caractérisée de l'égalité devant les charges publiques.

242. D'un contrôle centralisé à un contrôle diffus de constitutionnalité ? La révision constitutionnelle de juillet 2008 n'a pas entamé le monopole du Conseil constitutionnel dans le contrôle de la constitutionnalité des lois. De leur côté, la Cour de cassation (Civ. 1re, 1er octobre 1986, *Bull.* n° 232, p. 222), et le Conseil d'État (C.E., ass., 20 octobre 1989, *Roujansky*, Dr. adm. 1989 p. 647), refusent d'exercer ce contrôle, se déclarant incompétents lorsqu'un plaideur tente de soulever la question de la non-conformité d'une loi à la Constitution.

Rappelons, toutefois, que dans un domaine différent, ces mêmes juridictions ont fini par accepter de contrôler la conformité d'une loi interne à un traité international. Et, plus récemment le Conseil d'État a accepté de contrôler la constitutionnalité des règlements français de transposition de directives violant des principes à valeur constitutionnelle sans équivalent en droit communautaire (C.E., 8 févr. 2007, préc.). Peut-être que l'ouverture timide de la Constitution à une saisine par voie d'exception du Conseil constitutionnel à l'occasion d'un procès en cours par l'intermédiaire de la Cour de cassation et du Conseil d'État, incitera des juges ordinaires à déclarer eux-mêmes les dispositions d'une loi contraire à la Constitution.

§ 2. L'empiétement du règlement sur la loi

243. Recours en excès de pouvoir. Au cas où un règlement intervient dans le domaine législatif, la protection de la loi incombe normalement au juge administratif. Dans cette hypothèse, toute personne ayant un intérêt direct et personnel peut saisir la juridiction administrative d'un recours pour excès de pouvoir, dans un délai de deux mois à compter de la publication du règlement.

En principe, c'est le Conseil d'État qui juge, en premier et dernier ressort, des recours formés contre les ordonnances, les décrets du président de la République et du Premier ministre, et les actes réglementaires des ministres. Pour les actes administratifs inférieurs, le recours est porté devant le tribunal administratif.

244. Annulation de l'acte. Par ce recours, le requérant demande au juge d'annuler l'acte administratif qu'il considère illégal. Admettons que le juge ait été saisi d'un décret procédant de l'article 37 de la Constitution. Il vérifiera si la matière en cause appartenait ou non au domaine des règlements autonomes. Si le juge reconnaît l'illégalité du règlement invoqué, il l'annulera. Sa décision d'annulation aura effet à l'égard du requérant lui-même et de tous les administrés (*erga omnes*). Elle s'imposera également au législateur (Cons. const., 11 juill. 2001, *Min. Défense*), ainsi qu'à toutes les juridictions à l'occasion d'autres procès (Civ. 2e, 17 févr. 2005 : *Bull.*, n° 35).

Par exemple, le Conseil d'État a annulé un décret qui instituait, au sein des conseils disciplinaires de l'Ordre des médecins, une section de formation paritaire, substituée à la formation plénière composée uniquement de médecins. Pour le Conseil d'État, ce décret donnait naissance à un nouvel ordre de juridiction, alors même que cette matière est strictement réservée au Parlement par l'article 34 de la Constitution (C.E., 13 juillet 1962, *Cons. nat. ordre méd.*, *Rec.* p. 472).

245. Exception d'illégalité. La légalité du règlement peut encore être mise en cause devant le juge administratif par la technique de l'exception d'illégalité. Concrètement, au cours d'un procès, la partie contre laquelle est invoqué le règlement en conteste la légalité. Le juge administratif, saisi de l'affaire principale, se prononce sur cette question incidente. S'il reconnaît l'illégalité du règlement, celui-ci n'est pas annulé. Le seul résultat est que le juge n'en fera pas application dans le procès. Ce règlement illégal n'en subsiste pas moins dans notre ordre juridique, et il devra être écarté à chaque nouveau procès où il sera invoqué.

Quant au délai de l'exception d'illégalité, il n'y en a pas : l'exception d'illégalité est perpétuelle à l'égard des actes réglementaires (C.E., 26 juin 1998, *Sté AXS Télécom, Rec.* 248).

246. Compétence résiduelle du juge judiciaire. Le principe de base est celui de l'incompétence absolue du juge judiciaire en matière de recours pour excès de pouvoir, le juge judiciaire n'ayant pas à juger un acte administratif. C'est la raison pour laquelle on s'est demandé si le juge judiciaire ne pouvait pas intervenir indirectement par le biais de l'exception d'illégalité. Autrement dit, est-ce que, au cours d'un procès, l'une des parties pourrait exciper de l'illégalité d'un règlement que l'on entend lui appliquer ?

Bien que cette intervention du juge judiciaire se heurte au principe de la séparation des pouvoirs judiciaire, exécutif et législatif, ***l'exception d'illégalité est admise devant les juridictions répressives*** (C. pén., art. 111-5 : « Les juridictions pénales sont compétentes pour interpréter les actes administratifs, réglementaires ou individuels, et pour en apprécier la légalité lorsque, de cet examen, dépend la solution du procès pénal qui leur est soumis »). Un juge répressif peut donc refuser de prononcer une peine prévue par un règlement illégal. Quant au juge civil, dans un premier temps, le Tribunal des conflits lui a interdit d'apprécier la régularité d'un acte administratif par voie d'exception (T. confl., 16 juin 1923, *Septfonds*, S. 1923.3.49). Aujourd'hui, le Tribunal des conflits donne la ***possibilité aux juridictions civiles d'admettre l'exception d'illégalité d'un règlement, à condition qu'il porte une atteinte à un droit fondamental de la personne***, comme la liberté individuelle ou la propriété (T. confl., 30 oct. 1947, *Barinstein, Rec. Lebon* p. 511).

Section III

L'application de la loi

247. Plan. Désormais, il s'agit de déterminer la durée d'application de la loi, de son entrée en vigueur à son abrogation (Sous-section I), ainsi que son champ d'application dans le temps (Sous-section II), et dans l'espace (Sous-section III).

Sous-section I La durée d'application de la loi

248. Plan. Bien que la loi ait été votée par le Parlement, elle n'a pas encore force obligatoire. Certaines formalités sont nécessaires à sa mise en vigueur (§1). Une fois entrée en vigueur, la loi durera tant qu'elle n'aura pas été abrogée (§2).

§ 1. La mise en vigueur de la loi

Deux conditions sont exigées : l'une, tenant à la promulgation de la loi (A), l'autre, à sa publication (B).

A. La promulgation de la loi

249. Compétence de l'exécutif. Il appartient au pouvoir exécutif d'assurer l'exécution de la loi, et donc d'ordonner qu'elle soit obéie. Dans cette occurrence, la promulgation de la loi par le président de la République est prévue par l'article 10 de la Constitution. Elle peut être définie comme l'acte par lequel le président de la République, d'une part, constate que le Parlement a voté définitivement la loi, d'autre part, en ordonne l'exécution, du moins au jour où elle sera portée à la connaissance de ceux qu'elle oblige.

En revanche, les règlements, décrets ou arrêtés, n'ont pas à être promulgués puisqu'ils émanent déjà du pouvoir exécutif.

250. Modalités et délais. L'opération de promulgation de la loi prend la forme d'un décret du président de la République dans lequel est insérée la loi qui a été votée par le Parlement. Ce décret doit être contresigné, au moins par le Premier ministre.

Le président de la République doit promulguer la loi dans les 15 jours qui suivent sa transmission par le Parlement au Gouvernement (Constitution, art. 10). C'est la date du décret de promulgation qui donne la date de la loi. Toutefois, le président de la République a la faculté de demander une nouvelle délibération que ne peut lui refuser le Parlement. Malgré ce délai impératif de 15 jours, le président de la République pourrait omettre de promulguer la loi ; aucun texte ne prévoyant les conséquences de son inertie. Sans doute, cette attitude ouvrirait-elle une crise politique.

B. La publication de la loi

251. Opposabilité de la loi. L'alinéa 2 de l'article premier du Code civil, dans sa version antérieure à une ordonnance n° 2004-164 du 20 février 2004, énonçait que les lois devaient être exécutées dans chaque partie de la République du moment où la promulgation en pouvait être connue. Quand bien même cet alinéa a été remplacé par d'autres règles plus techniques, le principe qu'il formulait demeure : si la loi est exécutoire dès sa promulgation, elle n'est obligatoire pour les particuliers qu'après sa publication, c'est-à-dire après avoir été portée à la connaissance du public.

252. Entrée en vigueur. La publication consiste dans l'insertion du texte de la loi (il en est de même des décrets), au *Journal officiel* (*J.O.*). Toutefois, le texte n'est pas obligatoire dès cette publication. Il faut encore que le public ait pu en prendre connaissance. Le texte n'est donc obligatoire qu'après l'expiration d'un délai d'un jour après la date de publication des éditions du *J.O.*

253. Éditions papier et électroniques du *J.O.* Il peut s'agir aussi bien de l'édition du *J.O.* sur support papier que celle sur support électronique (www.journal-officiel.gouv.fr : les textes de ce site sont certifiés authentiques, à la différence de ceux consultables sur Légifrance : www.legifrance.gouv.fr). Depuis l'ordonnance du 20 février 2004, les deux éditions ont la même valeur juridique. Normalement, la version papier aurait dû être supprimée comme l'ont été les versions papier de plusieurs bulletins officiels. Pourtant, elle subsiste encore.

254. Reports. Le législateur n'est pas tenu par ces délais. C'est ainsi que l'article premier du Code civil prévoit diverses situations :

- le législateur peut lui-même fixer la date de la mise en application de la loi. Par exemple, une loi du 15 mars 2004 sur le port des signes religieux dans les écoles publiques précisait que ses dispositions devaient entrer en vigueur à compter de la rentrée de l'année scolaire suivant sa publication (*J.O.* du 15 mars) ;
- d'autres fois, le législateur peut subordonner l'entrée en vigueur de la loi à l'intervention de décrets d'application qui dépendent eux-mêmes du pouvoir exécutif. On rappellera qu'une circulaire du 29 février 2008 demande aux administrations de prendre toutes les mesures réglementaires d'application des lois dans un délai de six mois suivant leur publication (voir *supra* n° 123). Toujours est-il que si le décret prévu pour l'entrée en vigueur d'une loi n'est pas adopté, la loi n'est pas nécessairement paralysée. Dans ce cas, les tribunaux appliquent les dispositions de la loi, sous réserve qu'elles soient suffisamment claires et précises (ex. : Crim., 9 juill. 2003 : *Bull.* n° 138).

255. « Nul n'est censé ignorer la loi. » Une fois ces délais écoulés, le public ne peut invoquer l'ignorance de la loi pour en écarter l'application. Il convient de prendre en considération le principe célèbre, hérité du droit romain, selon lequel : « Nul n'est censé ignorer la loi » (*Nemo censetur ignorare legem*). Cet adage, qui ne figure dans aucune règle de droit écrite, est appliqué par les tribunaux comme le sont d'autres principes généraux du droit.

Ce principe ne signifie pas que tout le monde connaît la loi. Très peu de gens consultent le *Journal officiel* et, de toutes les manières, même les professionnels du droit sont incapables de connaître les milliers de textes aujourd'hui en vigueur. Il faut voir dans ce principe une présomption irréfragable nécessaire pour éviter l'anarchie ; peu important que cette fiction juridique conduise à des solutions gênantes à l'égard de personnes illettrées ou ne connaissant pas le français.

§ 2. L'abrogation de la loi

256. La loi s'applique tant qu'elle n'a pas été abrogée. À la différence de la promulgation, l'abrogation n'est pas un acte formel et solennel : elle peut être expresse ou simplement tacite.

257. Abrogation expresse. Il y a abrogation expresse, lorsque la nouvelle loi précise formellement que la loi ancienne est abrogée. Par exemple, l'article 94 de la loi du 24 janvier 1984 relative à l'activité des établissements de crédit énonce : « Sont abrogées la loi du 19 juin 1930 portant interdiction de l'exercice de l'activité de banquier à certaines personnes, etc. » La seule condition exigée pour une telle abrogation réside dans le respect de la hiérarchie des normes. Il en résulte qu'un décret ne peut abroger une loi, sauf si la matière appartient désormais au domaine réglementaire. À l'inverse, une loi peut abroger un décret, du moins si la matière relève de la compétence législative.

258. Décapage et mise en ligne des normes réglementaires. L'article premier d'une loi n° 2007-1787 du 20 décembre 2007 relative à la simplification du droit fait obligation à l'autorité administrative, d'office ou à la demande d'une personne intéressée, d'abroger expressément tout règlement illégal ou sans objet, que cette situation existe depuis la publication du règlement ou qu'elle résulte de circonstances de droit ou de fait postérieures à cette date (*J.O.* du 21 déc.).

Par ailleurs, un décret n° 2008-1281 du 8 décembre 2008 indique que les instructions et circulaires ministérielles déjà signées sont « réputées abrogées », sauf celles dont la loi permet à un administré de se prévaloir, dès lors qu'elles ne sont pas reprises sur le site : www.circulaires.gouv.fr (*J.O.* du 10 déc.). À défaut de cette publication numérique, l'administration ne peut s'en prévaloir à l'égard des administrés. Toutefois, à la suite d'un cafouillage dans la mise en œuvre de cette mesure (incapacité des ministères de recenser et de saisir la totalité de leurs circulaires !), un décret n° 2009-471 du 28 avril 2009 est venu préciser que l'abrogation n'était pas applicable aux documents publiés avant le 1er mai 2009 (*J.O.* du 29 avr.).

259. Abrogation tacite. L'abrogation est tacite, lorsqu'il y a contradiction entre la loi ancienne et la loi nouvelle. Imaginons une loi nouvelle qui fixerait la majorité civile à 17 ans, sans même évoquer la loi du 5 juillet 1974 qui fixe cette majorité à 18 ans. On devrait considérer que cette loi nouvelle abroge implicitement les dispositions de la loi antérieure.

Néanmoins, l'abrogation tacite n'est pas toujours évidente. C'est ainsi qu'il existe des difficultés en cas de confrontation entre une loi générale et une loi spéciale. Une loi générale est une loi qui a vocation à s'appliquer à toutes les situations susceptibles d'être concernées par la règle. Par exemple, la loi qui déclare incapables les mineurs, c'est-à-dire tous ceux qui n'ont pas atteint l'âge de 18 ans. Au contraire, une loi spéciale est une loi qui vient limiter la portée de la loi générale, en l'écartant dans un ou plusieurs cas particuliers. Par exemple, une loi qui confère la capacité civile aux seuls mineurs de moins de 18 ans ayant fait l'objet d'un jugement d'émancipation.

Dans la mesure où la loi spéciale déroge à la loi générale, deux conséquences en résultent. D'une part, la loi spéciale nouvelle abroge une loi générale antérieure, dans la mesure des dérogations qu'elle y apporte (Crim., 22 juin 1992 : *Bull.* n° 247). C'est l'application de la maxime d'interprétation du droit fondée sur le bon sens « *Specialia generalibus derogant* » (voir *infra* n° 311). D'autre part, la loi générale nouvelle ne déroge pas à une loi spéciale antérieure, qui subsiste comme une exception à la loi nouvelle (ex. : Ass. plén., 22 décembre 1988 : *Bull.* n° 9). Cette directive d'interprétation coutumière est également formulée sous forme de maxime : « *Generalia specialibus non derogant.* »

260. Abrogation d'une loi par désuétude. Une loi peut-elle disparaître par le seul fait qu'elle n'est plus appliquée pendant un certain temps ? Cette question se rattache à l'étude de la coutume. En effet, la désuétude n'est rien d'autre qu'une coutume contraire à la loi. Il convient alors de se demander si une coutume peut aller à l'encontre de la loi. Nous examinerons cette question avec la coutume (voir *infra* n° 340).

Sous-section II Les conflits de lois dans le temps

261. Position du problème. Lorsqu'une loi nouvelle succède dans le temps à une loi ancienne, il faut déterminer laquelle des deux s'applique à une situation juridique donnée, spécialement lorsque cette situation est en cours d'exécution.

Prenons l'exemple suivant. En 1985, j'ai loué un appartement sous l'empire d'une loi du 22 juin 1982, qui fixait la durée du contrat de location à six ans (art. 4). Cette loi a été modifiée par une loi du 23 décembre 1986, fixant la durée du contrat de location à trois ans (art. 9). Étais-je, en 1985, toujours régi par la loi de 1982 ? Si tel était le cas, je pouvais rester dans l'appartement jusqu'en 1991, grâce au bénéfice des six années prévues par cette loi. Ou étais-je régi par la loi de 1986 ? Dans cette hypothèse, je ne pouvais rester dans l'appartement que jusqu'en 1988, c'est-à-dire pendant trois ans seulement.

262. Dispositions transitoires. Heureusement, les lois nouvelles comportent souvent des dispositions dites transitoires qui ont pour objet de régler la question.

C'est ainsi que l'article 25 de la loi précitée du 23 décembre 1986 énonce : « Jusqu'à leur terme, les contrats de location en cours à la date de publication de la présente loi demeurent soumis aux dispositions qui leur étaient applicables. » Malgré cette loi nouvelle de 1986, je pouvais donc continuer à bénéficier d'un bail de six ans, conformément à la loi de 1982.

263. Article 2 du Code civil. Malheureusement, on ne trouve pas toujours de dispositions transitoires dans les lois. Il faut alors se tourner vers le Code civil qui, en cette matière, est peu prolixe. Le seul texte qui traite des conflits de lois dans le temps est l'article 2 : « La loi ne dispose que pour l'avenir, elle n'a point d'effet rétroactif. »

À partir de ce texte en forme de maxime, des auteurs ont développé, au XIXe siècle, la théorie dite des droits acquis. Aujourd'hui, on lui préfère une autre théorie, dite de l'effet immédiat des lois nouvelles, qui s'inspire beaucoup des travaux de Paul Roubier (*Les Conflits de lois dans le temps*, Sirey, t. 1, 1929, t. 2, 1933).

264. Théorie des droits acquis. Selon cette théorie, il convient de distinguer les droits acquis des simples expectatives. Les droits acquis sont les droits qui sont définitivement entrés dans le patrimoine de leur titulaire. Les simples expectatives ne sont que des espérances de droits. Par exemple, une personne qui détient un billet gagnant du loto a un droit acquis au gain. En revanche, si le tirage n'a pas encore eu lieu, le détenteur d'un billet de loto n'a qu'une simple expectative de gains (plus sérieusement, Demolombe énonçait que le droit acquis est « *le droit bien et dûment devenu notre, dont nous sommes investis, appropriés, qu'un tiers ne pourrait pas nous enlever* » : *Cours de Code Napoléon*, t. 1, n° 40).

On énonce alors que la loi nouvelle ne pourrait porter atteinte aux droits acquis d'une personne lors de sa promulgation. S'il en était autrement, il y aurait rétroactivité de la loi nouvelle. Or, la rétroactivité des lois est condamnée par l'article 2 du Code civil. En conséquence, c'est la loi ancienne qui continuera à régir les droits acquis d'une personne. En revanche, les simples expectatives sont régies par la loi nouvelle.

265. Application à la dévolution successorale. Une loi du 31 décembre 1917 est venue restreindre le degré de parenté auquel on peut succéder, lorsque le défunt, appelé *de cujus,* n'avait pas fait de testament. En effet, en l'absence de testament s'ouvre une succession *ab intestat,* et le Code civil dresse une liste des parents qui ont vocation à succéder. Les rédacteurs du Code civil avaient posé comme principe que les collatéraux (membres de la famille qui ne descendent pas en ligne directe, les uns des autres, comme les ascendants et descendants, mais d'un auteur commun, comme les frères, sœurs, oncles, tantes, neveux ou nièces), pouvaient succéder de la sorte jusqu'au onzième degré de parenté (au-delà, la succession est acquise à l'État). La loi de 1917 a ramené au sixième degré la vocation successorale des parents (ancien article 755, devenu, en 2001, l'article 745).

À la promulgation de cette loi de 1917, il a fallu envisager deux situations. D'une part, celle des successions déjà ouvertes, ce qui se produit dès que le *de cujus* est décédé. Dans cette situation, la loi nouvelle n'était pas immédiatement applicable, car dès la mort du *de cujus*, même si les héritiers ignoraient cet héritage, ils avaient un droit acquis à la succession. En somme, des héritiers au-delà du sixième degré pouvaient bénéficier de l'héritage, malgré la loi nouvelle. D'autre part, celle des successions non encore ouvertes, tout simplement parce que le « vieil oncle à héritage et sans descendance » était toujours en vie. Dans cette situation, la loi nouvelle s'est appliquée immédiatement, car les héritiers présomptifs n'avaient qu'une simple expectative. Ainsi, des parents collatéraux au-delà du sixième degré, seuls membres de la famille de l'oncle sans progéniture, ont vu leurs espoirs de succession s'envoler.

266. Théorie de l'effet immédiat des lois nouvelles. La théorie des droits acquis présente l'inconvénient de n'être convaincante que pour le cas de la dévolution successorale (elle s'adapte mal aux droits extrapatrimoniaux). Hormis ce cas, il est fort difficile de distinguer un droit acquis d'une simple expectative, faute d'un véritable critérium (pour Planiol, ces expressions traduisaient les résultats de la distinction et ne donnaient aucun moyen de la faire : *Traité élémentaire de droit civil*, 8e éd., t. 1, 1914, no 241, p. 93). C'est pourquoi, de nos jours, on lui préfère une autre théorie dite de l'effet immédiat de la loi nouvelle, ce qui ne veut pas dire pour autant que celle des droits acquis ne soit plus utilisée par nos tribunaux (ex. : Civ. 3e, 29 janvier 1980, *Bull.* no 25).

Avec la théorie de l'effet immédiat des lois nouvelles, on part toujours de l'article 2 du Code civil. Lorsqu'il énonce : « La loi ne dispose que pour l'avenir », on en déduit le principe de l'application immédiate de la loi nouvelle. Lorsqu'il énonce : « elle n'a point d'effet rétroactif », on en déduit le principe de la non-rétroactivité de la loi nouvelle.

Plan. Pour une meilleure compréhension, nous exposerons d'abord la règle de la non-rétroactivité de la loi nouvelle (§1), et après seulement celle de l'application immédiate de la loi nouvelle (§2). Puis, nous présenterons une combinaison de ces deux règles avec le cas particulier des lois de compétence et de procédure (§3).

§ 1. La non-rétroactivité de la loi nouvelle

267. Justification. Le principe selon lequel une loi n'est pas rétroactive se justifie aisément : il est important que les particuliers aient confiance dans la loi. Pour ce faire, il faut leur garantir que les relations juridiques qu'ils ont réglées sous l'empire d'une loi en vigueur ne seront pas remises en cause, du jour au lendemain, par une loi nouvelle qui n'existait pas encore.

Plan. Il convient de dégager la portée de ce principe (A), avant d'examiner les exceptions qu'il comporte (B).

A. La portée du principe

268. Situation contractuelle ou légale. Le principe de la non-rétroactivité de la loi concerne toutes sortes de situations juridiques :

– d'une part, les situations contractuelles, c'est-à-dire celles qui sont nées d'un contrat. Il en est ainsi, par exemple, des situations de salarié (contrat de travail), d'emprunteur (contrat de prêt), d'assureur ou d'assuré (contrat d'assurance) ;

– d'autre part, les situations extra-contractuelles, aussi appelées « situations légales », parce qu'elles naissent de la loi, en dehors de toute volonté des intéressés (par ex. : les statuts de majeur, mineur, célibataire, concubin, époux, divorcé, enfant légitime ou naturel).

269. Effets passés d'une situation achevée ou en cours. Dans ces situations, le principe de la non-rétroactivité de la loi nouvelle trouve à s'appliquer dans deux hypothèses :

– en premier lieu, aux situations juridiques, contractuelles ou non, qui ont pris naissance et qui se sont déjà entièrement réalisées. Autrement dit, elles ont produit et épuisé tous leurs effets, sous l'empire de la loi ancienne ;

Application. Je me suis marié en 1814, sous l'empire d'une loi du 20 septembre 1792 qui a introduit le divorce en France. En 1815, je divorce, ainsi que me le permet la loi. Une loi du 8 mai 1816 abolit le divorce. Évidemment, cette loi nouvelle n'est pas rétroactive et elle ne saurait remettre en cause mon divorce. En somme, avant même cette loi nouvelle, j'avais épuisé tous les effets de ma situation matrimoniale. Cette situation légale s'est éteinte avec mon divorce. Une loi postérieure ne saurait donc remettre en cause ce divorce.

– en deuxième lieu, le principe de non-rétroactivité de la loi s'applique aux effets déjà passés d'une situation juridique en cours. Cette situation est en cours, car elle n'a pas épuisé tous ses autres effets.

Application. En 2007, je conclus un contrat de travail pour une durée déterminée de 5 ans sur la base du smic. Une loi nouvelle [fictive] de 2010 précise que tout salarié doit percevoir deux fois le montant du smic. Dans la mesure où cette loi n'est pas rétroactive, je ne pourrai réclamer à mon employeur un rattrapage de salaire pour la période passée de 2007 à 2010.

B. Les exceptions au principe

270. Dans certains cas, il arrive que la loi nouvelle soit rétroactive. Ces exceptions sont de deux ordres. Elles concernent, d'une part, les lois expressément rétroactives (1) ; d'autre part, les lois rétroactives par nature (2).

1. Les lois expressément rétroactives

271. Fondement. À l'occasion d'une loi nouvelle, le législateur peut toujours marquer sans équivoque son intention de lui donner une application rétroactive. En effet, l'article 2 du Code civil, qui énonce que la loi n'est pas rétroactive, ne s'impose pas au législateur : cet article est une loi ordinaire et générale à laquelle une loi spéciale peut toujours déroger.

Il en irait autrement si le principe de non-rétroactivité des lois avait valeur de principe constitutionnel. Dans une telle occurrence, il s'imposerait au législateur ordinaire. Cependant, tel n'est pas le cas, puisque le Conseil constitutionnel décide que la rétroactivité de la loi, sauf en matière pénale, n'est pas contraire à la Constitution (Cons. const., 7 nov. 1997 : décis. n° 97-391 DC, *Rec. Cons. const.*, p. 232). C'est ainsi qu'il admet, par exemple, la régularité des lois de validation qui ont pour objet de purger rétroactivement une situation juridique d'une quelconque irrégularité, afin d'éviter une éventuelle annulation par les tribunaux (par exemple, en matière de concours ou de nomination dans la fonction publique, de contrats, de recouvrement d'impôts et de cotisations sociales, ou de versement de prestations indues). Néanmoins, dans la mesure où l'article 2 de la Constitution a valeur de loi, la non-rétroactivité qu'il postule s'impose au pouvoir réglementaire, la loi primant le règlement. Un règlement rétroactif serait donc illégal et il pourrait être annulé (Com., 13 décembre 1994 : *D.* 1995.372).

Illustration. Il est rare que le législateur ordinaire déclare expressément une loi rétroactive (sauf en matière fiscale où l'on dénombre plus d'une centaine de lois rétroactives depuis 1998). C'est sans doute la raison pour laquelle, dans le domaine du droit civil, on cite toujours l'exemple d'une loi révolutionnaire du 17 nivôse an II. Contrairement à l'Ancien Droit, cette loi a admis que l'enfant naturel ait les mêmes droits que les enfants légitimes dans la succession de ses auteurs. Les rédacteurs de cette loi en ont rétroactivement reporté les effets à toutes les successions ouvertes depuis le 14 juillet 1789. En somme, il a fallu remettre en cause des successions réglées depuis plusieurs années et même déjà dilapidées !

272. Principe de sécurité juridique. Il arrive que des groupes de pression obtiennent du pouvoir politique l'adoption, en cours d'instance, de lois nouvelles expressément rétroactives, qui neutralisent immédiatement les chances prévisibles de succès de l'une des parties. Aussi, faisant suite à la condamnation de la France par la Cour européenne des droits de l'homme (Cour EDH, 28 oct. 1999, *Zielinski*, *D.* 2000, Somm. 184, obs. Fricero), la Cour de cassation a-t-elle restreint le droit du législateur national d'adopter des lois rétroactives, sur le fondement du principe de prééminence du droit et la notion de procès équitable, consacrés par l'article 6 de la Conv. EDH (Cass. ass. plén., 23 janv. 2004 : *Bull.*, n° 2). Désormais, que l'État soit ou non partie au litige, les deux hautes juridictions interdisent, en des termes identiques, toute « ingérence du pouvoir législatif dans l'administration de la justice afin d'influer sur le dénouement judiciaire des litiges, sauf pour d'impérieux motifs d'intérêt général ». Cette solution s'applique quelle que soit la qualification formelle donnée à la loi, y compris lorsque le législateur a retenu celle de loi interprétative.

273. Condamnation de la rétroactivité de la loi *Kouchner*. La célèbre affaire *Perruche* illustre l'adoption d'une loi rétroactive en cours d'instance sous la pression médiatique (sur cette affaire : voir *infra* n° 490). À la suite d'erreurs médicales, une femme n'avait pu être informée de la rubéole qu'elle avait contractée, et elle avait donné naissance à un enfant handicapé. Elle soutenait que si elle avait eu connaissance de sa maladie, elle aurait pu avorter, la loi autorisant l'interruption volontaire de grossesse pour des raisons thérapeutiques (C. santé publique, art. L. 2213-1). Elle réclamait donc, au nom de l'enfant, la réparation du préjudice résultant du handicap de celui-ci. L'Assemblée plénière de la Cour de cassation, le 17 novembre 2000, lui donna gain de cause en admettant la réparation du préjudice personnel subi par un enfant né handicapé en raison de fautes médicales (Cass. ass. plén., 17 nov. 2000 : *Bull.* n° 9). Mais la procédure a été suspendue avec l'entrée en vigueur de la loi *Kouchner* du 4 mars 2002 relative aux droits des malades, devenu l'article L. 144-5 du Code de l'action sociale et des familles, selon laquelle : « Nul ne peut se prévaloir d'un préjudice du seul fait de sa naissance [...]. » Cette loi avait été votée par le Parlement sous la pression de l'opinion publique pour qui, en autorisant les victimes à se prévaloir d'un préjudice du fait de leur naissance, la Cour de cassation incitait à l'euthanasie prénatale. Aussi, pour mettre un terme à cette jurisprudence, le Parlement a prévu l'application immédiate des dispositions de la loi *Kouchner* à toutes les instances en cours engagées avant la promulgation de cette loi, donc au procès *Perruche* lui-même.

Seulement, tous ces dossiers ont dû être rouverts à la suite de la condamnation du caractère rétroactif de cette loi par les plus hautes juridictions (C.E., 24 févr. 2006, n° 250167, publié au recueil Lebon ; CEDH, 6 oct. 2005, *Maurice c. France*, requête n° 11810/03 ; Civ. 1re, 24 janv. 2006, *Bull.* n° 30). Pour ces juridictions, en supprimant, avec effet rétroactif, une partie essentielle des créances en réparation que les parents auraient pu faire valoir, le législateur les a privés d'une valeur patrimoniale préexistante et faisant partie de leurs biens, à savoir une créance en réparation établie dont ils pouvaient légitimement voir déterminer le montant. La loi française était donc non conforme au protocole n° 1 de la Conv. EDH qui dispose que « toute personne physique ou morale a droit au respect de ses biens ».

2. *Les lois rétroactives par nature*

274. Par nature, deux catégories de lois sont toujours rétroactives, sans que le législateur ait besoin de le dire. Il s'agit des lois pénales plus douces (a), et des lois interprétatives (b).

a. Les lois pénales plus douces

275. Définitions. La *loi pénale de fond* est une loi qui détermine une incrimination, tel le vol, et en fixe les peines, tel l'emprisonnement et/ou l'amende.

La *loi pénale de forme* s'occupe des questions de compétence et de procédure. Nous laisserons cette dernière catégorie, que nous retrouverons avec les lois de compétence et de procédure (voir *infra* n° 293).

276. Principe de la légalité des délits et des peines. En matière de lois pénales de fond, la rétroactivité est exceptionnelle, plus encore qu'en matière de lois civiles. Il est vrai qu'il existe un principe fondamental du droit pénal selon lequel il ne saurait y avoir d'infraction ou de peine sans un texte légal. La nécessité d'une loi pénale pour l'existence d'une incrimination entraîne une conséquence logique, à savoir la non-rétroactivité de la loi pénale de fond.

Ces deux principes sont étroitement mêlés dans les textes qui les formulent. Ainsi l'article L. 112.1 du Code pénal énonce-t-il : « Sont seuls punissables les faits constitutifs d'une infraction à la date à laquelle ils ont été commis. Peuvent seules être prononcées les peines légalement applicables à la même date. »

Ce principe de non-rétroactivité de la loi pénale a valeur constitutionnelle. Il est énoncé par l'article 8 de la Déclaration des droits de l'homme de 1789, auquel renvoie le préambule de la Constitution du 4 octobre 1958 : « Nul ne peut être puni qu'en vertu d'une loi établie et promulguée antérieurement au délit. »

277. Rétroactivité *in mitius*. Parmi diverses exceptions au principe de non-rétroactivité de la loi pénale (lois expressément rétroactives ; lois interprétatives...), il convient d'évoquer la plus importante qui concerne les lois pénales plus douces.

Le principe de rétroactivité des lois pénales plus douces, aussi appelé rétroactivité *in mitius* (du latin : en faveur de, plus doux) fait l'objet d'une disposition du Code pénal avec l'article L. 112.1, alinéa 3 : « Toutefois, les dispositions nouvelles s'appliquent aux infractions commises avant leur entrée en vigueur et n'ayant pas donné lieu à une condamnation passée en force de chose jugée lorsqu'elles sont moins sévères que les dispositions anciennes. »

D'une manière générale, une loi pénale plus douce est une loi qui est moins sévère que la loi pénale antérieure qu'elle remplace :

- soit parce qu'elle supprime une incrimination ou en réduit les éléments constitutifs. Par exemple, la loi du 11 juillet 1975 réformant le divorce a supprimé l'incrimination de l'adultère des anciens articles 336 et suivants du Code pénal ;

- soit parce qu'elle adoucit la qualification d'une infraction. Tel crime devient un délit ; tel délit devient une contravention. Par exemple, une loi du 17 février 1933 a changé l'infraction de bigamie : de crime, elle est devenue délit ;
- soit parce qu'elle allège les sanctions antérieurement prévues, que ce soit au niveau de la peine d'emprisonnement ou de la peine d'amende. Par exemple, la loi du 9 octobre 1981 qui a aboli la peine de mort, afin d'y substituer la réclusion à perpétuité.

278. Conséquences. Le principe de rétroactivité des lois pénales plus douces produit deux conséquences :

- d'une part, la loi pénale plus douce s'applique rétroactivement aux faits commis avant sa mise en vigueur et qui n'ont pas encore été jugés. Par exemple, en 1981, un homme a des relations sexuelles avec un adolescent de quinze ans consentant. Il fait l'objet de poursuites, conformément à l'ancien article 331, alinéa 2 du Code pénal. Alors qu'il attendait d'être jugé, une loi du 4 août 1982 a supprimé cette incrimination. Il a donc bénéficié de cette loi, et les poursuites ont été immédiatement interrompues ;
- d'autre part, la loi pénale plus douce s'applique aux faits commis et déjà jugés avant son entrée en vigueur, tant que la décision de condamnation n'est pas devenue irrévocable. Une décision de justice devient irrévocable lorsque les voies de recours sont épuisées ou leur délai écoulé (le délai pour faire appel en matière correctionnelle est, en principe, de dix jours à compter du prononcé du jugement contradictoire). Si l'appel n'a pas été exercé pendant ce délai, le jugement devient irrévocable ou définitif. On dit encore qu'il a force de chose jugée (à ne pas confondre avec l'autorité de la chose jugée). Reprenons notre exemple. L'homme qui avait entretenu des relations sexuelles avec un adolescent a été condamné, le 1er août 1982, à deux ans de prison par un tribunal correctionnel. Cependant, il bénéficie de la loi nouvelle du 4 août 1982, puisque la décision de condamnation n'a pas encore force de chose jugée.

En revanche, dès lors que la décision rendue sur les faits commis est définitive, autrement dit dès qu'elle a force de chose jugée, la loi pénale plus douce ne s'applique plus. Cependant, pour éviter des conséquences trop choquantes, le Code pénal prévoit une limite dans la seule hypothèse d'une dépénalisation : « La peine cesse de recevoir exécution quand elle a été prononcée pour un fait qui, en vertu d'une loi postérieure au jugement, n'a plus le caractère d'une infraction pénale » (C. pén., art. 112-4, al. 2).

279. Noyades du Drac. Six enfants et une accompagnatrice périrent noyés dans le Drac, le 5 novembre 1995. La cour d'appel de Grenoble avait déclaré l'institutrice coupable d'homicide et de blessures involontaires, sur le fondement de l'article L. 121-3 C. pén., dans sa version issue d'une loi du 13 mai 1966, applicable à l'époque des poursuites. La Cour de cassation a cassé cet arrêt, au motif qu'il n'avait pas fait bénéficier l'institutrice des dispositions plus favorables du nouvel article L. 121-3, alinéa 4 du Code pénal, issu d'une loi du 10 juillet 2000, donnant une définition différente du délit non intentionnel (Crim., 12 décembre 2000, *D.* 2001. IR. 409). Pour la Cour de cassation, ses dispositions, moins sévères que celles de la loi ancienne, devaient s'appliquer aux infractions commises avant son entrée en vigueur, dans la mesure où ces infractions n'avaient pas encore donné lieu à une condamnation passée en force de chose jugée.

b. Les lois interprétatives

280. Principe. Une loi interprétative est « une loi qui se borne à reconnaître, sans rien innover, un droit préexistant qu'une définition imparfaite a rendu susceptible de controverse » (Civ. 3e, 27 février 2002, 3 arrêts, *D.* 2002. 1142, obs. Rouquet). Plus simplement dit, il s'agit d'une loi qui vient interpréter les dispositions obscures d'une loi antérieure. Il est normal qu'une telle loi soit rétroactive, car elle ne fait qu'expliquer ou éclairer une loi qui existait déjà, sans apporter de règles nouvelles. On dit encore que la loi interprétative s'incorpore à la loi ancienne ou qu'elle est *déclarative* (du latin *declarativus* : qui fait voir clairement). D'ailleurs, elle prend effet à la date d'entrée en vigueur de la loi qu'elle interprète. C'est la raison pour laquelle la loi interprétative va s'appliquer immédiatement aux instances en cours à la date de la publication de la loi (Civ. 3e, 27 févr. 2002, préc.).

281. Conditions. Il convient toutefois de rappeler que la jurisprudence a récemment limité la portée de la rétroactivité des lois interprétatives comme pour les autres lois rétroactives non pénales (voir *supra* no 272). Désormais, en application du principe de sécurité juridique, une loi nouvelle ne peut s'appliquer à des litiges en cours que si le législateur peut invoquer « d'impérieux motifs d'intérêt général ».

282. Rétroactivité ou non des revirements de jurisprudence (renvoi). Sans être une loi au sens juridique du terme, la jurisprudence constitue une source, au moins complémentaire ou indirecte, de la règle de droit. Nous verrons que les tribunaux disposent d'un pouvoir d'interprétation de la loi qui leur permet d'éclairer le sens de la loi qu'ils appliquent (voir *infra* no 498 et s.). Ils peuvent ainsi être conduits à interpréter une loi à l'occasion d'un procès dont les faits se sont produits avant leur décision, c'est-à-dire avant même que le sens de la loi n'ait pu être connu par les parties. La question se pose donc de savoir si les parties au litige peuvent se voir reprocher un comportement qui n'était pas encore clairement prévu par la loi imparfaite en vigueur à l'époque des faits. La question se pose également lorsqu'il se produit un revirement de jurisprudence dans l'interprétation de la loi. Disons, pour l'instant, que les revirements de jurisprudence ont, par nature, un effet rétroactif, mais que la Cour de cassation, à titre exceptionnel, écarte cette rétroactivité pour certains droits processuels d'accès à la justice (voir *infra* no 562 et s.).

§ 2. L'application immédiate de la loi nouvelle

283. Le principe de l'effet immédiat des lois nouvelles est déduit de la première partie de l'article 2 du Code civil selon lequel : « La loi ne s'applique que pour l'avenir. » Cette solution autoritaire est justifiée par la nécessité d'assurer l'unité du droit. En effet, pour prendre un exemple, selon que les uns se sont mariés avant la loi du 11 juillet 1975, et les autres depuis cette loi, il serait fâcheux que les premiers ne puissent divorcer par consentement mutuel, contrairement aux seconds.

Plan. Nous envisagerons la portée du principe de l'application immédiate des lois nouvelles (A), et le régime particulier des situations contractuelles en cours d'exécution (B).

A. *La portée du principe*

284. L'application immédiate de la loi nouvelle joue à l'égard de deux types de situations :

- en premier lieu, elle concerne les situations juridiques, qu'elles soient légales ou contractuelles, qui ne sont pas encore nées. Par exemple, l'ordonnance du 16 janvier 1982, qui a fixé à cinq semaines la durée des congés payés, s'applique à toutes les personnes qui ont commencé à travailler après son entrée en vigueur ;
- en deuxième lieu, la loi nouvelle s'applique immédiatement aux effets futurs d'une situation juridique en cours. Cependant, cette fois, le principe ne joue qu'en matière de situation légale ou extra-contractuelle. En effet, les situations contractuelles en cours d'exécution connaissent un régime particulier (voir *infra* n° 286). Sous cette réserve, un exemple peut être donné avec la loi du 4 décembre 2001 relative aux droits successoraux du conjoint survivant et des enfants adultérins. Dès sa date d'entrée en vigueur, cette loi s'est appliquée à toutes les personnes dont la situation légale (statut de conjoint survivant ou d'enfant adultérin) était « en cours d'exécution ».

B. *Le régime des situations contractuelles en cours*

285. Il existe une importante exception au principe de l'application immédiate de la loi nouvelle. Cette exception concerne toutes les situations contractuelles en cours. Les contrats qui sont en cours d'exécution, lorsqu'une loi nouvelle survient, continuent à être régis, jusqu'à leur terme, par la loi ancienne. Cependant, cette exception ne joue pas lorsque la loi nouvelle est d'ordre public.

Plan. Nous examinerons le principe de la survie de la loi ancienne aux contrats en cours (1), et son exception, à savoir l'application immédiate des lois d'ordre public (2).

1. *La survie de la loi ancienne*

286. Principe. En matière contractuelle, les effets futurs d'un contrat continuent à être régis par la loi ancienne qui était en vigueur à l'époque où il a été conclu (ex. : Civ. 1re, 17 mars 1998, *Bull.* n° 115). Cette règle ne concerne que les contrats à exécution successive, c'est-à-dire les contrats dont les parties exécutent leurs obligations sur un certain laps de temps. Tels sont les contrats de travail, d'assurance, de bail, etc. Cette catégorie des contrats successifs s'oppose à celle des contrats instantanés. Le contrat est dit instantané lorsque les parties exécutent leurs obligations en un trait de temps, c'est-à-dire en une seule fois, en un moment précis et unique. L'exemple type est celui de la vente au comptant.

287. Justifications. Deux raisons expliquent la survie de la loi ancienne en présence de contrats successifs en cours :

- d'abord, un contrat est un accord des volontés de deux ou plusieurs personnes. Ces personnes ont accepté de s'engager pour une certaine durée, en fonction du contexte législatif en vigueur au moment de la conclusion du contrat. Peut-être même que ces personnes n'auraient pas contracté sous le régime des dispositions de la loi nouvelle ;

Illustration. Je suis propriétaire d'un garage. Je décide de le mettre en location pour une durée de dix ans. Je fixe un loyer modique, car la loi en vigueur me permet de réviser ce loyer tous les ans. Si, quelques semaines après la conclusion de ce contrat, une loi nouvelle survient pour supprimer le droit de révision annuelle des loyers, il ne serait pas juste qu'elle s'impose à moi. Dans un tel contexte législatif, je n'aurais pas donné mon garage en location, ou alors j'aurais fixé un loyer plus élevé.

– ensuite, un contrat est un équilibre qui a été recherché entre les obligations respectives des parties. Il y a toujours une certaine équivalence entre les prestations des uns et des autres. Si l'on admettait l'application immédiate de la loi nouvelle, on risquerait de rompre cet équilibre.

Illustration. Une entreprise vend un produit au prix de 1 000 euros avec une garantie gratuite de trois ans. Pour retenir ce prix, elle a pris en compte le coût prévisionnel de revient de la garantie. Admettons que, plus tard, le législateur décide que toutes les garanties doivent être de cinq ans, sans supplément de prix. L'entreprise ferait certainement faillite si elle devait appliquer la loi nouvelle à tous les produits déjà vendus.

2. L'application immédiate des lois d'ordre public

288. Lorsqu'une loi nouvelle est d'ordre public, elle s'applique immédiatement aux effets futurs d'une situation contractuelle en cours. Il n'y a donc plus survie de la loi ancienne. En somme, avec cette exception de l'exception, on revient au principe fondamental de l'application immédiate des lois nouvelles, déduit de l'article 2 du Code civil.

289. Problème. La difficulté est de déterminer quand une loi est d'ordre public et quand elle ne l'est pas. Souvent, la loi énonce son caractère d'ordre public, soit pour l'ensemble de la loi, soit pour telle ou telle disposition. Mais, dans le silence de la loi, il n'est pas toujours évident d'opérer une telle qualification. L'exercice est d'autant plus difficile que, selon certains auteurs, les lois d'ordre public ne se confondraient pas nécessairement avec les lois impératives (voir Marty et Raynaud, Introduction, n° 99). Ce courant doctrinal, qui est discuté, énonce même qu'une loi d'ordre public serait une loi plus contraignante qu'une loi impérative.

290. Ordre public économique et social. Disons simplement que, aujourd'hui, on arrive à organiser les principales dispositions d'ordre public, en plusieurs grandes catégories, dont celle intitulée : « ordre public économique et social. » Avec cet ordre public, la loi énonce, le plus souvent, ce que l'on doit trouver ou ne pas trouver dans le contrat. Il arrive même que le contenu du contrat soit entièrement réglementé.

Le domaine de cet ordre public est considérable. Il renferme presque toute la législation du droit du travail, dont la plupart des dispositions sont d'ordre public, comme la durée des congés payés, la durée du travail, le salaire minimum. Il comprend aussi toute la législation monétaire, en particulier l'ordonnance du 30 décembre 1958, devenu l'article L. 112-1 du Code monétaire et financier, qui fixe le régime des clauses d'indexation. Il comprend encore toute la législation fiscale, ainsi qu'une grande partie de la législation sur les baux d'habitation, le contrat d'assurance, et les contrats de construction et de promotion immobilière. Sans prétendre à l'exhaustivité, il comprend encore toutes les lois récentes sur la protection des consommateurs, aujourd'hui réunies dans le Code de la consommation.

Prenons, l'exemple de l'ordonnance du 16 janvier 1982 qui a fixé à cinq semaines la durée des congés payés. Il est évident que cette ordonnance, qui est d'ordre public, s'est appliquée immédiatement, et pour l'avenir seulement, à tous les salariés dont les contrats de travail étaient en cours d'exécution.

291. Motifs impérieux d'intérêt général. Pour la Cour de cassation, la seule circonstance qu'une loi nouvelle est d'ordre public ne peut avoir pour conséquence de la rendre applicable aux effets futurs des contrats en cours d'exécution (Civ. 1re, 17 mars 1998, *Bull.* nº 115). L'impératif de sécurité contractuelle commande la survie de la loi ancienne aux effets futurs des contrats en cours d'exécution, y compris lorsque la loi nouvelle est d'ordre public.

Il en irait autrement si une « bonne raison commandait » d'écarter la loi ancienne (Com., 27 oct. 1969, *Bull.* nº 310). Cette raison doit trouver sa source dans la volonté du législateur qui peut être révélée expressément, en vertu d'une disposition spéciale déclarant la loi nouvelle immédiatement applicable aux contrats en cours, ou implicitement, lorsque la volonté du législateur est caractérisée par les juges. Aussi, à défaut d'une disposition spéciale, les juges vont-ils rechercher si les motifs, qui conduisent ordinairement le législateur à déclarer une loi nouvelle immédiatement applicable, se retrouvent en l'espèce. La simple nature d'ordre public de la loi nouvelle étant insuffisante, les juges s'attachent à des « considérations d'ordre public particulièrement impérieuses » qui, mettant en cause l'équilibre social, justifieraient le sacrifice du principe du respect des prévisions initiales des parties (ex. : Com., 3 mars 2009, nº 07-16.527 : *Bull.* nº 31). Ainsi, par exemple, les lois nouvelles protectrices des salariés doivent-elles s'appliquer immédiatement aux contrats de travail en cours, car l'équilibre social impose leur uniformité pour l'ensemble des salariés (Soc., 26 oct. 1988, *Bull.* nº 553, à propos de la cinquième semaine de congés payés).

292. La décision *Sté KPMG* du Conseil d'État du 24 mars 2006. Le Conseil d'État a ajouté une nouvelle pierre à la construction du droit transitoire en imposant aux auteurs des actes administratifs (administrations, Conseil d'État lui-même en qualité de co-auteur des « décrets en Conseil d'État »), de prévoir des mesures transitoires applicables aux contrats en cours, au nom du principe général du droit de sécurité juridique et, par voie de conséquence, du principe de confiance juridique (C.E., 24 mars 2006, *Sté KPMG* : *Rec. Lebon* nº 154, annulation d'un décret ne comportant pas de dispositions transitoires applicables aux situations contractuelles en cours). Jusqu'alors, l'application immédiate de la norme aux situations en cours était le principe, et l'existence de mesures transitoires l'exception. Au contraire, depuis l'arrêt *Sté KPMG*, les administrés (souvent les personnes qui exercent des activités réglementées) ont un droit acquis au maintien de leur situation en cours selon des modalités qui doivent être prévues dans des dispositions transitoires. Il appartient donc aux autorités administratives d'apprécier, au cas par cas, si la sécurité juridique et la confiance légitime des administrés nécessitent ou non l'adoption de mesures transitoires.

§ 3. Le cas des lois de procédure

293. Les lois de procédure, parfois appelées « lois de forme » par opposition aux lois de fond, sont des lois qui intéressent principalement l'organisation et la compétence des tribunaux, ainsi que les actes et les formalités à accomplir devant les tribunaux. En ce qui concerne l'application dans le temps des lois non pénales de procédure, il n'existe aucune disposition spécifique. Quant aux lois pénales de forme, l'article 112-2 du Code pénal précise : « Sont applicables immédiatement à la répression des infractions commises avant leur entrée en vigueur, les lois de compétence et d'organisation judiciaire, tant qu'un jugement au fond n'a pas été rendu en première instance; les lois fixant les modalités des poursuites et les formes de la procédure.»

D'une manière générale, ce sont les principes généraux de règlement des conflits de lois dans le temps, déduits de l'article 2 du Code civil, qui vont gouverner cette matière.

Non-rétroactivité. C'est ainsi que les lois de procédure ne sauraient rétroagir. Cette non-rétroactivité concerne non seulement les procès déjà terminés, mais aussi les actes déjà effectués d'un procès en cours.

Effet immédiat. Cependant, ces lois de procédure vont avoir un effet immédiat. Il en résulte qu'elles ont vocation à régir immédiatement les instances :

– d'une part, les instances futures concernant des faits antérieurs à leur promulgation;
– d'autre part, les instances en cours qui avaient été engagées à propos de faits antérieurs à leur promulgation. Cette dernière hypothèse ne doit pas être considérée comme une exception au principe de la non-rétroactivité des lois. En effet, la loi nouvelle de procédure ne s'applique pas aux faits qui ont donné lieu à l'instance, mais à l'instance elle-même. D'ailleurs, elle ne régit que les actes et formalités à venir, sans remettre en cause ceux déjà accomplis.

294. Loi nouvelle en matière de compétence. Il existe une exception au principe de l'application immédiate des lois nouvelles de procédure, autrement dit une hypothèse de survie de la loi ancienne. C'est le cas d'une loi nouvelle qui modifie la compétence d'une juridiction. En effet, si la juridiction, valablement saisie, avait déjà rendu une décision sur le fond, elle reste saisie de l'affaire malgré une loi nouvelle transférant la compétence à une autre juridiction. Le fond de l'affaire concerne, dans ce sens, tout ce qui tend à établir le bien fondé ou le mal fondé des prétentions des parties, ce qui exclut les contestations portant sur la régularité des procédures ou la compétence des juridictions. L'explication est la suivante. Il faut toujours se garder de remettre en cause ce qui a déjà été jugé. Or, si on appliquait une loi nouvelle de procédure et de compétence en dessaisissant la juridiction qui a déjà statué sur le fond, on remettrait en cause ce qu'elle a jugé. En revanche, si la juridiction n'avait pas encore rendu une décision sur le fond de l'affaire, elle sera dessaisie immédiatement au profit de l'autre juridiction désormais compétente selon la loi nouvelle, quand bien même le procès est déjà entamé.

295. Loi nouvelle en matière de preuve. En ce qui concerne les lois nouvelles qui modifient le régime des preuves préconstituées, malgré leur étroite relation avec la procédure, elles sont qualifiées de lois de fond (cette qualification est parfois discutée en doctrine, en particulier en droit pénal). En conséquence, on ne peut les appliquer aux instances en cours.

On appelle preuves préconstituées les écrits que les parties ont pu se réserver à l'avance pour établir leurs droits (voir *infra* n° 1113). Par exemple, un acte de vente ou de prêt signé par les deux parties. Cet écrit, établi avant tout litige, est destiné à être utilisé ultérieurement par les parties en cas de litige, si jamais leurs droits sont contestés. Si, en cours d'instance, une loi nouvelle modifie les règles relatives aux preuves préconstituées, celle loi ne s'appliquera pas immédiatement. C'est donc l'ancienne loi qui continuera à régir les preuves *a priori* des plaideurs. En somme, les seules preuves préconstituées recevables lors du procès sont celles qui étaient en vigueur au jour où l'acte a été conclu, la préconstitution des preuves relevant du fond du droit.

En revanche, les autres règles gouvernant les modes de preuve, spécialement les preuves constituées *a posteriori*, comme les témoignages, les présomptions de fait, l'aveu ou le serment, sont celles qui sont en vigueur au jour où le juge statue (par ex., Civ. 1re, 28 avril 1986, *Bull.* no 106).

Application. En 1979, une personne prétend avoir prêté 2 000 F à un tiers. À cette date, l'ancien article 1341 du Code civil exigeait une preuve par écrit pour les sommes dépassant 50 F. Pourtant, aucun écrit n'a été établi. Le tiers contestant ultérieurement avoir emprunté cette somme, l'affaire est portée devant la justice en 1981. Or, un décret du 15 juillet 1980 a élevé de 50 F à 5 000 F le seuil prévu par l'article 1341. Malheureusement, le prêteur négligeant n'a pu se prévaloir de ce nouveau texte qui aurait pu le dispenser de rapporter la preuve écrite du prêt. S'agissant d'une preuve préconstituée, il restait régi par les règles en vigueur au jour du prêt. Faute d'écrit, il n'a pu prouver son droit, et il a donc été débouté de sa demande.

Sous-section III L'application de la loi dans l'espace

296. Principe de territorialité des lois. Il convient d'admettre comme un postulat l'application d'une seule et unique loi sur l'ensemble du territoire français ; cette loi étant logiquement la loi française ou nationale, qui émane tantôt de notre pouvoir législatif (loi au sens formel), tantôt de notre pouvoir exécutif (règlement). C'est l'idée exprimée par l'article premier, alinéa 1 du Code civil, du moins dans sa version en vigueur du 15 mars 1803 au 1er juin 2004 : « Les lois sont exécutoires dans tout le territoire français, en vertu de la promulgation qui en est faite par le roi (le président de la République). »

Plan. Ce principe connaît deux correctifs qui sont susceptibles de générer des conflits de lois dans l'espace : l'un en l'absence d'un élément étranger (§1), l'autre en présence d'un élément étranger (§2).

§ 1. L'absence d'éléments étrangers

297. Unité n'est pas uniformité. La première situation à considérer est celle qui met en cause exclusivement des Français sur notre territoire national. Le Code civil de 1804 a eu pour objet d'unifier le droit, de sorte qu'un seul et unique droit s'applique à tous les Français. Cependant, le principe de l'unité du droit français sur le territoire national n'est pas absolu.

298. Droit local d'Alsace-Moselle. En métropole, pour des raisons historiques, il peut exister des droits locaux qui dérogent à la loi applicable sur l'ensemble du territoire. Ainsi, à la suite de la reprise par la France à l'Allemagne, en 1918, de l'Alsace-Lorraine, devenue Alsace-Moselle, trois départements du Bas-Rhin, du Haut-Rhin et de la Moselle connaissent un droit local pour l'essentiel composé de règles allemandes issues de l'annexion de l'Alsace-Lorraine par l'Allemagne en 1871. Certes, ce droit local n'a cessé de se réduire au fil des ans, dans la mesure où les lois françaises postérieures à 1918 s'appliquent de plein droit en Alsace-Moselle, sous réserve de leur compatibilité avec le droit local. Cependant, des spécificités subsistent, en particulier avec le système du livre foncier (publicité des transferts de propriété), et le statut des ministres du culte (l'État continue de verser les traitements et pensions des ministres des quatre cultes reconnus par le Concordat de 1801 : catholique, protestant calviniste, protestant luthérien, israélite).

299. L'outre-mer. Deux millions et demi d'habitants vivent dans des territoires français situés outre-mer, très divers par leur population et leurs institutions (ex. : trois royaumes et donc trois rois pour le territoire de Wallis et Futuna). Depuis la révision constitutionnelle du 28 mars 2003, qui a supprimé la distinction des DOM et des TOM, ces territoires constituent soit des « départements et régions d'outre-mer » engagés dans l'assimilation avec la métropole (Guadeloupe, Guyane, Martinique, Réunion, Mayotte), soit des collectivités d'outre-mer, qui aspirent à l'autonomie dans la République (Polynésie française, Saint-Barthélemy, Saint-Martin, Saint-Pierre-et-Miquelon, Wallis-et-Futuna).

Quant à la Nouvelle-Calédonie, depuis l'Accord de Nouméa du 5 mai 1998, elle connaît un statut particulier. Pour une période de vingt années, la souveraineté est partagée entre l'île et la métropole. À l'issue de cette période, un vote des populations intéressées devrait consacrer une complète autonomie (Accord sur la Nouvelle-Calédonie, préambule, *in fine*, *J.O.* du 27 mai 1998).

En vertu du principe de l'identité ou de l'assimilation législative, le droit commun « métropolitain » s'applique aux départements et régions d'outre-mer. Cependant, l'article 73 de la Constitution permet des « mesures d'adaptation nécessitées par leur situation particulière ». À l'inverse, dans les collectivités d'outre-mer et en Nouvelle-Calédonie, le principe dit de spécialité législative, énoncé par l'article 74 de la Constitution, subordonne l'application du droit commun métropolitain à une disposition exprès et à une publication locale.

300. Droit coutumier kanaque. En Nouvelle-Calédonie, les citoyens d'origine mélanésienne disposent d'un statut personnel (mariage, naissance, adoption, décès, successions), qui est régi par la coutume (voir *infra* n° 315), et auquel ils peuvent renoncer au profit du statut civil de droit commun métropolitain (Const., art. 75). Ce statut coutumier kanake (kanak ou canake, du mot hawaïen *kanaka* : homme) est souvent fondé sur la primauté du clan sur l'individu (le mariage et le divorce sont organisés par le clan, etc.), et un privilège de masculinité (la femme battue qui quitte le domicile conjugal supporte tous les torts, etc.). En matière immobilière, ce statut consacre la propriété des terres coutumières avec des caractères quasiment inconnus du droit civil métropolitain : l'inaliénabilité, l'incessibilité, l'incommutabilité et l'insaisissabilité (Loi organique du 19 mars 1999 relative à la Nouvelle-Calédonie, art. 18).

§ 2. La présence d'éléments étrangers

301. Un Français et un étranger ont un différend sur le territoire français ou dans un pays étranger. Un Français a des biens ou des intérêts dans d'autres pays. Un étranger a des biens ou des intérêts en France. Plusieurs lois sont susceptibles d'entrer en conflit : la loi française et une ou plusieurs lois étrangères. Quelle loi faut-il appliquer ? La détermination de la loi applicable relève du droit international privé qui est généralement étudié en Master de droit. Toujours est-il que l'on peut donner, de manière très schématique, deux éléments de réponse, qui correspondent aux deux méthodes du droit international privé.

302. L'énoncé de règles de conflits de lois. Tout d'abord le droit international privé français désigne, par grande catégorie de matières, la loi de rattachement applicable (les pays étrangers peuvent avoir des règles de conflits différentes !).

En matière civile, par exemple, le statut personnel (nom, état civil, capacité, mariage, divorce, filiation) relève de la loi nationale de la personne considérée, c'est-à-dire la loi personnelle. Cette règle de conflit est posée par l'article 3, alinéa 3 du Code civil : « Les lois concernant l'état et la capacité des personnes régissent les Français, même résidant en pays étrangers. » Le statut réel (biens meubles et immeubles, propriété et modes d'acquisition) relève, en principe, de la loi du pays dans lequel se trouve le bien. Pour les immeubles, cette règle de conflit est énoncée sous l'alinéa 2 de l'article 3 du Code civil : « Les immeubles, même ceux possédés par des étrangers, sont régis par la loi française. »

En matière pénale, le principe de territorialité domine avec l'alinéa 1er de l'article 3 du Code civil (« Les lois de police et de sûreté obligent tous ceux qui habitent le territoire »), et l'article 113-2 du Code pénal (« La loi pénale française est applicable aux infractions commises sur le territoire de la république »).

303. L'énoncé des règles matérielles. Parfois encore, le droit international privé élabore lui-même des règles matérielles (aussi appelées règles substantielles), qui donnent directement la solution. Par exemple, c'est la loi française qui énonce directement les conditions d'attribution et d'acquisition de la nationalité française (C. civ., art. 17 et s.), ainsi que les conditions d'entrée et de séjour des étrangers en France (Code de l'entrée et du séjour des étrangers et du droit d'asile). Cette méthode dite directe se rencontre également dans certains traités internationaux dont le domaine de prédilection est le commerce international (voir *supra* nº 48).

304. Commerce international. La convention des Nations unies du 11 avril 1980 sur les contrats de vente internationale de marchandises, dite convention de Vienne, ratifiée par plus de 71 pays dont la France, énumère des règles qui ont vocation à supplanter tout droit national lors d'un échange international de biens entre des parties qui relèvent d'États signataires. Cette convention prévoit en particulier des règles jusqu'alors inconnues ou refusées par le droit français : ventes sans prix (*open price contracts*) ; paiement portable et non quérable ; absence de mise en demeure, grève constitutive de force majeure, etc.

Section IV
L'interprétation de la loi

305. Objet. Selon le dictionnaire de français *Littré*, le verbe « interpréter » signifie tantôt « expliquer ce qu'il y a d'obscur et d'ambigu dans un écrit, dans une loi, dans un acte », en d'autres termes découvrir le sens caché mais préexistant d'un texte ; tantôt « donner à une chose, par de certaines règles ou inductions, un sens réel ou imaginaire », en fait supposer le sens d'un texte qui ne le comportait peut-être pas auparavant. Aussi en présence d'un texte imprécis, incomplet ou obscur, l'interprète doit-il en clarifier le sens afin de le rendre applicable.

Illustration. L'article 3, alinéa 3 du Code civil dispose : « Les lois concernant l'état et la capacité des personnes régissent les Français, même résidant en pays étrangers. » Sans doute faut-il d'abord comprendre qu'il s'agit des lois françaises. Quant aux étrangers qui résident en France, le texte ne dit rien. Est-ce la loi française ou la loi étrangère qui régit l'état et la capacité de ces personnes ? Ce texte elliptique a donc été à l'origine de toute une construction jurisprudentielle rattachant le statut personnel de l'étranger à sa loi nationale, au détriment de la loi du domicile, donc de la loi française.

Plan. Le Code civil ne formulant guère de directives, jusqu'au siècle dernier, la doctrine a tenté d'élaborer des principes et des méthodes d'interprétation du droit (§1). Aujourd'hui, ces grandes joutes doctrinales ont laissé place à des méthodes et des pratiques d'interprétation qui sont souvent inspirées des règles fondamentales de la logique (§2).

Sous-section I Les conceptions doctrinales d'interprétation

306. École de l'Exégèse. Dans la première partie du XIXe siècle, notre droit civil se confondait quasiment avec les lois qui venaient d'être réunies dans le Code civil de 1804. Aussi les premiers commentateurs du Code civil représentaient-ils l'école dite de l'Exégèse (Delvincourt, Toullier, Trolong, Duranton, Demolombe, Laurent, Aubry et Rau, etc.). Pour ces auteurs, le droit était entièrement contenu dans la loi écrite. Tout au plus, l'interprétation de la loi par la doctrine et les juges devait-elle se limiter à la recherche de la volonté du législateur, sa véritable intention. Cette intention pouvait être découverte par l'examen des travaux législatifs préparatoires, l'analyse grammaticale des textes, voire l'analyse logique en replaçant la loi dans son contexte.

307. Interprétation judiciaire des lois. Par la suite, les sources du droit se sont transformées. La jurisprudence dans son rôle d'interprétation de la loi a rapidement fait preuve d'une certaine indépendance à l'égard de textes de plus en plus inadaptés aux réalités sociales. À maintes reprises, elle a non seulement complété la loi, mais elle l'a modifiée. Le droit commun de la responsabilité civile extra-contractuelle, réduit à quelques formules elliptiques énoncées par les articles 1382 à 1386 du Code civil, datant de 1804, en est l'exemple le plus significatif. Cette matière, dont l'importance est aujourd'hui considérable, est essentiellement l'œuvre de la jurisprudence (voir *infra* n° 512 et s.).

308. École scientifique. La doctrine a pris conscience de cette création du droit par les tribunaux, consécutive au vieillissement de nos textes. L'école de l'Exégèse, dominée par le prestige du Code civil, a cédé la place, au XXe siècle, à l'école dite scientifique, qui tente d'ajouter au droit deux éléments :

- d'une part, la jurisprudence elle-même. Depuis le début du siècle dernier, la plupart des auteurs lui donnent une place importante (Planiol, Capitant, Ripert, Demogue, Josserand, Labbé, Esmein, etc.). Les premiers commentaires d'arrêt sont, par ailleurs, apparus en 1859 sous la plume de Joseph-Émile Labbé. Les auteurs spécialisés dans l'art et la manière de rédiger des notes d'arrêts étaient alors appelés « arrêtistes ». Si ce mot est tombé en désuétude, il n'en est pas de même de l'exercice du commentaire d'arrêt qui continue, aujourd'hui encore, à empoisonner la vie des étudiants en droit ;

– d'autre part, diverses sciences non juridiques, comme l'histoire, l'économie ou la sociologie. D'un côté, Raymond Saleilles (voir not. *Le rôle de la méthode historique dans l'enseignement du droit* : Revue de l'enseignement, 1890), proposait un système d'interprétation déformante. Selon cet auteur, l'interprète doit utiliser la loi comme si elle venait d'être publiée (« au-delà du Code civil, mais par le Code civil »). Lorsqu'il est confronté à une situation non prévue par une loi, il doit rechercher ce que serait la volonté probable du législateur pour cette situation. De l'autre, François Gény, doyen de la faculté de droit de Nancy, préconisait de se garder de prêter au législateur des intentions qu'il n'avait peut-être jamais eues (*Méthode d'interprétation et sources en droit privé positif*, 1899). Pour combler la législation, il préférait la libre recherche scientifique. Par cette méthode, il invitait l'interprète de la loi à construire une solution, comme s'il était législateur, en s'inspirant des données sociales, historiques, politiques, et économiques, voire des considérations d'équité ou de morale de son époque.

Sous-section II Les méthodes d'interprétation

309. Sous réserve du droit pénal, qui est dominé par un principe d'interprétation stricte des textes dans l'intérêt de l'individu (C. pén., art. 111-4 : « La loi pénale est d'interprétation stricte »), l'interprétation du droit civil *lato sensu* oscille, de nos jours, entre les deux méthodes académiques : l'exégèse des textes et la libre recherche scientifique. Au demeurant, les juges du fond sont libres du choix des méthodes d'interprétation pour déterminer le sens d'un texte ou combler ses lacunes (Civ. 1re, 29 janv. 2002, *RTD civ.*, 2003. 154, obs. Molfessis).

310. Arguments de logique. C'est ainsi qu'ils utilisent, selon les circonstances, un ou plusieurs procédés d'analyse logique pour rechercher la « raison d'être de la loi » (la *ratio legis*), selon la volonté déclarée ou présumée du législateur. Nous citerons les trois arguments le plus souvent utilisés :

– le raisonnement *a pari* ou par analogie, qui consiste à étendre la solution admise par un texte à un cas semblable pour lequel il n'existe aucun texte. Par exemple, si la loi est muette à l'égard des personnes morales, on appliquera à ces dernières les solutions données par la loi pour les personnes physiques, en raison de l'analogie qui existe entre elles ;

– le raisonnement *a fortiori*, qui consiste à emprunter la solution prévue par la loi dans un cas particulier pour un cas voisin dès lors qu'elle y serait encore plus adaptée. Par exemple, une loi interdit à un incapable de vendre ses biens, afin de le protéger contre lui-même et contre autrui. En revanche, aucune loi n'évoque la donation, alors qu'il s'agit d'un acte plus grave pour l'incapable qui ne reçoit rien en échange de ce qu'il donne. Pour le protéger, on va considérer que la loi, qui lui interdit de vendre ses biens, lui interdit *a fortiori* de les donner ;

– le raisonnement *a contrario*, qui consiste à adopter la solution inverse de celle qui est retenue par la loi, dès lors que les conditions requises par cette loi ne sont pas réunies. Par exemple, si une loi interdit à un incapable de vendre ses biens, elle lui permet *a contrario* de les louer.

311. Maximes d'interprétation. L'interprète n'est pas enfermé dans ces arguments de logique. Il recourt également à des directives d'interprétation coutumières formulées sous forme de maximes. Parmi celles-ci : l'exception est d'interprétation stricte (*exceptio est strictissimae interpretationis*) ; là où la loi ne distingue pas, il n'y a pas lieu de distinguer (*Ubi lex non distinguit, nec nos distinguere debemus*) ; les lois spéciales dérogent aux lois générales (*Speciala generalibus derogant*) ; la raison d'être de la loi cessant, cesse la loi elle-même (*Cessante ratione legis, lex ipsa cessat*).

Chapitre II

La coutume

312. Produit social. La loi ne constitue pas la seule source directe du droit. Il existe une autre source directe du droit : la coutume, encore appelée « usage » lorsqu'elle est évoquée par les rédacteurs du Code civil ou la jurisprudence. Contrairement à la loi, qui est une règle écrite de droit, la coutume n'est pas écrite.

A priori, la coutume est de même essence que nos coutumes d'origine germanique de l'Ancien Régime (voir *supra* n° 79). C'est pourquoi nous emprunterons la définition qu'en donnait Pothier (1699-1772) : « On appelle coutume des lois que l'usage a établies et qui se sont conservées sans écrit par une longue tradition. »

En effet, la coutume naît spontanément dans le corps social, et elle s'impose par l'habitude et la tradition. En somme, on ne fait pas une coutume comme on fait une loi. La loi est décidée à un moment précis, et elle est « statufiée » dans un écrit par la volonté d'un organe étatique compétent. Une coutume n'est jamais décidée par quiconque, ni solennisée dans un écrit. Elle a pris naissance, de manière naturelle, il y a longtemps, dans le groupe social. Elle a été acceptée et suivie par les membres du groupe, qui ont la conviction sincère qu'elle est obligatoire. Et, par ce phénomène évolutif, l'usage ancien et répété devient une règle de droit.

313. Source première du droit de l'Afrique. Pendant des siècles, les pays d'Afrique noire et Madagascar ont vécu sous l'empire de coutumes multiples. Sous la colonisation européenne, ce droit coutumier a été complété ou remplacé, de manière plus ou moins importante, par un droit écrit d'inspiration occidentale (les Anglais ont davantage respecté les coutumes locales que les Français). Depuis l'indépendance, le droit des nouveaux États africains est en grande partie composé de droits coutumiers emprunts de religion, de morale et de convenances. Ces droits coutumiers sont souvent fondés sur l'idée de solidarité, et ils règlent surtout le statut des personnes physiques, y compris les relations de famille. Quant à la part du droit écrit, elle est souvent secondaire. Ce droit écrit est constitué à la fois d'un droit colonial et d'un droit post-colonial, qui cherche à effacer l'empreinte du droit colonial et à proposer des règles nouvelles parfois difficilement compatibles avec le poids des phénomènes sociaux et culturels anciens (polygamie, répudiation, excision, etc.).

314. Source secondaire du droit civil français. En France, la coutume est également présente. Seulement, elle n'est qu'une source résiduelle de notre droit civil. En cette matière, la prééminence est accordée à la loi écrite, sans doute parce que, depuis le Code civil de 1804, nous sommes dans un système de droit positiviste légaliste.

315. Collectivités d'outre-mer et Nouvelle-Calédonie. Il peut en aller différemment dans certaines circonstances, en particulier dans les collectivités d'outre-mer (Polynésie française...) et en Nouvelle-Calédonie. Ainsi l'article 75 de la Constitution proclame-t-il : « Les citoyens de la République qui n'ont pas le statut civil de droit commun, seul visé à l'article 34, conservent leur statut personnel tant qu'ils n'y ont pas renoncé. » Puis, l'article 7 de la loi organique du 19 mars 1999 relative à la Nouvelle-Calédonie précise que « Les personnes dont le statut personnel, au sens de l'article 75 de la Constitution, est le statut civil coutumier kanak décrit par la présente loi sont régies en matière de droit civil par leur coutume » (sur ce statut : voir *supra* n° 300).

316. Source notable du droit commercial français. Le domaine de prédilection de la coutume est plutôt le droit commercial. Dans une certaine mesure, ce droit est d'essence coutumière, composé d'usages qui étaient suivis au Moyen Âge par les marchands, et dont la plupart ont été rédigés sous forme de lois réunies dans le Code de commerce de 1807. Cependant, cette filiation dessert la coutume. D'abord, parce que le droit commercial ayant toujours eu une autonomie relative par rapport au droit civil, ses caractères ne sauraient traduire l'ensemble du droit français. Ensuite, parce que cet héritage n'a pu qu'engendrer la crainte d'une restauration des institutions professionnelles corporatives, qui avaient été condamnées par la Révolution.

Plan. Nous étudierons les notions de coutume et d'usage (Section I) ; les modes de preuve de leur existence (Section II) ; et les rapports qu'ils entretiennent avec la loi (Section III).

Section I
Les notions de coutume et d'usage

317. Terminologie. Dans l'Ancien Droit, le mot *coutume* désignait, *stricto sensu*, les coutumes qui avaient été rédigées et enfermées dans un texte écrit. Quant au mot *usage*, il désignait les coutumes non écrites. Au XIXe siècle, les deux termes ont pu être employés indifféremment pour qualifier les règles de droit non écrites, issues de l'Ancien Droit ; ces règles continuant à s'appliquer, quand bien même elles n'avaient pas été intégrées dans un code. Aujourd'hui, les deux termes sont quasiment synonymes, avec une préférence marquée du législateur et des juges pour celui d'*usage* (ex. : C. civ., art. 389-3, 1135, 1160). Toutefois, il faut prendre garde au terme d'*usage*, dans la mesure où il existe deux grandes catégories d'usage, dont une seule répond aux caractères généraux de la coutume.

318. Usage de droit. Souvent, les termes d'*usage de droit* servent à désigner la coutume. Dans ce sens, l'usage de droit constitue une règle de droit non écrite, qui naît spontanément du corps social, et s'impose par l'habitude et la croyance qu'elle est obligatoire.

319. Usage conventionnel. L'on oppose aux usages de droit les simples usages conventionnels, qui sont appelés ainsi parce qu'ils tirent leur autorité d'un contrat. En fait, il s'agit de pratiques et de règles que suivent les professionnels dans leurs relations contractuelles (ex. : délais de livraison). À l'origine, les professionnels prenaient soin de rappeler ces usages par une clause écrite dans les contrats qu'ils concluaient. Puis, dans la mesure où ils étaient connus de tous et constamment suivis, il n'a plus été nécessaire de les mentionner dans les contrats. C'est ainsi que les contractants sont censés se référer implicitement aux usages conventionnels, dès lors qu'ils ne les ont pas expressément écartés dans le contrat. Les usages conventionnels sont donc supplétifs de la volonté des parties. C'est le principe qui inspire l'article 1160 du Code civil : « On doit suppléer dans le contrat les clauses qui y sont d'usage, quoiqu'elles n'y soient pas exprimées. »

Plan. Pour éviter toute confusion, nous opposerons désormais les coutumes aux usages conventionnels de professions déterminées. Dans cette occurrence, il convient de distinguer deux éléments constitutifs du processus de l'élaboration de la coutume, que l'on ne retrouve pas pareillement dans les usages : d'une part, un élément matériel (Sous-section I) ; d'autre part, un élément psychologique (Sous-section II).

Sous-section I L'élément matériel

§ 1. Répétition et ancienneté

320. Caractère commun à la coutume et aux usages conventionnels. L'élément matériel, le *corpus*, c'est l'acte lui-même, la pratique, le comportement qui est répété pendant longtemps. Cette pratique nécessite donc à la fois la répétition et la durée. Si l'acte est isolé, il ne peut fonder une règle obligatoire. C'est l'idée exprimée par la maxime : « Une fois n'est pas coutume. »

La répétition ne suffit pas : il faut aussi l'ancienneté. Mais, pas plus qu'on ne peut raisonnablement quantifier la répétition, on ne peut quantifier l'ancienneté. Des textes romains évoquent un long usage (Justinien, *Inst.* 1.3.9). Les auteurs coutumiers et canoniques ont proposé des durées de dix à quarante années. Notons simplement que les grandes coutumes que nous citerons ont une longue histoire, leur origine remontant souvent à l'Ancien Régime. À l'inverse, d'autres sont plus récentes. Cependant, il faut se souvenir que, par nature, le concept même de coutume est rebelle à toute tentative de datation précise.

En définitive, au niveau de l'élément matériel, la distinction de la coutume et des usages conventionnels des professionnels n'est guère probante : les usages conventionnels reposent aussi sur une pratique relativement ancienne.

§ 2. Champ d'application

321. Il semble que le champ d'application de la coutume soit plus large que celui des usages professionnels. La pratique sur laquelle repose la coutume est ordinairement générale. Cela signifie que sa portée n'est pas restreinte à un secteur géographique déterminé, telle une région ou une localité plus précise, comme le marché de Rungis pour les commerçants. Elle n'est pas non plus restreinte à une catégorie particulière de professionnels, tels les producteurs de maïs, les mareyeurs ou les courtiers d'assurance. Le plus souvent, la coutume s'applique sur l'ensemble du territoire et, si ce n'est à l'ensemble des citoyens pour les règles coutumières civiles, du moins à l'ensemble des commerçants pour celles commerciales.

322. Le droit civil du nom des personnes. Le droit relatif au nom propre des personnes physiques est en partie coutumier. Par exemple, une coutume veut que l'enfant légitime, c'est-à-dire né d'un homme et d'une femme mariés, prenne le nom de son père ou plus exactement du mari de sa mère. Cette coutume ancestrale a une portée générale, et elle concerne tous les individus. Elle était tellement ancrée dans nos mœurs qu'il a fallu attendre une loi du 4 mars 2002 sur le nom de famille pour que le législateur décide de lui conférer, de manière parfaitement inutile, le statut de règle écrite sous l'article 311-21, alinéa 1er, *in fine*, applicable depuis le 1er janvier 2005 (« *En l'absence de déclaration conjointe à l'officier d'état civil, mentionnant le choix du nom de l'enfant, celui-ci prend le nom du père si sa filiation est établie simultanément à l'égard de l'un et de l'autre* »). On relèvera toutefois que le législateur n'a pas transformé en règle écrite une autre coutume selon laquelle une veuve non remariée conserve le droit de porter le nom de son mari défunt.

323. Usages conventionnels entre commerçants. Au contraire, les usages conventionnels des professionnels ont un champ d'application beaucoup plus limité quant aux activités et, parfois même, quant au secteur géographique concernés.

Illustrations. Dans le seul commerce des métaux, la défectuosité d'une pièce implique son remplacement, à l'exclusion de tout autre mode de réparation. Dans le commerce du bois non débité, l'acheteur professionnel, tel un menuisier ou un luthier, supporte les défauts révélés lors du sciage. Dans le secteur du courtage en assurance, le courtier qui apporte une police à une société d'assurance a droit non seulement à une commission sur la première prime, mais aussi à chaque reconduction du contrat. Dans le secteur de la vente de biens d'ameublement, les contrats de vente renvoient aux délais de livraison normalement d'usage dans le lieu en cause, etc.

Sous-section II L'élément psychologique

§ 1. « Par sentiment de nécessité »

324. Distinction de la coutume et des usages conventionnels. L'élément psychologique ou intellectuel consiste dans la conviction de ceux qui se conforment à la pratique qu'elle est une règle de droit pourvue du caractère obligatoire. Ce sentiment selon lequel la coutume suivie correspond à une nécessité juridique est ordinairement exprimé par l'expression latine : *opinio juris seu necessitatis*.

La coutume ne peut alors être confondue avec l'usage conventionnel. En particulier, parce qu'un tel usage ne repose pas sur la croyance commune qu'il serait une règle de droit obligatoire. D'une part, il est limité aux seules parties au contrat. D'autre part, les parties savent qu'il n'est pas obligatoire. Il ne s'imposera qu'autant que ces parties, de par leur volonté, ne l'ont pas expressément écarté dans leur convention. En somme, l'usage est seulement supplétif de la volonté des parties, alors que la coutume est une règle de droit pourvue du caractère obligatoire.

Toutefois, des usages conventionnels peuvent se transformer en coutume, dès lors que se substitue, aux volontés particulières des parties, une croyance commune en la valeur juridique obligatoire de la pratique ancienne qui se répète. Sans doute, les coutumes du droit commercial étaient-elles, à l'origine, toutes de simples usages conventionnels de marchands avant de devenir des coutumes proprement dites, dès lors que les commerçants les ont intellectuellement acceptés comme étant le droit s'imposant à eux.

325. Sanction judiciaire. Le caractère obligatoire de la coutume se manifeste par sa sanction judiciaire en cas d'inobservation. Ainsi, on énonce souvent que si la coutume est obligatoire, c'est parce qu'elle aurait acquis force de loi à la suite de sa consécration par la Cour de cassation. Il est vrai que, pour accréditer l'existence d'une coutume indiscutable, il est appréciable de citer des arrêts de la Cour de cassation, qui en font état comme règle de droit obligatoire s'imposant aux juges du fond.

§ 2. L'anatocisme

326. La capitalisation des intérêts. Un seul exemple suffira. Il s'agit de la capitalisation des intérêts, encore appelée *anatocisme (*terme issu du grec *ana* [encore une fois] et *tokos* [intérêt, revenu], autrement dit intérêt d'intérêts).

Dans la tradition chrétienne, le prêt à intérêt est prohibé : « Prêtez sans rien espérer en retour » (Évangile selon saint Luc, VI. 35 ; comp. avec le proverbe gitan : « Ce qui n'est pas donné ou partagé est perdu »). C'est ainsi que le prêt à intérêt était interdit par le droit français jusqu'à la Révolution française qui l'a consacré (Ass. constituante, 30 octobre 1789). Plus tard, le Code civil a admis la validité du prêt à intérêt, sous l'article 1905 : « Il est permis de stipuler des intérêts pour simple prêt soit d'argent, soit de denrées, ou autres choses mobilières. » Les rédacteurs du Code civil se sont montrés plus réservés pour accueillir la capitalisation des intérêts. L'article 1154 du Code civil ne l'autorise que sous des conditions très strictes : « Les intérêts échus des capitaux peuvent produire des intérêts [...] par une convention spéciale, pourvu que [...], dans la convention, il s'agisse d'intérêts dus au moins pour une année entière. » Il est donc exigé que la capitalisation des intérêts fasse l'objet d'une clause expresse, et que les intérêts soient calculés par période annuelle.

Pourtant, les banques ont trouvé un mode de calcul plus rentable qu'elles appliquent, depuis la fin du Moyen Âge, aux soldes débiteurs des comptes courants des commerçants avec lesquels elles sont en relation. En dehors de toute convention, elles calculent les intérêts échus par période *infra*-annuelle (souvent tous les trois ou six mois). La Cour de cassation a consacré cette coutume : « Attendu que l'article 1154 du Code civil n'est pas applicable aux comptes courants ; qu'en cette matière, les intérêts échus peuvent être réunis au capital, avant le terme d'une année, pour produire de nouveaux intérêts ; que d'après les usages (dans le sens de coutume), qui font loi dans le commerce, les règlements de comptes courants ont lieu de six mois en six mois » (Cass. req. 12 mars 1851, *D.* 1851.I.290).

327. Calculs des intérêts. Pour un emprunt bancaire d'un montant de 100000 euros, sur vingt ans, au taux fixe de 10 %, sans capitalisation annuelle des intérêts, l'emprunteur doit rembourser au total, capital et intérêts compris, 300000 euros. Avec la capitalisation annuelle des intérêts, il doit rembourser 672750 euros !

Le taux des intérêts est en pratique calculé sur la base d'une année de 360 jours au lieu de l'année civile de 365 (ou 366 jours si l'année est bissextile), conformément à un usage lombard du Moyen Âge, lorsque les arrêtés des comptes étaient effectués manuellement. Toutefois, en matière de prêts à la consommation, le mode de calcul connaît des règles particulières. D'une part, l'article R. 313-1, alinéa 4 du Code de la consommation précise que le taux effectif global est calculé pour une année civile de 365 ou 366 jours. D'autre part, la Cour de cassation permet aux parties d'y déroger par une clause contraire, sous réserve que le client soit informé de la méthode de calcul retenue, et de son incidence financière sur le coût du crédit (Com., 29 mars 2009, n° 08-12530). En cela, la Cour de cassation range implicitement le mode de calcul des intérêts sur la base d'une année de 360 jours dans la catégorie des simples usages conventionnels. *A contrario*, les prêts destinés à financer les besoins d'une activité professionnelle restent régis par l'usage bancaire du Moyen Âge de 360 jours. Il s'agirait donc, dans cette hypothèse, d'une véritable coutume ou usage de droit.

Section II
La preuve de la coutume et des usages

328. La distinction de la coutume et des usages conventionnels se retrouve au niveau de la preuve de leur existence. Si les usages doivent être prouvés par celui qui les invoque (Sous-section I), il n'en est pas de même de la coutume (Sous-section II).

Sous-section I Les modes de preuve des usages conventionnels

329. Moyens de preuve. La personne qui se prévaut d'un usage conventionnel d'une profession donnée doit le prouver. Il est évident que le juge ne saurait connaître les milliers d'usages qui régissent des activités et des secteurs professionnels particuliers. Pour rapporter cette preuve, tous les moyens sont admissibles (les juges consulaires de l'Ancien Régime avaient imposé le principe souple et pragmatique de la liberté de la preuve, au détriment du système rigide du droit civil fondé sur l'écrit).

Souvent, il suffit de produire des ouvrages qui recensent, à l'initiative de l'autorité administrative ou d'organismes professionnels, les usages d'une activité donnée. Par exemple, le Code des assurances, édité par Dalloz ou Litec, reproduit la liste des « usages du courtage des assurances terrestres ».

De même, le plaideur peut présenter des formulaires de contrats types, établis par des organismes privés ou publics, qui expriment les usages professionnels auxquels il entend se référer. Ces usages peuvent aussi être établis par témoins ou expertises.

330. Parère. En droit commercial, le plaideur utilise souvent un *parère* (du latin *parere* : paraître, sembler). Il s'agit d'une attestation écrite de l'existence de l'usage qui émane de groupements et syndicats professionnels, de chambres de commerce et d'industrie ou de personnes qualifiées.

Par exemple : « Je soussigné certifie que dans les usages bancaires français, la lettre par laquelle une société de renom indiscuté sur le plan tant de la morale commerciale que de l'assise financière, parraine une société qu'elle contrôle pour l'obtention ou le maintien d'un crédit, constitue un engagement moral d'assurer la bonne fin du crédit et est considérée comme présentant en pratique une sécurité comparable à celle d'un engagement de caution » (Association française des banques : 30 octobre 1973).

Sous-section II La connaissance judiciaire des coutumes

331. Dispense de preuve. En principe, la coutume n'a pas à être prouvée par celui qui s'y réfère, quand bien même on a soutenu le contraire au siècle dernier. Dans la mesure où la coutume constitue une règle de droit, il convient de prendre en considération le principe selon lequel le plaideur n'a pas à prouver les règles de droit nécessaires à la solution du litige (C. proc. civ., art. 9, *a contrario* : « Il incombe à chaque partie de prouver conformément à la loi les faits nécessaires au succès de sa prétention »). En d'autres termes, le plaideur n'a à prouver ni l'existence de la loi, ni celle de la coutume qu'il invoque.

Quant au juge, il est censé connaître la coutume, comme il est censé connaître la loi. À la limite, il lui appartient d'en vérifier l'existence. Toutefois, les juges connaissent assez bien les coutumes, car celles-ci sont peu nombreuses.

332. Coutumes commerciales. En droit commercial, elles sont une dizaine. Nous avons déjà évoqué la coutume de la capitalisation des intérêts dans les comptes courants ou anatocisme. Nous évoquerons ultérieurement la coutume de la solidarité commerciale (voir *infra* n° 343).

Aussi citerons-nous, pour l'instant, une autre coutume : celle de la réfaction du contrat (dérivé du mot *refaire*). Il faut savoir que le Code civil, au cas où un contrat est exécuté de manière incomplète, ne permet, sous certaines conditions, que son exécution forcée ou sa résolution par le juge (C. civ., art. 1184). Au contraire, pour les ventes entre commerçants, une coutume moins dogmatique permet, en cas de livraison de marchandises d'une qualité inférieure à celle qui avait été convenue, d'obtenir le maintien du contrat, assorti d'une réduction du prix (Cass. req. 23 mai 1900, *DP* 1901.1.269).

333. Adages civils. En droit civil, les coutumes sont moins nombreuses. Le plus souvent, il s'agit d'adages qui remontent à l'Ancien Droit. À cette époque, un véritable genre littéraire s'était établi. On aimait formuler les règles de droit sous la forme de maximes ou de proverbes pour les rendre plus accessibles. Ainsi Antoine Loysel (1536-1617) a-t-il rédigé les célèbres *Institutes coutumières*, où les principales règles de droit étaient présentées sous forme d'adages.

Par exemple, « Bâtards ne succèdent point. » En effet, à l'époque, les enfants naturels ne pouvaient succéder à leurs auteurs. « Qui fait l'enfant doit le nourrir. » Cette règle visait les enfants naturels. « En mariage il trompe qui peut .» Cela signifie que le dol n'est pas une cause de nullité du mariage. « Donner et retenir ne vaut », autrement dit, les donations sont irrévocables, etc. Ces maximes ont eu des fortunes diverses :

- certaines ont été reprises sous forme de lois. Par exemple, l'article 894 du Code civil énonce : « La donation entre vifs est un acte par lequel le donateur se dépouille actuellement et irrévocablement de la chose donnée, en faveur du donataire qui l'accepte » ;
- d'autres ont été expressément écartées. Par exemple, le Code civil, dans sa rédaction originaire, donnait aux enfants naturels et adultérins une vocation successorale inférieure à celle des enfants légitimes, inspirée de la conception de la famille sous l'Ancien Droit. Une première loi du 3 janvier 1972 a mis un terme à cette discrimination à l'égard des enfants naturels, et une seconde loi du 3 décembre 2001 a abrogé les textes qui maintenaient l'infériorité successorale des enfants adultérins (C. civ., art. 733 : « La loi ne distingue pas selon les modes d'établissement de la filiation pour déterminer les parents appelés à succéder ») ;
- des adages peuvent encore être complètement étrangers à notre système juridique. Par exemple : « Qui ne dit mot consent. » Notre droit privé des contrats et des obligations nous enseigne le contraire : le silence gardé par le destinataire d'une offre de contracter ne saurait valoir acceptation de sa part, à moins d'une loi ou d'un usage contraire (ex. : Civ. 1re, 16 avr. 1996 : *Bull.* nº 181) ;
- enfin, des maximes, bien que non rédigées dans des lois, constituent, aujourd'hui, de véritables règles de droit obligatoires. C'est ainsi que la Cour de cassation n'hésite pas à les invoquer expressément pour censurer les décisions des juges du fond qui ne les respectent pas.

334. « Nul ne peut invoquer sa propre turpitude » (*nemo auditur propriam turpitudinem allegans*) est l'une des plus célèbres de ces maximes. En application de cette maxime, l'action en répétition, c'est-à-dire la restitution d'une chose versée, est refusée à la suite de l'annulation du contrat pour cause immorale, dès lors que le demandeur à cette action a lui-même participé à l'immoralité de l'opération.

Prenons l'exemple d'une personne qui a prêté de l'argent pour satisfaire à une importante commande de drogue. Cette personne ne pourra obtenir en justice la restitution de l'argent qu'elle a avancé, si cet argent ne lui est pas spontanément remboursé par l'emprunteur.

335. « L'erreur commune fait le droit » (*Error communis facit jus*) est une autre maxime également intégrée à notre droit positif. Elle signifie qu'une erreur communément répandue devient la règle ou équivaut à l'existence du droit.

Un vieil arrêt de la Cour de cassation illustre cette règle coutumière (Cass. civ., 26 janvier 1897, *DP* 1900.1.33). Une personne avait fabriqué un faux testament en sa faveur. Après avoir reçu l'héritage, elle avait vendu certains des biens hérités à un acquéreur de bonne foi. Lorsque la supercherie fut découverte, le véritable héritier demanda l'annulation de la vente des biens héréditaires. La Cour de cassation écarta cette demande, affirmant le principe selon lequel : « dès que l'erreur commune et invincible ainsi que la bonne foi des tiers sont établies, les aliénations consenties par l'héritier apparent échappent à toute action en résolution dirigée par l'héritier véritable. »

Section III

Les rapports entre la loi et la coutume

336. Position du problème. En présence d'une loi et d'une coutume, il convient de déterminer laquelle doit l'emporter sur l'autre.

Cette question se pose dans une moindre mesure à propos des usages conventionnels. Dans la mesure où l'usage conventionnel tire sa force de la volonté implicite des parties, cette force cesse là où la volonté est sans effet. Tel est le cas lorsque l'usage conventionnel déroge aux lois impératives, ainsi qu'à celles concernant l'ordre public et les bonnes mœurs. *A contrario,* l'usage conventionnel peut déroger à une loi supplétive de la volonté des parties.

En revanche, les solutions sont plus compliquées en présence d'une loi et d'une coutume contraire à ses dispositions.

Plan. Dans ce cadre, l'analyse classique distingue trois catégories de coutumes, qui se rapportent, en réalité, à des situations différentes. Ces catégories sont communément exprimées sous des formules latines.

Sous-section I *Consuetudo secundum legem*

337. La première catégorie est celle de la coutume qui s'applique en vertu de la loi. Il s'agit de l'hypothèse où la loi renvoie à la coutume. Dans ce cas, il n'y a pas réellement de conflit entre la loi et la coutume ; la coutume tirant sa force obligatoire de la loi. Autrement dit, il y a force obligatoire de la coutume par délégation de la loi.

> **Illustrations.** En droit des obligations, l'article 1135 du Code civil énonce : « Les conventions obligent non seulement à ce qui y est exprimé, mais encore à toutes les suites que l'équité, l'usage ou la loi donnent à l'obligation d'après sa nature. » La même idée se retrouve sous l'article 1160 du Code civil : « On doit suppléer dans le contrat les clauses qui y sont d'usage, quoiqu'elles n'y soient pas exprimées. »
>
> En matière de minorité, l'article 389-3 du Code civil dispose : « l'administrateur légal (c'est-à-dire les père et mère), représentera le mineur dans tous les actes civils, sauf les cas dans lesquels la loi ou l'usage autorise les mineurs à agir eux-mêmes. » Ainsi, même si un mineur est frappé d'incapacité, l'usage lui permet d'acquérir un titre de transport ou une mobylette, voire de souscrire un contrat d'assurance.

338. Notions à contenu variable. Peuvent encore être rattachés à cette catégorie de coutumes certains renvois implicites de la loi. Il en est ainsi lorsque la loi utilise des termes imprécis comme *les bonnes mœurs* (C. civ., art. 6, 900, 1133, 1172, 1387), *le bon père de famille* (C. civ., art. 1728 : « Le preneur est tenu [...] d'user de la chose louée en bon père de famille »), ou *la faute* (C. civ., art. 1382).

Il appartient au juge de donner un sens à ces termes, en se référant à la conduite de l'homme raisonnable ou aux idées d'aujourd'hui, autrement dit à la coutume ou aux usages des gens. Par exemple, au XIXe siècle, les contrats d'assurance-vie étaient jugés immoraux. Aujourd'hui, ils sont entrés dans les mœurs, et leur validité n'est plus discutée (voir *infra* n° 505).

Sous-section II *Consuetudo praeter legem*

339. La deuxième catégorie concerne la coutume qui s'applique en l'absence de loi. Ici encore, il n'y a pas véritablement conflit entre une loi et la coutume, puisque la loi n'existe pas. C'est ainsi que, Portalis, dans son discours préliminaire de présentation du Code civil, avait proposé d'y insérer la disposition suivante : « À défaut d'un texte écrit sur chaque matière, un usage ancien, constant et bien établi, une suite ininterrompue de décisions semblables, une opinion ou une maxime reçue tiennent lieu de loi. »

Illustrations. Cette opinion, selon laquelle « si l'on manque de loi, il faut consulter l'usage », a peu d'applications en droit civil où les lois écrites sont nombreuses. Néanmoins, on rappellera l'usage pour la veuve non remariée de conserver le droit de porter le nom de son mari décédé.

En droit commercial, un exemple est celui du compte courant. Cette matière n'est réglée par aucune loi spéciale. Aussi la plupart des règles de fonctionnement de ce compte sont définies par la jurisprudence et la doctrine à partir de la pratique bancaire. On précisera seulement que le compte courant ne doit pas être confondu avec le compte ouvert par un particulier auprès de sa banque, aussi appelé compte de dépôt. Le compte courant désigne un compte ouvert par un banquier à un commerçant pour les besoins de sa profession, et qui peut être créditeur indifféremment pour l'un ou l'autre.

Sous-section III *Consuetudo adversus legem*

340. La dernière catégorie concerne la coutume qui s'applique à l'encontre de la loi. Cette fois, les règles coutumières contreviennent aux dispositions précises de la loi. Le conflit est donc réel entre la coutume et la loi.

Deux situations sont à envisager. Soit la loi à laquelle s'oppose une coutume est supplétive de la volonté des parties. Dans cette situation, la coutume l'emporte à condition de prouver que les parties ont entendu déroger à la loi pour se conformer à la coutume. Soit la loi à laquelle s'oppose la coutume est impérative. Normalement, on devrait admettre la supériorité de la loi, puisque nous sommes dans un système de droit légal. Pourtant, il est des cas où des coutumes vont à l'encontre de la loi.

341. Le don manuel. En droit civil, le don manuel désigne la donation d'un meuble corporel réalisée par simple tradition, c'est-à-dire par remise de la main à la main de l'objet donné. Le don manuel n'est expressément réglementé par aucun texte du Code civil, si ce n'est les dispositions du Code civil relatives à la donation entre vifs. Parmi celles-ci, l'article 931 : « Tous actes portant donation entre vifs seront passés devant notaires [...]. » Aussi toute donation devrait-elle exiger un acte notarié, y compris pour une simple cigarette ou une pièce de monnaie ! Heureusement, par la force des choses, l'usage a admis la possibilité de la donation par la remise du bien de la main à la main. Cette coutume a donné naissance au don manuel. La jurisprudence l'a depuis longtemps entérinée (Civ. 1re, 4 nov. 1981 : *Bull.* no 327, pour la remise d'un chèque ; Civ. 1re, 4 nov. 1981 : *Bull.* no 328, pour un virement sur le compte du bénéficiaire).

342. Droit commercial. Cette matière est très caractéristique des coutumes qui s'appliquent à l'encontre de la loi. Il faut se souvenir que le droit commercial est un droit d'exception, alors que le droit civil est le droit commun du droit privé. Comme tel, le droit civil a vocation à s'appliquer dès lors que le droit commercial ne connaît pas de règles spécifiques pour régir les relations commerciales. Or, nous avons déjà cité deux coutumes commerciales qui se sont imposées, dans le silence des lois commerciales, malgré l'existence de dispositions contraires du Code civil régissant ces situations. La première est celle de la capitalisation des intérêts des comptes courants, en dehors des conditions pourtant posées par l'article 1154 du Code civil. La seconde est celle de la réfaction du contrat commercial qui va à l'encontre des dispositions civiles du droit commun des contrats.

343. Présomption de solidarité. On citera une autre règle coutumière relative à la solidarité commerciale. Selon l'article 1202 du Code civil, la solidarité entre deux débiteurs ne se présume pas : pour exister, elle doit être expressément stipulée. Prenons un cas concret. Deux personnes achètent une voiture de 20 000 euros à crédit, chacun pour la moitié du prix. En cas de non-paiement, le vendeur ne peut réclamer à un seul d'entre eux la totalité du prix. En somme, dans le silence du contrat, chacun des coacquéreurs n'est tenu que pour sa part dans la dette. En revanche, si une clause de solidarité est expressément stipulée dans le contrat, le vendeur peut réclamer à l'un d'entre eux le montant total de la dette, quitte pour celui-ci à se retourner contre son coacquéreur pour être remboursé de la part du prix qu'il a ainsi « avancée ». En droit commercial, il en va autrement. En dehors d'un texte écrit particulier à cette matière, une règle d'origine coutumière, admise par la jurisprudence, pose le principe contraire selon lequel la solidarité est présumée, et ne peut être écartée qu'en vertu d'une clause expresse contraire (Cass. req. 20 octobre 1920, *D.* 1920.1.161). Aussi, dans notre exemple, si les coacquéreurs sont tous deux commerçants, dans le silence du contrat, ils sont chacun engagés solidairement à payer le prix.

344. Abrogation d'une loi par désuétude. C'est à propos de cette troisième catégorie de coutume *contra legem* que s'est posée la question de savoir si la loi pouvait disparaître par désuétude, c'est-à-dire par le seul fait qu'elle n'est plus appliquée pendant un certain temps. Par exemple, une ordonnance du 16 brumaire an IX prohibe le port du pantalon, sauf autorisation spéciale du préfet de police. Un règlement de la SNCF oblige les contrôleurs à porter des gants blancs, etc. Ces dispositions législatives, qui n'ont jamais été formellement abrogées, doivent-elles être considérées comme effacées de notre droit positif pour la simple raison que plus personne ne les applique ? Admettre l'abrogation d'une loi par désuétude revient à reconnaître qu'une coutume puisse l'emporter sur une loi impérative contraire.

345. Hésitations. La question est controversée en doctrine. Pour certains auteurs, qui défendent l'opinion selon laquelle la coutume ne serait qu'une source subordonnée à la loi, une coutume ne peut aller à l'encontre d'une loi : il ne saurait donc y avoir abrogation d'une loi par désuétude. Pour d'autres auteurs, qui n'admettent pas cette infériorité de la coutume à la loi, lorsque l'on est en présence d'une loi et d'une coutume contraire, c'est celle qui est la plus récente qui doit l'emporter. Dans cette opinion, il convient d'admettre l'abrogation d'une loi par désuétude.

Quant aux tribunaux, ils ont une attitude contradictoire. D'une part, ils n'ont jamais nettement énoncé qu'une loi puisse être abrogée par désuétude. D'autre part, ils n'appliquent quasiment jamais une loi tombée en désuétude, ou alors il s'agit de décisions très anciennes. Par exemple, il a été jugé qu'un règlement de 1856 sur la navigation fluviale restait en vigueur, et conservait force obligatoire, malgré un usage contraire bien établi et même plus rationnel (Civ. 20 oct. 1902, *DP* 1902.1.519). En tout cas, si de nos jours une loi n'est plus sanctionnée par l'autorité publique, c'est bien parce qu'elle est pratiquement abrogée !

N°s 346-349 réservés

Titre II

LA JURISPRUDENCE

350. Définition. Dans un sens ancien, la jurisprudence désignait la science du droit : « juris » venant du mot latin *jus-juris*, le droit ; « prudence » venant du mot latin *prudentia*, la connaissance. Aussi les Romains appelaient-ils *jurisprudentes* ceux qui savaient le droit.

Aujourd'hui, l'expression jurisprudence peut être prise dans deux sens différents. Dans un sens large, la jurisprudence désigne l'ensemble des décisions qui sont rendues par les tribunaux dans les litiges dont ils ont à connaître. Dans un sens plus étroit, la jurisprudence désigne la façon dont un problème de droit est habituellement tranché par les tribunaux. C'est dans cet autre sens que l'on dit : « la jurisprudence est constante » ; « la jurisprudence est divisée » ; « elle n'a pas encore pris position » ; « elle a fait l'objet d'un revirement », etc. Bien entendu, dans ce sens, la jurisprudence dépasse la simple application mécanique de la règle de droit : il s'agit de l'élaboration d'une sorte de droit prétorien, concurrent ou complémentaire de la règle légale. En effet, sous couvert de son pouvoir d'interprétation de la loi, le juge va éventuellement compléter la loi et, parfois même, la modifier.

351. Plan. La question de la jurisprudence, dans ce sens étroit, ne concerne que les décisions rendues par des juridictions officielles, qui sont des juridictions publiques ou étatiques. Toutefois, pour avoir une vue d'ensemble des modes de règlement des conflits, nous présenterons, d'abord, l'organisation de ces juridictions publiques (Chapitre I), ainsi que l'arbitrage et divers procédés amiables qui permettent de proposer des solutions en dehors de tout procès (Chapitre II). Enfin, nous déterminerons si la jurisprudence des juridictions publiques peut être considérée comme une véritable source du droit (Chapitre III).

Chapitre I

La dualité des juridictions publiques

352. La division du droit public et du droit privé se retrouve au niveau des juridictions publiques, qui se subdivisent en juridictions de l'ordre administratif et en juridictions de l'ordre judiciaire.

353. Principe de la séparation des pouvoirs. Dans les pays anglo-saxons, il n'y a qu'un seul et unique ordre de juridiction publique pour connaître, d'une part, des litiges entre particuliers, d'autre part, des litiges mettant en cause l'administration. En France, il en est autrement, en raison du principe de la séparation des pouvoirs.

354. Origine. Le principe a été formulé par Montesquieu au XVIIIe siècle : « Il y a dans chaque État trois sortes de pouvoirs : la puissance législative, la puissance exécutrice des choses qui dépendent du droit des gens, et la puissance exécutrice de celles qui dépendent du droit civil [...] On appellera cette dernière la puissance de juger, et la deuxième la puissance exécutrice de l'État [...] Tout serait perdu si le même homme, ou le même corps des principaux, ou des nobles, ou du peuple, exerçaient ces trois pouvoirs : celui de faire des lois, celui d'exécuter les résolutions publiques, et celui de juger les crimes ou les différends des particuliers » (*De l'esprit des lois*, livre XI, chap. VI, 1748).

Ce principe a été consacré par la loi sur l'organisation judiciaire des 16 et 24 août 1790 en ces termes : « Les fonctions judiciaires sont distinctes et demeureront toujours séparées des fonctions administratives. Les juges ne pourront, à peine de forfaiture, troubler, de quelque manière que ce soit, les opérations des corps administratifs, ni citer devant eux les administrateurs pour raison de leurs fonctions. » En effet, après le mauvais souvenir laissé par les parlements, c'est-à-dire les cours d'appel de l'Ancien Régime (voir *supa* n° 91), qui n'avaient cessé d'empiéter sur le pouvoir royal, l'objectif était d'éviter toute ingérence du pouvoir judiciaire sur l'administration. En conséquence, dans un premier temps, c'est l'administration elle-même qui devait trancher les litiges où elle était en cause. Plus tard, ces litiges ont été jugés par des juridictions administratives autonomes (voir *infra* n° 366).

355. Plan. Selon le principe de la séparation des pouvoirs administratif et judiciaire, les litiges mettant en cause l'administration relèvent des juridictions de l'ordre administratif (Section II), et ceux mettant en cause les particuliers relèvent des juridictions de l'ordre judiciaire (Section III). Toutefois, cette séparation des deux ordres de juridiction peut conduire à des conflits de compétence qu'il convient d'évoquer dès à présent (Section I).

Section I
Les conflits de compétence entre les ordres de juridiction

356. L'existence de deux ordres de juridiction, dont les compétences d'attribution respectives ne sont pas toujours précises, peut conduire à divers types de conflits (Sous-section I). Pour trancher ces conflits, il existe une juridiction particulière, qui ne relève ni de l'ordre judiciaire, ni de l'ordre administratif : il s'agit du Tribunal des conflits (Sous-section II).

Sous-section I Les divers types de conflits

Il existe trois conflits : le conflit négatif, le conflit positif, le conflit de décisions.

357. Il y a **conflit négatif** lorsque, saisi d'un litige, le juge judiciaire se déclare incompétent, considérant que la nature de ce litige relève du juge administratif. Le juge administratif, à son tour saisi, se déclare incompétent, considérant que la nature de ce litige relève du juge judiciaire.

Illustration. Un club de football est organisé et géré par une association (personne morale de droit privé), qui a été créée à l'initiative d'une commune (personne morale de droit public). Un usager (personne privée) se blesse en participant aux activités du club. Il agit en responsabilité contre l'association. Le juge judiciaire se déclare incompétent, considérant que l'association est fictive. Pour ce juge judiciaire, il s'agit d'un litige mettant en cause la responsabilité d'une commune, dont seul le juge administratif peut connaître. Notre usager saisit alors le juge administratif. Ce dernier se déclare incompétent, au motif qu'il s'agit d'un litige entre deux personnes privées, la nature privée de l'association, bien réelle, faisant écran à la nature publique de la commune.

358. Il y a **conflit positif** lorsque le juge judiciaire étant saisi d'un litige, le préfet qui représente l'État élève le conflit, c'est-à-dire conteste la compétence de la juridiction judiciaire (à l'inverse, un particulier ne peut élever un conflit dans une affaire soumise au juge administratif). Pour le préfet, ce litige ne peut être tranché que par les juridictions administratives. Dans ce cas, le préfet adresse au tribunal judiciaire un déclinatoire de compétence dans lequel il expose les motifs de l'incompétence du tribunal. Le tribunal judiciaire se prononce alors sur sa compétence au moyen d'un jugement spécifique. S'il rejette le déclinatoire, le préfet dispose de quinze jours pour prendre un arrêté de conflit. Dans cette occurrence, le tribunal doit surseoir à statuer dans l'attente de l'arrêt du Tribunal des conflits qui confirmera l'arrêté de conflit ou l'annulera.

359. Il y a **conflit de décisions** lorsque la juridiction administrative et la juridiction judiciaire, chacune saisie dans la limite de leur compétence respective, rendent des décisions contradictoires. Il s'ensuit donc un déni de justice.

Illustration. Un particulier est bousculé par un passant et se blesse en tombant sur une plaque d'égout mal fixée au sol. Il agit en responsabilité contre le passant, mais le juge judiciaire le déboute au motif que l'accident est entièrement imputable à la présence de la plaque d'égout sur le trottoir. Il agit alors en responsabilité contre l'administration publique en charge de la voirie. À son tour, le juge administratif le déboute, au motif que l'accident est entièrement imputable au passant.

Sous-section II Le Tribunal des conflits

360. Organisation et décisions. Institué par la Constitution de 1848, le Tribunal des conflits règle les conflits de compétence et de décisions entre les deux ordres de juridiction. Il s'agit d'une juridiction paritaire, qui est composée d'un nombre égal de conseillers d'État et de conseillers à la Cour de cassation, et présidée par le ministre de la Justice. Il siège à Paris, dans les locaux du Conseil d'État, où il rend une cinquantaine de décisions par an.

En présence d'un **conflit négatif**, il désigne laquelle des deux juridictions est compétente et il annule, en conséquence, le jugement de la juridiction qui s'était déclarée incompétente. Les parties sont renvoyées devant cette juridiction qui devra statuer au fond.

En présence d'un **conflit positif**, il confirme ou annule l'arrêté de conflit du préfet. S'il le confirme, la juridiction judiciaire est dessaisie, et l'ensemble du dossier est confié à la juridiction administrative. S'il annule l'arrêté de conflit, la juridiction judiciaire est ressaisie, et elle statuera au fond.

En présence d'un **conflit de décisions**, c'est le Tribunal des conflits lui-même qui juge le litige au fond, en dernier ressort.

361. Institution du renvoi. Pour éviter les divergences de jugements entre les ordres de juridiction, un décret du 25 juillet 1960 a tenté de simplifier la procédure du conflit de compétence. En effet, ces conflits donnent une image peu flatteuse de notre justice, et ils allongent les délais de résolution des litiges (environ dix ans devant un ordre de juridiction en exerçant toutes les voies de recours possibles, avant d'apprendre que cet ordre n'était pas compétent et qu'il faut reprendre la procédure devant un autre ordre de juridiction, qui peut à son tour se déclarer incompétent).

C'est ainsi qu'il a été institué deux procédures de renvoi direct au Tribunal des conflits, qui permettent à celui-ci d'intervenir avant qu'un conflit de compétence n'éclate :

- *le renvoi obligatoire* : lorsqu'une juridiction doute de sa compétence, alors même qu'une juridiction de l'autre ordre s'est déjà déclarée incompétente, elle doit saisir préventivement le Tribunal des conflits. De la sorte, les conflits négatifs sont évités ;
- *le renvoi facultatif* qui permet uniquement au Conseil d'État et à la Cour de cassation de saisir le Tribunal des conflits de toute question de compétence « soulevant une difficulté sérieuse ». Aujourd'hui, la plupart des arrêts du Tribunal des conflits sont issus de ce renvoi facultatif.

Section II

Les juridictions de l'ordre administratif

362. Plan. Dans la mesure où cette étude relève des cours de droit administratif général ou d'institutions judiciaires et administratives, nous présenterons sommairement l'origine des juridictions administratives (Sous-section I), et les règles relatives à leur organisation (Sous-section II).

Sous-section I L'origine des juridictions administratives

363. Le principe de la séparation des pouvoirs administratif et judiciaire, tel qu'il a été formulé par la Révolution, a conduit à écarter la compétence des juridictions judiciaires pour connaître du contentieux administratif, autrement dit des litiges qui mettent en cause l'administration.

364. Justice retenue. Dans un premier temps, dès 1790, on organisa le système dit de la justice retenue ou du ministre juge, qui consistait à laisser à l'administration le soin de juger ses propres procès, conformément à l'adage « Juger l'administration, c'est encore administrer ». Pour l'aider, furent créés, sous l'Empire, le Conseil d'État et les conseils de préfecture. Comme leur nom l'indique, ils avaient pour fonction de donner des avis aux administrations qui s'adressaient à eux pour obtenir des renseignements sur la manière de trancher les litiges.

365. Justice déléguée. Dans un second temps, du fait que les administrations suivaient presque toujours leurs avis, ces conseils se transformèrent en organes juridictionnels. On est alors passé d'une justice retenue à une justice déléguée par l'administration au Conseil d'État et aux conseils de préfecture, devenus tribunaux administratifs. C'est ainsi qu'une loi du 24 mai 1872 consacra le rôle juridictionnel du Conseil d'État en lui reconnaissant le droit de trancher lui-même les litiges, sans que ses arrêts ne soient soumis à l'approbation du chef de l'État.

366. Justice autonome. Dans un dernier temps, le Conseil d'État, dans son arrêt *Cadot*, s'octroya la qualité de juge de droit commun du contentieux de l'administration, supprimant, par conséquent, le pouvoir juridictionnel des ministres (C.E., 13 déc. 1889, *Rec.* p. 1148). Depuis, l'administration n'est plus juge de ses procès : ce sont les juridictions administratives qui assurent cette fonction, de manière autonome, autrement dit sans la moindre délégation. Ce système était déjà acquis pour les conseils de préfecture, dans la mesure où, dès leur origine, ils furent des tribunaux prenant eux-mêmes les décisions (L. 28 pluviôse an VIII).

367. Fonctions consultatives. Parallèlement à leurs fonctions juridictionnelles, les juridictions administratives exercent toujours des fonctions consultatives auprès de l'administration. Il en est ainsi avec la technique des avis d'une part du Conseil d'État au Gouvernement ou aux ministres, d'autre part des tribunaux administratifs aux préfets (cette fonction des tribunaux administratifs est tombée en désuétude). En particulier, le Conseil d'État émet un avis sur la régularité juridique et l'opportunité à la fois des projets de lois et d'ordonnances, avant même que ceux-ci ne soient soumis au conseil des ministres, et des projets de décrets que la loi qualifie « décrets en Conseil d'État » (en 2009, le Conseil d'État a été sollicité sur 129 projets de lois, 50 projets d'ordonnances, et 736 projets de décrets). En outre, depuis la révision constitutionnelle du 23 juillet 2008, le Conseil d'État peut examiner les propositions de lois.

Sous-section II L'organisation des juridictions administratives

368. Plan. Le mécanisme de la justice administrative est mis en mouvement par les recours exercés par les administrés devant les juridictions administratives. Nous présenterons les recours les plus importants (§1), et les principales juridictions administratives (§2).

§ 1. Principaux recours administratifs

La juridiction administrative connaît essentiellement deux catégories de recours :

369. Le recours pour excès de pouvoir, aussi appelé contentieux de l'annulation. Par ce recours, un administré demande au juge d'annuler toute sorte de décision administrative (décret, arrêté, etc.). Il estime que l'acte est illégal, en particulier parce qu'il aurait transgressé une règle de droit, comme une norme constitutionnelle ou législative, ou parce qu'il serait entaché de détournement de pouvoir, son auteur l'ayant pris dans un but qui n'était pas celui prévu par les textes. Le juge ne peut qu'annuler l'acte ou rejeter le recours.

370. Le recours de pleine juridiction, encore appelé recours de plein contentieux. Le plus souvent, il concerne le contentieux des contrats, de la responsabilité, des élections et de la fiscalité. Cette fois, le requérant demande à ce que lui soit reconnu un droit subjectif que lui conteste l'administration. Par exemple, il réclame une prestation ou des dommages et intérêts en exécution d'un contrat ou à la suite d'un dommage qu'il impute à l'administration. Lorsque le tribunal fait droit à la requête, sa décision présente un double objet :

– d'une part, elle prend la forme d'une annulation de la décision de rejet du recours gracieux préalablement adressé à l'administration. En effet, il est un principe fondamental du droit administratif, appelé principe de la décision préalable, selon lequel l'administré ne peut saisir immédiatement le tribunal du différend qui l'oppose à l'administration. Il doit commencer par s'adresser à l'administration elle-même, et provoquer de sa part une décision explicite de rejet de sa demande, voire implicite lorsqu'elle garde le silence pendant plus de deux mois. Le délai pour exercer son recours de plein contentieux est en principe de deux mois à compter de la décision préalable explicite de rejet. En revanche, le délai ne court pas en cas de silence gardé par l'administration, faute de mesure de notification ou de publicité de la décision de rejet : le délai du recours contentieux est donc illimité ;
– d'autre part, le tribunal, après avoir annulé cette décision préalable de rejet, va condamner l'administration à payer une indemnité à l'administré.

§ 2. Principales juridictions administratives

Les juridictions administratives sont composées des tribunaux administratifs (A), des cours administratives d'appel (B) et du Conseil d'État (C).

A. Les tribunaux administratifs

371. Héritiers des anciens conseils de préfecture, les tribunaux administratifs sont au nombre de 42 dont 31 en métropole et 11 en outre-mer (le dernier créé est celui de Montreuil en Seine-Saint-Denis, en 2009). En somme, il y en a plus d'un par région, et leur ressort est interdépartemental. Chaque tribunal est composé d'un président et de conseillers, souvent issus de l'École nationale d'administration.

Les tribunaux administratifs sont les juges de droit commun du contentieux administratif en première instance. Ils sont donc compétents pour tous les procès administratifs que la loi n'a pas expressément attribués à une autre juridiction, comme la prestigieuse Cour des comptes qui juge les comptes des « comptables publics patents » nommés par le ministre des Finances.

En principe, le tribunal administratif territorialement compétent est celui dans le ressort duquel a son siège l'autorité qui a pris la décision attaquée ou signé le contrat litigieux.

De plus, les tribunaux administratifs, hormis quelques exceptions, statuent en premier ressort. Cela signifie que leurs jugements sont susceptibles d'appel, en principe, devant les cours administratives d'appel, et, très exceptionnellement, devant le Conseil d'État. Enfin, leurs décisions portent le nom de jugements (187 236 affaires jugées en 2009).

B. Les cours administratives d'appel (CAA)

372. Jusqu'à une loi du 31 décembre 1987 portant réforme du contentieux administratif, les cours administratives d'appel n'existaient pas. Aussi le Conseil d'État jugeait-il en appel les jugements des tribunaux rendus en premier ressort. Pour remédier à l'engorgement du Conseil d'État, la fonction de juge d'appel a été transférée à huit CAA, chacune étant présidée par un conseiller d'État (Paris, Lyon, Bordeaux, Marseille, Versailles, etc.).

Ces cours administratives d'appel sont saisies, entre autres, des recours contre les jugements des tribunaux administratifs de leur ressort relevant du droit commun du contentieux administratif (contentieux de l'annulation ; contentieux de pleine juridiction ; contentieux de l'interprétation et de l'appréciation de la légalité ; contentieux de la répression).

Les décisions rendues par les cours administratives d'appel portent le nom d'arrêts (28 202 affaires jugées en 2009 ; environ 16 % des jugements des tribunaux administratifs sont frappés d'appel).

C. Le Conseil d'État

373. Organisation. Héritier du Conseil du roi de l'Ancien Régime, le Conseil d'État a été créé en l'an VIII. Il siège à Paris, dans le bâtiment central du Palais-Royal.

Le Conseil d'État est divisé en plusieurs sections administratives pour son rôle de conseiller du Gouvernement, et une section du contentieux, divisée elle-même en dix sous-sections, pour son rôle juridictionnel. Son président en titre est le Premier ministre, qui peut être remplacé par le ministre de la Justice. Mais la direction effective du Conseil d'État est assurée par son vice-président (Jean-Marc Sauvé depuis le 3 octobre 2006). Le Conseil d'État constitue un corps hiérarchisé dont le rang le plus élevé est celui de Conseiller d'État. Puis, viennent les maîtres de requêtes et, enfin, les auditeurs, presque tous issus de la « botte » de l'École nationale d'administration.

Les décisions rendues par la section du contentieux du Conseil d'État, au nombre de 9 986 en 2009, portent le nom d'arrêts (l'usage s'est établi pour que les motifs des arrêts du Conseil d'État débutent par « Considérant que… » ; ceux de la Cour de cassation par « Attendu que… »).

374. Fonctions. Le Conseil d'État est le juge suprême de l'ordre administratif. Toutefois, ses attributions sont plus variées que celles de la Cour de cassation. Alors que la Cour de cassation n'est que juge de cassation, le Conseil d'État a trois fonctions :

- d'abord, il est **juge en premier et dernier ressort** pour quelques matières importantes qui lui sont réservées par des textes, et qui ont été retirées à la compétence de droit commun des tribunaux administratifs. Il en est ainsi des recours dirigés contre les ordonnances du président de la République et les décrets (C. just. adm., art. R. 311-1). Il en est de même des recours dirigés contre les actes réglementaires, les circulaires et les instructions de portée générale des ministres et des autres autorités à compétence nationale (*ibidem*) ;
- ensuite, il est **juge d'appel**, notamment des jugements des tribunaux administratifs qui statuent sur les recours en matière d'élections locales ;
- enfin et surtout, le Conseil d'État est **juge de cassation de droit commun** des arrêts des cours administratives d'appel, ainsi que des jugements des tribunaux administratifs rendus en premier et dernier ressort, c'est-à-dire sans faculté d'appel. Dans cette fonction, il ne juge pas le fond du litige, mais seulement le droit. Autrement dit, il contrôle si la décision qui a fait l'objet d'un pourvoi en cassation est conforme aux règles du droit. Si tel n'est pas le cas, il cassera la décision et renverra l'affaire devant la même juridiction ou devant une juridiction de même nature, pour qu'elle y soit rejugée. Au lieu de renvoyer l'affaire,

le Conseil d'État peut encore la régler au fond dans « l'intérêt d'une bonne administration de la justice » (C. just. adm., art. L. 821-2).

Le Conseil d'État est aussi juge de cassation, en particulier des arrêts de la Cour des comptes et de la Cour de discipline budgétaire, ainsi que des décisions disciplinaires des conseils nationaux des ordres professionnels.

Section III

Les juridictions de l'ordre judiciaire

375. Le mot *judiciaire* vient du latin *judiciarius,* dérivé de *judex,* le juge. En conséquence, dans un sens large, l'organisation judiciaire devrait englober aussi bien le procès administratif que le procès civil, commercial, social ou pénal. Toutefois, en raison du principe de la séparation des pouvoirs, l'organisation judiciaire est entendue dans un sens strict qui exclut les juridictions administratives. En somme, l'organisation judiciaire intéresse les juridictions qui existent, d'une part, en matière civile, *lato sensu,* d'autre part, en matière pénale ou criminelle.

Les différentes juridictions judiciaires peuvent être regroupées selon qu'elles constituent des juridictions du fond ou des juridictions du droit.

376. Juge du fond. Les juridictions du fond sont celles dont le rôle est de statuer obligatoirement sur l'ensemble des éléments de fait et de droit du dossier.

- Statuer en fait signifie que les juges vont apprécier souverainement les éléments de fait qui leur sont soumis. Par exemple, le conducteur roulait-il trop vite ? Les témoignages sont-ils crédibles ? La victime souffre-t-elle d'un préjudice ? Quel en est le montant ?
- Statuer en droit signifie que les juges vont appliquer à cette situation de fait une règle de droit, comme la loi du 5 juillet 1985 relative aux accidents de la circulation. Si la règle est claire et précise, ils vont l'appliquer mécaniquement aux faits de l'espèce. Dans le cas contraire, ils disposent d'un pouvoir d'interprétation, prévu par l'article 4 du Code civil. Par exemple, cette loi de 1985 s'applique-t-elle lorsque le véhicule en cause est une tondeuse à gazon ?

Ces juridictions du fond, ce sont toutes les juridictions judiciaires, sauf la Cour de cassation.

377. Juge du droit. Quant aux juridictions qui ne sont pas juges du fond, elles vont statuer ultérieurement et uniquement en droit, sauf dans des cas exceptionnels. Tel est le rôle précisément de la Cour de cassation. En principe, cette juridiction ne réexamine pas l'ensemble du dossier, autrement dit elle ne rejuge pas les faits puisqu'ils ont été souverainement constatés et appréciés par les juges du fond. Ainsi, dans notre exemple, la vitesse excessive du conducteur est-elle acquise, ainsi que le montant du préjudice de la victime.

La Cour de cassation va statuer uniquement sur les éléments de droit du dossier qui ont fait l'objet du pourvoi pour décider si la décision qui lui a été déférée a violé ou respecté la loi. Par exemple, les conditions d'application de la loi du 5 juillet 1985 étaient-elles réunies en l'espèce ? En particulier, la condition légale tenant à un « véhicule terrestre à moteur » englobe-t-elle ou non une tondeuse à gazon ? En somme, la Cour de cassation juge la manière dont les juges du fond ont appliqué ou interprété la loi.

Plan. Toute affaire commence à être jugée par les juges du fond (Sous-section II), avant que ne soit éventuellement saisie la Cour de cassation, juge du droit (Sous-section III). Mais avant de présenter ces deux grandes catégories de juridictions, il convient d'examiner quelques règles qui permettent de donner aux parties à un litige la garantie d'une bonne justice (Sous-section I).

Sous-section I Les garanties d'une bonne justice

Pour donner aux parties à un litige la garantie d'une bonne justice, il faut réduire les risques d'erreurs judiciaires. L'une des méthodes réside dans la collégialité des juridictions (§1), l'autre dans le double degré de juridiction (§2).

§ 1. La collégialité

378. Le principe. La collégialité consiste à faire juger une affaire non par un juge unique, mais par plusieurs juges. On peut penser qu'une délibération collective limite le risque de partialité d'un juge à l'égard d'une des parties. En outre, elle dilue le poids de la responsabilité de chacun des juges dans la décision prise. Notre droit judiciaire adopte ordinairement ce système de la collégialité. C'est ainsi que le tribunal de grande instance (en abrégé TGI) statue normalement en formation collégiale d'au moins trois juges. Il en est de même pour la cour d'appel avec au moins trois conseillers. Quant aux audiences de la Cour de cassation, elles nécessitent, en principe, cinq juges, appelés « conseillers à la Cour de cassation ».

379. Les exceptions. Il existe de plus en plus d'exceptions à la collégialité, souvent pour des raisons d'ordre budgétaire. Les tribunaux d'instance statuent à juge unique. Il en est de même des juridictions de proximité, créées par une loi du 9 septembre 2003, pour régler les petits litiges de la vie quotidienne en matière civile et pénale (en avril 2009, le ministre de la Justice s'est déclaré favorable à la suppression de la juridiction de proximité, accompagnée de l'intégration des juges de proximité dans les TGI : Rép. min. n° 23799, *JOAN* Q, 7 avr. 2009, p. 3305). Une loi du 10 juillet 1970 permet au président du TGI de faire juger par un seul juge certaines affaires, sauf désaccord des parties.

De plus, le TGI statue à juge unique dans des tâches ou des contentieux très particuliers : juge aux affaires familiales en matière de conflits familiaux (divorce, autorité parentale, obligation alimentaire, émancipation, administration légale et tutelle des mineurs...) ; juge de la mise en état ; juge de l'exécution pour résoudre les difficultés nées de l'exécution des décisions de justice, etc.

380. Référé judiciaire. Une autre application du juge unique concerne la procédure de référé (du latin *referre*, rapporter, faire un rapport). Lorsqu'il y a urgence, un particulier peut saisir, à tout instant, le juge des référés du tribunal compétent selon la nature du litige en cause. C'est l'exemple d'un homme public qui veut empêcher la diffusion d'un article attentatoire à sa vie privée dont la parution est prévue dans un journal du lendemain. Il doit aller vite ; ne pouvant attendre que le tribunal, saisi au principal, mette plus d'une année pour rendre sa décision sur le caractère fautif ou non de l'article.

La procédure de référé existe notamment devant le TGI, le tribunal d'instance, le tribunal de commerce, et le conseil des prud'hommes. En principe, c'est le président du tribunal qui statue en référé. La décision qu'il prend porte le nom d'ordonnance de référé. Celle-ci n'est que provisoire, et elle n'a pas au principal l'autorité de la chose jugée (C. proc. civ., art. 484 & 488). Cela signifie que le tribunal qui statuera au fond de l'affaire, dans les délais ordinaires, ne sera pas lié par cette décision préalable.

381. Référé administratif. Le tribunal administratif statue aussi en référé. Parmi les divers types de référé administratif, on citera le référé-suspension qui permet d'obtenir la suspension de l'application d'une décision administrative, et le référé-liberté qui permet de remédier aux atteintes graves et manifestement illégales portées par l'autorité publique à une liberté fondamentale, comme le droit de propriété, la liberté d'aller et venir ou le droit au logement.

§ 2. Le double degré de juridiction

382. Le principe. Le double degré de juridiction permet à une des parties à l'instance, mécontente du jugement rendu par la juridiction qui avait été saisie de l'affaire, de faire rejuger l'ensemble du dossier par une juridiction hiérarchiquement supérieure. La juridiction inférieure qui a d'abord jugé l'affaire est appelée juridiction de premier degré (ou de première instance). La juridiction supérieure, autrement dit du second degré, qui va réexaminer l'affaire, est la cour d'appel.

383. Les exceptions. Pour éviter d'encombrer les cours d'appel par des affaires de faible importance, il est des cas où les parties ne peuvent faire appel. Dans cette hypothèse, la décision des juges du premier degré est rendue en premier et dernier ressort (ce qui n'exclut pas la faculté d'exercer un pourvoi en cassation en cas de violation supposée de la règle droit).

C'est ainsi que le TGI, le tribunal d'instance et le tribunal de commerce statuent, en principe, en premier et dernier ressort, lorsque le montant de la demande dont ils sont saisis est inférieur ou égal à 4000 euros (COJ, art. R. 211-3). Au-delà de ce montant, ils statuent à charge d'appel. Ce montant peut être légèrement différent pour le conseil des prud'hommes, à l'égard duquel il est réactualisé chaque année (en 2010, le montant était également de 4000 euros).

384. Juridictions administratives. Au niveau administratif, la plupart des litiges qui ressortissent de la compétence d'un juge unique en première instance sont rendus en premier et dernier ressort. Il s'agit notamment de divers litiges fiscaux (taxe d'habitation...), d'une partie du contentieux de la fonction publique, d'actions indemnitaires lorsque le montant réclamé est inférieur à 10000 € (C. just. adm., art. R. 811-1).

Sous-section II Les juridictions du fond

385. Plan. Nous présenterons, d'abord, les juridictions judiciaires du premier degré (§1), puis celles du second degré, à savoir les cours d'appel (§2).

§ 1. Les juridictions du premier degré

386. Les juridictions du premier degré peuvent être regroupées selon qu'elles statuent en matière civile, au sens large du terme (A), ou en matière pénale (B).

A. Les juridictions civiles du premier degré

387. « L'action [en justice] est le droit pour l'auteur d'une prétention d'être entendu sur le fond de celle-ci afin que le juge la dise bien ou mal fondée. Pour l'adversaire, l'action est le droit de discuter le bien-fondé de cette prétention » (C. proc. civ., art. 30).

388. Juridictions de droit commun et d'exception. Selon la nature de l'affaire, l'action en justice est exercée, en première instance, devant une juridiction de droit commun ou devant une juridiction d'exception.

Les juridictions de droit commun ont une compétence de principe ou générale pour tous les litiges de droit privé que la loi n'a pas attribués, en vertu d'un texte exprès, à une autre juridiction. *A contrario,* les juridictions d'exception sont celles qui ne sont compétentes que pour les litiges qui leur sont spécialement attribués par un texte exprès.

Plan. Parmi les juridictions du fond du premier degré de l'ordre judiciaire, le TGI constitue la seule juridiction de droit commun (1). Toutes les autres juridictions constituent des juridictions d'exception (2).

1. Le tribunal de grande instance (TGI)

a. L'ORGANISATION

389. Il existe au moins un TGI par département. En 2009, on en dénombrait 181 en métropole plus 6 en outre-mer, soit un ou plusieurs par département. Toutefois, une réforme de la carte judiciaire est actuellement mise en œuvre (l'ancienne carte judiciaire remontait à 1958). Un décret du 15 février 2008 prévoit la suppression de 23 TGI au 31 décembre 2010, dont ceux de Saumur, Hazebrouck, Bernay… Les TGI verront donc leur nombre réduit à 158.

Suivant son importance, un TGI peut comprendre plusieurs chambres, chacune d'elles étant présidée par un vice-président (TGI de Paris : 31 chambres)

390. Magistrats du siège. Sous réserve de diverses exceptions, le TGI statue en formation collégiale. C'est ainsi que les jugements sont rendus par un collège d'au moins trois juges (le président et deux assesseurs), voire davantage, mais toujours en nombre impair, pour permettre de dégager une majorité. Ces juges sont des magistrats professionnels, traditionnellement appelés magistrats du siège (ils sont assis).

391. Magistrats du parquet. Les magistrats du siège s'opposent à d'autres magistrats professionnels du TGI, appelés magistrats du parquet (ils se tiennent débout sur le plancher). Ces derniers ne jugent pas : ils représentent l'État. On dit qu'ils constituent le ministère public auprès du tribunal. Il s'agit du procureur de la République et de ses substituts (au cours de leurs carrières, les magistrats peuvent passer du siège au Parquet et vice versa ; en principe ils sont issus de l'École nationale de la magistrature qu'ils ont intégrée par concours).

Certes, les magistrats du parquet sont davantage connus pour leurs fonctions en matière pénale qu'ils exercent auprès de la chambre correctionnelle du TGI, plus connue sous le nom de tribunal correctionnel. Cependant, même auprès des autres chambres qui statuent en matière civile, ils peuvent intervenir, au moyen de conclusions écrites ou orales, afin de donner leur avis, ou du moins celui de leur hiérarchie qui remonte jusqu'au garde des Sceaux, sur une question de droit nouvelle ou difficile (ex. : validité ou non des conventions de mères porteuses ; opportunité d'un revirement jurisprudentiel en droit de la responsabilité, etc.).

b. La compétence

392. On distingue deux sortes de compétence :

- la compétence d'attribution, aussi appelée compétence matérielle (*ratione materiae*), qui détermine les matières dont connaît telle ou telle catégorie de tribunaux (ex. : le TGI est seul compétent en matière successorale) ;
- la compétence territoriale (*ratione loci*), qui détermine la localisation de la juridiction devant laquelle le litige doit être porté (ex. : en matière successorale, c'est le TGI du lieu d'ouverture de la succession qui est compétent : C. proc. civ., art. 45).

Compétence d'attribution

393. Compétence générale. Dans la mesure où le TGI constitue une juridiction de droit commun il bénéficie d'une compétence matérielle générale. Il connaît ainsi de tout litige de nature privée, dès lors que la loi ne lui en a pas expressément retiré la connaissance au profit d'une autre juridiction (COJ, art. L. 211-3). Il n'est donc pas nécessaire qu'un texte énumère les matières relevant de la compétence du TGI. Il suffit de prendre connaissance de tous les textes qui énumèrent les matières réservées aux juridictions d'exception pour déduire, *a contrario*, celles qui relèvent de la compétence du TGI.

394. Schématiquement, et par déduction, le TGI est compétent pour deux grandes catégories de matières :

395. – d'une part, les actions personnelles ou mobilières dont le montant de l'intérêt en jeu dépasse 10 000 euros. Une action personnelle a pour objet un droit personnel ou de créance, par exemple, une action en exécution d'un contrat ou en dommages et intérêts. Une action mobilière a pour objet un droit qui porte sur un meuble. Il peut s'agir d'une action réelle comme l'action en revendication de la propriété d'un bien meuble. Il peut aussi s'agir d'une action personnelle comme l'action en paiement d'une somme d'argent. Compte tenu du montant minimum de la demande, au moins 10 000 euros, le TGI va toujours statuer à charge d'appel, puisqu'il statue à charge d'appel au-dessus de 4 000 euros (voir *supra* n° 383) ;

396. – d'autre part, diverses matières qui relèvent de sa compétence exclusive, et cela quel que soit le montant de la demande. Autrement dit, si ce montant est inférieur à 4000 euros, le TGI statue en premier et dernier ressort, et à charge d'appel au-dessus.

Ces matières sont énumérées par l'article R. 211-4 du Code de l'organisation judiciaire en ces termes : « état des personnes : mariage, filiation, adoption, déclaration d'absence ; rectification des actes d'état civil ; successions ; amendes civiles encourues par les officiers de l'état civil ; actions immobilières pétitoires et possessoires ; récompenses industrielles ; dissolution des associations ; sauvegarde, redressement judiciaire et liquidation judiciaire lorsque le débiteur n'est ni commerçant ni immatriculé au répertoire des métiers ; assurance contre les accidents et les maladies professionnelles des personnes non salariées en agriculture ; droits d'enregistrement, taxe de publicité foncière, droits de timbre et contributions indirectes et taxes assimilées à ces droits, taxes ou contributions ; baux commerciaux à l'exception des contestations relatives à la fixation du prix du bail révisé ou renouvelé, baux professionnels et conventions d'occupation précaire en matière commerciale ; inscription de faux contre les actes authentiques ; actions civiles pour diffamation ou pour injures publiques ou non publiques, verbales ou écrites. »

397. Actions pétitoires et possessoires. Cet article confère donc une compétence exclusive au TGI pour les actions immobilières pétitoires et possessoires. Les actions pétitoires sont destinées à assurer la sanction d'un droit réel immobilier (ex. : revendication de la propriété d'un immeuble). Les actions possessoires sont destinées à protéger le fait même de possession ou de détention d'un immeuble, indépendamment de la question de savoir qui est titulaire d'un droit sur l'immeuble. Ainsi le possesseur d'un terrain, qu'il soit ou non propriétaire, peut demander au tribunal de sanctionner celui qui trouble sa possession, par exemple, en y déposant des gravats.

À titre exceptionnel, le tribunal d'instance peut statuer, à charge d'appel, sur une question pétitoire ou possessoire soulevée dans le cadre d'un moyen de défense : COJ, art. R. 221-40, al. 2.

398. Avant-projet portant réforme du droit des biens. Art. 560 : « La possession est protégée contre le trouble qui l'affecte ou qui la menace. » [*Dans un souci de simplification, la commission à l'origine de ce projet de réforme préconise de supprimer les actions possessoires figurant dans le Code de procédure civile. Dans cette occurrence, l'article 560 n'a pas pour objet d'introduire des dispositions relatives aux actions possessoires, mais de rappeler que le possesseur a la possibilité d'exercer des actions nécessaires à la protection de son droit.*]

Compétence territoriale

399. Le principe. Concernant la compétence territoriale du TGI, l'article 42 du Code de procédure civile, qui est applicable à toutes les juridictions judiciaires, énonce qu'elle est : « sauf disposition contraire, celle du lieu où demeure le défendeur ». Cette solution repose sur une considération d'équité : celui qui prend l'initiative de déclencher le procès, le demandeur, dont rien ne permet de dire à l'avance si son droit est fondé, « dérange tout le monde ». En conséquence, il doit se déplacer devant la juridiction du domicile du défendeur.

400. Les exceptions. Diverses exceptions impératives sont prévues. C'est ainsi, par exemple, qu'en matière réelle immobilière, la juridiction où est situé l'immeuble est seule compétente (C. proc. civ., art. 44). En matière de succession, les demandes sont portées devant la juridiction de l'ouverture de la succession, c'est-à-dire celle du dernier domicile du défunt (C. proc. civ., art. 45 ; C. civ., art. 720).

Parfois encore, des options de compétence sont prévues. En particulier, l'article 46 du Code de procédure civile permet au demandeur de saisir à son choix : « outre la juridiction du lieu où demeure le défendeur : en matière contractuelle, la juridiction du lieu de la livraison effective de la chose ou du lieu de l'exécution de la prestation de service ; en matière délictuelle, la juridiction du lieu du fait dommageable ou celle dans le ressort de laquelle le dommage a été subi, etc. »

c. Le déroulement de l'instance

401. La mise en œuvre de l'action en justice se traduit par l'instance qui va de la demande en justice jusqu'au jugement.

402. Assignation. L'introduction de l'instance débute, en principe, par une assignation (C. proc. civ., art. 55). L'assignation est un acte d'huissier établi à l'initiative du demandeur, et signifié à son adversaire, le défendeur. Par cet acte, le demandeur informe le défendeur du déclenchement de la procédure et le cite à comparaître, c'est-à-dire à se présenter au tribunal.

403. Contenu et délai. L'assignation contient notamment : *l'indication du tribunal* devant lequel l'affaire sera débattue ; la *constitution d'avocat* du demandeur, c'est-à-dire le fait pour le demandeur de s'être choisi un avocat, et d'indiquer à son adversaire les coordonnées de celui-ci. La constitution d'avocat emportant élection de domicile (le défendeur pourra adresser tous les actes de procédure au demandeur par l'intermédiaire de l'avocat de ce dernier).

L'assignation contient encore l'*indication de l'objet de la demande avec l'exposé des moyens.* On appelle « moyens » les raisons de fait et de droit invoquées par une partie à l'appui de sa prétention. Pour le demandeur son assignation vaut conclusion ; étant précisé qu'il pourra les enrichir ultérieurement.

Enfin, l'assignation comporte l'*indication du délai de comparution*, c'est-à-dire le délai dans lequel le défendeur doit lui aussi constituer avocat. Ce délai est normalement de 15 jours (C. proc. civ., art. 755). Dans la pratique, l'avocat du défendeur se constitue beaucoup plus tardivement et nul ne soulève son retard devant le tribunal, sauf lorsque cette constitution se produit après l'ordonnance de clôture.

404. Constitution d'avocat du défendeur. À son tour, le défendeur va constituer avocat. En effet, devant le TGI, chaque partie doit être représentée par un avocat, faute de quoi elle ne peut comparaître, et elle sera jugée par défaut (même si elle est présente physiquement). Dès que le défendeur a choisi un avocat, celui-ci en informe aussitôt l'avocat du demandeur (C. proc. civ., art. 756). C'est ce que l'on appelle la « signification d'avocat à avocat ».

405. Placet et enrôlement. Le TGI sera effectivement saisi à la diligence de l'une des parties, généralement le demandeur, par la remise au secrétariat-greffe d'une copie de l'assignation dans les quatre mois de l'assignation. C'est ce que l'on appelle le placet ou réquisition d'instance. En effet, cet acte de saisine du tribunal comporte la formule suivante : « plaise au tribunal » (tirée du latin *placet* : il plaît). Postérieurement à la saisine, l'affaire est mise au rôle du tribunal, ce qui signifie qu'elle est inscrite au répertoire général avec un numéro d'ordre. Dès cet instant, un dossier officiel est ouvert.

406. Instruction. Une période d'instruction va débuter. Pendant cette phase, les avocats se communiquent les pièces du dossier et s'échangent leurs conclusions écrites. Dans ces conclusions sont développés les prétentions des parties ainsi que les moyens en fait et en droit sur lesquels chacune de ces prétentions est fondée. Autrement dit, ces conclusions contiennent ce que les parties demandent au tribunal de juger.

407. Pour accélérer et contrôler le bon déroulement de l'instruction du dossier, il existe auprès de chaque TGI un **juge de la mise en état** (sur les prérogatives de ce juge dans la recherche des preuves : voir *infra* n° 1107). Celui-ci, dès lors qu'il estime l'affaire en état d'être jugée, rend une ordonnance de clôture de l'instruction et renvoie l'affaire devant le tribunal pour qu'elle y soit plaidée. Après cette ordonnance de clôture, aucune conclusion ne peut être déposée, ni aucune pièce produite aux débats.

408. Audience. Les débats à l'audience devant le tribunal sont, en principe, publics et oraux. Le juge de la mise en état fait un rapport oral de l'affaire avant les plaidoiries des avocats. Il expose l'objet de la demande et les moyens des parties, ainsi que les questions de fait et de droit soulevées par le litige (C. proc. civ., art. 785, al. 2). Puis, interviennent les plaidoiries qui permettent aux avocats de développer oralement leurs prétentions, en commençant par celui du demandeur. Chaque partie a la possibilité, sous réserve d'être assistée de l'avocat qui la représente, de présenter elle-même des observations orales (C. proc. civ., art. 441, al. 1er). À la clôture des débats, le tribunal met l'affaire en délibéré et les parties ne peuvent plus déposer aucune note à l'appui de leurs observations (C. proc. civ., art. 445). Éventuellement, le tribunal peut délibérer sur le champ, mais pour se ménager un délai de réflexion, il renvoie souvent le prononcé du jugement à une date ultérieure.

d. Les fonctions de l'avocat

409. Pour bien comprendre la dualité des fonctions de l'avocat (assistance et représentation), il faut revenir à une loi du 31 décembre 1971 qui a regroupé trois anciennes professions : les avocats près des cours et tribunaux, les avoués près des tribunaux, les agréés des tribunaux de commerce. Depuis cette réforme, les avocats ont ajouté à leur fonction traditionnelle d'assistance du plaideur, celle de représentation du plaideur qui relevait auparavant des avoués auprès des tribunaux.

En outre, une loi du 31 décembre 1990 a fusionné sous l'appellation de « nouvelle profession d'avocat », d'une part, les avocats issus de la réforme de 1971, d'autre part, les conseils juridiques.

410. Fusion des professions d'avocat et d'avoué près les cours d'appel. Aujourd'hui, en appel, le justiciable doit recourir à deux professionnels du droit. D'une part, l'avocat qui ne peut que l'assister. D'autre part, un officier ministériel, l'avoué, qui le représente exclusivement devant la cour d'appel dans le ressort de laquelle il est installé (C. proc. civ., art. 899 : « Les parties sont tenues, sauf dispositions contraires, de constituer avoué »).

Cette situation devrait changer dans un proche avenir. En effet, un projet de loi fusionnant les professions d'avocat et d'avoué devait être adopté par le Parlement en 2010. Aux termes de ce projet de loi, au 1er janvier 2011, les offices des avoués près les cours d'appel seraient supprimés, les avoués étant intégrés dans la profession d'avocats (en 2009, il y avait 444 avoués). Quant aux avocats, ils se verraient étendre, devant la cour d'appel dans le ressort de laquelle se trouve le barreau du TGI où ils sont inscrits, le pouvoir de postulation, donc de représentation des parties.

411. La dualité des fonctions. Les avocats, dont le nombre s'élevait à 50 314 au 1er janvier 2009 (20 804 à Paris, soit 41,3 % de l'effectif total), exercent deux fonctions essentielles : l'assistance et la représentation (sur la représentation devant la Cour de cassation : voir *infra* n° 474).

412. *Fonction d'assistance.* Traditionnellement, l'avocat assiste les plaideurs, aussi bien devant les TGI que devant les cours d'appel. Cette fonction est constituée de deux prérogatives qui permettent à l'avocat : d'une part, de conseiller son client ; d'autre part, de plaider pour lui, c'est-à-dire de développer oralement à la barre du tribunal l'argumentation de son client. On notera que l'avocat bénéficie d'un monopole de plaidoirie devant tous les tribunaux et cours d'appel de France, sauf devant la Cour de cassation.

413. *Fonction de représentation.* L'avocat a hérité, en 1971, des fonctions des anciens avoués près les tribunaux (au 1er janvier 2011, il recueillera celles des avoués près les cours d'appel). À ce titre, il représente son client devant le tribunal, en vertu d'un mandat, appelé « mandat *ad litem* » (du lat. *lis, litis :* procès). Cette fonction se subdivise, elle-même, en deux prérogatives :

- d'une part, l'avocat postule. Postuler (du lat. *postulare* : demander), c'est effectuer les divers actes de la procédure au nom et pour le compte du client ;
- d'autre part, l'avocat conclut. Conclure, c'est faire connaître officiellement au tribunal les prétentions de son client au moyen d'un document écrit qui porte le nom de conclusions. Ce sont précisément ces conclusions écrites que l'avocat développera oralement dans sa plaidoirie. L'avocat ne peut représenter son client que devant le TGI (et à l'avenir devant la cour d'appel) au barreau duquel il est rattaché.

2. *Les juridictions d'exception*

414. Il s'agit des juridictions dont la compétence d'attribution est définie en vertu d'un texte exprès. Les juridictions d'exception comprennent donc l'ensemble des juridictions du premier degré de l'ordre judiciaire, à l'exception du TGI.

Il en est ainsi du tribunal d'instance et de la juridiction de proximité (a), du tribunal de commerce (b), du conseil de prud'hommes (c), du tribunal des affaires de sécurité sociale (d), et du tribunal paritaire des baux ruraux (e).

a. Le tribunal d'instance et la juridiction de proximité

Le tribunal d'instance (TI)

415. Organisation. Le TI a succédé en 1958 à la juridiction de Juge de Paix. En 2008, il en existait 473. En 2010, on devrait en dénombrer un peu moins de 300. En effet, la réforme de la carte judiciaire a conduit à la suppression de 178 TI au 1er janvier 2010, dont ceux au nom « évocateur » de Saint-Palais, Montagne-au-Perche, etc. Selon la Chancellerie, beaucoup de ces tribunaux n'occupaient même pas un juge à temps plein.

Toujours est-il que le ressort territorial de chaque TI est fixé dans son décret institutif. En général, cette compétence territoriale englobe plusieurs cantons. Par exemple, la cour d'appel de Paris réunit 4 TGI, dont ceux de Paris avec ses 20 TI (un par arrondissement), et de Bobigny avec 8 TI dont celui de Saint-Denis qui recouvre 4 cantons (Pierrefitte, Saint-Denis Nord-Est...).

Le TI statue toujours à juge unique, quand bien même les plus importants d'entre eux sont composés de plusieurs juges. Ces juges sont des magistrats du siège de l'ordre judiciaire, appelés juges d'instance, souvent en premier poste de leur carrière, et choisis parmi les juges du TGI dans le ressort duquel se trouve le TI.

416. Compétence. Le TI connaît en première instance des affaires civiles et pénales qui lui sont attribuées par un texte exprès.

En nous limitant aux litiges civils, l'article L. 221-4 du Code de l'organisation judiciaire réserve au TI les actions personnelles ou mobilières jusqu'à la valeur de 10 000 euros. Dans la mesure où ces litiges sont réservés à la compétence du juge de proximité jusqu'à la valeur de 4 000 euros, on doit considérer que le TI est compétent chaque fois que la valeur est comprise entre 4 000 et 10 000 euros. Il statue donc à charge d'appel, puisque cette valeur est égale ou supérieure à 4 000 euros, c'est-à-dire au montant minimum pour interjeter appel.

Le même texte ajoute qu'il connaît des demandes indéterminées qui ont pour origine l'exécution d'une obligation dont le montant n'excède pas 10 000 euros (sur le sens à donner à cette formule : voir *infra* n° 419).

Le TI est encore compétent pour les litiges en matière de baux d'habitation, à l'exception des actions relatives à la restitution d'un dépôt de garantie inférieur à 4 000 euros, les opérations de crédit à la consommation, les mesures de protection des personnes majeures, la saisie des rémunérations de travail, les actions tendant à l'expulsion des personnes occupant des logements, sans droit ni titre, les actions relatives à l'inscription et à la radiation sur le fichier national des informations sur les incidents de paiement, etc.

La juridiction de proximité

417. Organisation. Pour alléger la charge des juges d'instance, et rapprocher les justiciables des juges chargés de trancher les litiges de la vie courante, une loi du 9 septembre 2002 a institué, dans le ressort de chaque cour d'appel, des juridictions de première instance, dénommées juridictions de proximité (COJ, art. L. 231-1 à L. 232-3).

Les juges de proximité, qui statuent à juge unique, présentent la particularité d'être recrutés, non pas parmi les magistrats de carrière, mais parmi des personnes ayant une certaine expérience juridique (avocats, huissiers, juristes d'entreprises, etc.). Par ailleurs, ils exercent à temps partiel leurs fonctions, qu'ils peuvent cumuler avec une autre activité professionnelle. On en dénombrait environ 600, à la fin de l'année 2009.

418. Projet de suppression. Aujourd'hui, les juges de proximité assurent 30 % du contentieux civil des TI et 70 % des contentieux en matière contraventionnelle. Pourtant, le 3 mars 2010, le gouvernement a déposé au Sénat un projet de loi ayant pour objet la suppression des juridictions de proximité. Leur compétence en matière de petits litiges civils reviendrait aux TI. Les juges de proximité seraient maintenus pour participer aux audiences collégiales du TGI et au jugement des contraventions, et traiter les injonctions de payer.

419. Compétence. La juridiction de proximité connaît en matière civile des actions personnelles ou mobilières jusqu'à la valeur de 4 000 euros (COJ, art. L. 331-3). En raison de ce plafond, elle statue nécessairement en premier et dernier ressort, donc sans possibilité d'appel. Elle connaît également des demandes indéterminées qui ont pour origine l'exécution d'une obligation dont le montant n'excède pas 4 000 euros (*ibid.*). Il s'agira, par exemple, d'une action en résolution ou en nullité de la vente d'une voiture affectée d'un vice caché et dont le prix ne dépasse pas 4 000 euros. La juridiction de proximité connaît encore, dans les mêmes limites, en vue de lui donner force obligatoire, de la demande d'homologation du constat d'accord formée par les parties, à l'issue d'une tentative préalable de conciliation.

En matière pénale, elle est compétente pour juger des contraventions de police dont la liste est fixée par le Code de procédure pénale (COJ, art. L. 231-6).

b. Le tribunal de commerce

420. Organisation. En 2008, il existait 191 tribunaux de commerce regroupant environ 3 100 juges. La réforme de la carte judiciaire s'est matérialisée, depuis le 1er janvier 2009, par la suppression de 55 tribunaux (ex. : Dreux, Beaune), et la création de 5 tribunaux (ex. : Annecy, Mende). Certains sont très importants, tel celui de Paris qui compte 165 juges, répartis en 22 chambres (l'ancien tribunal de commerce de la Seine a donné naissance aux tribunaux de commerce de Paris, Nanterre, Bobigny et Créteil).

Les magistrats des tribunaux de commerce sont des « juges consulaires ». Cette appellation remonte à l'Ancien Régime, où des juridictions dites consulaires avaient été créées pour trancher les différends entre marchands, dans la tradition des juridictions des consuls des villes italiennes au Moyen Âge (Nancy en 1341, Lyon en 1419, Paris en 1563...). Les juges consuls étaient élus par les commerçants et parmi eux. Il en est presque de même aujourd'hui, dans la mesure où sont électeurs et, à un deuxième degré, éligibles les commerçants et les chefs d'entreprise (C. com., art. L. 113-8 : PDG, gérants de sociétés, etc.), ainsi que les cadres, même non commerçants, d'une entreprise exerçant des fonctions de direction commerciale, technique ou administrative (*ibid.*).

Le tribunal de commerce statue, sous réserve du référé commercial et d'autres exceptions, en formation collégiale d'au moins trois juges, et toujours en nombre impair (C. com., art. L. 722-3).

421. Compétence. La compétence d'attribution du tribunal de commerce est définie par divers textes.

C'est ainsi qu'il est compétent pour le contentieux des lettres de change, et des opérations portant sur un fonds de commerce (vente, location-gérance, nantissement). Il est aussi compétent pour les procédures collectives de sauvegarde, de redressement judiciaire et de liquidation judiciaire ouvertes à l'encontre d'une entreprise commerciale ou artisanale (C. com., art. L. 621-1 ; 631-7 ; 641-1).

Aux termes de l'article L. 721-3 du Code de commerce, le tribunal est encore compétent pour les contestations entre commerçants, entre établissements de crédits, ainsi que pour les contestations relatives aux sociétés commerciales. Ce même article lui réserve les contestations relatives aux actes de commerce entre toutes personnes, autrement dit les contrats qui sont toujours de nature commerciale à l'égard des deux parties, peu importan que celles-ci soient ou non commerçantes. Ces contrats, aussi appelés actes de commerce objectifs ou actes de commerce par nature, sont cités sous les articles L. 110-1 et L. 110-2 du Code de commerce : achat pour revendre de biens meubles, opérations de banque, de courtage, de transport, location de meubles, etc.

422. En présence d'un **contrat mixte**, commercial pour l'une des parties, et civil pour l'autre (ex. : vente de marchandises par un commerçant à un consommateur), les règles de compétence sont différentes. Celui pour lequel le contrat est commercial ne peut assigner son cocontractant que devant la juridiction civile (TI ou TGI selon le montant de la demande). Celui pour lequel le contrat est civil bénéficie d'une option : il peut assigner son adversaire soit devant le tribunal de commerce, soit devant le tribunal civil.

423. Voies de recours. En principe, le tribunal de commerce statue en premier et dernier ressort pour les demandes dont le principal n'excède pas 4 000 euros, et à charge d'appel au-delà de ce montant.

c. Le conseil de prud'hommes

424. Organisation. Créés par une loi du 18 mars 1806, les conseils de prud'hommes étaient au nombre de 271 avant la réforme de la carte judiciaire (62 d'entre eux devraient être supprimés). Ils traitent, chaque année, environ 200 000 affaires. Chaque conseil est composé de cinq sections spécialisées (industrie, commerce, agriculture, activités diverses et encadrement).

Comme la juridiction commerciale, la juridiction prud'homale est composée de juges élus appelés conseillers prud'homaux (environ 15 000). Le terme prud'homme vient de l'ancien français « homme prudent » qui désignait des professionnels de bon conseil ; du latin *prodesse* : être utile, et *homo* : homme. On notera qu'au Moyen Âge, il existait également des *prud'femmes* dont le rôle était de défendre les intérêts des femmes dans leur vie professionnelle.

La juridiction prud'homale connaît une particularité en ce qu'elle est paritaire. En effet, statuant ordinairement en formation collégiale, elle est constituée, toujours en nombre égal, d'au moins deux conseillers prud'hommes élus parmi les employeurs, et d'au moins deux conseillers prud'hommes élus parmi les salariés (le président est alternativement un salarié ou un employeur). En cas de partage de voix, c'est le juge du tribunal d'instance dans le ressort duquel est situé le conseil des prud'hommes qui intervient comme juge départiteur (C. trav., art. L. 1454-2).

425. Compétence. Le conseil de prud'hommes connaît des différends individuels qui peuvent s'élever à l'occasion d'un contrat de travail entre les employeurs ou leurs représentants, peu importe le montant de la demande (C. trav., art. L. 1411-1 à 1411-6). C'est ainsi que plus du quart des salariés qui ont subi un licenciement pour motif personnel saisissent les prud'hommes ; 50 % d'entre eux abandonnant la procédure avant le jugement.

En revanche, les litiges collectifs (grèves, etc.) relèvent de la compétence du TGI. Échappe encore à la compétence du conseil de prud'hommes le contentieux de la sécurité sociale, y compris des litiges consécutifs à des accidents de travail, alors même qu'ils sont nés à l'occasion de l'exécution d'un contrat de travail.

426. Phase préalable de la conciliation. Les textes insistent sur le rôle de conciliation de la juridiction prud'homale, avant même sa fonction de jugement (C. trav., art. L. 1411-1 : « Le Conseil de prud'hommes règle par voie de conciliation les différends qui peuvent s'élever à l'occasion de tout contrat de travail [...] »). À cet effet, chacune des sections du conseil des prud'hommes comporte deux bureaux : un bureau de conciliation, dans lequel siègent un conseiller employeur et un conseiller salarié, et un bureau de jugement composé de deux conseillers employeurs et de deux conseillers salariés. Chaque affaire passe obligatoirement devant le bureau de conciliation et, en cas d'échec de celle-ci, elle est renvoyée devant le bureau de jugement (environ 10 % des affaires soumises au bureau de conciliation aboutissent à un accord).

427. Voies de recours. Les jugements du conseil de prud'hommes sont rendus en premier et dernier ressort jusqu'à 4 000 euros, et à charge d'appel au-delà de ce montant (en 2009, ce taux est devenu identique à celui des autres juridictions ; auparavant il était légèrement inférieur ;

C. trav., art. R. 1462-1 et D. 1462-3). On observera que près de la moitié des affaires jugées, chaque année, par les conseils de prud'hommes, font l'objet d'un appel, et que 70 % des jugements sont confirmés.

d. Le tribunal des affaires de sécurité sociale

428. Organisation. Il existe plus d'une centaine de tribunaux des affaires de sécurité sociale (TASS). Ces tribunaux connaissent une structure d'échevinage, en ce sens qu'ils sont composés, pour partie, d'un magistrat professionnel, président, qui est juge au TGI, et, pour l'autre partie, de deux assesseurs, dont l'un représente les salariés et l'autre les employeurs. Ces assesseurs ne sont pas des juges élus : ils sont désignés par le premier président de la cour d'appel, à partir d'une liste établie par des organisations syndicales.

429. Compétence. Le TASS connaît du *contentieux général* qui oppose les organismes de sécurité sociale (CAF, CPAM, CNAM...) à leurs usagers sociaux et cotisants. Quant aux contentieux techniques de la sécurité sociale (litiges portant sur l'état, le degré d'invalidité et le taux d'incapacité permanente résultant d'un accident du travail), il relève du tribunal du contentieux de l'incapacité.

430. Voies de recours. Selon le montant de la demande, ces juridictions statuent en premier et dernier ressort pour un montant inférieur ou égal à 4000 euros, ou à charge d'appel au-delà de ce montant.

e. Le tribunal paritaire des baux ruraux

431. Compétence. En principe, il existe un tribunal paritaire des baux ruraux au siège de chaque tribunal d'instance. Il connaît des litiges relatifs aux exploitations agricoles consécutifs à des baux ruraux qui ont été conclus entre des propriétaires de terres et de fermes (bailleurs) et des locataires qui les exploitent, fermiers ou métayers (preneurs). Il fonctionne sous la forme de l'échevinage, étant composé, d'une part, du juge du tribunal d'instance, qui préside les audiences, d'autre part, de quatre juges non professionnels élus : deux représentants des bailleurs et deux représentants des exploitants.

432. Voies de recours. Ce tribunal statue en premier et dernier ressort pour un montant inférieur ou égal à 4000 euros, et à charge d'appel au-delà de ce montant.

B. Les juridictions pénales du premier degré

433. Généralités. Les juridictions pénales jugent les infractions au droit pénal (crimes, délits, contraventions). Certaines d'entre elles sont des juridictions d'exception, qui sont compétentes dans des matières spécialement énumérées par la loi. Il en est ainsi des tribunaux pour enfants qui jugent les délits commis par les mineurs de 18 ans, ainsi que les crimes commis par ceux de moins de 16 ans (COJ, art. L. 251-2 ; les cours d'assises des mineurs connaissent des crimes commis par les mineurs âgés de 16 à 18 ans). Les autres sont des juridictions de droit commun, qui sont compétentes pour juger toutes les infractions, dès lors qu'elles ne sont pas spécialement dévolues par la loi à une juridiction d'exception.

434. Plan. Nous présenterons succinctement ces principales juridictions pénales de droit commun de première instance (1), puis nous évoquerons quelques particularités du procès pénal (2).

1. La diversité des juridictions

a. Le tribunal de police

435. Le tribunal de police est l'appellation donnée au tribunal d'instance (TI) lorsque ce dernier statue en matière pénale. Souvent d'ailleurs ce sont les mêmes juges du TI qui statuent, dans des audiences différentes, au civil et au pénal. Le tribunal de police statue à juge unique, et ses jugements sont susceptibles d'appel devant la chambre correctionnelle de la cour d'appel, et de pourvoi en cassation devant la chambre criminelle de la Cour de cassation.

Le tribunal de police est compétent pour connaître des infractions pénales constitutives de contraventions, comme l'excès de vitesse ou les coups et blessures légers.

436. Les contraventions sont divisées en cinq classes selon la gravité de la peine (1re classe 38 € au plus ; 2e classe 150 € au plus ; 3e classe 450 € au plus ; 4e classe 750 € au plus ; 5e classe 1 500 € au plus). En principe, les contraventions des 4 premières classes sont portées devant la juridiction de proximité. Des peines complémentaires privatives ou restrictives de droit peuvent également être prévues par le texte d'incrimination (suspension du permis de conduire, interdiction d'exercer une activité professionnelle, interdiction d'émettre des chèques…).

b. Le tribunal correctionnel

437. Le tribunal correctionnel n'est rien d'autre que le TGI statuant en matière de délit. Les plus importants ont plusieurs chambres correctionnelles spécialisées, tel celui de Paris qui en comporte 17 avec des magistrats qui y sont spécialement affectés. En revanche, de petits TGI peuvent n'avoir aucune chambre correctionnelle spécialisée. Aussi ce sont les mêmes magistrats qui statuent, selon les jours, tantôt en audience civile, tantôt en audience pénale.

Le tribunal correctionnel est compétent pour connaître des délits, comme le vol simple ou l'homicide, l'escroquerie, l'abus de confiance, et les coups et blessures involontaires. Ceux-ci sont en principe punis de peines d'emprisonnement jusqu'à dix ans, voire vingt ans en cas de récidive (C. pén., art. 131-4), ou alternatives (travail d'intérêt général…), et de peines d'amende (C. pén., art. 131-3).

En principe, le tribunal correctionnel statue en formation collégiale. Toutefois, certains délits énumérés dans le code de procédure pénale peuvent être jugés par le tribunal correctionnel statuant à juge unique, à l'exception de la procédure de comparution immédiate pour laquelle le tribunal doit toujours être en formation collégiale.

Les jugements du tribunal correctionnel sont susceptibles d'appel devant la chambre correctionnelle de la cour d'appel, et de pourvoi en cassation.

c. La cour d'assises

438. La cour d'assises est compétente pour connaître des crimes, comme le vol avec une arme ou en bande organisée, ou encore le meurtre. Les crimes sont punis de la réclusion ou de la détention criminelle de dix ans au moins jusqu'à la perpétuité (C. pén., art. 131-1).

La cour d'assises, dont le ressort territorial est celui d'un département, n'a pas son équivalent en matière civile. D'ailleurs, elle n'a pas, à proprement parler, d'existence organique permanente. En effet, elle siège, on dit encore qu'elle tient ses « assises », par session organisée, en principe, tous les trois mois. Elle est alors composée de trois magistrats professionnels, issus de la cour d'appel, et de neuf jurés qui sont des particuliers désignés par tirage au sort (nombre porté à 12 en appel).

Les arrêts de condamnation rendus par la cour d'assises en premier ressort peuvent faire l'objet d'un appel ; l'appel étant porté devant une autre cour d'assises (C. proc. pén., art. 380-1). De son côté, le procureur général peut faire appel des arrêts d'acquittement (le Parquet général de la cour d'appel est composé du procureur général, d'avocats généraux et de substituts généraux). En revanche, tous les arrêts rendus par la cour d'assises peuvent faire l'objet d'un pourvoi en cassation devant la chambre criminelle de celle-ci.

2. *Les particularités procédurales*

a. La saisine

439. La juridiction pénale peut être saisie de deux manières. Soit à l'initiative du procureur de la République qui, comme membre du ministère public, représente la société. Soit à l'initiative de la victime, spécialement lorsque le ministère public a décidé de classer l'affaire et de ne pas poursuivre. Actuellement, il suffit à la victime d'adresser une plainte avec constitution de partie civile au juge d'instruction ; la constitution de partie civile obligeant le ministère public à engager les poursuites contre l'auteur de l'infraction (ce droit pourrait être remis en cause avec la suppression des juges d'instruction : voir *infra* n° 1105).

C'est ainsi que l'on distingue deux catégories d'actions :

440. – d'une part, **l'action publique**, qui est exercée par le ministère public, et dont l'objet est l'application d'une peine à l'encontre du délinquant ;

441. – d'autre part, **l'action civile**, qui est exercée, en principe, par la victime. Son objet, purement civil, est de réparer le préjudice de la victime sous la forme de dommages et intérêts. Certes, cette action civile en réparation peut être exercée par la victime devant la juridiction civile. Seulement, afin d'éviter le cumul d'un procès civil et d'un procès pénal, la victime peut l'exercer devant la juridiction pénale conjointement à l'action publique.

Dans cette hypothèse, deux situations sont à envisager. Soit l'action publique a été déclenchée, auquel cas la victime exerce son action civile sous la forme d'une **simple constitution de partie civile** par lettre recommandée avec accusé de réception adressée au doyen du juge d'instruction du TGI. Soit l'action publique n'a pas encore été déclenchée, auquel cas l'action civile prend la forme d'une **citation directe** ou d'une **plainte avec constitution de partie civile** (environ 40 % des dossiers des cabinets d'instruction). Depuis, le 1er juillet 2007, la plainte avec constitution de partie civile doit être précédée d'une plainte simple auprès du procureur de la République. Par ailleurs, elle fait l'objet de la consignation par la partie civile d'une somme d'argent au greffe, qui garantit le paiement d'une amende par celle-ci en cas de plainte dilatoire ou abusive.

b. Le Parquet

442. Le **ministère public** devant le tribunal correctionnel est constitué du procureur de la République et de ses substituts. Ils sont qualifiés de magistrats du parquet ou magistrature debout. L'origine de ces appellations remonte à l'Ancien Régime, époque sous laquelle ils se tenaient debout sur le parquet de la salle d'audience pour prendre la parole.

Toutefois, il n'existe pas de parquet devant le tribunal de police ou la juridiction de proximité. Les fonctions du ministère public y sont exercées, selon les cas, par un commissaire de police ou par le procureur de la République du TGI.

> **443.** À la différence des magistrats du siège, dont la fonction est de juger, et qui sont indépendants et inamovibles, les magistrats du parquet sont des fonctionnaires hiérarchisés, qui doivent obéir aux ordres donnés par leurs supérieurs (ex. : le procureur de la République pour les substituts). Ils sont plus généralement sous la hiérarchie du garde des Sceaux. C'est ainsi qu'ils vont communiquer au tribunal, par voie de conclusions écrites, les indications qui leur sont transmises par leurs chefs. Toutefois, lorsqu'ils prennent la parole, ils retrouvent leur liberté en application du vieil adage : « La plume est serve, la parole est libre. » On peut alors entendre des substituts dire le contraire de ce qu'ils ont écrit dans leurs conclusions.

c. L'instruction

445. Une particularité essentielle du procès pénal tient à la place de l'instruction préparatoire, assurée par le « juge d'instruction », qui est un magistrat du siège du TGI (sur la suppression des juges d'instruction : voir *infra* n° 1105). Nous verrons que le procès pénal est de type **inquisitoire**, c'est-à-dire que l'instruction, autrement dit la recherche des preuves, est conduite activement par le juge au moyen notamment d'interrogatoires, d'auditions de témoins, de perquisitions et saisies, ou d'expertises (voir *infra* n° 1104).

Une fois ces actes accomplis, le juge d'instruction rend soit une **ordonnance de non-lieu**, soit une **ordonnance de renvoi** devant le tribunal de police ou le tribunal correctionnel, selon qu'il s'agit d'une contravention ou d'un délit. Il peut également, pour les crimes, rendre une **ordonnance de transmission au procureur général**, par l'intermédiaire du procureur de la République. Ces diverses ordonnances sont susceptibles d'appel devant la « chambre d'accusation », qui est une chambre spéciale de la cour d'appel composée de trois conseillers.

§ 2. Les cours d'appel

446. Plan. La cour d'appel est la juridiction de droit commun du second degré de l'instance.

Nous présenterons successivement le mécanisme de l'appel (A), la compétence et la composition des juridictions d'appel (B), et les caractères de l'appel (C).

A. Le mécanisme de l'appel

447. Jugements susceptibles d'appel. En raison du principe du double degré de juridiction, l'une ou l'autre des parties à l'instance, qu'il s'agisse du demandeur ou du défendeur, mécontente du jugement civil ou pénal rendu en premier ressort, peut faire appel afin de le faire réformer. Cependant, au civil, l'appel n'est pas possible lorsque la juridiction, de droit commun ou d'exception du premier degré, avait statué en premier et dernier ressort. Tel est le cas lorsque le montant de la demande, en première instance, est inférieur ou égal à 4 000 euros.

448. Assistance et représentation des parties. La partie qui « interjette » appel, devient le demandeur à l'instance, et son adversaire qui, *a priori*, était satisfait du jugement rendu, devient le défendeur ou « l'intimé » (du latin, *intimare* : mettre dans). Ainsi que nous l'avons vu, les personnes qui font appel d'un jugement doivent recourir actuellement, d'une part, à un avocat qui les assiste, d'autre part, à un avoué qui les représente (voir *supra* n° 410). Il en est de même de l'intimé.

On rappellera qu'un projet de loi portant fusion des professions d'avocat et d'avoué près les cours d'appel prévoit l'intégration des avoués dans la profession d'avocat, supprime les offices d'avoués auprès des cours d'appels, et étend aux avocats la postulation, c'est-à-dire la représentation des plaideurs devant la cour d'appel (voir *supra* n° 410).

449. Délai de l'appel. Le délai pour interjeter appel est souvent différent selon la matière. Retenons seulement qu'il est, en principe, d'un mois en matière contentieuse civile, commerciale et sociale, à compter du jour de la notification du jugement, et de quinze jours en matière gracieuse (C. proc. civ., art. 538).

450. Voie de recours ordinaire. L'appel constitue une voie de recours ordinaire, c'est-à-dire une voie ouverte, en principe, dans tous les cas, sauf lorsqu'un texte l'interdit expressément. En cela, il s'oppose au pourvoi en cassation qui constitue une voie de recours extraordinaire, qui ne peut être exercée que dans les seuls cas limitativement prévus par la loi.

Il résulte de ce caractère que l'appel produit un *effet suspensif* (C. proc. civ., art. 539). Pour comprendre ces termes, il faut savoir qu'un jugement rendu en premier ressort ne peut être mis en exécution forcée que s'il a force de chose jugée. Il en est ainsi lorsqu'il est devenu définitif ou irrévocable, en particulier parce qu'il n'est pas (ou plus) susceptible d'un recours. *A contrario*, l'exécution d'un jugement ne peut être poursuivie tant que le délai pour former appel n'est pas éteint. Il en est de même lorsque l'appel est exercé dans le délai prescrit (*ibid.*). Dans ces deux cas, la force exécutoire du jugement est suspendue.

451. Projet de réforme. Depuis plusieurs années, le ministère de la Justice envisage de supprimer l'effet suspensif de l'appel au bénéfice de l'exécution immédiate des jugements de première instance, assortie de divers tempéraments. Au jour où ces lignes sont écrites, ce projet de réforme est en suspens (un décret du 9 décembre 2009 réformant la procédure d'appel avec représentation obligatoire en matière civile n'évoque même pas cette question).

B. Les règles de compétence et de composition

452. Compétence de droit commun. Contrairement au premier degré de l'instance, qui connaît une juridiction de droit commun (le TGI), et diverses juridictions d'exception (TI, tribunal de commerce...), au niveau de l'appel, il n'existe qu'une seule juridiction : la cour d'appel. Il en résulte que tout appel est porté devant une cour d'appel, qu'il s'agisse de l'appel d'une décision rendue par le TGI ou d'une décision rendue par une juridiction d'exception.

453. Compétence territoriale. Les cours d'appel sont actuellement au nombre de 35, dont 5 en outre-mer, et 2 tribunaux supérieurs d'appel à Saint-Pierre-et-Miquelon d'une part, Mayotte d'autre part. Leur ressort territorial s'étend donc d'un département (ex. : Saint-Denis de la

Réunion) à plusieurs départements (ex. : la cour d'appel de Paris englobe 6 départements : Paris, Seine-et-Marne, Yonne, Essonne, Seine-Saint-Denis et Val-de-Marne, soit 9 TGI, 52 TI, et 13 conseils de prud'hommes).

L'appel est porté devant la cour d'appel dont le ressort territorial s'étend à la juridiction du premier degré qui a rendu son jugement. Par exemple, si le jugement a été rendu par le TGI de Bobigny en Seine-Saint-Denis, l'appel sera porté devant la cour d'appel de Paris.

454. Composition. Les cours d'appel statuent en formation collégiale d'au moins trois magistrats du siège de l'ordre judiciaire. Plus généralement, les magistrats du siège sont représentés par le premier président de la cour d'appel, les présidents de chambres et les conseillers. En effet, selon leur importance, les cours d'appel sont divisées en plusieurs chambres en particulier civiles, commerciales, correctionnelles et sociales (la cour d'appel de Paris comporte 27 chambres dont une chambre de l'expropriation et une chambre de l'instruction, réunissant 230 magistrats du siège et 83 magistrats du parquet).

Le Parquet général est constitué du procureur général près la cour d'appel, des avocats généraux, et des substituts du procureur général.

C. Les caractères de l'appel

455. Effet dévolutif. L'appel produit un effet dévolutif. Cela signifie que l'affaire est dévolue à la juridiction d'appel afin qu'elle la juge, à nouveau, aussi bien en fait qu'en droit (C. proc. civ., art. 561 : « L'appel remet la chose jugée en question devant la juridiction d'appel pour qu'il soit à nouveau statué en fait et en droit »). En effet, à l'instar des juges de première instance, les juges d'appel constituent une juridiction du fond. C'est ainsi qu'ils pourront apprécier différemment des premiers juges, les faits, comme la vitesse d'un véhicule, la crédibilité d'un témoignage ou le montant des dommages-intérêts alloués à la victime. Ils pourront aussi avoir une interprétation différente des premiers juges de la règle de droit applicable à l'espèce.

456. Arrêt confirmatif ou infirmatif. La cour d'appel, qui réexamine l'affaire au fond, rend une décision qui porte le nom d'arrêt. Soit il s'agit d'un arrêt confirmatif, lorsqu'il donne raison aux juges du premier degré. Soit il s'agit d'un arrêt totalement ou partiellement infirmatif, lorsqu'il donne tort, entièrement ou en partie, aux premiers juges. Dans cette hypothèse, le jugement attaqué est infirmé. On dit encore qu'il est réformé.

Sous réserve du pourvoi en cassation, l'arrêt d'appel met normalement fin à l'instance.

Sous-section III La Cour de cassation

457. Plan. Héritière du Tribunal de cassation mis en place par l'Assemblée constituante en 1790, la Cour de cassation est la plus haute juridiction de l'ordre judiciaire, exerçant un rôle prépondérant dans l'interprétation du droit. Dans cette occurrence, il convient d'examiner le domaine du pourvoi en cassation (§1), les formations de la Cour de cassation (§2), le rôle des avocats aux Conseils (§3), et le mécanisme du pourvoi en cassation (§4).

§ 1. Le domaine du pourvoi en cassation

458. Plan. Le pourvoi en cassation constitue une *voie de recours extraordinaire*. Cela signifie qu'il ne peut être exercé ***que dans les hypothèses d'ouverture limitativement prévues par la loi*** (C. proc. civ., art. 580). Celles-ci tiennent à la nature des décisions juridictionnelles susceptibles de pourvoi (A), et à l'étendue du contrôle de la Cour de cassation (B).

A. Les décisions susceptibles de pourvoi

459. Les seules décisions susceptibles d'un pourvoi en cassation sont celles qui ont été rendues en dernier ressort (C. proc. civ., art. 605).

Il en résulte qu'un jugement qui a été rendu en premier ressort, donc à charge d'appel, ne peut faire l'objet d'un pourvoi en cassation. Dans cette hypothèse, l'un ou l'autre des plaideurs devra d'abord interjeter appel pour que l'affaire soit de nouveau jugée au fond par la cour d'appel statuant en dernier ressort. Seul cet arrêt d'appel sera susceptible d'un recours en cassation. Autrement dit, il faut épuiser toutes les voies de recours ordinaires avant d'exercer un pourvoi en cassation. En revanche, un jugement qui a été rendu en premier et dernier ressort, c'est-à-dire sans possibilité d'appel, peut faire l'objet d'un pourvoi en cassation.

460. Délai du pourvoi. En matière civile, commerciale et sociale, le délai pour se pourvoir en cassation est de deux mois à compter de la notification de la décision des juges du fond rendue en dernier ressort (C. proc. civ., art. 612). En matière pénale, le délai du pourvoi est en principe de dix jours à compter du prononcé de la décision de condamnation.

461. Effet non suspensif du pourvoi. Étant une voie de recours extraordinaire, le pourvoi en cassation n'a pas en principe d'effet suspensif en matière civile, commerciale et sociale (C. proc. civ., art. 1009-1). En conséquence, la partie qui a obtenu gain de cause en appel peut demander immédiatement l'exécution forcée de l'arrêt, peu important l'existence d'un pourvoi. En revanche, en matière pénale, le pourvoi en cassation produit un effet suspensif ; le pourvoi peut donc être exercé à des fins dilatoires. On ajoutera qu'il en est de même, en vertu de textes particuliers, dans certaines matières civiles (nationalité, divorce, filiation, adoption).

B. L'étendue du contrôle de la Cour de cassation

462. L'article 604 du Code de procédure civile pose le principe selon lequel : « Le pourvoi en cassation tend à faire censurer par la Cour de cassation la non-conformité du jugement qu'il attaque aux règles de droit. » Le pourvoi en cassation n'a donc pas d'effet dévolutif (1), et il ne peut être exercé que dans des cas qui mettent en cause la violation de la règle de droit (2).

1. L'effet non dévolutif du pourvoi

463. La Cour de cassation n'est pas juge du fond, mais juge du droit (COJ, art. L. 411-2 : « La Cour de cassation ne connaît pas du fond de l'affaire, sauf disposition législative contraire »). En effet, à la différence de l'appel, le pourvoi en cassation n'a pas d'effet dévolutif. Sauf exception, la Cour de cassation ne réexamine pas l'affaire en son entier, c'est-à-dire à la fois dans les questions de fait et les questions de droit qu'elle pose. Certes, il s'opère une « dévolution », au sens de transmission, à la Cour de cassation du dossier jugé par les juges du fond. Mais cette dévolution n'est pas entière puisque la Cour de cassation ne doit statuer que sur le droit, sans remettre en cause les appréciations de fait des juges du fond.

Le contrôle de la Cour de cassation se limite à l'examen des seules questions de droit posées par l'affaire, telles qu'elles ont été soulevées dans le cadre de moyens de cassation. Plus précisément, la Cour de cassation juge la manière dont les juridictions du fond ont appliqué ou interprété la règle de droit. Soit elle considère que les juges du fond ont bien appliqué la loi, auquel cas elle rejettera le pourvoi. Soit elle considère que les juges du fond ont mal appliqué la loi, auquel cas elle « cassera » leur décision. En somme, la Cour de cassation dit seulement le droit en censurant les décisions qui le transgressent.

464. Troisième degré de juridiction ? Parfois, on enseigne que la Cour de cassation ne saurait être assimilée à un troisième degré de juridiction. D'un côté, c'est inexact dans la mesure où la Cour de cassation est une véritable juridiction qui va juger les litiges qui lui sont soumis. De l'autre, c'est exact si l'on considère qu'elle ne constitue pas un troisième degré de juridiction du fond ou de « pleine » juridiction, puisqu'elle ne statue que sur le droit.

2. Les cas d'ouverture à cassation

465. Le pourvoi en cassation ne peut être exercé que dans des cas qui mettent en cause la violation de la règle de droit.

- Tel est le cas d'ouverture à cassation pour ***violation de la loi***, qui est le plus fréquemment utilisé. Avec ce recours, il est reproché aux juges du fond d'avoir fait une mauvaise application de la loi et, plus largement, d'avoir méconnu une règle juridique (y compris une mauvaise interprétation de celle-ci). Il revient alors à la Cour de cassation d'énoncer clairement son interprétation de la loi en cause.
- On peut également retenir le cas d'ouverture à cassation pour ***inobservation des formes du jugement***. Dans ce domaine, de nombreux recours sont exercés pour vice de la motivation, comme « l'absence ou l'insuffisance de motifs », ou le « défaut de réponses à conclusions ». Il est évident que les cassations pour de tels griefs n'ont pas un grand intérêt doctrinal.
- Citons encore le grief de fond pour ***défaut ou manque de base légale***. Dans ce cas, il est reproché aux juges du fond, qui ont effectivement motivé leur décision (sinon il y aurait cassation pour absence de motifs), de ne pas avoir donné suffisamment d'éléments pour permettre à la Cour de cassation d'exercer son contrôle sur la manière dont ils ont appliqué la règle de droit.

Le manque de base légale est souvent invoqué lorsque la décision des juges du fond ne permet pas de distinguer s'il a été statué en droit ou en fait. Par exemple, une loi exigerait deux conditions d'application : l'une tenant à l'âge de l'auteur d'une faute, l'autre à la gravité de la faute. Si les juges du fond ont appliqué ce texte en se référant uniquement à la gravité de la faute, leurs motifs sont insuffisants pour permettre à la Cour de cassation d'exercer son contrôle.

§ 2. Les formations de la Cour de cassation

466. La Cour de cassation est unique. Elle siège à Paris, au Palais de justice, sous la présidence de son premier président (en 2009 : Vincent Lamanda ; le procureur général étant Jean-Louis Nadal).

En principe, les arrêts de la Cour de cassation sont rendus par l'une de ses chambres (en 2009 : 28 025 arrêts, dont 8 408 en pénal). Exceptionnellement, ils sont rendus par une chambre mixte (14 arrêts en 2009), ou en Assemblée plénière (9 arrêts en 2009).

A. Les chambres de la Cour de cassation

467. Chambres civiles et chambre criminelle. La Cour de cassation comprend six chambres, dont cinq chambres civiles et une chambre criminelle. Toutefois, le terme « civile » est pris dans son sens le plus large, synonyme de droit privé, à l'exception du droit pénal ou criminel. C'est ainsi que les chambres civiles réunissent, d'une part, les trois premières chambres civiles, au sens strict du terme, d'autre part, la chambre commerciale, financière et économique, enfin, la chambre sociale.

En principe, chacune des chambres statue en audience réunissant au moins cinq conseillers ayant voix délibérative. Toutefois, depuis 2002, dans le cadre de la nouvelle procédure d'admission des pourvois en cassation, la Cour de cassation statue au préalable en formation ordinaire de trois conseillers (voir *infra* n° 477).

On ajoutera qu'il existe devant la Cour de cassation un Parquet général, qui représente le ministère public, avec à sa tête le procureur général, secondé par six premiers avocats généraux et trente-trois avocats généraux. Il peut intervenir dans toutes les affaires, même non criminelles, dès lors qu'il juge son intervention utile.

468. Attributions des chambres. Les attributions de chacune des chambres civiles sont déterminées par ordonnance du premier président après avis du procureur général. En 2010, les diverses chambres connaissaient des matières suivantes :

- *première chambre civile* : nationalité, droit international privé, droit des personnes et de la famille, filiation, successions, donations, testaments, régimes matrimoniaux, contrats civils, responsabilité contractuelle, propriété et droits réels mobiliers, propriété littéraire et artistique, sociétés civiles professionnelles, presse... ;
- *deuxième chambre civile* : responsabilité délictuelle, procédure civile et voies d'exécution, assurances terrestres, sécurité sociale, surendettement des particuliers... ;
- *troisième chambre civile* : baux d'habitation, baux commerciaux, baux ruraux, vente d'immeubles, contrats d'entreprise, propriété immobilière, copropriété, société civile immobilière, assurance construction, publicité foncière... ;
- *chambre commerciale, financière et économique* : assurance-crédit, banque et effets de commerce, bourse, cautionnement dans la vie des affaires, droit fiscal, concurrence, sauvegarde des entreprises et procédures collectives, contrats commerciaux, sociétés civiles et commerciales, fonds de commerce, transport, propriété industrielle... ;
- *chambre sociale* : droit de l'emploi et de la formation, contrat de travail, licenciement économique, relations collectives du travail... ;
- *chambre criminelle* : droit pénal, procédure pénale...

B. Une chambre mixte

469. Organisation. On désigne par chambre mixte une formation de la Cour de cassation qui n'est pas permanente. Elle réunit, occasionnellement, les membres de plusieurs chambres. Lorsqu'elle est constituée, elle est présidée par le premier président de la Cour de cassation, et composée de magistrats appartenant à trois chambres au moins : les présidents et doyens d'âge des chambres concernées, ainsi que deux conseillers de chacune d'entre elles (COJ, art. L. 421-4).

470. Attributions. Une chambre mixte peut être réunie dans deux circonstances :

1. obligatoirement, lorsque s'est produit devant la chambre compétente un partage égal de voix ;

2. facultativement, lorsque l'affaire pose une question relevant normalement des attributions de plusieurs chambres devant lesquelles cette question a reçu ou est susceptible de recevoir des solutions divergentes (COJ, art. L. 431-5).

En fait, l'idée générale est de tout faire pour éviter qu'une question de droit connaisse des solutions différentes devant l'une ou l'autre des chambres de la Cour de cassation.

471. Réparation du préjudice subi du fait du décès du concubin. Par exemple, l'arrêt d'une chambre mixte, en 1970, a accueilli la demande en dommages et intérêts d'une concubine à la suite du décès accidentel de son concubin, au motif qu'un lien de droit entre le défunt et le demandeur en indemnisation n'était pas exigé par l'article 1382 du Code civil (Ch. mixte, 27 février 1970, *D.* 1970. 201). Jusqu'à cette décision, la chambre criminelle admettait cette solution (ex. : Crim., 14 mars 1967, *D.* 1967, Somm. 50), alors que la chambre civile la refusait, estimant qu'une concubine ne pouvait justifier d'un intérêt légitime juridiquement protégé (ex. : Civ. 2e, 13 déc. 1961 : *Bull.* n° 861).

C. L'Assemblée plénière

472. Il s'agit également d'une formation qui n'est pas permanente. Autrefois appelée « Chambres réunies », l'Assemblée plénière est composée de magistrats qui représentent l'ensemble des six chambres de la Cour de cassation, à savoir tous les présidents et doyens de chambres, ainsi qu'un conseiller de chaque chambre. Elle est présidée par le premier président de la Cour de cassation (COJ, art. L. 421-5).

L'Assemblée plénière est obligatoirement compétente en cas de second pourvoi en cassation. Elle est facultativement compétente, dès le premier pourvoi, lorsque l'affaire pose une question de principe, notamment en présence de solutions divergentes, soit entre les juges du fond, soit entre les juges du fond et la Cour de cassation (COJ, art. L. 431-6).

§ 3. Les avocats aux Conseils

473. Statut. Au niveau des juridictions suprêmes françaises, il existe un corps particulier d'avocats à la Cour de cassation et au Conseil d'État, traditionnellement appelés « avocats aux Conseils ». Ils sont au nombre de 94, réunis en un Ordre, et répartis dans 60 cabinets, où ils exercent soit en société civile, soit à titre individuel. Ce sont des officiers ministériels, titulaires d'un office rattaché à l'administration de la justice. À ce titre, ils ont un droit patrimonial sur leur charge, ce qui leur permet de présenter un successeur à la Chancellerie, et de faire payer, pour cette présentation, un prix qui est celui de la charge.

474. Ministère d'avocat. Traditionnellement, les avocats aux conseils exercent deux fonctions : d'une part, ils assistent les parties ; d'autre part, ils les représentent (la représentation obligatoire a été étendue devant la Cour de cassation à la quasi-totalité des matières par un décret du 20 août 2004). Dans leur mission d'assistance ou de conseil, les avocats aux Conseils établissent une consultation sur les chances de succès ou d'échec du pourvoi. Lorsque le pourvoi est soutenu, ils représentent le justiciable devant la Cour de cassation ou le Conseil d'État.

475. Mémoires. Les avocats aux Conseils ont un rôle certain et discret dans l'élaboration du droit prétorien par les cours suprêmes françaises, grâce à la sélection rigoureuse des pourvois et des moyens qu'ils leur soumettent sous la forme d'un « mémoire ampliatif » pour le demandeur, et d'un « mémoire en défense » pour le défendeur. C'est dans le cadre de ces mémoires qu'ils développent leur argumentation (ces mémoires sont souvent préparés par des professeurs de droit des universités).

§ 4. Le mécanisme du pourvoi en cassation

476. La Cour de cassation est saisie de plusieurs dizaines de milliers de dossiers chaque année (en 2009 : 28 025 nouveaux dossiers enregistrés). Pour réduire son encombrement, il a été mis en place, en 2002, une procédure de sélection des pourvois (A). Une fois franchie cette étape, l'audience ordinaire de la chambre destinataire du pourvoi peut prendre deux sortes de décisions : soit un arrêt de rejet, qui marque la fin du procès ; soit un arrêt de cassation (B). Cet arrêt de cassation peut être le prélude à une procédure beaucoup plus longue avec renvoi devant une juridiction du fond (C), éventuellement suivi d'un second pourvoi en cassation (D), et, le cas échéant, d'un ultime renvoi devant une juridiction du fond (E).

A. La sélection des pourvois en formation de la chambre

477. Depuis le 1er janvier 2002, les affaires soumises à une chambre civile de la Cour de cassation sont d'abord examinées par une formation restreinte de trois conseillers appartenant à cette chambre (COJ, art. L. 431-1).

478. Rejet du pourvoi ou cassation de la décision. Cette formation statue ***lorsque la solution du pourvoi s'impose***, étant précisé que, dans le cas contraire, elle renvoie l'examen du pourvoi à l'audience ordinaire de la chambre (COJ, art. L. 431-1, al. 2). En pratique, la solution s'impose dans deux circonstances. D'une part, en cas de « mauvais pourvois », en ce sens qu'ils reposent sur des moyens de droit qui n'ont aucune chance d'aboutir. D'autre part, en cas de « trop bons pourvois ». Il s'agit de ceux pour lesquels la cassation est évidente, tant ils sont fondés en droit (ex. : absence de motivation d'une décision). Dans les deux cas, la formation ordinaire statue, en rejetant le pourvoi ou en cassant la décision attaquée.

479. Décision de non-admission des pourvois. Aux termes de l'article 1014 du Code de procédure civile, les formations restreintes, sans statuer au fond, peuvent déclarer non admis les pourvois irrecevables (ex. : pourvoi formé hors délai) ou ceux non fondés sur un moyen sérieux de cassation (ex. : appréciation souveraine des juges du fond). Cette fois, la formation restreinte se contente de rendre une simple décision de non-admission du pourvoi réduite à trois lignes, suscitant l'amertume de l'auteur du pourvoi : « le moyen de cassation annexé à la présente décision, invoqué à l'encontre de la décision attaquée, n'est pas de nature à permettre l'admission du pourvoi. » Autrement dit, la formation restreinte fait office de chambre de filtrage afin de réduire le stock des dossiers à juger (en 2009 : 57 % des dossiers pénaux et 19 % des dossiers civils ont fait l'objet d'une décision de non-admission, soit près de 9000 dossiers !). Pis, les décisions de non-admission ne sont pas motivées : la partie perdante ne sait donc pas pour quelles raisons la Cour de cassation a considéré que son pourvoi était incongru !

B. Le renvoi du pourvoi à l'audience de la chambre

480. Une fois franchi le stade de la formation restreinte de la chambre, les affaires sont examinées par l'audience de la même chambre, composée d'au moins cinq conseillers. En outre, une affaire a pu être renvoyée directement à cette audience sur décision non motivée du premier président ou du président de la chambre, d'office ou à la demande du procureur général ou de l'une des parties (COJ, art. L. 431-1, al. 3). Dans cette formation ordinaire, la chambre va rendre un arrêt de rejet ou un arrêt de cassation.

481. Statistiques. En 2009, 5 % des affaires civiles ont fait l'objet d'un arrêt de rejet ; 19 % d'un arrêt de cassation avec renvoi ; 2 % d'un arrêt de cassation sans renvoi ; 19 % d'une décision de non-admission ; 16 % d'une ordonnance de désistement ; 9 % de déchéance ; le reste de décisions d'irrecevabilité, de rectification, etc. (sources : Cour de cassation : rapport 2009).

1. L'arrêt de rejet

482. Lorsqu'elle rend un arrêt de rejet, la Cour de cassation écarte les griefs qui avaient été formulés par l'auteur du pourvoi contre la décision des juges du fond. Elle approuve donc la manière dont les juges du fond ont appliqué ou interprété la règle de droit en cause. Aussi l'arrêt de rejet marque-t-il la ***fin du procès***. C'est la décision attaquée des juges du fond qui sera appliquée. Cette décision est désormais irrévocable, tout nouveau pourvoi étant irrecevable (C. proc. civ., art. 621).

2. L'arrêt de cassation

483. Lorsqu'elle rend un arrêt de cassation, la Cour de cassation annule (ou casse) la décision frappée du pourvoi. La cassation peut être totale ou partielle. Elle est partielle lorsqu'elle n'atteint que certains chefs dissociables des autres (C. proc. civ., art. 623). Dans les deux cas, la Cour de cassation estime que les juges du fond ont mal appliqué la loi. Ainsi ***donne-t-elle raison à l'auteur du pourvoi*** qui avait formulé des griefs contre la décision attaquée.

Il convient alors de distinguer l'arrêt de cassation ***sans renvoi*** et l'arrêt de cassation ***avec renvoi***.

a. L'arrêt de cassation sans renvoi

484. Aux termes de l'article L. 411-3 du Code de l'organisation judiciaire, l'arrêt de cassation sans renvoi est une situation exceptionnelle, qui peut se produire dans deux hypothèses :

– d'une part, lorsqu'il peut être mis fin au litige sans qu'il soit nécessaire de statuer de nouveau sur le fond. Par exemple, si la Cour de cassation considère qu'en raison de la présence d'une clause d'arbitrage dans la convention des parties, la juridiction qui a rendu la décision attaquée n'était pas compétente, la cassation de cette décision n'implique pas qu'il soit à nouveau statué au fond de l'affaire (Com., 12 févr. 1985, *Bull.* n° 53) ;
– d'autre part, lorsque les faits, tels qu'ils ont été souverainement constatés et appréciés par les juges du fond, permettent à la Cour de cassation d'appliquer la règle de droit appropriée. En somme, la Cour de cassation va trouver dans la décision qu'elle casse ***tous les éléments de fait nécessaires pour lui permettre de statuer au fond***. À l'instar des juges du fond, et par exception au principe selon lequel elle n'est que juge de droit, la Cour de cassation va appliquer la règle de droit aux faits de l'espèce. Prenons l'exemple d'une décision des juges du fond ayant appliqué une loi à une personne après avoir constaté qu'elle était majeure. Si la décision est cassée au motif que cette loi n'est applicable qu'à un mineur, la Cour de cassation peut mettre fin au litige en appliquant cette règle aux faits de l'espèce.

b. L'arrêt de cassation avec renvoi

485. L'arrêt de cassation avec renvoi constitue la situation la plus courante. En effet, lorsque la Cour de cassation censure la décision des juges du fond, le procès n'est pas terminé :
– d'une part, la décision des juges du fond étant annulée, elle n'a plus vocation à s'appliquer ;
– d'autre part, la Cour de cassation ayant seulement jugé en droit, elle n'a pas appliqué son interprétation de la règle de droit aux faits de l'espèce. Aussi, pour qu'il soit statué au fond, la Cour de cassation va-t-elle renvoyer l'affaire devant une juridiction du fond.

C. La première juridiction de renvoi

486. Compétence. La juridiction du fond de renvoi est une juridiction du même ordre et du même degré que celle dont la décision a été cassée (COJ, art. L. 431-4).
– Si la Cour de cassation a cassé un arrêt d'une cour d'appel, elle renverra l'affaire devant une autre cour d'appel (ou devant la même cour d'appel composée d'autres magistrats).
– Si la Cour de cassation a cassé un jugement émanant d'une juridiction du premier degré ayant statué en premier et dernier ressort, elle renverra l'affaire devant une autre juridiction du premier degré, et de même nature (ou à la même juridiction composée d'autres magistrats).

487. Prérogatives. La juridiction de renvoi statue à la fois en fait et en droit. En clair, elle reprend l'affaire dans tous ses éléments. Cependant, sur les points de droit, elle n'est pas liée par l'arrêt de la Cour de cassation.
– Si elle adopte le point de vue juridique de la Cour de cassation et l'applique aux faits de l'espèce, le procès est terminé.
– Si elle refuse de suivre l'opinion de la Cour de cassation, le procès n'est pas nécessairement terminé. L'une des parties peut exercer un nouveau pourvoi, à condition qu'il soit formé sur le même moyen que celui qui avait entraîné la cassation.

D. Le second pourvoi en cassation

488. En raison de la résistance des juridictions du fond à son interprétation de la règle de droit, la Cour de cassation va se réunir en Assemblée plénière, donc dans sa formation la plus solennelle. Elle pourra rendre trois sortes d'arrêts :

Un arrêt de rejet. Dans ce cas, la Cour de cassation rejette le pourvoi et donne raison à la juridiction de renvoi qui avait pourtant refusé de s'incliner à son point de vue juridique. En somme, la Cour de cassation se donne tort et accepte de modifier sa propre interprétation de la règle de droit. Avec cet arrêt de rejet, le procès est terminé, et l'on applique la décision de la juridiction de renvoi.

Un arrêt de cassation sans renvoi. Cette fois, la Cour de cassation donne tort à la juridiction de renvoi qui a refusé de suivre son point de vue juridique. Cependant, cet arrêt de cassation est sans renvoi dans deux circonstances :

- d'une part, lorsque la cassation n'implique pas qu'il soit à nouveau statué sur le fond ;
- d'autre part, lorsque les faits, tels qu'ils ont été constatés et appréciés par les juges du fond, permettent à la Cour de cassation d'appliquer la règle de droit appropriée (COJ, art. L. 411-3). La Cour de cassation statue donc au fond.

Un arrêt de cassation avec renvoi. Dans cette hypothèse, l'affaire est renvoyée devant une nouvelle juridiction du fond du même ordre et du même degré que celle ayant fait l'objet du pourvoi, mais différente ou composée d'autres magistrats.

E. La seconde juridiction de renvoi

489. Cette juridiction, qui va statuer au fond, ***doit obligatoirement s'incliner sur les points de droit tranchés par la Cour de cassation*** (COJ, art. L. 431-4, al. 2). Elle va donc se borner à appliquer l'interprétation de la règle de droit de la Cour de cassation aux faits de l'espèce. Le procès est alors terminé. Ainsi la Cour de cassation a-t-elle toujours le « dernier mot » pour imposer son interprétation du droit et fixer la jurisprudence.

490. L'arrêt *Perruche*

Le feuilleton judiciaire de l'affaire *Perruche*. Le célèbre arrêt *Perruche*, rendu par l'Assemblée plénière de la Cour de cassation, le 17 novembre 2000, illustre le déroulement d'un procès ayant fait l'objet de deux pourvois successifs (Cass. ass. plén., 17 nov. 2000 : *Bull. civ.* 2000, n° 9).

Pendant sa grossesse, une femme consulte un médecin et subit des analyses. Le médecin commet une erreur de diagnostic, et le laboratoire une erreur d'analyse d'un résultat sanguin. En raison de ces fautes, la femme n'a pu être informée de la rubéole qu'elle avait contractée, et elle a donné naissance à un enfant affecté d'un grave handicap. Or, si elle avait eu connaissance de sa maladie, cette femme aurait pu décider d'avorter, puisque la loi autorise l'interruption volontaire de grossesse pour des raisons thérapeutiques (CSP, art. L. 2213-1). La mère réclamait donc, au nom de l'enfant, la réparation du préjudice résultant du handicap de celui-ci.

1. Le tribunal de grande instance d'Évry, le 13 janvier 1992, a condamné le médecin et le laboratoire à indemniser le préjudice causé à l'enfant en raison de leurs fautes respectives.

2. La cour d'appel de Paris, le 17 décembre 1993, a réformé ce jugement, considérant que le handicap de l'enfant avait pour cause directe la rubéole que lui avait transmise sa mère *in utero* et non les fautes relevées contre le médecin et le laboratoire. En effet, en droit de la responsabilité, une personne n'est responsable que de ses fautes, qui sont la cause directe du dommage de la victime. Or, en l'espèce, pour les juges d'appel, rien ne permettait de préjuger que si la mère avait été correctement informée, elle aurait décidé d'avorter. En somme, la causalité étant réduite à une simple hypothèse, elle n'était pas directe.

3. Sur un premier pourvoi, la première chambre civile de la Cour de cassation, le 26 mars 1996, a cassé la décision de la cour d'appel de Paris. Pour la Cour de cassation, il existait un lien de causalité entre le dommage subi par l'enfant et les fautes du médecin et du laboratoire, car si la mère avait été informée de sa maladie elle aurait pu avorter, empêchant par là même l'enfant de naître. Ainsi la Cour de cassation admettait-elle que le lien de causalité entre la faute et le dommage ne soit pas toujours direct.

4. Sur renvoi de cassation, la cour d'appel d'Orléans, le 5 février 1999, a refusé de s'incliner, considérant que l'enfant n'avait pas subi de préjudice indemnisable en relation de causalité avec les fautes commises.

5. Un nouveau pourvoi ayant été formé, l'Assemblée plénière de la Cour de cassation, par un arrêt du 17 novembre 2000, sous le visa des articles 1165 et 1382 du Code civil, a cassé l'arrêt de la cour d'appel d'Orléans, et renvoyé l'affaire devant cette même cour d'appel dans une formation autrement composée. Le principe de l'indemnisation du préjudice personnel subi par un enfant né handicapé est alors formulé par la Cour de cassation, en ces termes : « Dès lors que les fautes commises par le médecin et le laboratoire [...] avaient empêché Mme Perruche d'exercer son choix d'interrompre sa grossesse afin d'éviter la naissance d'un enfant atteint d'un handicap, ce dernier peut demander la réparation du préjudice résultant de ce handicap et causé par les fautes retenues. »

6. En principe, la seconde cour d'appel de renvoi aurait dû appliquer cette interprétation de la règle de droit posée par la Cour de cassation aux faits de l'espèce, et condamner le médecin et le laboratoire à indemniser le préjudice résultant du handicap de l'enfant. Mais la procédure a été suspendue en raison de l'entrée en vigueur de la loi *Kouchner* du 4 mars 2002 relative aux droits des malades, devenu l'article L. 144-5 du Code de l'action sociale et des familles, qui énonce : « Nul ne peut se prévaloir d'un préjudice du seul fait de sa naissance [...] Lorsque la responsabilité d'un professionnel [...] est engagée vis-à-vis des parents d'un enfant né avec un handicap non décelé pendant la grossesse à la suite d'une faute caractérisée, les parents peuvent demander une indemnité de leur seul préjudice. » Cette loi, dite anti-Perruche, avait été votée en catastrophe par le Parlement sous la pression médiatique et les critiques virulentes des milieux juridiques, médicaux et politiques. Ceux-ci considéraient que la Cour de cassation, en autorisant les victimes à se prévaloir d'un préjudice du fait de leurs naissances, incitait à l'euthanasie prénatale ! Toujours est-il que, pour mettre un terme à la jurisprudence *Perruche*, le Parlement n'a rien trouvé de mieux que de prévoir l'application immédiate des dispositions de la loi *Kouchner* aux instances en cours, donc au procès *Perruche* (sur cette loi rétroactive : voir *supra* n° 273 ; sur la résistance de la Cour de cassation : voir *infra* n° 533).

Chapitre II

L'arbitrage et le règlement amiable des litiges

491. Les juridictions étatiques ne constituent pas le seul recours des parties en cause pour trancher leurs différends. Elles peuvent confier cette tâche à des juridictions arbitrales, qui sont de véritables juridictions privées (Section I). Plus encore, pour éviter qu'un litige ne dégénère en procès devant des juridictions, étatiques ou privées, les parties peuvent recourir à des modes de règlement amiable, évitant tout procès (Section II).

Section I
Les juridictions arbitrales

492. Justice privée. Pour trancher leurs litiges, les particuliers bénéficient d'une option : soit ils recourent aux juridictions publiques, soit ils recourent aux juridictions arbitrales, ces dernières étant autorisées par la loi (C. civ., art. 2059 à 2061 ; C. proc. civ., art. 1442 et s.). Ainsi, dans certaines matières, les particuliers peuvent-ils préférer confier le soin de trancher un litige à un ou plusieurs arbitres (en général trois), qui peuvent être de simples particuliers, voire des professionnels du droit qui collaborent à des organismes spécialisés (ex. : centre d'arbitrage et de médiation ; chambre arbitrale ou tribunal arbitral, etc.). Ce mode alternatif de règlement des litiges, communément appelé arbitrage, est très développé en droit commercial international (la Cour internationale d'arbitrage de la Chambre de commerce internationale, dont le siège est à Paris, est la principale institution de règlement non étatique des différends commerciaux internationaux).

493. Avantages de l'arbitrage. En matière de commerce international, l'arbitrage offre de multiples intérêts pour les grandes entreprises et les hommes d'affaires. Il évite de porter les différends sur la place publique ; il permet de les faire trancher par des personnalités spécialisées dans une matière déterminée ou par des juristes de très haut niveau ; il est plus rapide qu'une procédure devant une juridiction étatique, les parties pouvant s'interdire d'interjeter appel. Il peut même arriver que les parties conviennent que l'arbitre statue comme *amiable compositeur*, c'est-à-dire en équité et non en droit (C. proc. civ., art. 1474 ; en latin « *ex aequo et bono* » : « selon ce qui est équitable et bon »). Cependant, même amiable compositeur, l'arbitre doit respecter les règles de droit d'ordre public (principes directeurs du procès, principe du contradictoire, droits de la défense ; rédaction et motivation de la sentence…).

494. Modes de recours à l'arbitrage. La saisine d'un arbitre résulte de l'accord des parties. Deux moyens sont envisageables :

– avant tout litige, l'accord des parties peut prendre la forme d'une *clause compromissoire*. Une telle clause est généralement stipulée dans les contrats d'affaires, comme un contrat de transport ou de vente, ou dans une convention qui renvoie au contrat principal. En matière civile, la clause compromissoire est valable dans les contrats conclus à raison d'une activité professionnelle (C. civ., art. 2061). En matière commerciale, elle est valable notamment dans les contrats conclus à raison d'une activité commerciale (C. com., art. L. 721-3) ;
– après la naissance d'un litige, l'accord des parties peut prendre la forme d'un *compromis d'arbitrage*. Il s'agit d'un contrat par lequel les parties, qui n'avaient pas prévu cette éventualité avant que le litige ne se produise, conviennent de le soumettre à l'arbitrage d'une ou plusieurs personnes (C. proc. civ., art. 1447).

495. Sentence arbitrale. La décision rendue par l'arbitre, appelée *sentence*, est un véritable acte juridictionnel ayant comme tel l'autorité de la chose jugée, c'est-à-dire force de vérité légale s'imposant notamment aux parties. Toutefois, la sentence n'a pas force exécutoire. Aussi, à défaut de son exécution spontanée par les parties, elle ne deviendra exécutoire que par une décision d'*exequatur* rendue par le juge de l'exécution du TGI. Ce juge va simplement vérifier que l'instance et la sentence arbitrale ont respecté certaines formes. Si tel est le cas, il décidera l'*exequatur*, en apposant au bas de la sentence la formule exécutoire inhérente aux jugements et arrêts des juridictions étatiques françaises. La sentence arbitrale est alors susceptible d'exécution forcée, dans les mêmes conditions qu'une décision des juridictions publiques.

Section II
Les modes alternatifs de règlement des conflits

496. Diversité. L'arbitrage ne constitue pas le seul mode de règlement privé d'un litige. Pour éviter qu'un conflit n'emprunte la voie judiciaire, d'autres procédés tendent à se généraliser dans la plupart des branches de droit. On mentionnera la conciliation, la médiation et la transaction.

– Il y a *conciliation* lorsque les parties en désaccord s'entendent directement pour mettre fin au litige, éventuellement avec l'aide d'un tiers appelé conciliateur. En principe, le conciliateur n'est pas chargé de proposer une solution : il s'efforce seulement de rapprocher les parties.
– La *médiation,* au contraire, a pour objet de confier à un tiers, appelé médiateur, le soin de proposer une solution aux parties qui sont libres de l'accepter.
– La *transaction* désigne un accord par lequel les parties préviennent ou terminent une contestation en consentant des concessions réciproques (C. civ., art. 2044 à 2058). En général, la transaction est issue d'une conciliation ou d'une médiation réussie.

497. Proposition de la commission *Guinchard*. En juin 2008, un rapport sur « la répartition des contentieux », élaboré par une commission, présidée par le doyen Serge Guinchard, a été remis au ministre de la Justice. Il préconise de développer les modes alternatifs de règlement des litiges. L'une des propositions consiste en la création d'une procédure négociée entre les parties : la « procédure participative de négociation assistée par avocat ». Cette procédure devrait permettre de faciliter le règlement amiable des litiges, sous l'impulsion des avocats. En cas d'échec de la négociation, il serait possible de saisir, selon un mode simplifié, le tribunal compétent avec un traitement rapide de l'affaire, les observations et pièces des parties figurant dans l'acte de saisine.

Chapitre III

L'interprétation judiciaire du droit

498. Application mécanique du droit. La masse considérable des décisions rendues par les tribunaux, plus de trois millions chaque année, n'a pas un grand intérêt en ce qui concerne la connaissance de la règle de droit. Ainsi, par exemple, les tribunaux de police qui condamnent chaque année des dizaines de milliers de fois des automobilistes qui ont grillé un feu, en appliquant mécaniquement une disposition claire et précise du Code de la route, n'ajoutent rien à la règle de droit.

499. Application réfléchie du droit. Cependant, il arrive que certaines décisions de justice, sous couvert d'interprétation de la loi, complètent, modifient, et parfois s'opposent à la règle de droit. Cette manière dont la règle de droit est élargie ou revue et corrigée par les tribunaux retient davantage l'attention du juriste. Aussi s'interroge-t-il sur le rôle de la jurisprudence comme source créatrice du droit. Autrement dit, le juge participe-t-il à la création de la règle de droit, au même titre que le Parlement ou le Gouvernement ?

Le plus souvent, la réponse est négative, parce que la jurisprudence, contrairement à la règle de droit, n'est pas obligatoire. En effet, la décision qui est rendue par le juge, même si elle est riche d'une interprétation créatrice ou destructrice de la règle de droit, n'a pas à être suivie obligatoirement, à l'avenir, par les tribunaux ayant à connaître de questions identiques : elle n'est obligatoire que pour les seules parties au procès. En revanche, la règle de droit, qu'il s'agisse d'une loi ou d'une coutume, s'impose à tous, et les tribunaux sont tenus de l'appliquer. De plus, le contexte dans lequel le tribunal intervient est peu propice à l'élaboration d'une règle générale et abstraite. En général, le tribunal est saisi par les justiciables d'un point de détail soulevé à propos d'une question concrète bien précise. Il lui est alors difficile de créer autre chose que du droit casuistique, dont il est malaisé de dégager des lignes directrices abstraites et cohérentes.

500. Droit prétorien. Pourtant, il y a deux réalités qui sont incontournables :

– d'une part, la place de la création ou de l'interprétation du droit par les tribunaux est considérable dans certaines matières. Par exemple, le droit commun de la responsabilité civile, étayé par quelques articles imprécis du Code civil, datant de 1804, est essentiellement l'œuvre de la jurisprudence. Il en est de même des constructions de l'enrichissement sans cause (voir *supra* n° 30), ou de l'abus de droit (voir *infra* n° 907) ;

– d'autre part, cette interprétation judiciaire du droit, surtout lorsqu'elle émane de la Cour de cassation, a quasiment force de vérité légale pour les professionnels du droit et les tribunaux. Bien qu'ils n'y soient pas obligés, ils ne manqueront pas de s'y référer, à l'avenir, pour trancher des différends soulevant des points de droit similaires. Or, si nos hommes de lois et nos tribunaux reprennent les précédents judiciaires ou les préjugés, qu'ils assimilent de la sorte à notre droit positif, à sa manière, la jurisprudence participe à la création du droit.

Nos auteurs essayent d'assumer cette contradiction, en énonçant que si la jurisprudence n'est pas, au sens propre du terme, une source directe du droit ou une source de règles de droit, elle est néanmoins dotée d'une autorité considérable en droit.

Plan. Nous présenterons, d'abord, le cadre normatif de l'interprétation du droit par les tribunaux (Section I), puis, les mécanismes qui expliquent l'influence de la jurisprudence dans notre droit (Section II), enfin, la question de la rétroactivité des revirements de jurisprudence (Section III).

Section I

Le cadre normatif

Plan. Trois articles du Code civil définissent le cadre légal de l'interprétation judiciaire du droit. Le premier est l'article 4, qui octroie aux juges ce pouvoir d'interprétation des lois (Sous-section I). Les deux autres, les articles 5 et 1351, limitent aussitôt la portée de la décision du juge, qui renferme son interprétation du droit, à la seule espèce dont il est saisi (Sous-section II).

Sous-section I L'obligation de juger

501. Déni de justice. L'article 4 du Code civil énonce : « Le juge qui refusera de juger, sous prétexte du silence, de l'obscurité ou de l'insuffisance de la loi, pourra être poursuivi comme coupable de déni de justice. » Et l'article 434-7-1 du Code pénal punit de 7 500 euros d'amende et de l'interdiction de l'exercice des fonctions publiques pour une durée de cinq à vingt ans le fait pour un magistrat de dénier de rendre la justice et de persévérer dans son déni après avertissement ou injonction de ses supérieurs.

Le juge ne peut donc se retrancher derrière l'obscurité d'un texte ou son imprécision pour refuser de statuer. Il est obligé de dépasser le stade, somme toute primaire, de l'application mécanique des lois claires et précises, qui s'adapteraient idéalement aux circonstances de fait dont il est saisi, pour interpréter la loi lorsqu'elle est obscure, la compléter lorsqu'elle comporte des lacunes, et la suppléer lorsqu'elle n'existe pas.

502. Technique législative. Il est vrai qu'il est impossible au législateur de prévoir à l'avance tous les cas qui pourront se présenter. S'il entre trop dans le détail des situations concrètes, la loi risque d'être rapidement périmée dès qu'une situation concrète nouvelle surviendra.

De plus, le modèle de certains articles du Code civil, dans leur rédaction de 1804, toujours en vigueur, montre que la justice n'est pas nécessairement paralysée lorsqu'un texte ne formule qu'un principe fondamental détaché de toute énumération d'applications précises. Un bel exemple, déjà étudié, est celui de l'article 2 du Code civil : « La loi ne dispose que pour l'avenir, elle n'a point d'effet rétroactif. » Depuis plus de deux siècles, cette formule générale, en forme de maxime, gouverne l'ensemble des conflits de lois dans le temps. Une telle longévité montre que notre droit peut s'accommoder de lois qui se contentent de définir un cadre.

Plan. Parfois, le cadre est relativement souple, auquel cas le juge est tenu d'utiliser cette sphère de liberté (§1). D'autres fois, il est plus rigide, et le juge pourra être tenté de s'écarter de la loi (§2).

§ 1. La définition des notions légales

503. Le législateur n'hésite pas à élaborer volontairement des lois imprécises. Tel est le cas lorsqu'il se contente de faire appel à des notions cadres à contenu variable. De la sorte, il invite le juge à collaborer en définissant lui-même le contenu de la notion, au fur et à mesure des cas d'espèce qui vont se présenter. Ainsi le juge va-t-il être conduit à adapter le texte, souvent très ancien, à l'évolution des mœurs, des techniques, des idées, etc.

Plan. Nous emprunterons deux notions au droit privé des contrats et des obligations, l'ordre public et les bonnes mœurs d'une part (A), la faute d'autre part (B).

A. L'ordre public et les bonnes mœurs

504. Articles 6 et 1133 du Code civil. En droit des contrats, l'article 6 du Code civil énonce : « On ne peut déroger par des conventions particulières aux lois qui intéressent l'ordre public et les bonnes mœurs », et l'article 1133 précise qu'un contrat ne peut avoir aucun effet, lorsque sa cause est illicite, parce que « contraire aux bonnes mœurs ou à l'ordre public ». Le législateur n'ayant pas défini ces termes, il appartient au juge de le faire, au cas par cas, et de manière somme toute relativement conjoncturelle.

505. Assurances sur la vie. Par exemple, au XIXe siècle, le juge décidait que le contrat d'assurance en cas de décès conclu par un souscripteur à son profit et sur la tête d'un tiers était contraire à l'ordre public et aux bonnes mœurs, en raison du vœu de mort du tiers assuré qu'elle pouvait inspirer chez le souscripteur afin d'obtenir rapidement le capital convoité. Puis, devançant le législateur, diverses cours d'appel en ont admis la validité (ex. : Limoges, 2 déc. 1836 : *S.* 1837. 2. 182 : « *Attendu que c'est sans motif suffisant que l'on a prétendu que l'assurance faite sur un tiers à la vie duquel l'assuré n'a pas d'intérêt, a une cause illicite, contraire à l'ordre public et à la sûreté de ce tiers ; qu'il faudrait aussi proscrire les rentes viagères, les usufruits et les dispositions testamentaires comme entachées d'immoralité et pouvant présenter des dangers plus grands encore* »).

Par la suite, la Cour de cassation a admis la validité de l'ensemble des assurances sur la vie tout en créant un véritable principe de liberté de la stipulation pour autrui, dans l'hypothèse où le souscripteur demande à l'assureur de verser à sa mort le capital constitué à une tierce personne qu'il a désignée (Civ., 15 déc. 1873 : *DP* 1874, 1, p. 113).

506. Donations entre concubins. De même, alors qu'une jurisprudence ancienne annulait les donations entre concubins à l'occasion d'une relation adultérine, la Cour de cassation, le 29 octobre 2004, a admis leur validité, en raison de l'évolution des mœurs (Cass. ass. plén., 29 oct. 2004 : *Bull.* n° 12).

507. Conventions de mère porteuse. La jurisprudence a également dû se prononcer sur la validité des conventions dites de mère porteuse. La Cour de cassation, sous le visa de l'article 6 du Code civil, les a déclarées illicites, en ces termes : « La convention par laquelle une femme s'engage, fût-ce à titre gratuit, à concevoir et à porter un enfant pour l'abandonner à sa naissance contrevient tant au principe d'ordre public de l'indisponibilité du corps humain qu'à celui de l'indisponibilité de l'état des personnes » (Cass. ass. plén., 31 mai 1991, *Bull.* n° 4).

B. La faute et le dommage

508. Article 1382 du Code civil. En droit de la responsabilité, il convient de citer le célèbre et laconique article 1382 du Code civil : « Tout fait quelconque de l'homme, qui cause à autrui un dommage, oblige celui par la faute duquel il est arrivé, à le réparer. » Cette fois, le législateur n'a défini, ni la faute, ni le dommage. C'est la jurisprudence qui, depuis le XIXe siècle, dans ce cadre d'une grande souplesse, a pratiquement élaboré toute la matière, en la faisant évoluer au moyen de revirements, lorsque ses premières interprétations devenaient surannées en présence de circonstances nouvelles.

On notera, par ailleurs, que la Cour de cassation, dans l'exercice de son contrôle sur la qualification de la faute, s'est toujours gardée de donner une définition générale et abstraite de la faute dans laquelle seraient enfermés les juges du fond (ceux-ci constatent souverainement les faits, et la Cour de cassation contrôle leur qualification, c'est-à-dire le point de savoir si ces faits, constatés par les juges du fond, constituent ou non une faute).

509. Faute subjective et faute objective. En ce qui concerne la définition de la faute, la jurisprudence a connu une évolution notable. D'abord, elle retenait la seule faute subjective, c'est-à-dire la faute appréciée *in concreto*, en recherchant si elle pouvait être imputable psychologiquement à l'auteur du dommage. Aussi ne retenait-elle pas la responsabilité d'un très jeune enfant (ou *infans*), dès lors qu'il ne pouvait avoir conscience de la portée de ses agissements en raison de son âge.

Puis, la Cour de cassation a opéré un revirement radical avec plusieurs arrêts, en date du 9 mai 1984, par lesquels elle a consacré la faute objective (Cass. ass. plén., 9 mai 1984, 2 arrêts, *Bull.* n°s 2 et 3). Depuis ces arrêts, la faute est dépourvue de tout élément psychologique. Même un très jeune enfant est responsable de ses fautes, sans qu'il soit nécessaire de vérifier s'il était capable de discerner les conséquences de ses actes : la faute est simplement appréciée *in abstracto*, par comparaison avec le comportement qu'aurait adopté une personne de diligence moyenne dans les mêmes circonstances.

510. Dommages matériel et moral. En ce qui concerne le type de dommage, dans un premier temps, la jurisprudence ne permettait que la réparation du dommage matériel, c'est-à-dire un préjudice d'ordre économique ou patrimonial (perte subie et/ou gain manqué). Il en est ainsi des dommages consécutifs à une atteinte aux biens ou à l'intégrité physique d'une personne (dommages corporels). À partir de 1833, la jurisprudence a admis la réparation du dommage moral, comme celui résultant de la souffrance (le *pretium doloris*) ou du chagrin éprouvé par la victime (Cass. Chbres. réun., 25 juin 1833 : *S.* 1833.1.458).

§ 2. L'altération de la loi

511. Position du problème. Il arrive que la jurisprudence dépasse son rôle d'interprétation de la loi pour ajouter à celle-ci des compléments ou y apporter des modifications qui en faussent complètement le sens. Plutôt que d'évoquer, d'emblée, une rébellion des juges qui refuseraient de se soumettre à l'autorité de la loi, on préfère parler de la fonction judiciaire d'adaptation de la loi. Il n'empêche que, sous ces mots délicats, se dessine une véritable dénaturation ou altération de la loi.

Il est vrai que la loi est souvent ancienne, et qu'elle a été prise dans un certain contexte économique, social, moral ou politique complètement dépassé de nos jours. Certes, il appartient au législateur de modifier la loi, afin de l'adapter à l'évolution. Seulement, cela peut prendre du temps ou la volonté politique peut manquer. C'est ainsi que les juges sont conduits à corriger, eux-mêmes, les imperfections de la loi, en l'adaptant aux données nouvelles auxquelles ils sont confrontés. D'ailleurs, le législateur se sentira parfois interpellé par cette transgression de la loi. Le processus législatif pourra en être accéléré, et la loi nouvelle intégrera éventuellement les adaptations jurisprudentielles.

512. Plan. Pour illustrer ce phénomène, nous emprunterons les arrêts les plus importants rendus par la Cour de cassation en matière de responsabilité civile. Les uns n'ont pas donné lieu à une modification formelle de la loi (A). Les autres ont été suivis d'une intervention du législateur (B).

A. L'adaptation du droit de la responsabilité

La plupart des textes qui gouvernent, aujourd'hui encore, la responsabilité civile, ont été rédigés, en 1804, par les auteurs du Code civil, à partir de principes issus du droit romain et de l'Ancien Droit. Il n'est donc pas étonnant que les situations auxquelles ont été confrontés nos juges, au XXe siècle, différaient profondément de celles observées par les rédacteurs du Code civil un siècle auparavant. C'est la raison pour laquelle les tribunaux ont dû adapter les règles de la responsabilité civile aux nouvelles situations concrètes qu'ils rencontraient.

1. Les obligations contractuelles de sécurité

513. Présentation sommaire de la responsabilité civile. Il existe deux catégories de responsabilité civile : d'une part la responsabilité contractuelle (C. civ., art. 1142 et s.), d'autre part la responsabilité extra-contractuelle, aussi appelée responsabilité délictuelle et quasi délictuelle, voire en abrégé responsabilité délictuelle (C. civ., art. 1382 et s.).

Pour qu'une personne engage l'une ou l'autre de ces responsabilités, trois conditions doivent être réunies. Elle doit avoir commis une faute : c'est le fait générateur de responsabilité. La victime doit avoir souffert d'un dommage matériel ou moral. Il doit exister un lien de cause à effet (ou lien de causalité) entre cette faute et le dommage.

La division des deux ordres de responsabilité s'opère à partir du fait générateur de responsabilité.

- Pour la responsabilité contractuelle, ce fait est évidemment l'inexécution, la mauvaise exécution ou le retard dans l'exécution d'une obligation mise à la charge du débiteur aux termes d'un contrat, autrement dit l'inexécution d'une obligation contractuelle. Par exemple, un garagiste chargé de réparer une voiture fausse la direction de celle-ci.
- Pour la responsabilité extra-contractuelle, ce sont tous les autres faits générateurs de dommages : fait personnel, fait d'autrui et fait des choses (voir *infra* n° 516). Par exemple, pressé par le temps, je bouscule dans la rue une personne avec laquelle je n'ai aucun lien contractuel. Cette personne chute lourdement sur le sol et subit diverses fractures.

514. Contrat de transport de voyageurs. Notre exemple se limitera à la seule responsabilité contractuelle où la jurisprudence a quasiment créé, dans certains contrats, des obligations qui n'étaient prévues ni par la loi, ni par les parties.

C'est ainsi qu'elle a mis à la charge du transporteur une obligation contractuelle de sécurité à l'égard du voyageur (Civ., 21 nov. 1911, *DP* 1913.1.249). *A priori*, le contrat de transport semblait ne mettre à la charge du transporteur que l'obligation d'assurer le déplacement du voyageur d'un point à un autre. La Cour de cassation en a décidé autrement, affirmant que le transporteur était aussi obligé par le contrat « de conduire le voyageur sain et sauf à destination ». Du même coup, elle posait deux règles :

- d'une part, en cas d'accident survenu au voyageur pendant le transport, le transporteur engageait sa responsabilité contractuelle pour inexécution ou mauvaise exécution du contrat, sur le fondement de l'article 1142 du Code civil (avant 1911, seule sa responsabilité délictuelle pour faute était engagée, sur le fondement des articles 1382 et 1383 du Code civil) ;
- d'autre part, cette obligation de sécurité était une ***obligation de résultat***, encore appelée obligation déterminée, de sorte que la victime était dispensée de rapporter la preuve de la faute du transporteur. Ainsi le seul fait que le voyageur soit accidenté pendant le transport présume la responsabilité du transporteur (avant 1911, le voyageur devait prouver la faute du transporteur, conformément aux articles 1382 et 1383 du Code civil). En somme, le débiteur d'une telle obligation s'engage sur le résultat à atteindre : puisqu'il a promis le résultat, le seul fait que celui-ci ne soit pas atteint établit sa faute, ou du moins l'inexécution de son obligation.

Par la suite, la jurisprudence a décidé que lors de la conclusion du contrat de transport, le voyageur stipulait une telle obligation non seulement pour lui-même, mais également pour autrui, en l'occurrence ses proches parents (Civ., 6 décembre 1932, *D.* 1933.1.137). Ainsi, en cas d'accident mortel du voyageur, ses proches parents peuvent obtenir réparation de leur propre dommage moral ou même matériel, en mettant en jeu la responsabilité contractuelle du transporteur, sans avoir à rapporter la preuve d'une faute de ce dernier.

515. Autres contrats. Depuis, la jurisprudence a découvert des obligations de sécurité dans toutes sortes de contrats pouvant mettre en jeu, de près ou de loin, l'intégrité physique des personnes : comme la vente (Civ. 1re, 17 janv. 1995 : *Bull.*, n° 43) ; la restauration (Civ. 1re, 14 mars 1995 : *Bull.* n° 129) ; et l'hôtellerie (Civ. 1re, 8 févr. 2005 : *Bull.* n° 76).

Toutefois, la victime n'en tire pas nécessairement un avantage au niveau de la charge de la preuve, dans la mesure où l'obligation de sécurité peut être qualifiée de simple ***obligation de moyens***, encore appelée « obligation de prudence et de diligence » (voir *infra* n° 1096). Une telle obligation laisse la charge de la preuve de la faute à la victime. Cette fois, le débiteur ne garantit plus le résultat, il s'oblige seulement à faire de son mieux, à mettre en œuvre tous les moyens nécessaires pour y parvenir. En conséquence, si le résultat n'est pas atteint, le débiteur n'est pas nécessairement en faute. Il appartient à la victime, en fait le créancier de l'obligation, de prouver que son débiteur n'a pas mis en œuvre tous les moyens dont il disposait pour parvenir au résultat. Ainsi, par exemple, l'organisateur de centres de vacances et de loisirs est tenu d'une obligation de sécurité de moyens à l'égard des enfants qu'il accueille ; la jeune victime d'un accident doit donc prouver la faute de l'organisateur afin d'obtenir réparation de son dommage (ex. : Civ. 1re, 10 févr. 1993 : *Bull.* n° 66).

En fin de compte, dans le silence de la loi, c'est la jurisprudence qui « décrète » l'existence d'une obligation de sécurité dans un contrat donné, et décide aussitôt si l'obligation est de résultat ou de moyens.

2. *L'article 1384, alinéa 1 du Code civil*

516. Principe légal de responsabilité pour faute prouvée. Le Code civil distingue trois sortes de faits générateurs de responsabilité extra-contractuelle : le fait ou la faute personnelle de l'auteur du dommage, qui peut être volontaire (délit : art. 1382) ou involontaire (quasi-délit : art. 1383) ; le fait d'autrui, lorsqu'une personne est responsable des dommages causés par une autre personne dont elle répond ; le fait des choses, lorsqu'une personne est responsable des dommages causés par des objets dont elle a la garde.

Les rédacteurs du Code civil avaient fait de la responsabilité du fait personnel des articles 1382 et 1383 le droit commun de la responsabilité délictuelle. Il s'agit d'une responsabilité pour faute prouvée, ce qui signifie qu'il appartient à la victime de rapporter la preuve de la faute commise par l'auteur du dommage.

517. Exceptions légales de responsabilités présumées. Ces mêmes rédacteurs du Code civil avaient réservé quelques exceptions, de manière limitative, aux responsabilités du fait d'autrui et du fait des choses, lesquelles sont régies par un système de présomptions légales (voir *infra* n° 1101). Cette fois, la victime n'a plus à prouver la faute de l'auteur du dommage : l'on présume la faute ou la responsabilité des personnes répondant d'autres personnes ou ayant la garde de certaines choses.

Pour annoncer l'énumération de ces exceptions, les auteurs du Code civil avaient rédigé un texte, qui n'avait comme seule fonction que d'assurer la transition entre les articles 1382 et 1383 relatifs à la responsabilité du fait personnel et les dispositions suivantes comprenant quelques cas de responsabilité du fait d'autrui et du fait des choses.

Ce texte de transition est l'alinéa 1er de l'article 1384, qui dispose : « On est responsable non seulement du dommage que l'on cause par son propre fait, mais encore de celui qui est causé par le fait des personnes dont on doit répondre, ou des choses que l'on a sous sa garde. » Les alinéas suivants de l'article 1384 énumèrent les seuls cas admis de responsabilité du fait d'autrui, spécialement les père et mère pour les dommages causés par leurs enfants, les commettants pour les dommages causés par leurs préposés, et les artisans pour ceux causés par leurs apprentis. Les articles 1385 et 1386 énumèrent les deux seuls cas de responsabilité du fait des choses (animaux et bâtiments en ruine).

518. Dénaturation prétorienne. Pourtant, depuis la fin du XIXe siècle, la jurisprudence n'a cessé de se servir de ce modeste alinéa 1er de l'article 1384, pour lui assigner le rôle de fondement d'un principe général de responsabilité du fait de choses dont on a la garde, puis d'un principe général de responsabilité du fait d'autrui. Il s'agit de principes généraux, dans la mesure où ils ne sont plus limités aux seuls cas prévus par les rédacteurs du Code civil, mais ouverts à toutes sortes de choses et de personnes.

519. Principe général de responsabilité du fait des choses. La jurisprudence s'est d'abord servie de ce texte de transition pour forger de toutes pièces un premier principe général de responsabilité du fait des choses. En l'élaguant de quelques mots, elle en a fait le support du principe selon lequel : « On est responsable [...] du dommage causé [...] par le fait [...] des choses que l'on a sous sa garde. »

Ce coup de force, qui a permis de renouveler presque entièrement le droit de la responsabilité, était dû à d'impérieuses nécessités. Avec la révolution industrielle et l'essor du machinisme, les accidents se sont multipliés dans les usines, les ateliers ou même sur les routes à cause des automobiles. L'on s'est rendu compte qu'il était quasiment impossible aux victimes d'obtenir réparation de leurs dommages. Dans la mesure où elles ne pouvaient agir que sur le fondement des articles 1382 et 1383, elles devaient prouver une faute personnelle de l'employeur, du fabricant de la machine, ou de l'automobiliste. Il suffisait que les machines aient été correctement fabriquées et entretenues, et les voitures bien conduites, pour que les victimes ne puissent obtenir réparation de leurs dommages. Ainsi, à cette époque, l'ouvrier et le piéton, qui n'étaient pour rien dans leur accident, n'avaient droit à aucune indemnisation. La responsabilité du fait personnel, fondée sur la faute à prouver par la victime, qui suffisait au début du XIXe siècle, était dépassée à la fin du XIXe siècle.

520. L'arrêt *Teffaine*. C'est alors que se produisit l'affaire *Teffaine*. Un ouvrier avait été tué par l'explosion de la chaudière d'un remorqueur. La Cour de cassation décida d'appliquer à cet accident, causé par une chose, l'alinéa premier de l'article 1384, qui pourtant n'avait aucune valeur juridique (Civ., 16 juin 1896, *D.* 1897.1.433). La Cour de cassation déduisit même de cet article fantôme une présomption simple de faute pesant sur le propriétaire de la machine. Dans la mesure où il s'agissait d'une présomption, la victime était dispensée de prouver la faute de l'employeur, cette faute étant présumée. S'agissant d'une présomption simple, l'employeur pouvait rapporter la preuve contraire, c'est-à-dire prouver qu'il n'avait commis aucune faute.

521. L'arrêt *Jand'heur*. Puis, vint l'affaire *Jand'heur*, qui donna lieu à un arrêt de la Cour de cassation du 13 février 1930 (Cass. Chbres. réun, 13 févr. 1930 : *D.* 1930.1.57). Un enfant avait été renversé par une voiture en traversant la rue. Sa mère avait agi en responsabilité contre le conducteur sur le fondement de l'article 1384, alinéa 1er. Les juges du fond déclarèrent irrecevable cette action. Selon ces juges, s'agissant d'une chose actionnée par la main de l'homme (le conducteur tient le volant), seule l'action en responsabilité du fait personnel des articles 1382 et 1383 était ouverte. La Cour de cassation censura les juges du fond, et elle en profita pour définir le contour de la responsabilité du fait des choses.

– d'abord, quant à son domaine qui devait être le plus général possible. Elle affirma que l'alinéa 1er de l'article 1384 devait s'appliquer à toute chose, dangereuse (voiture, machine, etc.), ou non dangereuse (table, chaise, etc.), mobilière ou immobilière, actionnée ou non par la main de l'homme (voiture, fusil, ballon, etc.), atteinte d'un vice (chaise fendillée qui s'effondre) ou sans vice inhérent (chaise en bon état sur laquelle on chute) ;
– ensuite, quant à ses effets, elle substitua à la présomption simple de faute du gardien de la chose une présomption irréfragable de responsabilité. Il en résulte que l'auteur du dommage ne peut plus écarter sa responsabilité en prouvant n'avoir commis aucune faute. En fait, le gardien de la chose ne peut écarter sa responsabilité que par la preuve difficile d'une cause étrangère, c'est-à-dire la force majeure, le fait de la victime ou le fait d'un tiers (voir *infra* n° 529).

522. Principe général de responsabilité du fait d'autrui. La responsabilité du fait d'autrui était, elle aussi, limitée par les rédacteurs du Code civil à trois hypothèses, aujourd'hui encore en vigueur. Celle des père et mère en raison des dommages causés par leurs enfants mineurs (art. 1384, al. 4), celle des commettants (en fait les employeurs) pour les dommages causés par leurs préposés (art. 1384, al. 5), et celle des artisans pour les dommages causés par leurs apprentis (art. 1384, al. 6 et 7).

Seulement, contrairement à la responsabilité du fait des choses, la jurisprudence, pendant près de deux siècles, s'était abstenue d'énoncer un principe général de responsabilité du fait d'autrui applicable à toute personne. C'est pourquoi, lorsqu'un frère aîné avait la garde de son cadet, et que ce dernier causait un dommage, le grand frère n'était pas systématiquement responsable de ce dommage. Tout au plus, pouvait-il être responsable de ses fautes personnelles, comme une faute dans la surveillance de son cadet turbulent, sur le fondement des articles 1382 et 1383. Bien entendu, il appartenait à la victime de prouver une telle faute, ce qui était fort difficile.

523. L'arrêt *Blieck*. Ce régime de responsabilité, voulu par les rédacteurs du Code civil, a également volé en éclat. La Cour de cassation, en 1991, s'est servie de l'alinéa premier de l'article 1384, pour retenir la responsabilité d'une association accueillant des handicapés mentaux, dont l'un avait mis le feu à une forêt (Cass. ass. plén., 29 mars 1991 *: Bull.* n° 1). Après avoir rappelé que l'association était destinée à recevoir des personnes handicapées mentales, encadrées dans un milieu protégé, et que l'auteur du dommage était soumis à un régime comportant une totale liberté de circulation dans la journée, elle a énoncé le principe suivant : « qu'en l'état de ces constatations, d'où il résulte que l'association avait accepté la charge d'organiser et de contrôler, à titre permanent, le mode de vie de ce handicapé, la cour d'appel a décidé, à bon droit, qu'elle devait répondre de celui-ci au sens de l'article 1384, alinéa 1er du Code civil. »

524. Applications casuistiques. Par la suite, la Cour de cassation a appliqué ce principe général de responsabilité du fait d'autrui à d'autres personnes : association gestionnaire d'un foyer éducatif à raison des dommages causés par un mineur y étant placé au titre d'une mesure d'assistance éducative (ex. : Civ. 2e, 20 janv. 2000, *Bull.* n° 15 ; 24 mai 2006 : *Bull.* n° 136) ; association sportive du fait de l'accident causé par l'un de ses membres, identifié ou non, dès lors qu'une faute caractérisée par une violation des règles du jeu est imputable à ce membre (Cass. ass. plén., 29 juin 2007 : *Bull.* n° 7) ; tuteur et beau-père de l'enfant auteur du dommage (Crim., 28 mars 2000, *Bull.* n° 140) ; ou association de majorettes (Civ. 2e, 12 déc. 2002 : *Bull.* n° 289). En revanche, elle a refusé d'engager la responsabilité de grands-parents sur le fondement de l'article 1384, alinéa 1er, en raison des dommages causés par leur petit-fils, accueilli pendant les vacances ou élevé par eux depuis son plus jeune âge (Civ. 2e, 18 sept. 1996 : *Bull.* nº 217 ; Crim., 8 févr. 2005 : *Bull.* nº 44).

B. L'intervention du législateur

525. Ces grandes constructions jurisprudentielles, qui modifient souvent le sens même des règles établies par le législateur, ne laissent pas toujours ce dernier sans réaction.

Plan. Aussi, lorsque le législateur intervient, *a posteriori*, il peut adopter deux attitudes. Soit il trouve opportune la solution jurisprudentielle, et il l'introduit dans de nouveaux textes (1). Soit il trouve cette solution fâcheuse, et il refuse sciemment de l'incorporer dans la loi (2).

1. La soumission de la loi

526. Il existe de nombreux exemples de lois nouvelles qui reprennent les solutions préconisées par les tribunaux.

527. Convention illicite de mère porteuse. Dans le silence de la loi, la Cour de cassation, le 31 mai 1991, a interdit les conventions de mère porteuse, sur le fondement de l'article 6 du Code civil (voir *supra* nº 507). Cette solution est désormais reprise par le nouvel article 16-7 du Code civil : « Toute convention portant sur la procréation ou la gestation pour le compte d'autrui est nulle. »

528. Indemnisation des accidents du travail. Une loi du 9 avril 1898 a consacré un principe de responsabilité objective de l'employeur en cas d'accident de travail, inspiré de celui qui avait été formulé par la Cour de cassation dans l'affaire *Teffaine* sur le fondement de l'article 1384, alinéa 1er. Depuis, cette loi a été absorbée par le droit de la sécurité sociale qui garantit le versement de prestations au salarié victime d'un accident de travail ou d'une maladie professionnelle ; ces prestations étant financées par des cotisations à la charge des employeurs (C. sécur. soc., art. L. 411-1 et s.).

529. Cause étrangère et indemnisation des accidents de la circulation. De même, la loi *Badinter* du 5 juillet 1985 sur les accidents de la circulation a intégré les solutions préconisées par un arrêt de la Cour de cassation du 22 juillet 1982 (Civ. 2e, 22 juill. 1982 : *Bull.* nº 111).

Le problème était le suivant. Il arrive qu'un piéton, renversé par une voiture, ait été imprudent, par exemple en traversant au feu vert. Dans une telle situation, les tribunaux prenaient traditionnellement en compte la faute de la victime pour exonérer partiellement de sa responsabilité l'automobiliste.

Cette pratique était en conformité avec notre droit de la responsabilité. En effet, il a toujours été admis que l'auteur du dommage puisse s'exonérer de sa responsabilité en invoquant une cause étrangère. Il en existe trois sortes :

- d'une part, la *force majeure* aussi dénommée « cas fortuit », à savoir un événement présentant, lors du fait dommageable, un caractère imprévisible et irrésistible. Il en est ainsi, par exemple, pour une entreprise comme EDF qui n'a pu fournir du courant à ses abonnés en raison d'un mouvement de grève de grande ampleur, dès lors que ce conflit avait été provoqué par une décision des pouvoirs publics et que son dénouement dépendait d'eux seuls (Civ. 1re, 24 juin 1995 : *Bull.* nº 54). En présence d'un événement irrésistible et imprévisible, l'auteur du dommage est entièrement exonéré de sa responsabilité (Cass. ass. plén., 14 avr. 2006 : *Bull.* nº 6) ;

– d'autre part, le *fait du tiers* (ex. : pour éviter un enfant qui surgit sur la chaussée [fait du tiers], le conducteur préfère emboutir une voiture) ;
– enfin, le *fait de la victime*, c'est-à-dire son comportement imprudent qui a participé à son propre dommage (ex. : un voyageur se blesse en essayant de monter dans un train en marche).

En général, le fait du tiers et le fait de la victime, s'ils présentent eux-mêmes les deux caractères de la force majeure (imprévisibilité et irrésistibilité), entraînent l'exonération totale de responsabilité du gardien de la chose (conducteur du véhicule...). Si ces deux caractères ne sont pas réunis, le gardien de la chose peut au moins obtenir une exonération partielle de sa responsabilité, autrement dit un partage de responsabilité avec le tiers et la victime.

530. L'arrêt *Desmares*. Cela n'a pas paru satisfaisant à la Cour de cassation qui voulait que le conducteur soit responsable des accidents de la circulation, même en cas d'imprudence de la victime. Aussi, dans son arrêt *Desmares* de 1982, à propos d'un piéton renversé alors qu'il traversait hors des clous, a-t-elle refusé le partage de responsabilité, considérant que la faute de la victime ne présentait pas les caractères de la force majeure. En somme, il n'existait plus de partage de responsabilité. Soit la faute de la victime présentait les caractères de la force majeure, ce qui est rarissime (en France, il n'est pas imprévisible qu'un piéton traverse hors des clous), et le gardien était totalement exonéré. Soit la faute de la victime ne présentait pas ces caractères, et le gardien de la chose était entièrement responsable.

La loi *Badinter* du 5 juillet 1985, qui définit désormais le régime de la responsabilité des accidents de la circulation, a repris cette solution prétorienne. Elle se montre même plus sévère pour le conducteur, puisqu'elle retient la responsabilité entière du conducteur, y compris en présence d'un cas de force majeure : « Les victimes [...] ne peuvent se voir opposer la force majeure ou le fait d'un tiers par le conducteur » (L. 1985, art. 2).

La Cour de cassation, ayant obtenu totale satisfaction, a rendu plusieurs arrêts afin de marquer l'abandon de sa jurisprudence *Desmares* (Civ. 2e, 6 avril 1987, 3 arrêts : *Bull.* nº 86). Ainsi, en matière de responsabilité du fait des choses engagée sur le fondement de l'article 1384, alinéa 1er, c'est-à-dire pour toutes choses, à l'exception des véhicules, la Cour de cassation admet-elle, de nouveau, l'exonération partielle de responsabilité en cas de faute de la victime ne présentant pas les caractères de la force majeure.

2. *La résistance de la loi*

531. Le législateur peut ne pas être séduit par les initiatives de la jurisprudence dans l'interprétation du droit. Il exprimera, le cas échéant, son hostilité en brisant formellement l'interprétation judiciaire au moyen d'une loi nouvelle.

532. La condamnation de l'action de vie dommageable. Tel est le sort qu'il a réservé à l'arrêt du 17 novembre 2000 de la Cour de cassation, qui avait admis la réparation du préjudice personnel subi par un enfant né handicapé en raison de fautes médicales (voir *supra* nº 490). C'est ainsi que le Parlement a adopté la loi *Kouchner* du 4 mars 2002 dont l'article premier, devenu l'article L. 144-5 du Code de l'action sociale et des familles, a mis un terme à la jurisprudence *Perruche*, en proclamant : « Nul ne peut se prévaloir d'un préjudice du seul fait de sa naissance. » Plus encore, la loi *Kouchner* prévoyait son application aux instances engagées avant sa promulgation, donc à l'affaire *Perruche* !

533. Le baroud d'honneur de la Cour de cassation. Ce caractère rétroactif de la loi *Kouchner* aux instances en cours a été condamné par les plus hautes juridictions françaises et européennes (C.E., 24 févr. 2006, *Resp. civ. et assur.* 2006, comm. 127, obs. Radé ; Cour EDH, 6 oct. 2005, *Resp. civ. et assur.* 2005, comm. 327, obs. Radé ; Civ. 1re, 24 janv. 2006, *Bull.* no 31). Pour celles-ci, en supprimant, avec effet rétroactif, une partie essentielle des créances en réparation que les parents auraient pu faire valoir, le législateur les a privés d'une valeur patrimoniale préexistante et faisant partie de leurs biens, à savoir une créance en réparation établie dont ils pouvaient légitimement voir déterminer le montant. La loi française n'était donc pas conforme au protocole no 1 de la Conv. EDH aux termes duquel « toute personne physique ou morale a droit au respect de ses biens ». La Cour de cassation a réduit davantage encore la portée de la loi de 2002 en décidant qu'elle ne pouvait s'appliquer rétroactivement aux dommages causés avant son entrée en vigueur, peu important la date de l'introduction de la demande en justice (Civ. 1re, 8, juill. 2008 : *Bull.* no 190).

Sous-section II La prohibition d'une création formelle du droit

534. Le juge ne légifère pas : il ne crée pas de règles de droit. Aussi sa décision ne constitue-t-elle pas une règle générale et abstraite, dont l'application serait obligatoire chaque fois qu'un tribunal, à l'avenir, aurait à connaître une cause identique. Autrement dit, la décision du juge est une décision individuelle et concrète qui n'a pour objet que de régler un litige déjà réalisé.

§ 1. Les textes

535. Deux textes du Code civil écartent cette fonction créatrice du droit par les tribunaux. D'une part, l'article 5, qui interdit les arrêts de règlements. D'autre part, l'article 1351, qui pose le principe de l'autorité relative de la chose jugée.

536. Prohibition des arrêts de règlement. Selon l'article 5 du Code civil : « Il est défendu aux juges de prononcer par voie de disposition générale et réglementaire sur les causes qui leur sont soumises. »

Cet article, qui remonte à 1804, avait pour objet de mettre un terme à la pratique de l'Ancien Droit français connue sous le nom d'arrêts de règlement. Les parlements de l'Ancien Régime, qui correspondent à nos cours d'appel, avaient obtenu le droit de prendre des décisions obligatoires pour l'avenir et pour tout le monde, tout du moins dans leur ressort respectif (voir *supra* no 91). Ces arrêts de règlement étaient pris à l'occasion d'un procès ou même hors de tout procès. Ils constituaient de véritables lois : d'une part, les tribunaux inférieurs du ressort du Parlement étaient obligés de les appliquer ; d'autre part, le Parlement était lié par eux, tant qu'il ne les avait pas remplacés.

Aujourd'hui, l'article 5 du Code civil prive expressément nos tribunaux d'un tel pouvoir. Cette solution est conforme au principe de la séparation des pouvoirs législatif et judiciaire.

537. Relativité de la chose jugée. L'article 1351 du Code civil exprime quasiment la même idée : « L'autorité de la chose jugée n'a lieu qu'à l'égard de ce qui a fait l'objet du jugement. »

On entend par chose jugée ce qui a été décidé par le jugement ou l'arrêt. L'article 1351 signifie donc que la décision du juge n'est obligatoire qu'entre les seules parties au procès, et non à l'égard des tiers. Autrement dit, la décision du juge n'est obligatoire que pour le procès à l'occasion duquel elle a été rendue. Pour exprimer cette règle l'on parle encore de relativité de la chose jugée. La chose jugée ne relie que ceux qui étaient parties à l'instance : elle ne saurait avoir un quelconque effet obligatoire à l'égard des tiers, étrangers à l'instance.

§ 2. Les applications

538. Dans le système juridique français, une décision de justice ne saurait s'imposer, à l'avenir, en présence d'une question identique. Ce principe recouvre trois situations.

A. Indépendance de la même juridiction

539. Le tribunal, qui a rendu une première décision comportant son interprétation du droit, n'est pas lié par celle-ci dans des cas identiques qu'il devrait de nouveau trancher.

La Cour de cassation, elle-même, n'est pas liée par ses précédentes interprétations du droit. C'est ainsi qu'elle peut opérer des revirements de jurisprudence. À la limite, ces revirements peuvent se produire à l'occasion d'un même procès, lors d'un premier pourvoi en cassation, puis d'un deuxième pourvoi porté devant l'Assemblée plénière.

540. L'arrêt *Franck*. Un exemple significatif est celui de l'arrêt *Franck*, en matière de responsabilité du fait des choses. Selon l'article 1384, alinéa 1er du Code civil, le responsable du dommage causé par une chose est celui qui en a la garde. La question s'est alors posée de savoir, lorsqu'un accident était causé par une voiture volée, qui en était le gardien responsable : le voleur, conducteur du véhicule, ou le propriétaire de la voiture volée ?

Lors d'un premier pourvoi, la Cour de cassation a considéré que le gardien responsable du véhicule était le propriétaire de la voiture volée (Civ., 3 mars 1936, *DP* 1936.1.81). Dans la mesure où la cour d'appel de renvoi refusa de s'incliner, la Cour de cassation fut saisie d'un deuxième pourvoi. Statuant en Chambres réunies, elle modifia sa propre jurisprudence, et donna raison aux juges d'appel, considérant que le voleur était devenu le gardien de la chose, car il en avait désormais : « l'usage, le contrôle et la direction » (Cass. Chbres. réun., 2 déc. 1941, *S.* 1941.1.217).

B. Indépendance des juridictions de même degré

541. Les autres tribunaux de même degré ne sont pas davantage liés par les décisions qui ont pu être rendues par un premier tribunal. C'est la raison pour laquelle l'on peut assister à une cacophonie des juges du fond sur l'interprétation d'un même point de droit.

542. L'arrêt *M. Joseph X. c. Sté Prédica*. Par exemple, entre 1993 et 2004, plusieurs cours d'appel se sont divisées à propos des contrats d'assurances sur la vie qui garantissent à leur bénéficiaire une somme égale au montant des primes versées, augmentées d'un intérêt à taux fixe, si le souscripteur décède en cours de contrat ou s'il est encore en vie à son terme. Certaines cours d'appel requalifiaient ces contrats en contrats d'épargne en raison de l'absence d'aléa de l'opération d'assurance, exigée par l'article 1964 du Code civil ; le souscripteur ou le tiers bénéficiaire étant certains de récupérer le capital investi, et l'assureur de le verser (ex. : Toulouse, 24 oct. 1995 ;

Rouen, 10 sept. 1997; Lyon, 8 mars 2001). D'autres maintenaient la qualification d'assurance-vie en caractérisant l'aléa par l'incertitude sur la date de dénouement du contrat ou sur la personne bénéficiaire du capital (ex. : Colmar, 19 mars 1993; Grenoble, 7 nov. 1995; Rennes, 14 mars 1996; Douai, 13 juin 1996; Paris, 5 avr. 2001; Orléans, 7 janv. 2002).

La Cour de cassation, le 23 novembre 2004, a mis un terme à cette pagaille (Cass. Chbre mixte, 23 nov. 2004 : *Bull.* nº 4). Par pur opportunisme économique (éviter un retrait massif des fonds investis dans le placement préféré des Français), elle a qualifié ces contrats en opération d'assurance; décelant laborieusement un aléa dans la durée de la vie du souscripteur dont dépend le véritable bénéficiaire.

C. Indépendance des juridictions inférieures

543. Les tribunaux inférieurs ne sont pas liés par les décisions rendues par les juridictions qui leur sont supérieures, y compris la Cour de cassation. Ainsi dans l'affaire *Franck* nous avons vu que la première cour d'appel de renvoi a pu refuser de suivre la solution préconisée par la Cour de cassation.

Toutefois, il existe une exception à ce principe. Après un second pourvoi en cassation, la dernière juridiction de renvoi est obligée de se ranger à l'opinion de l'Assemblée plénière de la Cour de cassation. Il n'en demeure pas moins que cette exception ne joue que dans le cadre d'un même procès. Aussi, cette juridiction du fond, qui s'incline devant la Cour de cassation, peut-elle, à l'avenir, dans une affaire posant les mêmes questions de droit, défendre un point de vue différent.

544. «*Binding precedent.*» Notre système français, qui dénie tout caractère obligatoire pour l'avenir aux décisions judiciaires, s'oppose au système anglo-saxon du précédent obligatoire.

En Angleterre, la décision judiciaire s'impose, à l'avenir, à la juridiction qui a statué, ainsi qu'à toutes les juridictions inférieures. En particulier, les décisions rendues par la Chambre des Lords constituent des précédents obligatoires pour toutes les juridictions inférieures, sauf exceptionnellement pour elle-même; et les décisions de la *Court of Appeal* constituent des précédents obligatoires pour elle-même et les juridictions qui lui sont inférieures. Toutefois, cela n'est vrai que si les tribunaux sont saisis d'un cas parfaitement similaire à celui qui avait été précédemment jugé. En revanche, dès que les circonstances de fait sont, un tant soit peu, différentes, le juge peut s'échapper du précédent. Il va créer un précédent, autrement dit une nouvelle règle de droit *(legal rule)*, appropriée au cas particulier qui lui est soumis. Cette règle de droit formulée par le juge devient obligatoire à l'avenir chaque fois qu'un cas particulier identique se présentera.

545. Sélection des recours. La Cour suprême des États-Unis, qui ne comprend que neuf juges, est saisie chaque année d'environ 10000 affaires. Pour y faire face, elle sélectionne les recours, ne retenant que ceux dont l'examen peut être utile pour l'évolution du droit parce qu'ils soulèvent une nouvelle question de droit ou sont susceptibles de faire évoluer sa jurisprudence. En France, en revanche, la Cour de cassation (et le Conseil d'État) ne peut, en principe, opérer une sélection des pourvois qui lui sont soumis sur un tel critère d'opportunité. C'est un système plus subtil qui est retenu : celui de la sélection des moyens, avec le mécanisme de la non-admission des pourvois qui lui permet de faire passer à la trappe chaque année plus d'un tiers des dossiers enregistrés (voir *supra* nº 479).

Section II

Les fondements de l'autorité de la jurisprudence

546. D'un côté, nos juges sont autorisés par la loi à interpréter le droit, ce qui leur permet d'édifier de véritables constructions juridiques originales, tantôt dans le cadre de la loi, tantôt en dehors de ce cadre. D'un autre côté, la loi dénie, pour l'avenir, toute autorité à ces décisions ponctuelles des juges.

Pourtant, en dehors de toute obligation légale, nos juges suivent volontiers la jurisprudence, spécialement lorsqu'elle émane de la Cour de cassation.

Plan. Plusieurs facteurs se conjuguent pour expliquer cette autorité de fait de la jurisprudence. Certains sont d'ordre subjectif (Sous-section I), d'autres d'ordre objectif (Sous-section II).

Sous-section I Les facteurs d'ordre subjectif

547. Deux phénomènes sont à l'origine de l'influence de la jurisprudence lorsqu'un juge tranche un différend : l'imitation d'une part (§1), le respect de la hiérarchie d'autre part (§2).

§ 1. Un phénomène d'imitation

548. Lorsque le juge est saisi d'un problème de droit, comme tout un chacun, il cherchera dans les recueils de jurisprudence les solutions déjà données par des tribunaux à ce problème.

D'ailleurs, les juges du fond, spécialement du premier degré, ne peuvent consacrer que quelques minutes à l'examen d'un dossier. En réalité, le travail de recherche de la jurisprudence est plutôt l'œuvre des avocats des parties qui, dans leurs conclusions respectives, exposent les moyens de droit sur lesquels leurs prétentions sont fondées. À l'appui de ces moyens seront citées les décisions jurisprudentielles les plus pertinentes. Il ne reste plus au juge qu'à choisir entre l'une ou l'autre des thèses, éventuellement après avoir vérifié leurs sources. Normalement, il se laissera séduire par la thèse qui reflète le mieux la jurisprudence en la matière, à la fois en quantité et en qualité. Il est évident que l'opinion de la Cour de cassation aura plus de poids qu'un jugement isolé ayant adopté une solution contraire.

Ainsi, par cette référence aux décisions antérieures, le droit est souvent interprété par les juges de manière identique, de sorte qu'il se produit une certaine fixation et stabilité de la jurisprudence.

§ 2. Un phénomène de respect de la hiérarchie

549. Harmonie du droit. Les juges de première instance ont tendance à se conformer à la jurisprudence de leur cour d'appel respective, afin d'éviter une réforme en appel. Les juges d'appel ont tendance à se conformer à l'opinion de la Cour de cassation, afin d'éviter une cassation, sauf si la Cour de cassation accepte de modifier sa propre jurisprudence, ce qui est exceptionnel.

En outre, dans le cadre d'un même procès, la Cour de cassation, à l'occasion d'un deuxième pourvoi, a toujours le « dernier mot ». C'est ce mécanisme qui permet à la Cour de cassation d'assurer l'unité de la jurisprudence.

En somme, l'uniformité de la jurisprudence, autrement dit l'unité de l'interprétation de la loi par les tribunaux, est la conséquence logique de l'unification du droit, opérée par le Code civil de 1804 : un seul et unique droit commande une seule et unique interprétation du droit. L'on veut éviter de la sorte qu'un justiciable ait davantage de chances de gagner son procès selon le tribunal qui en est saisi.

550. Aspect qualitatif. De plus, il faut partir du postulat selon lequel les interprétations de la loi par la Cour de cassation sont *a priori* opportunes et de valeur. Certaines ont été longuement réfléchies et discutées par des magistrats de grande autorité. En conséquence, l'on comprendrait difficilement la raison pour laquelle un juge, subitement, préconiserait une interprétation divergente de la règle de droit, en dehors d'une modification profonde du contexte dans lequel la jurisprudence s'était fixée.

551. Portée des arrêts de la Cour de cassation. Pour autant, il ne peut être attaché une égale importance à l'ensemble des arrêts de la Cour de cassation (près de 500 000 arrêts depuis 1984 ; 28 025 en 2009). C'est ainsi que l'on distingue traditionnellement l'arrêt de principe, qui a une portée normative, et l'arrêt d'espèce, dont la portée est faible, n'ayant d'autre ambition que de résoudre la difficulté particulière soulevée par le litige.

L'arrêt de principe, au-delà du cas d'espèce, entend imposer à l'ensemble des juridictions judiciaires une certaine interprétation de la règle de droit. Les arrêts de principe ne se limitent pas aux quelques grands arrêts dont la notoriété est telle qu'ils sont cités du nom de l'une des parties (*Franck*, *Desmares*, *Blieck*, *Jacques Vabre*, *Bertrand*, *Perruche*...). Il existe une multitude d'arrêts de principe qui sont systématiquement publiés au *Bulletin civil et criminel de la Cour de cassation*. Selon les chambres, le taux de publication des arrêts varie de 4 % à 17 % ; la publication au *Bulletin* étant décidée par la Cour de cassation elle-même. Elle procède donc d'une sélection qualitative attachée à l'intérêt doctrinal et didactique de l'arrêt.

552. Grands et petits arrêts. Il faut se garder de conclure que tout arrêt publié au *Bulletin* constitue un arrêt de principe. Le critère formel de la publication au *Bulletin* ne vient qu'en complément d'un critère plus essentiel attaché à l'autorité doctrinale et normative de l'arrêt. Dans la mesure où les arrêts de principe sont ceux qui présentent un intérêt d'ordre juridique plus ou moins grand, ils comprennent tous ceux qui mettent fin à une controverse juridique divisant les tribunaux, voire la doctrine. Ils comprennent aussi ceux qui inaugurent l'interprétation d'une nouvelle règle de droit. Ils incluent encore les arrêts par lesquels la Cour de cassation opère un revirement jurisprudentiel.

En outre, la circonstance qu'un arrêt soit de cassation ou de rejet n'est pas décisive, même si l'on enseigne parfois que les arrêts de cassation ont une plus grande autorité que les arrêts de rejet. L'arrêt *Jacques Vabre*, par lequel la Cour de cassation, le 24 mai 1975, a déclaré la supériorité du traité international sur une loi postérieure contraire, était un arrêt de rejet (voir *supra* n° 197). L'arrêt *Perruche*, en date du 17 novembre 2000, était un arrêt de cassation (voir *supra* n° 490). Pourtant, l'un et l'autre ont produit un véritable séisme dans l'ordre juridique établi.

Enfin, des arrêts de principe peuvent ne rien apporter à l'ordre juridique. En effet, ce label est également attribué aux arrêts de la Cour de cassation qui ne font que rappeler une solution antérieure toujours en vigueur. Dans cette hypothèse, la Cour de cassation entend seulement pérenniser et renforcer la solution de principe d'un arrêt plus ancien.

553. Saisine pour avis de la Cour de cassation. Le rôle unificateur de l'interprétation du droit par la Cour de cassation s'est amplifié avec une loi du 15 mai 1991, qui a institué une procédure de saisine pour avis.

Désormais, sauf en matière pénale, les juges du fond ont la possibilité de solliciter l'avis de la Cour de cassation, lorsqu'ils sont saisis d'une « demande soulevant une question de droit nouvelle, présentant une difficulté et se posant dans de nombreux litiges » (COJ, art. L. 441-1). La juridiction qui saisit la Cour de cassation sursoit à statuer sur le fond de l'affaire jusqu'à l'avis de la Cour de cassation. La formation de la Cour de cassation qui se prononce sur la demande d'avis, dans le délai de trois mois, est présidée par le premier président, et elle réunit tous les présidents de chambre et deux conseillers de chaque chambre concernée (la Cour de cassation a rendu 228 avis de 1992 à 2010, soit une dizaine par an).

Conformément à l'article 5 du Code civil, qui prohibe les arrêts de règlement, l'avis rendu par la Cour de cassation n'oblige ni la juridiction qui l'a sollicité (COJ., art. L. 441-3), ni *a fortiori* les autres juridictions qui auraient à connaître des questions de droit similaires. Pourtant, l'on peut penser que la plupart des juridictions du fond suivent ces avis, comme elles suivent déjà les arrêts de la Cour de cassation. D'abord, parce qu'ils sont rendus par une formation de la Cour de cassation composée de ses plus hauts magistrats. Ensuite, parce qu'ils font l'objet d'une publication officielle, non seulement au *Bulletin*, mais le cas échéant au *Journal officiel* (C. proc. civ., art. 1031-6).

Sous-section II Les facteurs d'ordre objectif

554. Pour mieux comprendre le phénomène jurisprudentiel, deux éléments doivent être pris en considération : la documentation juridique d'une part (§1), la motivation des décisions d'autre part (§2).

§ 1. La documentation juridique

555. Communication des décisions. Pour que les avocats et les tribunaux aient connaissance des décisions antérieures, il faut qu'elles soient accessibles. Certes, tout un chacun peut obtenir une copie d'une décision rendue par un tribunal, même sans avoir été partie à l'instance. Il suffit de s'adresser au greffe du tribunal. Cette modalité est peu commode, et il faut être certain que la décision en question présente un intérêt au niveau du droit.

556. Documentation manuelle. Heureusement, il existe des recueils de jurisprudence, qui reproduisent, après les avoir sélectionnées, les décisions les plus importantes rendues par nos tribunaux.

Certains de ces recueils émanent d'éditeurs privés. Il en est ainsi, par exemple, du *Recueil Dalloz* et de la *Semaine Juridique (Édition Générale)*, encore appelée *Juris Classeur Périodique*, qui sont hebdomadaires. Citons encore la *Gazette du Palais*. En général, ces revues comportent à la fois des articles de doctrine et des décisions jurisprudentielles récentes dont certaines font l'objet de commentaires rédigés par des professionnels du droit (professeurs, magistrats, avocats). De surcroît, il existe des revues spécialisées dans des disciplines précises (revue trimestrielle de droit civil ; revue des sociétés ; revue française de droit administratif, etc.).

Il faut également mentionner des revues officielles. C'est ainsi qu'il existe un recueil des décisions du Conseil d'État, du Tribunal des conflits, et des cours administratives d'appel. Ce Recueil, publié par les éditions Dalloz, sous le haut patronage du Conseil d'État, est plus connu sous le nom de *Recueil Lebon*. Son pendant, pour l'ordre judiciaire, est le *Bulletin des arrêts de la Cour de cassation* qui, depuis 2008, fait l'objet d'une publication mensuelle exclusivement en ligne sur le site de la Cour de cassation.

557. Documentation informatique. Avec la révolution informatique, les sources du droit ont trouvé d'autres supports de stockage que le papier. En effet, les nouvelles technologies ont permis de constituer des bases de données juridiques monumentales, disponibles sur CD-ROM et l'Internet en service gratuit (www.legifrance.gouv.fr) ou payant (Dalloz.fr ; Lamylinnereflex.fr ; Lexbase.fr ; Lexisnexis.fr, etc.).

L'avantage de ces supports électroniques d'archivage est lié à leur capacité de contenance extraordinaire, en particulier pour le droit qui ne comporte que du texte écrit. Un autre avantage résulte de la faculté de traitement par des mots-clefs imposés ou libres, ainsi que par le système de liens hypertexte qui permet de passer d'une page à l'autre du CD-ROM ou du Web. De plus, le résultat d'une recherche à partir d'un site juridique est quasi immédiat, et l'information peut bénéficier d'une actualisation constante et automatique.

L'inconvénient propre aux banques de données jurisprudentielles tient à ce que la révélation du plus grand nombre de décisions risque de dévaloriser la jurisprudence comme source d'interprétation du droit. Chaque année, seule une dizaine d'arrêts de principe de la Cour de cassation ou du Conseil d'État sont susceptibles de présenter un intérêt d'ordre doctrinal et normatif. En revanche, les milliers d'arrêts d'espèce, publiés ou non, de ces deux hautes juridictions, et les centaines de milliers d'arrêts inédits des cours d'appel, qui sont stockés dans des banques de données en accès libre ou sur abonnement, ont peu d'utilité pour la connaissance des sources du droit (plus de 1 200 000 décisions sur LexisNexis Juris Classeur !).

§ 2. La motivation des décisions

558. Argumentation. Les décisions rendues par les tribunaux ne présentent un intérêt quant à l'interprétation du droit que par le raisonnement qui a été suivi pour conduire à une solution donnée. En effet, lorsqu'un juge rend une décision, l'article 455 du Code de procédure civile lui impose, sous peine de nullité, de motiver le jugement et d'énoncer la décision sous forme de dispositif. En clair, il doit faire deux choses :

- d'une part, donner une solution, c'est-à-dire donner raison ou tort à l'une ou l'autre des parties. Cette solution se trouve dans le « dispositif », qui se trouve à la fin de la décision. Par exemple, « condamne *x.* à verser 50 000 euros à *y.* » ;

– d'autre part, au préalable, expliquer pourquoi il a statué de la sorte. Il doit donc justifier sa décision ; ce que l'on appelle le « motif ». C'est la raison pour laquelle l'absence, l'insuffisance et même la contradiction de motifs sont susceptibles de justifier un pourvoi en cassation. C'est grâce à cette motivation des décisions que l'on peut mettre en évidence l'interprétation de la règle de droit par le juge.

559. Ancien Droit. La motivation obligatoire des décisions constitue une différence essentielle avec la pratique judiciaire de l'Ancien Régime. À cette époque, les décisions n'étaient pas motivées. Aussi est-il quasiment impossible aux historiens du droit d'exploiter cette jurisprudence pour comprendre le raisonnement suivi par les juges dans leur interprétation du droit romain, du droit coutumier, du droit royal ou du droit de l'Église.

560. La motivation des arrêts de la Cour de cassation. On rappellera tout d'abord que, chaque année, plus de 10 000 décisions de non-admission, prononcées en formation restreinte d'une chambre de la Cour de cassation, sont dispensées de toute motivation, autrement dit d'explications (voir *supra* n° 479). Pour cette raison, elles ne font l'objet d'aucun commentaire au fond dans les revues de jurisprudence.

Quant aux véritables arrêts, les motifs, qui expriment l'interprétation de la règle de droit par la Cour de cassation, sont rédigés, par pure commodité (gain de temps) en quelques mots qui donnent parfois l'impression d'une argumentation de pure forme.

561. Les motivations exogènes. Pour comprendre le sens réel d'un arrêt de la Cour de cassation, d'autres outils sont à la disposition de l'interprète. Il en est ainsi d'un document annexé aux arrêts diffusés par le service de documentation et d'études de la Cour de cassation : l'extrait des mémoires ampliatifs des parties et de l'arrêt attaqué. Ce document comporte la motivation de l'arrêt d'appel et les moyens soulevés par le pourvoi. En outre, les arrêts les plus importants de la Cour de cassation sont suivis, le cas échéant, de la publication des conclusions de l'avocat général dans son *Rapport annuel*, qui constituent parfois de véritables consultations. Ils peuvent également faire l'objet de communiqués explicatifs dans le *Bulletin d'Information* de la Cour de cassation (à ne pas confondre avec le *Bulletin* de ses arrêts). Tous ces documents sont accessibles en ligne (www.courdecassation.fr).

Section III

La rétroactivité des revirements de jurisprudence

562. Ambiguïté des revirements de jurisprudence. Dans le cadre de leur pouvoir d'interprétation de la loi, les tribunaux peuvent être conduits à interpréter une loi à l'occasion d'un procès dont les faits se sont produits avant leur décision, c'est-à-dire avant même que le sens de la loi n'ait pu être connu par les parties. La question se pose alors de savoir si les parties au litige peuvent se voir reprocher un comportement qui n'était pas clairement prévu par la loi en vigueur à l'époque des faits. La question se pose également lorsqu'il se produit un revirement de jurisprudence dans l'interprétation de la loi.

563. Caractère rétroactif de la jurisprudence. Sans employer les termes de rétroactivité de la jurisprudence, la Cour de cassation considère que « l'interprétation jurisprudentielle d'une même norme à un moment donné ne peut être différente selon l'époque des faits considérés et que nul ne peut se prévaloir d'un droit acquis à une jurisprudence figée » (Civ. 1re, 9 oct. 2001, *Bull.* no 249). Cette solution s'explique sans doute par le caractère déclaratif de la jurisprudence : à l'instar des lois interprétatives, la jurisprudence fait corps avec la loi dont elle éclaire le sens. La solution est souvent perçue comme une injustice pour les parties qui se voient reprocher des violations à des règles de conduite qui n'existaient pas clairement lors des faits.

564. L'exception admise par la Cour de cassation. Cependant, en échos à un rapport sur les revirements de jurisprudence remis au premier président de la Cour de cassation, le 30 novembre 2004, par le professeur Nicolas Molfessis, la Cour de cassation a infléchi sa doctrine traditionnelle. L'auteur de ce rapport suggérait d'élaborer une procédure permettant à la Cour de cassation de décider, sous certaines conditions, qu'un revirement de jurisprudence ne vaudra que pour l'avenir. En somme, selon les cas, les revirements de jurisprudence pourraient être rétroactifs ou non. Cette modulation dans le temps des revirements de jurisprudence a été accueillie avec la plus grande circonspection par de nombreux universitaires.

Dans ce contexte, la Cour de cassation a rendu un arrêt dans lequel elle a néanmoins admis l'application, pour l'avenir seulement, des revirements de jurisprudence en matière de droits processuels des justiciables. Elle a ainsi écarté l'application immédiate, et donc rétroactive, d'une nouvelle règle de prescription issue d'un revirement de sa propre jurisprudence, au motif qu'une telle application « dans l'instance en cours aboutirait à priver la victime d'un procès équitable au sens de l'article 6, § 1, de la Conv. EDH, en lui interdisant l'accès au juge » (Cass. ass. plén., 21 décembre 2006, *Bull.* no 15 ; dans le même sens : Com., 13 nov. 2007 : *Bull.* no 243).

565. Exception limitée aux droits processuels. Il semble que ce nouveau principe du droit acquis à une jurisprudence figée soit limité au cas de figure du droit processuel à l'accès au juge, composante du droit au procès équitable.

Tel est le sens que l'on peut déduire d'arrêts de la Cour de cassation du 11 juin 2009 (Civ. 1re, 11 juin 2009, 2 arrêts, no 07-14932 et no 08-16914). Dans ces arrêts, la Cour de cassation a énoncé que « *la sécurité juridique, invoquée sur le fondement du droit à un procès équitable, pour contester l'application immédiate d'une solution nouvelle résultant d'une évolution de la jurisprudence, ne saurait consacrer un droit acquis à une jurisprudence figée, dès lors que la partie qui s'en prévaut n'est pas privée du droit à l'accès au juge* ». En l'espèce, des médecins avaient été jugés responsables d'une infection nosocomiale sur le fondement d'un manquement à une obligation de sécurité de résultat créée par la jurisprudence en 1999, alors que, à l'époque où ils avaient agi, l'obligation de sécurité n'était pour la jurisprudence qu'une simple obligation de moyens. Ils considéraient donc avoir été privés d'un procès équitable, faute d'avoir pu bénéficier de la stabilité de la jurisprudence qu'ils étaient en droit d'attendre au regard de la sécurité juridique (sur le fondement du manquement à une obligation de moyens, leur responsabilité aurait pu ne pas être retenue). Pour la Cour de cassation, au contraire, le procès était resté équitable, en dépit du revirement de jurisprudence quant à la nature de l'obligation de sécurité, ce revirement n'ayant pas pour effet de priver ces médecins de l'accès au juge. On peut donc considérer que la Cour de cassation entend limiter la modulation des effets dans le temps des revirements de jurisprudence à des droits processuels des parties au litige, et non au cas où un de leurs droits substantiels serait remis en cause par la rétroactivité des revirements de jurisprudence.

566. L'exception admise par le Conseil d'État. De même, à l'occasion d'une décision qui a permis à un concurrent évincé de la passation d'un contrat administratif de contester la validité de ce contrat, après sa signature, devant le juge administratif, le Conseil d'État a admis une dérogation au principe de l'application rétroactive d'une règle jurisprudentielle nouvelle (C.E., 16 juill. 2007, *Sté Tropic Travaux Signalisation*, n° 291545). Dans cette décision, le Conseil d'État énonce qu'il appartient en principe au juge d'appliquer les règles nouvelles issues de la jurisprudence, sous réserve qu'elles n'apportent pas de limitation au droit fondamental qu'est le droit de recours. Toutefois, il précise qu'eu égard à l'impératif de sécurité juridique tenant à ce qu'il ne soit pas porté une atteinte excessive aux relations contractuelle en cours, un nouveau recours créé par la jurisprudence ne peut être exercé qu'à l'encontre de contrats dont la procédure de passation a été engagée postérieurement à la date du revirement de jurisprudence. Autrement dit, lorsque ces conditions sont réunies, le revirement de jurisprudence n'a d'effet que pour l'avenir. Dans le cas contraire, il conserve son effet rétroactif.

N°s 567-579 réservés

Troisième partie

LES DROITS SUBJECTIFS

580. Les droits subjectifs désignent les prérogatives qui sont reconnues à une personne sur une chose ou à l'encontre d'une autre personne. Ces prérogatives, définies par le droit objectif, autrement dit par la règle de droit, sont juridiques, parce qu'elles sont garanties par l'État.

Plan. Les droits subjectifs sont tellement variés qu'il convient, dans un premier temps, de les réunir en catégories, en fonction des caractères communs qu'ils présentent (Titre I). Dans un second temps, nous présenterons les règles qui gouvernent la preuve de ces droits subjectifs dont une personne se prévaut en justice (Titre II).

Titre I

LES CLASSIFICATIONS DES DROITS SUBJECTIFS

581. Plan. Les droits subjectifs font l'objet de nombreuses classifications qui diffèrent selon l'angle d'observation retenu. Une classification est tirée des sources créatrices des droits subjectifs : c'est la distinction des actes juridiques et des faits juridiques (Chapitre I). Une autre est tirée des personnes qui sont titulaires de droits subjectifs : c'est la distinction des personnes physiques et des personnes morales (Chapitre II). Une dernière classification est tirée de la valeur économique des droits subjectifs : c'est la distinction des droits patrimoniaux et des droits extrapatrimoniaux (Chapitre III).

Chapitre I

La source des droits subjectifs

582. Il s'agit de rechercher par quelles techniques une personne devient titulaire d'un droit subjectif, comme un droit de propriété sur une chose ou un droit de créance à l'égard d'une autre personne.

Plan. En général, deux techniques sont susceptibles de donner naissance à une situation juridique génératrice de droits et d'obligations. Leur critère tient au rôle qui est joué par la volonté de l'homme de produire ces conséquences juridiques. Il s'agit de l'acte juridique (Section I), et du fait juridique (Section II).

583. Projet portant réforme du droit des contrats. Ce projet, dévoilé par le ministère de la Justice en 2009, modifie le livre III du Code civil, en particulier son titre III relatif aux contrats et aux obligations (voir *supra* n° 134). Quelques définitions, oubliées de la version initiale du Code civil, apparaissent. La plupart d'entre elles reproduisent des définitions doctrinales et jurisprudentielles qui n'étaient guère discutées.

Art. 1er : « Les obligations naissent d'actes, de faits juridiques ou encore de l'autorité seule de la loi. » Art. 2 : « Les actes juridiques sont des manifestations de volontés destinées à produire des effets de droit. Ils peuvent être conventionnels ou unilatéraux. L'acte juridique conventionnel est un accord de volontés conclu entre deux ou plusieurs personnes. L'acte juridique unilatéral émane d'une ou plusieurs personnes unies dans la considération d'un même intérêt. L'acte juridique obéit, en tant que de raison, pour sa validité et son effet, aux règles qui gouvernent les contrats.» Art. 3 : «Les faits juridiques sont des agissements ou des événements auxquels la loi attache des effets de droit. Le fait qui procure à autrui un avantage auquel il n'a pas droit constitue un quasi-contrat. Les obligations qui en découlent sont régies par le Sous-titre *Des quasi-contrats*. Le fait qui cause sans droit un dommage à autrui oblige son auteur à le réparer. Cette obligation est régie par le Sous-titre *De la responsabilité civile.*»

Section I

L'acte juridique

584. Définition. L'acte juridique se définit comme une manifestation de volonté destinée à produire des effets de droit. Aussi la volonté de l'homme est-elle omniprésente :

– d'une part, l'acte lui-même a été voulu. Il s'agit d'une opération volontaire. L'auteur de l'acte a émis librement et en pleine conscience sa volonté. C'est la raison pour laquelle une personne privée de raison, du fait de son jeune âge ou de l'altération de ses facultés mentales, ne saurait conclure un acte juridique ;

– d'autre part, les conséquences juridiques de l'acte, elles aussi, ont été voulues.

En somme, si une ou plusieurs personnes ont émis leur volonté, c'était dans le but d'obtenir un effet de droit. Leur acte de volonté avait en vue ce résultat.

Plan. Nous présenterons, d'abord, les diverses catégories d'actes juridiques (Sous-section I). Puis, nous exposerons la théorie de l'autonomie de la volonté, qui sert de fondement à l'ensemble des actes juridiques (Sous-section II).

Sous-section I Les catégories d'actes juridiques

585. Division des actes juridiques. Au sein des actes juridiques, on distingue l'acte juridique unilatéral et l'acte juridique bilatéral ou multilatéral.

586. – L'*acte juridique unilatéral* résulte de la volonté d'une seule et unique personne.

Applications. L'exemple type est celui du testament. De son vivant, et par sa seule volonté, une personne va régler la manière dont ses biens devront être transmis et partagés à son décès. Pour ce faire, elle va désigner dans son testament un ou plusieurs légataires.

Un autre exemple est celui de la reconnaissance d'un enfant naturel. Un homme qui pense être le père d'un enfant, alors qu'il n'est pas marié avec la mère de ce dernier, peut reconnaître l'enfant au moyen d'une déclaration effectuée au bureau de l'état civil de la mairie. Cette déclaration unilatérale, volontaire, est source de droits et d'obligations entre lui et l'enfant. En particulier, il s'agit du droit de l'enfant naturel à être entretenu, et de l'obligation corrélative du père d'assumer l'entretien de cet enfant.

587. – *L'acte juridique multilatéral* résulte de la rencontre de deux ou plusieurs volontés. Il est ainsi du contrat (§1), quelle que soit son espèce (§2).

§ 1. La définition du contrat

588. L'article 1101 du Code civil définit le contrat comme « une convention par laquelle une ou plusieurs personnes s'obligent, envers une ou plusieurs autres, à donner, à faire ou à ne pas faire quelque chose ».

589. Projet portant réforme du droit des contrats. Art. 5 : « Le contrat est une convention par laquelle une ou plusieurs personnes s'obligent envers une ou plusieurs autres. » Art. 79 : « Les obligations contractuelles sont expresses ou implicites. Elles peuvent être de donner, de faire ou de ne pas faire. »

Plan. Cette définition met l'accent à la fois sur l'accord des volontés (A), et l'objet des obligations qui en résulte (B).

A. L'accord des volontés

590. Selon l'article 1101 du Code civil, le contrat est une convention. Cela signifie deux choses :

591. Tout d'abord, que le contrat est une entente entre deux ou plusieurs personnes. En effet, le mot *convention* exprime l'idée d'accord. En conséquence, il ne saurait y avoir de contrat sans l'accord des volontés émises par les parties, en l'occurrence le créancier et le débiteur. Chacune des parties émet sa volonté par laquelle elle accepte de se placer dans une situation juridique donnée, sachant que cette situation est génératrice de droits et d'obligations. Les parties ont voulu l'acte avec ses conséquences juridiques.

Application. Le propriétaire d'un logement vacant s'entend avec une personne en recherche d'un logement, afin de conclure avec elle un contrat de bail. L'une et l'autre des parties acceptent les conséquences qui vont en résulter. D'un côté, l'obligation du locataire, aussi appelé « preneur », de payer un loyer au propriétaire, le « bailleur ». Le bailleur est donc titulaire d'un droit subjectif, en l'espèce un droit de créance à l'encontre du locataire. De l'autre, l'obligation pour le bailleur de mettre un logement à la disposition du locataire. Le locataire est ainsi titulaire d'un droit de créance à l'encontre du propriétaire.

592. Ensuite, cela signifie qu'il existe d'autres espèces de conventions que le contrat. En somme, si tout contrat est une convention, toute convention n'est pas un contrat. En effet, le terme de *convention* a un sens plus large que celui de *contrat*, même s'il arrive souvent que l'on emploie un terme pour l'autre. La convention, *lato sensu,* est un accord de volontés qui produit un effet de droit quelconque :

- soit parce que cet accord de volontés a pour objet de créer des obligations : c'est le contrat, au sens propre du terme ;
- soit parce que cet accord de volontés a pour objet de transmettre ces obligations : c'est la transmission des obligations (par exemple, une cession de créance) ;

– soit parce que cet accord de volontés a pour objet d'éteindre ces obligations. Parmi les causes d'extinction des obligations, citées par l'article 1234 du Code civil, on retiendra la remise de dette par laquelle le créancier renonce à son droit de créance et libère le débiteur de son obligation.

B. La division tripartite des obligations

593. Selon l'article 1101 du Code civil, le contrat engendre trois sortes d'obligations : des obligations de donner, de faire et de ne pas faire. Cette distinction, issue du droit romain, n'est pas sans importance, dès lors qu'il convient de déterminer la sanction de leur inexécution par le débiteur.

1. Objets de l'exécution

594. L'obligation de donner a pour objet le transfert d'un droit réel, autrement dit le transfert de la propriété d'un bien, meuble ou immeuble. En effet, le verbe « donner » ne doit pas être pris dans le sens de donation, du verbe latin *donare*. Il correspond au substantif « dation », du verbe latin *dare*, transférer de propriété. C'est ainsi que des contrats de vente, d'échange ou de donation, obligent à « donner », donc à transférer la propriété du bien dont ils font l'objet.

595. L'obligation de faire est celle qui astreint le débiteur à une prestation active, autre que le transfert de propriété. Par exemple, dans le cadre d'un contrat de travail, il s'agira pour le salarié de l'obligation d'effectuer un travail, et pour l'employeur, de l'obligation de le rémunérer. Dans le cadre d'un contrat de vente, il s'agira pour le vendeur de l'obligation de livrer la chose et de la garantir, etc.

596. L'obligation de ne pas faire est celle qui astreint le débiteur à s'abstenir de certains comportements. Ainsi, par exemple, dans le cadre de la vente d'un fonds de commerce, le vendeur ne doit pas concurrencer, pendant un certain temps, l'acquéreur (Com., 14 avril 1992 : *Bull.* n° 160).

2. Sanctions de l'inexécution

597. La sanction chimérique. En cas d'inexécution d'une obligation contractuelle par le débiteur, la sanction idéale en est l'exécution forcée, aussi appelée « exécution en nature » ou « exécution directe ». Cette sanction est prévue par l'article 1184, alinéa 2 du Code civil. Elle permet de condamner le débiteur à exécuter la prestation à laquelle il s'était engagé aux termes du contrat.

On pense aussitôt au créancier qui saisit des biens de son débiteur d'une valeur équivalente à celle de la somme d'argent dont ce dernier lui est redevable. Toutefois, dans la mesure où la justice privée a disparu, le créancier doit, au préalable, s'adresser aux tribunaux, pour obtenir un titre exécutoire lui permettant de recourir à de telles poursuites, qui seront mises en œuvre par un huissier de justice. Ce droit à l'exécution forcée est exprimé par l'article 1er de la loi n° 91-650 du 9 juillet 1991 portant réforme des procédures civiles d'exécution : « Tout créancier peut, dans les conditions prévues par la loi, contraindre son débiteur défaillant à exécuter ses obligations à son égard. »

598. Projet portant réforme du droit des contrats. Art. 110 : « Les obligations de donner, de faire ou de ne pas faire s'exécutent en principe en nature. » Art. 159 : « La partie envers laquelle l'engagement n'a pas été exécuté, ou l'a été imparfaitement, peut, soit poursuivre l'exécution forcée de l'engagement, soit provoquer la résolution du contrat, soit réclamer des dommages et intérêts, lesquels peuvent, le cas échéant, s'ajouter à l'exécution ou à la résolution. » Art. 162 : « Le créancier d'une obligation de faire peut en poursuivre l'exécution en nature sauf si cette exécution est impossible ou si son coût est manifestement déraisonnable. À défaut d'exécution forcée en nature, l'obligation de faire se résout en dommages-intérêts. » Art. 163 : « La seule inobservation d'une obligation de ne pas faire peut donner lieu à des dommages et intérêts. Le créancier peut également exiger l'exécution en nature de cette obligation pour l'avenir. » Art. 164 : « Le créancier peut être autorisé par le juge à faire exécuter lui-même l'obligation ou à détruire ce qui a été fait par contravention à celle-ci aux frais du débiteur. Celui-ci peut être condamné à faire l'avance des sommes nécessaires à cette exécution. »

599. Domaine de l'exécution par équivalent. Seulement, le domaine de l'exécution forcée est aussitôt limité par un autre principe formulé par l'article 1142 du Code civil : « Toute obligation de faire ou de ne pas faire se résout en dommages et intérêts, en cas d'inexécution de la part du débiteur. »

A contrario, l'exécution forcée est interdite en matière d'obligations de faire ou de ne pas faire, car ces obligations impliquent la personne même du débiteur. En conséquence, il est difficile de concevoir une contrainte par corps du débiteur pour le forcer, sous la violence, à exécuter de telles obligations (on ne peut frapper un artisan pour qu'il exécute les travaux convenus initialement !). Il s'agirait d'une atteinte à sa liberté individuelle (*Nemo precise cogi ad factum* : on ne peut forcer quelqu'un à faire quelque chose sous la contrainte). Aussi, l'article 1142 du Code civil prévoit-il une exécution par équivalent sous la forme d'une somme d'argent, appelée dommages et intérêts. L'obligation de faire non pécuniaire étant devenue une simple obligation de payer une somme d'argent, l'exécution forcée en devient possible par le biais de saisies, sous réserve que le créancier soit muni d'un titre exécutoire.

600. Domaine de l'exécution forcée en nature. Toutefois, si l'exécution d'une obligation de faire ou de ne pas faire est possible sans avoir à « toucher » à la personne du débiteur, la raison d'être de l'article 1142 disparaît, et l'on admet l'exécution forcée (sur l'exécution forcée d'un pacte de préférence : voir *infra* n°s 606 et 607). C'est souvent le cas pour des obligations de ne pas faire, comme l'obligation de ne pas construire, pour laquelle les juges vont décider la démolition des constructions. Cette obligation peut s'effectuer sans l'intervention personnelle et active du débiteur (C. civ., art. 1143).

601. Exécution forcée des obligations de donner. L'article 1142, qui paraît imposer que l'inexécution d'une obligation de faire se fasse par équivalent, est étranger aux obligations de donner. Ces obligations sont normalement susceptibles d'exécution forcée. Pour permettre le transfert de la propriété d'un bien, il est possible, sans la participation personnelle du débiteur, de saisir ce bien et de le remettre au créancier.

602. Transfert de propriété *solo consensu*. Il existe une explication plus simple à la possibilité de l'exécution forcée d'une obligation de donner. En fait, le transfert de propriété a déjà été exécuté dès l'échange du consentement, en application du principe du transfert de propriété *solo consensu.* Ce principe est posé par l'article 1583 du Code civil pour le contrat de vente : « Elle (la vente) est parfaite entre les parties, et la propriété est acquise de droit à l'acheteur à l'égard du vendeur, dès qu'on est convenu de la chose et du prix, quoique la chose n'ait pas encore été livrée ni le prix payé. »

Cela signifie que le transfert de propriété de la chose vendue s'est, sauf exception, opéré instantanément par le seul échange des consentements des parties au contrat, peu important que la chose n'ait pas encore été livrée. En somme, si le vendeur ne livre pas la chose qu'il a vendue, il ne sert à rien de le contraindre à en transférer la propriété à l'acquéreur, puisque ce transfert s'est déjà réalisé dès la conclusion du contrat. Il ne reste plus qu'un problème d'inexécution d'une obligation de livraison de la chose, qui est une obligation de faire.

§ 2. Les classifications des contrats

603. Il existe de nombreuses classifications des contrats. Ces divisions sont fondées sur les traits caractéristiques qu'ils présentent.

A. Contrats synallagmatiques et contrats unilatéraux

604. Les contrats synallagmatiques sont ceux pour lesquels chacun des contractants s'engage envers l'autre (C. civ., art. 1102). On dit encore qu'ils sont générateurs d'obligations réciproques. Chacune des parties au contrat est donc à la fois créancière et débitrice de l'autre partie. Tels sont les contrats de vente, de louage (ex. : le bail), de travail, de transport, d'assurance, etc. Par exemple, le contrat d'assurance met à la charge de l'assuré l'obligation de payer les primes d'assurance. De son côté, l'assureur doit indemniser les sinistres de son assuré.

605. Les contrats unilatéraux sont ceux pour lesquels l'un des contractants s'oblige envers l'autre, sans qu'il y ait de la part de ce dernier d'engagement (C. civ., art. 1103). Dans la mesure où ces contrats ne font naître d'obligations qu'à la charge de l'une des parties, cette partie sera uniquement débitrice, et l'autre partie créancière. Tels sont les contrats de prêt, de dépôt, de cautionnement, de donation, etc. Ainsi, aux termes d'une donation, les deux parties s'accordent pour que l'une d'entre elles, le donateur, s'oblige à donner un bien à l'autre, sans aucune contrepartie.

606. Les avant-contrats. Un exemple significatif du contrat unilatéral est celui de la *promesse unilatérale de vente*, qui précède souvent la conclusion du contrat définitif (il peut s'agir de promesses relatives à d'autres contrats : louage, prêt, etc.). Par cet avant-contrat, le propriétaire d'un bien s'oblige à le céder à une personne, pour le cas où celle-ci le lui demanderait dans un délai fixé. Il s'agit d'un contrat unilatéral, car seul le promettant s'engage à vendre son bien. En revanche, le bénéficiaire de la promesse n'est pas obligé de l'acquérir. S'il décide de le faire, il doit lever son option, et la promesse se transforme en promesse synallagmatique de vente, puisque désormais l'un est engagé à vendre, l'autre à acheter (l'article 1589 du Code civil précise que la promesse synallagmatique de vente vaut vente).

La *promesse unilatérale d'achat* est aussi un contrat unilatéral. Cette fois, le bénéficiaire de la promesse est le propriétaire du bien. Il ne s'engage pas à le vendre. C'est son cocontractant, le promettant, qui s'oblige à l'acquérir si le propriétaire décide de le vendre. Cet avant-contrat unilatéral se transforme en contrat synallagmatique dès la décision de vendre du propriétaire. Autrement dit, le concept d'avant-contrat est trompeur. Il ne signifie pas qu'il n'y a pas de contrat avant le contrat définitif. Il signifie que le contrat définitif peut être précédé d'autres accords de volontés générateurs d'obligations, donc d'autres contrats.

Le *pacte de préférence* est également un avant-contrat. Cette convention a pour objet d'obliger une personne, le promettant, envers une autre, le bénéficiaire, à lui proposer en priorité un de ses biens pour le cas où cette première personne déciderait de le vendre. Cette fois, aucune des parties ne s'oblige à conclure la vente définitive : ni le promettant qui peut renoncer à vendre, ni le bénéficiaire, qui est libre de ne pas acquérir.

607. Projet portant réforme du droit des contrats. Ignorés des rédacteurs du Code civil, les avant-contrats bénéficieraient de définitions. Art. 34 : « La promesse unilatérale de contrat est la convention par laquelle une partie promet à une autre, qui en accepte le principe, de conclure un contrat dont les éléments essentiels sont déterminés, mais pour la formation duquel fait seulement défaut le consentement du bénéficiaire [...]. »

Art. 35 : « Le pacte de préférence est la convention par laquelle une partie s'engage à proposer prioritairement à son bénéficiaire de traiter avec lui au cas où elle déciderait de contracter. Le contrat conclu en violation d'un pacte de préférence avec un tiers de mauvaise foi est nul » [*cette sanction s'inspire d'une jurisprudence de la Cour de cassation : Chbre mixte, 26 mai 2006, Bull. n° 4 ; toutefois il n'est pas expressément consacré la possibilité admise par cette même Chambre d'accompagner l'annulation de la reconnaissance de la cession au profit du bénéficiaire du droit de préemption, ce que l'on appelle l'exécution forcée du contrat*].

608. Distinction du contrat unilatéral et de l'acte juridique unilatéral. Il faut se garder de confondre le contrat unilatéral, qui repose, comme tout contrat, sur un accord de volontés des parties, avec l'acte juridique unilatéral. Dans l'acte unilatéral, il n'y a aucun accord de volontés. Une personne s'oblige envers une autre par l'effet de sa seule volonté. Ainsi, en cas de testament, la volonté du testateur est efficace par elle-même. Le légataire va acquérir les biens légués dès le décès par le seul effet du testament. Le testament ne saurait être une convention, d'autant plus que notre droit prohibe les testaments conjonctifs exprimant l'accord réciproque du testateur et du légataire (C. civ., art. 968 : « Un testament ne pourra être fait dans le même acte par deux ou plusieurs personnes, soit au profit d'un tiers, soit à titre de disposition réciproque et mutuelle »).

B. Contrats consensuels, contrats solennels et contrats réels

609. Les contrats consensuels sont ceux qui se forment par le seul accord de volontés des parties, en l'absence de toute condition de forme. C'est la solution de principe du droit français, dans la mesure où l'article 1108 du Code civil, qui énumère les conditions essentielles de validité des contrats, omet sciemment les règles de formes.

610. Les contrats solennels ou formels, sont ceux qui, pour être valables, nécessitent à la fois un accord de volontés des parties, et des formalités précises. Par exemple, l'accord de volontés devra être exprimé dans un acte notarié ou sous seing privé.

Il en est ainsi du contrat de mariage : « Toutes les conventions matrimoniales seront rédigées par acte devant notaire [...] » (C. civ., art. 1394). Il en est pareillement de la constitution d'hypothèque (C. civ., art. 2127), de la donation (C. civ., art. 931), de la vente d'immeuble à construire (C. constr. et habit., art. L. 261-11), et de la promesse de vente d'immeuble d'une durée supérieure à dix-huit mois (C. constr. et habit., art. L. 290-1).

611. Formalités *ad validitatem* et formalités *ad probationem*. Il faut se garder de confondre les formalités qui sont requises pour la validité même du contrat solennel, d'où les termes de « formalités *ad validitatem* », avec celles exigées pour se constituer une preuve de l'existence du contrat, d'où les termes de « formalités *ad probationem* ». Lorsque l'écrit est exigé à titre de validité même du contrat, son absence empêche le contrat d'être valable : il est atteint de nullité absolue. Lorsque l'écrit, authentique ou sous seing privé, est exigé comme moyen de preuve, il ne transforme pas le contrat consensuel en contrat solennel. À défaut du respect des formes, exigées à titre de preuve, le contrat reste valable par le seul échange des volontés des parties. Certes, il sera difficile d'en établir l'existence en justice ou de l'opposer aux tiers, mais il sera peut-être possible de recourir à d'autres moyens de preuve, même moins performants que l'écrit. Par exemple, la vente d'un bien de consommation courante, en dehors de toute réglementation particulière, constitue un contrat consensuel, valable du seul échange des volontés des parties, même sous la forme de paroles.

612. Le piège de la vente d'immeuble. Contrairement à une opinion commune, la vente d'un immeuble déjà construit constitue un contrat consensuel (en revanche, la vente dite d'immeuble à construire est un contrat solennel). Il en résulte que la vente est parfaite, quand bien même le vendeur et l'acquéreur se seraient entendus sur la chose et son prix dans le cadre d'une simple discussion, sans aucun écrit. Pourtant, le notaire intervient toujours pour réaliser la vente d'un terrain, d'un appartement ou d'une maison. En réalité, ce n'est pas pour une question de validité du contrat de vente, mais de publicité. L'explication est la suivante. Le législateur veut protéger les tiers afin qu'ils soient certains de la qualité de propriétaire de celui dont ils envisagent d'acquérir le bien. Aussi, impose-t-il des formalités de publicité foncière au bureau de la Conservation des hypothèques auprès duquel toute personne peut s'informer. Or, l'article 4 d'un décret du 4 janvier 1955 portant réforme de la publicité foncière dispose : « Tout acte sujet à publicité dans un bureau des hypothèques doit être dressé en la forme authentique. » C'est le notaire qui ordinairement est compétent pour dresser un acte de vente en cette forme (voir *infra* n° 1125). Pour autant, la vente d'immeuble reste un contrat consensuel, valable dès l'échange des consentements, sans qu'il soit nécessaire de respecter ces formalités de rédaction par acte authentique et de publicité foncière. Si ces formalités ne sont pas respectées, la vente reste valable, mais elle n'est pas opposable aux tiers.

613. Projet portant réforme du droit des contrats. Art. 45 : « Les contrats sont parfaits par le seul échange des consentements quelle qu'en soit la forme. Par exception, la validité d'un contrat peut être assujettie à l'observation de formalités déterminées par la loi. » Art. 46 : « Les formes requises aux fins de preuve ou d'opposabilité sont sans effet sur la validité des contrats. » Art. 47 : « À défaut de précision dans la loi, la nullité pour défaut ou vice de forme est absolue ou relative selon que la forme vise à protéger l'intérêt général ou un intérêt privé. »

614. Les contrats réels sont des contrats dont la formation nécessite, outre l'accord des volontés, la remise matérielle de la chose qui en est l'objet. Cette catégorie a toujours été discutée par la doctrine, et elle ne cesse de s'amenuiser. C'est ainsi que deux des exemples les plus significatifs de contrats réels n'ont plus lieu d'être. D'une part, la Cour de cassation a décidé que le prêt consenti par un professionnel du crédit n'était plus un contrat réel (Civ. 1re, 19 juin 2008, n° 06-19753 : *Bull.* n° 174). Aussi, tous les prêts bancaires sont-ils aujourd'hui considérés comme des contrats consensuels synallagmatiques. D'autre part, depuis la réforme du droit des sûretés, issue d'une ordonnance du 23 mars 2006, le gage n'est plus un contrat réel (C. civ., art. 2336 : «Le gage est parfait par l'établissement d'un écrit [...]»). Il ne reste donc plus comme contrats réels que le dépôt, le don manuel (don de faible valeur dispensé du formalisme de l'acte authentique : Civ. 1re, 11 juill. 1960 : *D.* 1960.702), et le prêt qui n'est pas consenti par un établissement de crédit.

C. Contrats nommés et contrats innomés

615. Les contrats nommés sont ceux qui sont réglementés par la loi, sous une appellation propre. Il en est ainsi, par exemple, de la vente, du louage, du prêt, du dépôt, du mandat, du cautionnement, et d'autres encore dont les textes qui les régissent figurent dans nos codes et nos lois écrites.

616. Les contrats innomés sont également des contrats. Toutefois, ils ne font l'objet d'aucune réglementation particulière. Ils n'en demeurent par moins valables, conformément au principe de la liberté contractuelle. Le plus souvent, c'est la pratique, la doctrine ou encore les tribunaux qui, pour aider à les distinguer, leur donnent un nom. Il en est ainsi des contrats d'hôtellerie, de restauration, de garde d'enfants, de nourrices, de location de coffre-fort, et d'un grand nombre d'opérations désignées sous des mots d'origine anglaise avec le suffixe «*ing*» : *franchising, factoring, engineering, sponsoring*, etc.

D. Contrats à titre gratuit et contrats à titre onéreux

617. Le contrat à titre gratuit (ou de bienfaisance) est celui par lequel une partie procure à l'autre un avantage, sans rien recevoir en échange. En somme, elle est complètement désintéressée. Il en est ainsi de la donation, du mandat non rémunéré, et du prêt sans intérêt.

618. Le contrat à titre onéreux est celui par lequel chaque contractant reçoit quelque chose en contrepartie de l'avantage qu'il procure à l'autre (c'est donnant-donnant !). L'échange, l'assurance, la vente, le bail, le louage de choses ou de services (contrat de travail), en sont des exemples. Les contrats à titre onéreux font, eux-mêmes, l'objet d'une sous-distinction en contrats commutatifs et contrats aléatoires.

E. Contrats commutatifs et contrats aléatoires

619. Le contrat commutatif est celui pour lequel les prestations mises à la charge des parties sont connues dès la conclusion du contrat. Par exemple, dans le contrat de transport, la destination et le prix du billet sont déterminés dès la conclusion du contrat.

620. Le contrat aléatoire est celui pour lequel la prestation due par l'une des parties dépend d'un événement futur imprévisible. Tel est le cas du contrat de rente viagère pour lequel l'aléa est la date imprévisible du décès du crédirentier. Citons encore le contrat d'assurance, à propos duquel l'assureur ignore, lors de la conclusion du contrat, s'il devra effectivement verser des indemnités de sinistres à son assuré Dans ce contrat, l'aléa réside dans la réalisation du risque garanti par l'assureur.

F. Contrats instantanés et contrats successifs

621. Le contrat à exécution instantanée est celui par lequel les parties exécutent leurs obligations en un trait de temps. Par exemple, la vente au comptant qui s'exécute en un moment précis et unique.

622. Le contrat à exécution successive est celui par lequel les parties exécutent leurs obligations sur un certain laps de temps. Par exemple, le bail, le contrat de travail, le contrat d'assurance, etc.

623. Résolution ou résiliation? L'intérêt de la distinction est le suivant. L'annulation du contrat instantané est rétroactive. On efface tout, quitte à ce que les parties restituent ce qu'elles ont reçu. Dans cette hypothèse le terme de *résolution* s'impose. En revanche, l'annulation du contrat successif n'est pas rétroactive : elle ne joue que pour l'avenir. La raison est qu'il est difficile ou impossible de récupérer certaines prestations déjà exécutées, comme le salaire versé à un travailleur, ou la force de travail qu'il a produite. Dans cette hypothèse, on emploie le terme de *résiliation*.

624. Projet portant réforme du droit des contrats. Art. 165 : « La résolution d'un contrat peut résulter de l'application d'une clause résolutoire, d'une notification du créancier au débiteur, ou d'une demande en justice » [*la résolution unilatérale par voie de notification est une innovation, inspirée des textes européens*]. Art. 166 : « Dans les contrats à exécution instantanée, la résolution s'entend de l'anéantissement rétroactif d'un contrat en raison de son inexécution. Elle libère les parties de leurs obligations. Dans les contrats à exécution successive ou échelonnée, l'engagement des parties prend fin pour l'avenir, à compter de l'assignation ou de la notification de la résolution unilatérale. »

G. Contrats de gré à gré et contrats d'adhésion

625. Le contrat de gré à gré est celui dont les parties négocient les conditions à égalité.

626. Le contrat d'adhésion est celui dont l'une des parties, économiquement la plus forte, impose en fait ses conditions à l'autre. En somme, la partie la plus faible ne négocie plus, elle se contente d'adhérer ou de refuser d'adhérer. C'est le cas, bien souvent, des contrats de transport, d'assurance, de vente de biens de consommation à prix fixe, etc. On concevrait difficilement que chaque usager du métro négocie le prix de son billet et la durée de l'arrêt à une station donnée.

627. Projet portant réforme du droit des contrats. Art. 5 : « Le contrat est une convention par laquelle une ou plusieurs personnes s'obligent envers une ou plusieurs autres. » Art. 6 : « Le contrat est synallagmatique ou bilatéral lorsque les contractants s'obligent réciproquement les uns envers les autres. Il est unilatéral lorsqu'une ou plusieurs personnes s'obligent envers une ou plusieurs autres sans qu'il y ait d'engagement réciproque de celles-ci. » Art. 7 : « Le contrat à titre onéreux est celui en vertu duquel chacune des parties entend recevoir de l'autre un avantage en contrepartie de celui qu'elle procure. Le contrat à titre gratuit est celui en vertu duquel l'une des parties entend procurer à l'autre un avantage sans recevoir de contrepartie. » Art. 8 : « Le contrat est commutatif lorsque chacune des parties s'engage à procurer à l'autre un avantage qui est regardé comme l'équivalent de celui qu'elle reçoit. Il est aléatoire lorsque les parties, sans rechercher l'équivalence de la contrepartie convenue, acceptent de faire dépendre les effets du contrat, quant aux avantages attendus, d'un événement incertain.» Art. 9 : «Le contrat est consensuel lorsqu'il se forme par le seul échange des consentements quel qu'en soit le mode d'expression. Le contrat est solennel lorsque sa formation est subordonnée, à peine de nullité, à des formalités déterminées. Le contrat est réel lorsque sa formation est subordonnée à la remise effective d'une chose.» Art. 10 : «Le contrat de gré à gré est celui dont les stipulations sont négociées par chacune des parties. Le contrat d'adhésion est celui dont les stipulations essentielles, soustraites à la discussion, ont été unilatéralement déterminées à l'avance» [*pour la première fois, ce contrat ferait l'objet d'une définition*]. Art. 11 : «Le contrat-cadre est un accord par lequel les parties conviennent de relations contractuelles dont elles déterminent les caractéristiques essentielles [*ce contrat ferait également l'objet d'une définition inédite*]. Des conventions d'application en précisent les modalités d'exécution, notamment la date, la quantité, la qualité et le prix des prestations.» Art. 12 : «Le contrat à exécution instantanée est celui dont les obligations peuvent s'exécuter en une prestation unique. Le contrat à exécution successive est celui dont les obligations d'au moins une partie se renouvellent et s'échelonnent dans le temps.» Art. 13 : «Sont interdépendants les contrats concomitants ou successifs dont l'exécution est nécessaire à la réalisation de l'opération d'ensemble à laquelle ils appartiennent» [*les contrats interdépendants, très courants pour les praticiens, sont définis pour la première fois*]. Art. 14 : «Les contrats innomés sont ceux que la loi ne réglemente pas sous une dénomination propre. Ils sont soumis, par analogie, aux règles applicables à des contrats comparables, dans la mesure où leur spécificité n'y met pas obstacle.»

Sous-section II Le fondement des actes juridiques

628. L'acte juridique est dominé par une conception théorique unique qui lui sert de fondement : le principe de l'autonomie de la volonté. En raison du domaine réduit de l'acte unilatéral, ce principe se confond quasiment avec l'étude du contrat, qui constitue l'acte juridique par excellence.

Plan. Il en résulte que le contrat repose exclusivement sur la volonté des parties (§1). Pour être efficace, cette volonté doit être libre et éclairée, c'est-à-dire ne pas être viciée (§2).

§ 1. Le principe de l'autonomie de la volonté

629. Origine. Le principe de l'autonomie de la volonté, qui imprègne le Code civil de 1804, est la traduction en droit des contrats d'un double courant antérieur au Code civil. D'une part, la philosophie du XVIIIe siècle qui croit en la liberté naturelle de l'homme (Rousseau, Voltaire, Diderot, Montesquieu, etc.). D'autre part, l'école du droit naturel moderne qui défend le mythe de l'état de nature renfermant les droits et libertés de chacun (Grotius, Pufendorf, Locke, etc.).

630. Définition. Cette double influence s'exprime dans notre droit des contrats sous la forme de trois propositions :

- seule la volonté individuelle, libre et autonome, peut donner naissance à des contrats générateurs d'obligations. En somme, l'homme ne peut être contractuellement obligé que s'il l'a voulu. *A contrario*, il ne saurait être assujetti aux obligations auxquelles il n'a pas consenti ;

– toutes les obligations voulues par l'homme s'imposent à lui. En effet, sa volonté est tellement forte qu'elle a force de loi entre les parties. C'est ce qu'exprime la maxime de Loysel : « On lie les bœufs par les cornes et les hommes par leurs paroles » ;
– le contrat est nécessairement juste, dans la mesure où il a été librement accepté et discuté par les parties. Un philosophe, Fouillé (1838-1912), écrivait : « Qui dit contractuel, dit juste. »

631. Plan. Cette doctrine libérale de l'autonomie de la volonté n'a pas été formulée expressément dans le Code civil. Cependant, elle inspire divers principes fondamentaux du droit des contrats et des obligations (A). Bien que ces principes n'aient jamais été modifiés, la loi et la jurisprudence ont multiplié les atteintes à l'autonomie de la volonté (B).

A. Les conséquences techniques

632. Trois principes essentiels, formulés par le Code civil, sous-tendent la théorie de l'autonomie de la volonté : la liberté contractuelle (1) ; la force obligatoire du contrat (2) ; l'effet relatif du contrat (3).

1. La liberté contractuelle

633. La liberté contractuelle signifie que la volonté doit être parfaitement libre de s'exprimer dans le domaine du contrat, sans être contrainte par des conditions plus ou moins restrictives. Cette liberté est constituée de trois attributs.

634. Liberté de contracter. Les parties sont libres de conclure tout contrat qu'elles désirent ou de ne pas contracter. En aucune manière la loi ne devrait porter atteinte à cette liberté en interdisant ou en imposant la conclusion de contrats.

635. Liberté de déterminer les clauses du contrat. La loi ne saurait imposer des modèles de contrats ou des clauses types. Certes, l'article 6 du Code civil restreint cette liberté dès lors qu'il énonce : « On ne peut déroger par des conventions particulières aux lois qui intéressent l'ordre public et les bonnes mœurs. » Cependant, pour les rédacteurs du Code civil, l'ordre public était une exception très résiduelle, et l'article 6, *a contrario*, doit être compris comme autorisant à contracter sur tout ce qui n'est pas défendu. En somme, ce texte exprime davantage le principe de la liberté contractuelle des parties que l'atteinte à ce principe.

636. Consensualisme. Ce terme signifie que le contrat se forme par le seul accord des volontés des parties, sans qu'aucune condition de forme ne soit exigée. En ce sens, les parties n'ont pas à s'enfermer dans des formules solennelles, dans des écrits ou des rites notariaux. Leur seul consentement, la parole donnée, suffit à former le contrat. Le Code civil a consacré le consensualisme avec l'article 1108 qui énumère quatre conditions essentielles à la validité du contrat, toutes étrangères à sa forme : le consentement, la capacité, l'objet, la cause.

637. Projet portant réforme du droit des contrats. Art. 15 : « Chacun est libre de contracter ou de ne pas contracter. » Art. 16 : « La liberté contractuelle emporte celle de choisir son cocontractant, ainsi que celle de déterminer le contenu et la forme du contrat. Toutefois, il ne peut être dérogé, par des conventions, à l'ordre public et aux bonnes mœurs. » Art. 45 : « Les contrats sont parfaits par le seul échange des consentements quelle qu'en soit la forme. Par exception, la validité d'un contrat peut être assujettie à l'observation de formalités déterminées par la loi. » Art. 49 : Quatre conditions sont essentielles pour la validité d'un contrat : le consentement des parties contractantes ; leur capacité de contracter ; un contenu certain ; la licéité du contrat [*la cause serait abandonnée comme condition de validité des contrats. En revanche, la licéité accéderait au rang des conditions essentielles de validité, ce qui va de soi*]. Art. 88 : « Est illicite le contrat prohibé par la loi ou contraire à l'ordre public ou aux bonnes mœurs. » Art. 89 : « L'illicéité ouvre droit à une action en nullité absolue. Celui qui a sciemment contrevenu à l'ordre public ou aux bonnes mœurs peut se voir refuser toute restitution. »

2. *La force obligatoire du contrat*

638. Cette matière est dominée par le célèbre article 1134, al. 1er du Code civil, aux termes duquel : « Les conventions légalement formées tiennent lieu de loi à ceux qui les ont faites. » Cette force obligatoire du contrat comporte deux conséquences essentielles.

639. Respect du contrat. Les parties sont obligées par le contrat qu'elles ont conclu ; ce contrat leur tenant désormais lieu de loi. Cela ne signifie pas que le contrat soit élevé dans la hiérarchie des normes juridiques au rang de la loi. Il ne s'agit que d'une image pour exprimer l'idée selon laquelle les parties doivent respecter le contrat, autrement dit leur parole, comme elles respectent la loi.

Le principe de la force obligatoire du contrat s'impose également au législateur. C'est la raison pour laquelle, sauf exceptions, une loi nouvelle n'est pas applicable à un contrat en cours d'exécution (voir *supra* n° 285). De même, l'ancien article 1152 du Code civil, dans sa rédaction première de 1804, interdisait-il au juge d'intervenir dans un contrat pour augmenter ou réduire le montant d'une clause pénale convenue par les parties, quand bien même il aurait été excessif ou dérisoire. La clause pénale est une indemnité forfaitaire, souvent prévue dans le contrat, mise à la charge de la partie qui n'exécuterait pas ses obligations.

Ce principe s'impose pareillement au juge. Pour cette raison, la jurisprudence civile a toujours refusé d'admettre la théorie de l'imprévision (Civ., 3 mars 1876 : *DP* 1876.1.193). Selon cette théorie, les juges devraient pouvoir réviser les contrats à exécution successive, dès lors que des événements, imprévisibles à la conclusion du contrat, surviennent en cours d'exécution, au point de rendre injuste le contrat pour l'une des parties.

640. Irrévocabilité unilatérale du contrat. Les parties ne peuvent révoquer le contrat que d'un commun accord, ou pour les causes que la loi autorise (C. civ., art. 1134, al. 2). Dans la mesure où il a fallu un accord de volontés pour lier les parties, seul un nouvel accord de volontés peut les délier. Autrement dit, il ne saurait y avoir de révocation unilatérale d'un contrat. Toutefois, la loi prévoit des exceptions, par exemple pour les contrats à durée indéterminée (ex. : art. 1736 pour le bail ; art. 1780 pour le contrat de travail).

641. Projet portant réforme du droit des contrats. Art. 17 : « Le contrat légalement formé s'impose aux parties qui ne peuvent ni le modifier ni le révoquer unilatéralement. Chacune d'elles peut exiger de son cocontractant l'exécution de son obligation telle qu'elle a été prévue par le contrat. » Art. 18 : « Chacune des parties est tenue d'agir de bonne foi. »

Art. 135 : « Les conventions obligent non seulement à ce qui y est exprimé, mais encore à toutes les suites que l'équité, l'usage ou la loi donnent à l'obligation d'après sa nature. » Art. 136 : « Si un changement de circonstances, imprévisible et insurmontable, rend l'exécution excessivement onéreuse pour une partie qui n'avait pas accepté d'en assumer le risque, celle-ci peut demander une renégociation à son cocontractant mais doit continuer à exécuter ses obligations durant la renégociation. [*Cette disposition introduit en droit civil la théorie de l'imprévision jusqu'alors refusé par la jurisprudence. Toutefois, elle est fortement encadrée : l'exécution du contrat devant devenir excessivement onéreuse pour l'une des parties, en raison d'un changement imprévisible et insurmontable dont celle-ci n'avait pas assumé d'accepter le risque.*] En cas de refus ou d'échec de la renégociation, le juge peut, si les parties en sont d'accord, procéder à l'adaptation du contrat, ou à défaut y mettre fin à la date et aux conditions qu'il fixe » [*le caractère supplétif de l'intervention du juge est doublement marqué : d'une part, à défaut de renégociation amiable ; d'autre part, sous réserve que les parties soient d'accord*].

3. L'effet relatif du contrat

642. Obligation des parties. Le principe de la relativité des conventions est posé par l'article 1165 du Code civil : « Les conventions n'ont d'effet qu'entre les parties contractantes. » Cela signifie que le contrat n'a pas force obligatoire à l'égard de tout le monde : il n'oblige que les parties qui l'ont conclu. C'est normal puisque, selon la doctrine de l'autonomie de la volonté, n'est obligé que celui qui a voulu l'être.

À ces parties au contrat, il convient d'assimiler leurs ayants cause universels. Il en est ainsi de l'héritier qui, dans le cadre d'une succession *ab instestat*, c'est-à-dire sans testament, reçoit l'universalité ou une quote-part du patrimoine du défunt. Cet héritier recueille les contrats qui avaient été conclus par le défunt : il sera donc créancier ou débiteur là où le défunt était lui-même créancier ou débiteur. Il en est de même, dans le cadre d'une succession par testament, du légataire universel ou à titre universel.

643. Opposabilité aux tiers. Si le contrat ne peut obliger les tiers qui n'étaient pas parties, sous réserve des règles de la stipulation pour autrui (voir *infra* n° 656), cela ne signifie pas pour autant que ces personnes peuvent ignorer le contrat. Au contraire, le contrat est un fait social (et non un fait juridique), qui doit être respecté de tous. Le droit exprime cette idée en disant que le contrat est opposable à tous les tiers (*erga omnes*). Il ne s'agit pas d'une exception au principe de l'effet relatif du contrat. Lorsque les parties opposent aux tiers le contrat qu'elles ont conclu, elles ne cherchent pas à leur étendre ses effets obligatoires. Elles leur demandent seulement de respecter les effets que le contrat produit entre elles. Par exemple, si un artiste a conclu un contrat avec un producteur pour une saison, un autre producteur doit respecter ce contrat. S'il passait outre, et débauchait l'artiste, il commettrait une faute et engagerait sa responsabilité.

644. Projet portant réforme du droit des contrats. Art. 137 : « Le contrat n'a d'effet qu'entre les parties. Il n'a pas d'effet à l'égard des tiers qui ne peuvent ni en demander l'exécution ni se voir contraints de l'exécuter sous réserve des dispositions de la présente section. » Art. 138 : « Le contrat est opposable aux tiers qui doivent respecter la situation juridique ainsi créée. Le contrat est opposable aux parties par les tiers qui peuvent invoquer à leur profit la situation juridique ainsi créée notamment pour rapporter la preuve d'un fait ou encore rechercher la responsabilité d'une partie. »

B. Le déclin de l'autonomie de la volonté

645. À la doctrine libérale de l'autonomie de la volonté s'est opposé un courant social mettant en cause son manque de réalisme et son caractère dogmatique. Pour ce courant social, le contrat n'est pas nécessairement juste, faute d'égalité entre les parties. Souvent, une partie en position de force impose ses conditions à une partie faible qui ne peut les discuter. Il n'y a aucune égalité entre les hommes, et la liberté ne garantit rien. C'est ainsi que le père Lacordaire (1802-1861), écrivait : « Entre le fort et le faible, c'est la liberté qui asservit, la loi qui libère. »

Malgré cette réaction, les principes de base du droit privé des contrats n'ont pas été modifiés. La plupart d'entre eux sont d'ailleurs repris dans le projet portant réforme du droit des contrats (sous réserve de l'entorse au principe de la force obligatoire résultant de l'introduction de la théorie de l'imprévision dans notre droit civil des contrats : voir *supra* n°s 134 et 639). Toutefois, la loi et la jurisprudence ont multiplié, de manière ponctuelle, des atteintes aux conséquences techniques essentielles de l'autonomie de la volonté.

1. Les atteintes à la liberté contractuelle

646. Ces atteintes entament les libertés de contracter, de ne pas contracter, de déterminer les conditions du contrat, ainsi que le principe du consensualisme.

647. Développement de l'ordre public. L'article 6 du Code civil limite la liberté de contracter par l'interdiction de porter atteinte aux lois qui intéressent l'ordre public et les bonnes mœurs. Il suffit donc d'élargir l'ordre public pour réduire d'autant la liberté contractuelle. En effet, il ne peut être dérogé à une disposition d'ordre public ; une telle disposition étant impérative, et non supplétive de la volonté des parties.

Le Code civil n'ayant pas défini les notions d'ordre public et de bonnes mœurs, leur contenu évolue avec le temps et les mentalités, que ce soit à l'initiative du juge ou du législateur. Par exemple, les juges, au XIXe siècle, estimaient contraire aux bonnes mœurs les contrats d'assurance-vie. Puis, prenant en considération l'évolution des mœurs, ils en ont admis la validité (voir *supra* n° 505). Quant à l'intervention du législateur, elle se manifeste avec de nombreuses lois qui relèvent d'un ordre public économique et social. Cette catégorie renferme quasiment toute la législation du droit du travail (durée des congés payés, salaire minimum, durée du travail, etc.). Sans être exhaustif, elle réunit également la législation monétaire et fiscale, ainsi que les lois de protection des consommateurs, et celles qui régissent les baux d'habitation et le contrat d'assurance.

648. Ordre public de protection et de direction. En général, la doctrine oppose l'ordre public social, appelé « ordre public de protection », à l'ordre public économique, appelé « ordre public de direction ».

L'ordre public de protection a pour objet de protéger un contractant faible contre un contractant fort. Il s'agit donc de défendre un intérêt particulier. Il en est ainsi de la législation protectrice des salariés, des consommateurs, des emprunteurs ou des assurés.

À l'inverse, l'ordre public de direction est édicté dans l'intérêt général. C'est généralement l'instrument d'une politique d'économie dirigée. Par exemple, la réglementation des clauses d'indexation a pour objectif premier d'éviter l'inflation, les lois fiscales ont pour finalité de faire rentrer de l'argent dans les caisses de l'État, etc.

649. Nullités absolues et relatives. L'intérêt de la distinction des deux ordres publics se trouve au niveau des sanctions qui leur sont attachées.

S'il s'agit de l'*ordre public de protection*, tout contrat qui le transgresse est atteint de nullité relative. La conséquence en est que l'action en nullité est réservée à celui des contractants dont le législateur a voulu défendre les intérêts, l'action étant refusée à l'autre partie. Le contractant en faveur de qui la nullité a été édictée peut confirmer l'acte, c'est-à-dire qu'il peut renoncer au droit d'invoquer la nullité.

S'il s'agit de l'*ordre public de direction*, la sanction est la nullité absolue. Cette nullité peut être invoquée par toute personne intéressée, notamment par l'une ou l'autre des parties, et éventuellement par l'autorité judiciaire elle-même.

La loi du 17 juin 2008 portant réforme de la prescription a fait disparaître une autre différence entre les deux nullités. Auparavant, le délai de prescription des actions en nullité relative était de cinq ans, contre trente ans pour les actions en nullité absolue (ce dernier délai était celui de droit commun). Désormais, sauf cas particuliers, le délai de droit commun est de cinq ans pour les actions personnelles ou mobilières (C. civ., art. 2224).

650. Projet portant réforme du droit des contrats. Art. 90 : « Le contrat qui ne remplit pas les conditions requises pour sa validité est nul. Il est censé n'avoir jamais existé [...]. » Art. 91 : « La nullité est absolue ou d'ordre public lorsque la règle violée a pour objet la sauvegarde de l'intérêt général. Elle est relative lorsque la règle violée a pour objet la sauvegarde d'un intérêt privé » [*Le projet reprend donc la distinction entre la nullité absolue, qui protège l'intérêt général, et la nullité relative, qui protège les intérêts privés.*] Art. 92 : « La nullité absolue peut être invoquée par toute personne justifiant d'un intérêt, ainsi que par le ministère public. La nullité ne peut être couverte par la confirmation du contrat. Celui-ci doit être refait. » Art. 93 : « La nullité relative ne peut être invoquée que par celui que la loi entend protéger. Il peut y renoncer et confirmer le contrat [...]. » Art. 94 : « La confirmation est un acte par lequel celui qui peut se prévaloir de la nullité y renonce [...]. » Art. 97 : « À moins que la loi n'en dispose autrement, toutes les actions en nullité se prescrivent par cinq ans [...]. »

651. Contrat forcé. Limiter la liberté de ne pas contracter, c'est obliger une personne à contracter. Cette situation, négation même de l'autonomie de la volonté, se rencontre avec le contrat forcé.

L'exemple type est celui de l'assurance de responsabilité civile automobile qui est obligatoire (C. assur., art. L. 211-1). De même est-il interdit au professionnel « de refuser à un consommateur la vente d'un produit ou la prestation d'un service, sauf motif légitime [...] » (C. consom., art. L. 122-1).

652. Intervention judiciaire et législative. De très nombreuses restrictions ont été apportées à la liberté de déterminer le contenu du contrat.

C'est ainsi que le juge n'a jamais hésité à forcer le contrat en y ajoutant des obligations, non envisagées par les parties, comme les obligations de renseignement et de sécurité dans divers contrats (voir *supra* n° 544).

Quant au législateur, on retiendra l'article 1244-1 du Code civil, modifié par une loi du 9 juillet 1991, qui autorise le juge, compte tenu de la situation du débiteur et en considération des besoins du créancier, à reporter le paiement des sommes dues, dans la limite de deux années.

Un autre exemple est donné avec le contrat de rente viagère. L'article 1976 du Code civil, dans sa rédaction de 1804 toujours en vigueur, énonce : « La rente viagère peut être constituée au taux qu'il plaît aux parties contractantes de fixer. » Cet hymne à la liberté contractuelle n'a pas empêché le législateur d'intervenir, depuis la Seconde Guerre mondiale, pour que soient majorées, de plein droit, les rentes viagères, y compris dans les contrats en cours. En outre, le taux de majoration applicable est fixé impérativement chaque année par la loi de finances (1,20 % pour les rentes servies en 2010 : arr. 4 déc. 2009).

653. Formalisme. Le Code civil de 1804 n'avait apporté que quelques exceptions au consensualisme avec les contrats solennels ou formels, comme le contrat de mariage, la donation et la constitution d'hypothèques. Ces contrats nécessitent, outre le consentement des parties, une condition tenant à leur forme, en l'occurrence la forme authentique. Au fil des ans, le législateur a multiplié les exceptions, exigeant souvent l'écrit, authentique ou sous seing privé, comme condition de validité. Il en est ainsi, par exemple, pour le contrat d'apprentissage (C. trav., art. L. 6222-4 : écrit signé des parties contractantes), et la vente d'immeuble à construire (C. constr. et habit., art. L. 261-11 : acte authentique). Dans ces deux cas, le législateur impose non seulement la forme du contrat, mais la plupart des mentions.

2. *Les atteintes à la force obligatoire du contrat*

654. La plupart des atteintes à la liberté contractuelle constituent des atteintes à la force obligatoire du contrat. C'est le cas, par exemple, des lois d'ordre public économique et social qui s'appliquent aux contrats en cours d'exécution, en dépit de ce qu'avaient convenu les parties.

On peut ajouter l'hypothèse du nouvel article 1152 du Code civil relatif aux clauses pénales. Depuis une loi du 9 juillet 1975, modifié par une loi du 11 octobre 1985, ce texte permet au juge, même d'office, de modérer ou d'augmenter la peine qui avait été convenue, si elle est manifestement excessive ou dérisoire. Le contrat n'est donc plus exécuté selon la volonté des parties.

3. *Les atteintes à l'effet relatif du contrat*

655. Ces atteintes sont essentiellement issues de la jurisprudence qui, dans sa fonction d'interprétation du droit, a souvent fait preuve d'un esprit progressiste.

656. Stipulation pour autrui. Un premier exemple est donné avec la stipulation pour autrui. Il s'agit d'un contrat en vertu duquel une personne (le stipulant), obtient d'une autre personne (le promettant), qu'elle s'engage à effectuer une certaine prestation envers une troisième personne (le tiers bénéficiaire). Ce mécanisme constitue une exception à l'effet relatif des contrats, posé par l'article 1165 du Code civil, dans la mesure où le tiers bénéficiaire devient créancier d'une obligation née d'un contrat auquel il n'est pas partie. Aussi les rédacteurs du Code civil ont-ils formellement interdit de stipuler pour autrui dans un contrat : « On ne peut, en général, s'engager, ni stipuler en son propre nom, que pour soi-même » (C. civ., art. 1119). Ils n'ont prévu que deux exceptions : d'une part, lorsque la stipulation est la condition d'une donation que l'on fait à un autre (ex. : je vous donne une maison, à condition que vous versiez une rente à un tiers) ; d'autre part, lorsqu'elle est la condition d'une donation que l'on se fait pour soi-même (ex. : je vous vends une maison, à condition que vous me versiez la moitié du prix et l'autre moitié à un tiers).

La prohibition de la stipulation pour autrui était devenue gênante avec le développement, au XIXe siècle, des assurances sur la vie, qui empruntent ce mécanisme. En effet, l'assureur, aux termes du contrat qu'il a conclu avec le souscripteur, s'oblige, au décès de celui-ci, à verser un capital à une tierce personne qui n'est pas partie au contrat. La jurisprudence a néanmoins validé l'assurance sur la vie, et d'autres opérations, en créant un véritable principe de liberté de la stipulation pour autrui, sauf dans des cas exceptionnels (Civ., 16 janvier, 8 février, 27 mars 1888 : *S.* 1888.1.121). Depuis, l'article 1119 du Code civil est quasiment tombé en désuétude (il est pourtant maintenu dans des termes identiques dans le projet portant réforme du droit des contrats : art. 140).

657. Les actions directes dans les chaînes de contrats. Un autre exemple remarquable est celui de la garantie des vices cachés dans le contrat de vente, qui fait l'objet des articles 1641 et suivants du Code civil, dans leur rédaction de 1804, toujours en vigueur. L'influence de la jurisprudence s'est manifestée par un élargissement des titulaires de l'action en garantie, appelée *action directe nécessairement contractuelle*.

Dans un schéma élémentaire, la garantie des vices cachés met en relation un vendeur et un acquéreur, lequel exerce son action contractuelle en garantie contre le vendeur. Mais, dans un schéma plus compliqué, il arrive que le premier acquéreur ait revendu la chose à une tierce personne, le sous-acquéreur. Cette succession de contrats opérant transfert de propriété de la chose soulève la question de la nature des relations entre le sous-acquéreur et le fabricant-vendeur initial. En particulier, on s'est demandé s'il ne serait pas possible au sous-acquéreur, au lieu d'exercer son action contractuelle en garantie contre son vendeur direct, de l'exercer contre le fabricant-vendeur initial. *A priori*, la règle de l'effet relatif des conventions s'y oppose, puisqu'elle réserve les actions de nature contractuelle aux parties contractantes. Pourtant, la jurisprudence en a décidé autrement : elle permet au sous-acquéreur d'exercer cette « action directe nécessairement contractuelle » contre l'un des vendeurs successifs de la chose, y compris le fabricant-vendeur initial (Civ. 1re, 9 octobre 1979, *Bull.* n° 241).

Cette solution s'applique encore dans l'hypothèse de contrats successifs de nature différente, sous réserve qu'ils opèrent un transfert de propriété de la chose (Ass. plén. 7 février 1986, *Bull.* n° 2). L'exemple est celui d'un fabricant de matériaux de construction, atteints d'un vice caché, qui les vend à un entrepreneur. Ce dernier les incorpore à une maison qu'il construit pour le compte d'un particulier auquel il est lié par un contrat d'entreprise. Lorsque le vice de la chose se révèle, le particulier entend exercer son action contractuelle en garantie contre le fabricant-vendeur. Pour la jurisprudence, cette action contractuelle est attachée à la chose dont elle constitue l'accessoire, et elle se transmet avec elle, de sorte que tous les propriétaires successifs de cette chose peuvent l'exercer.

§ 2. La théorie classique des vices du consentement

658. Volonté concordante des parties. L'existence de la volonté est la condition fondamentale de validité de l'acte juridique. Au niveau du contrat, on évoquera une volonté concordante des parties, autrement dit leur consentement. L'article 1108 du Code civil, qui cite les éléments constitutifs du contrat, commence précisément par le consentement : « Quatre conditions sont essentielles pour la validité d'une convention : le consentement de la partie qui s'oblige; sa capacité de contracter; son objet certain qui forme la matière de l'engagement; une cause licite dans l'obligation. »

Sous réserve d'exceptions, plus ou moins subtiles, dont l'étude relève du cours de droit des obligations, on peut énoncer que l'absence de l'un de ces éléments essentiels est sanctionnée par la nullité absolue du contrat.

659. Projet portant réforme du droit des contrats. Art. 90 : « Le contrat qui ne remplit pas les conditions requises pour sa validité est nul. Il est censé n'avoir jamais existé. » Art. 91 et s. (voir *supra* n° 650).

660. Volonté libre et éclairée. C'est précisément au niveau de la volonté ou du consentement que notre droit des contrats adapte l'ancienne théorie romaine dite des vices du consentement. Dans la logique de l'autonomie de la volonté, non seulement la volonté doit exister, mais elle doit être libre et éclairée. Tel n'est plus le cas, lorsqu'elle a été viciée.

Notre droit retient trois vices du consentement sanctionnés, cette fois, par la nullité relative. Le régime de cette nullité est donc identique à celui applicable à la transgression d'une règle d'ordre public de protection, dans la mesure où il s'agit de protéger une personne, en l'occurrence le contractant dont le consentement a été vicié.

Aux termes de l'article 1109 du Code civil : « Il n'y a point de consentement valable, si le consentement n'a été donné que par erreur, ou s'il a été extorqué par violence ou surpris par dol. » L'étude approfondie de ces vices du consentement relevant du cours de droit des obligations, nous donnerons des définitions sommaires.

661. Erreur. Définie par l'article 1110 du Code civil, l'erreur consiste pour l'un ou l'autre des contractants, voire pour les deux, à s'être trompé. Autrement dit, telle partie au contrat n'aurait pas donné son consentement si elle n'avait pas commis cette erreur d'appréciation de la réalité.

Sous réserve du cas particulier de l'erreur sur la personne prévue par l'article 1110, alinéa 2, il s'agit d'une erreur sur la substance. Le mot *substance* peut être pris dans son sens objectif, à savoir la matière dont la chose est faite (ex. : j'ai acheté des bougeoirs que je croyais être en argent, et qui s'avèrent être en bronze argenté). Le mot *substance* est également pris dans son sens subjectif, à savoir les qualités essentielles de la chose que les parties avaient principalement en vue (ex. : j'ai acheté des bougeoirs que je croyais être d'époque Louis XV, et qui s'avèrent être de simples copies du siècle dernier).

Pour que la nullité soit prononcée, il appartient à celui qui prétend avoir donné son consentement par erreur de prouver deux choses. D'une part, qu'il s'est trompé. D'autre part, que cette qualité sur laquelle il s'est trompé avait été la raison déterminante de son engagement.

662. Erreurs indifférentes. L'*erreur sur la valeur* de la chose n'est pas prise en compte, quand bien même le prix de la chose est souvent une qualité déterminante du consentement du contractant. L'explication tient à ce que ce type d'erreur fait l'objet d'une disposition particulière avec l'article 1118 du Code civil qui réglemente la lésion. Mais, dans la mesure où la lésion n'est retenue par ce texte, comme cause de nullité du contrat, que dans des cas très exceptionnels, en dehors de ceux-ci, l'erreur sur la valeur n'est pas sanctionnée. L'*erreur sur les mobiles* ou les motifs du contractant n'est pas davantage prise en compte, du moins lorsqu'elle est restée étrangère à l'objet du contrat. C'est l'exemple du salarié qui achète un appartement à Paris, croyant à tort être prochainement muté dans la capitale.

663. Dol. Défini par l'article 1116 du Code civil, le dol consiste en des manœuvres pratiquées par l'une des parties afin de tromper l'autre. L'erreur de l'un des contractants n'est donc plus spontanée : elle est provoquée.

Trois conditions sont exigées pour constituer le dol. D'une part, une faute intentionnelle, c'est-à-dire volontaire. Bien que l'article 1116 évoque des manœuvres, c'est-à-dire une certaine mise en scène, la jurisprudence retient aussi bien les mensonges, non appuyés d'actes extérieurs, que le silence gardé sur une circonstance que l'autre contractant avait intérêt à connaître (ex. : le vendeur d'une entreprise qui dissimule sa situation réelle au moyen d'un bilan incomplet). D'autre part, le dol doit être imputable à l'une des parties au contrat. Enfin, il doit avoir été déterminant dans le consentement de la victime.

664. Violence. La violence, régie par les articles 1111 à 1115 du Code civil, consiste à inspirer au contractant une crainte telle qu'il donnera son consentement. Cette violence est essentiellement morale, en ce qu'elle influe sur la volonté. En revanche, lorsqu'une personne contracte sous les coups qui lui sont portés, il ne saurait y avoir vice du consentement, mais plutôt absence de consentement. La violence morale, comme la menace d'être licencié ou privé d'argent, la crainte de la révélation de certains éléments de sa vie privée, peut émaner aussi bien d'un tiers que de la partie contractante adverse. Elle peut même résulter d'événements extérieurs, tel l'état de nécessité (ex. : une personne conclut un contrat désastreux pour elle, sous la pression de besoins d'argent).

> **665. Projet portant réforme du droit des contrats.** Art. 51 : « L'erreur, le dol et la violence vicient le consentement lorsqu'ils sont de telle nature que, sans eux, l'une des parties ou son représentant n'aurait pas contracté ou aurait contracté à des conditions différentes. Leur caractère déterminant s'apprécie eu égard aux personnes et aux circonstances de l'espèce. » Art. 52 à 65 : [*Cette suite d'articles qui traitent des trois vices du consentement a pour seul objet de consolider la jurisprudence*].
>
> Art. 63 : « Il y a également violence lorsqu'une partie abuse de la situation de faiblesse de l'autre pour lui faire prendre, sous l'empire d'un état de nécessité ou de dépendance, un engagement qu'elle n'aurait pas contracté en l'absence de cette contrainte » [*Cet article consacre les conditions de la violence dite économique posées par la Cour de cassation en ces termes : « Seule l'exploitation abusive d'une situation de dépendance économique, faite pour tirer profit de la crainte d'un mal menaçant directement les intérêts légitimes de la personne, peut vicier de violence le consentement de l'acte juridique » :* Civ. 1re, 3 avr. 2002 : *Bull.* n° 108].

Section II
Le fait juridique

666. Définition. Il est malaisé de donner une définition du fait juridique, le mot *fait* étant on ne peut plus vague. Au sens large du terme, le fait juridique devrait concerner tous les événements emportant des conséquences juridiques. Dans ce sens, l'acte juridique serait pareillement un fait juridique. C'est la raison pour laquelle il faut définir le fait juridique dans un sens plus étroit. Dans ce sens, le fait juridique concerne tous les événements, autres que l'acte juridique, comportant des effets de droit, spécialement la création de droits subjectifs.

Dans la mesure où l'acte juridique a été défini comme un acte de volonté destiné à produire des effets de droit, on admettra que le fait juridique soit un événement, volontaire ou involontaire, produisant des conséquences juridiques, qui n'ont pas été voulues par leur auteur. Ces conséquences juridiques sont prévues par la loi. Par exemple, c'est la loi qui confère à chacun la capacité d'exercer les droits dont il a la jouissance, à l'âge de dix-huit ans accomplis (C. civ., art. 414). Cet âge est un fait, d'ordre biologique, que le législateur prend en considération pour y attacher un effet de droit, que l'intéressé le veuille ou non.

Parfois, cet événement peut résulter de la volonté de l'homme. On parle alors de fait volontaire (ex. : porter un coup à autrui). Malgré cette volonté de l'homme, il s'agit encore d'un fait juridique. En effet, la conséquence juridique, qui est attachée à ce type de comportement, n'a pas été voulue par son auteur. Elle est prévue par la loi, qui oblige l'auteur d'une faute causant à autrui un dommage à le réparer (C. civ., art. 1382).

667. Contenu. Le contenu des faits juridiques est très divers. Certains des faits tiennent à la nature. D'autres, relèvent du comportement de l'homme.

> **668. Faits de la nature**. Il convient de citer quelques événements d'ordre biologique. Tel est le cas de la naissance, qui donne lieu à la situation juridique d'enfant légitime (issu du mariage de ses parents), ou naturel (né hors mariage). La loi attache à cet état divers droits et devoirs, comme l'autorité parentale et ses attributs (droits de garde, de surveillance et d'éducation), l'obligation d'entretien, la vocation successorale, l'attribution d'un nom, etc. On peut aussi évoquer l'âge, qui est un fait biologique souvent pris en considération par la loi. Il en est ainsi pour la responsabilité pénale (à partir de 13 ans), l'émancipation (16 ans), la capacité civile (18 ans, voire 16 ans en cas d'émancipation), la capacité commerciale (18 ans), le mariage (18 ans). Le décès est un autre fait juridique qui déclenche notamment la transmission des biens du défunt à ses héritiers ou légataires.

669. Plan. Au titre des faits de l'homme, auxquels la loi attache des obligations, il convient de distinguer les faits illicites (Sous-section I) et les faits licites (Sous-section II).

Sous-section I Les faits de l'homme illicites

670. Les faits illicites sont les délits et les quasi-délits, *lato sensu*. Il s'agit de faits générateurs de la responsabilité civile d'une personne. Le Code civil retient trois sortes de faits : le fait personnel, le fait d'autrui, et le fait des choses.

671. Fait personnel. Le fait personnel est constitué du délit et du quasi-délit, *stricto sensu,* auxquels la loi attache une obligation de réparation à la charge de leur auteur. Toutefois, il convient de distinguer le délit du quasi-délit.

Le délit est un fait volontaire de l'homme qui occasionne un dommage à autrui. Dans cette occurrence, l'article 1382 du Code civil met à la charge de l'auteur du dommage l'obligation d'indemniser la victime. Par exemple, une personne, par pure malveillance, met le feu à la maison de son voisin. Il s'agit d'un délit, autrement dit d'un comportement volontaire qui produit un effet de droit non voulu par son auteur, puisqu'il s'agit de l'obligation dans laquelle il se trouve de réparer le dommage qu'il a causé. Dans la mesure où l'auteur du dommage n'avait pas voulu cette conséquence juridique, il ne saurait s'agir d'un acte juridique.

Le quasi-délit, c'est presque la même chose, mais pas tout à fait. Il s'agit d'un fait de l'homme involontaire qui occasionne un dommage à autrui. Dans cette situation, l'article 1383 du Code civil met également à la charge de l'auteur du dommage l'obligation de le réparer. En somme, avec le quasi-délit, la volonté de l'homme n'intervient même plus au stade du fait générateur du dommage. L'exemple type est celui d'une personne qui, invitée chez son voisin, met le feu à la maison de celui-ci en jetant, par inadvertance, une cigarette mal éteinte dans la corbeille à papier.

672. Fait d'autrui. Le fait d'autrui consiste à rendre responsable une personne des dommages causés par une autre personne dont elle doit répondre. C'est ainsi que le Code civil envisage trois hypothèses de responsabilité du fait d'autrui :

- la responsabilité des père et mère, en tant qu'ils exercent l'autorité parentale, en raison des dommages causés par leurs enfants mineurs habitant avec eux (art. 1384, al. 4) ;
- la responsabilité des commettants (en fait les employeurs), du fait des dommages causés par leurs préposés (quasiment les salariés), dans les fonctions auxquelles ils les ont employés (art. 1384, al. 5) ;
- la responsabilité des artisans pour les dommages causés par leurs apprentis (art. 1384, al. 6).

En outre, en dehors de ces cas spécialement prévus la loi, la jurisprudence a institué, en 1991, sur le fondement de l'article 1384, alinéa 1er du Code civil, un principe général de responsabilité du fait d'autrui applicable à toutes personnes ayant la garde d'autrui (voir *supra* n° 522).

673. Fait des choses. Le fait des choses consiste à rendre responsable celui qui a la garde d'une chose à l'origine du dommage (art. 1384, al. 1er). Dans la mesure où il s'agit d'un principe général, cette responsabilité concerne toutes sortes de choses, mobilières ou immobilières, dangereuses ou non, etc. (voir *supra* n° 540).

Toutefois, certaines choses font l'objet d'un régime particulier de responsabilité de leur gardien. Il en est ainsi des animaux (C. civ., art. 1385), des bâtiments en ruine (C. civ., art. 1386), des véhicules à moteur (loi *Badinter* n° 85-677 du 5 juillet 1985), ou des produits défectueux (C. civ., art. 1386-1 à 1386-18).

Sous-section II Les faits de l'homme licites

674. Caractères. Les faits licites sont divers. Ils se démarquent des faits illicites pour deux raisons. D'une part, ils ne constituent ni des délits, ni des quasi-délits, puisqu'ils sont permis par la loi. D'autre part, ils sont toujours volontaires, alors même que les faits illicites sont tantôt volontaires (délits), tantôt involontaires (quasi-délit).

Plan. Parmi ces faits licites, nous retiendrons les quasi-contrats (§1), et la possession (§2).

§ 1. Les quasi-contrats

675. Définition. Par l'expression quasi-contrat, les rédacteurs du Code civil voulaient sans doute dire que le quasi-contrat ressemble au contrat, sans en être un. Il ressemble au contrat, donc à l'acte juridique, parce que la volonté y joue un rôle. Mais, il se sépare du contrat, parce qu'il ne repose pas sur un accord de volontés. En effet, dans le quasi-contrat, l'obligation n'émane pas de la volonté des intéressés : elle émane de la loi.

L'article 1371 du Code civil donne la définition suivante : « Les quasi-contrats sont les faits purement volontaires de l'homme, dont il résulte un engagement quelconque envers un tiers, et quelquefois un engagement réciproque des deux parties. » Puis, le Code civil cite deux espèces de quasi-contrats : le paiement de l'indu et la gestion d'affaire. Dans les deux cas, l'obligation est attachée par la loi à des comportements licites parfaitement volontaires.

676. Paiement de l'indu. Payer l'indu, c'est effectuer une prestation qui n'était pas due, plus simplement dit c'est payer ce qui n'était pas dû. C'est l'exemple de la banque qui crédite à tort un compte de son client d'une forte somme. Dans cette situation, l'article 1376 du Code civil oblige celui qui a reçu cette somme à la restituer. Ainsi la banque est-elle normalement titulaire d'une « action en répétition de l'indu », que cela plaise ou non au client.

677. Gestion d'affaire. La gestion d'affaire consiste pour une personne à s'occuper spontanément des affaires d'une autre personne (C. civ., art. 1372). Par exemple, le fait de prendre l'initiative de changer les vitres, cassées par la grêle, de la maison du voisin parti en vacances. Dans cette situation, le Code civil prévoit deux sortes d'obligations :

- d'une part, celui qui a commencé à agir, appelé le gérant d'affaire, est obligé de continuer (C. civ., art. 1373). En somme, dans notre exemple, il faudrait faire changer toutes les vitres cassées par la grêle et non une seule ! ;
- d'autre part, celui pour lequel on a agi, appelé le maître de l'affaire, est obligé d'indemniser le gérant de ses dépenses (C. civ., art. 1375). Ainsi, à son retour, le propriétaire de la maison ne peut envoyer paître celui qui a fait changer les vitres en lui disant qu'il n'avait qu'à s'occuper de ses affaires. Il doit le rembourser de toutes ses dépenses.

678. Enrichissement sans cause. La jurisprudence a élargi le domaine des quasi-contrats à d'autres situations comme celle de l'enrichissement sans cause (voir *supra* n° 30). En effet, à la suite d'une opération juridique, lorsque le patrimoine d'une personne s'appauvrit au profit du patrimoine d'une autre personne, sans aucune justification, l'appauvri bénéficie d'une action dite d'enrichissement sans cause. Celui qui s'est enrichi est donc obligé de restituer ce qu'il a reçu, ou son équivalent en argent, à celui qui s'était corrélativement appauvri.

Par exemple, il arrive qu'un proche parent, pendant plusieurs années, par son travail non rémunéré, contribue à faire prospérer l'exploitation familiale. Son appauvrissement par manque à gagner (travail fourni sans rémunération) et l'enrichissement corrélatif par dépenses évitées (dispense d'emploi et donc de rémunération d'un salarié), lui permet d'obtenir une indemnité d'enrichissement sans cause (Civ. 1re, 20 déc. 1993 : *Bull.* n° 383).

679. Détournement du quasi-contrat : les loteries publicitaires. Souvent, des entreprises de vente par correspondance adressent des courriers personnalisés à des consommateurs pour les informer qu'ils sont les gagnants d'une somme d'argent et qu'il leur appartient de retourner un bon de validation pour la recevoir. Pour sanctionner ces entreprises qui, en général, ne versent rien aux consommateurs, la Cour de cassation a forcé quelque peu la notion traditionnelle du quasi-contrat (Chbre mixte, 6 septembre 2002, *Bull.* n° 4). Sous le visa de l'article 1371 du Code civil, elle a énoncé que « l'organisateur d'une loterie qui annonce un gain à une personne dénommée sans mettre en évidence l'existence d'un aléa (par exemple, un tirage au sort) s'oblige, par ce fait purement volontaire, à le délivrer ».

Jusqu'alors, le quasi-contrat devait avoir pour origine un fait volontaire désintéressé profitable à autrui. En outre, c'était le bénéficiaire (autrui), qui devait indemniser l'auteur du fait volontaire pour compenser l'avantage injustement reçu. Or, avec cet arrêt, la Cour de cassation a fait voler en éclats ces conditions. D'une part, le quasi-contrat peut désormais naître du fait volontaire d'une personne, qui a été accompli dans son propre intérêt. D'autre part, il suffit qu'il ait engendré une espérance légitime de gains dans l'esprit du consommateur (absence d'aléa). Plus encore, celui qui est obligé, ce n'est plus le bénéficiaire du fait volontaire mais son auteur. En somme, le quasi-contrat permet dorénavant de sanctionner bon nombre de pratiques abusives d'entreprises commerciales à l'égard de consommateurs.

§ 2. La possession

680. Il s'agit d'un concept juridique assez étrange. Il est d'autant plus ambigu que, contrairement au sens courant du terme, en droit positif, la possession ne se confond pas avec la propriété. Bien que l'on rencontre ce concept dans diverses branches du droit, y compris dans le droit de la famille sous l'appellation de *possession d'état*, nous nous limiterons à son application en droit des biens.

681. Définition. La possession est le fait d'exercer volontairement un droit comme le ferait son titulaire. Autrement dit, il s'agit de la maîtrise de fait d'une chose. Il importe peu que ce fait de possession et le droit de propriété ne concordent pas. Celui qui se comporte sur un bien comme le propriétaire peut ne pas l'être. Il est seulement exigé la réunion de deux éléments :

– d'une part, un élément matériel, le *corpus,* qui consiste à se conduire comme le ferait le propriétaire lui-même. Par exemple, une personne repère une maison inhabitée. Elle s'y installe, répare la toiture et la met en location ;
– d'autre part, un élément intentionnel, l'*animus,* qui est la volonté de se comporter comme le véritable propriétaire, peu importe la bonne ou la mauvaise foi du possesseur. À la limite, le squatter d'un logement peut en être le possesseur, dès lors qu'il se comporte sciemment comme le titulaire du droit de propriété.

682. Protection. Aussi curieux que cela puisse paraître, la loi confère au possesseur des conséquences juridiques, notamment des actions en justice, appelées actions possessoires, pour le protéger du véritable propriétaire qui voudrait le déposséder *manu militari.* C'est le principe formulé par l'article 2278 du Code civil : « La possession est protégée, sans avoir égard au fond du droit, contre le trouble qui l'affecte ou la menace. »

683. Effet probatoire. De plus, la possession comporte un effet probatoire, en ce qu'elle fait présumer le droit exercé. Ainsi dans le procès en revendication intenté par le véritable propriétaire appartient-il à ce dernier de prouver que le possesseur n'est pas le propriétaire. À défaut de rapporter cette preuve, il ne pourra récupérer le bien. Or, il est très difficile de prouver qu'une personne n'a aucun titre sur un bien, en particulier s'il s'agit d'un meuble. Concrètement, il est quasiment impossible de prouver qu'un parent indélicat n'a aucun titre sur un bijou de famille qu'il s'est accaparé.

684. En fait de meubles. Cette présomption est même irréfragable lorsqu'il s'agit d'un bien meuble dont le possesseur est de bonne foi. C'est la règle du célèbre article 2279 du Code civil, repris tel quel par l'article 2276 du même Code depuis la loi du 17 juin 2008 relative à la réforme de la prescription : « En fait de meubles, possession vaut titre. » Cette règle, en forme de maxime, a deux sens. D'une part, en elle-même la possession de bonne foi suffit à acquérir la propriété du bien meuble. D'autre part, elle fait présumer l'existence d'un titre d'acquisition régulier.

685. En fait d'immeubles. En matière immobilière, la possession permet aussi, sous réserve de l'écoulement d'un certain temps, d'acquérir la propriété du bien. C'est ce que l'on appelle l'usucapion ou encore la prescription acquisitive. Le délai est en principe de trente ans. Il est de dix ans en cas d'acquisition de bonne foi et par juste titre (C. civ., art. 2272). Toutefois, au risque de gâcher les illusions de certains, il faut préciser que diverses conditions sont exigées pour que la possession produise ses effets : elle doit être continue, c'est-à-dire ne pas avoir été interrompue ; elle doit avoir été paisible, c'est-à-dire que le possesseur s'est installé sans violence ; elle doit être publique et non équivoque.

686. Avant-projet portant réforme du droit des biens. Art. 547 : « Le possesseur est présumé, jusqu'à preuve contraire, propriétaire. Il est défendeur à l'action en revendication exercée par celui qui se prétend le véritable propriétaire. La preuve contraire à cette présomption de propriété peut être rapportée par tout moyen. » Art. 549 : « Le possesseur d'un bien en acquiert la propriété par une possession continue de trente ans. » Art. 554 : « Le possesseur de bonne foi d'un immeuble en vertu d'un titre translatif en acquiert la propriété par une possession continue de dix ans [...]. » Art. 555 : « Le possesseur d'un meuble corporel est présumé le posséder en vertu du titre qu'il allègue. La preuve contraire à cette présomption de titre peut être rapportée par tout moyen. »

Art. 556 : « Le possesseur de bonne foi d'un meuble corporel qui l'a acquis d'un non-propriétaire en devient propriétaire dès son entrée en possession. Cependant, le propriétaire d'un meuble corporel perdu ou volé peut en obtenir restitution dans les trois ans de la perte ou du vol. Il doit en rembourser le prix lorsque le nouveau propriétaire l'a acquise dans des circonstances commerciales normales. » [Exit *la belle formule de l'article 2276 du Code civil qui mélangeait les fonctions probatoires et acquisitives de la possession mobilière. À l'avenir, les deux fonctions relèveraient d'articles différents. Cependant, les règles de fond ne seraient pas modifiées*] ;

Art. 560 : « La possession est protégée contre le trouble qui l'affecte ou qui la menace » [*les rédacteurs du texte souhaitant, par simplification, la suppression des actions possessoires, cet article rappelle néanmoins que le possesseur a toujours la possibilité d'exercer des actions nécessaires à la protection de son droit*].

Chapitre II

Les titulaires des droits subjectifs

687. Pour désigner l'aptitude à acquérir et exercer un droit, ainsi qu'à s'obliger à l'égard d'autrui, on emploie les termes de *personnalité juridique*. En effet, dans notre système juridique, seules les personnes sont titulaires de droits subjectifs. On dit encore qu'elles sont sujets de droits et d'obligations.

688. À-côté. Ainsi une chose ne saurait-elle être titulaire de droits subjectifs. Une table à repasser n'est pas propriétaire du fer à repasser, ni créancière ou débitrice de qui que ce soit. En droit français, une chose ne peut être qu'objet de droits subjectifs. Quant aux animaux, bien que vivants, ils sont assimilés à des choses, privées de la personnalité juridique, même s'il s'agit d'animaux de compagnie affectueux et immanquablement réputés pour leur intelligence (« *On croit qu'on amène son chien pisser midi et soir. Grave erreur : ce sont les chiens qui nous invitent deux fois par jour à la méditation.* » Daniel Pennac, *La Fée carabine*, 1987).

689. Plan. Il existe deux sortes de sujets de droits et d'obligations. D'une part, les êtres humains, appelés personnes physiques (Section I). D'autre part, des groupements, comme les associations ou les sociétés, qui sont assimilés par pure fiction à des personnes. Ces groupements sont désignés par les mots personnes morales (Section II).

Section I

Les personnes physiques

690. Sujets de droits et/ou être humain. Les personnes physiques désignent les individus, les être humains. Un principe essentiel du droit français veut que toute personne physique ait la personnalité juridique (ex. : C. civ., art. 1123 : « Toute personne peut contracter, si elle n'en est pas déclarée incapable par la loi »), et cela quels que soient son sexe, son âge, son état de santé, son origine, sa religion, sa fortune… (Déclaration des droits de l'homme et du citoyen de 1789, art. 1er : « Les hommes naissent et demeurent libres et égaux en droits »). Au demeurant, le Code civil, dans sa version initiale, n'appréhendait pas la personne comme un être humain fait de chair et de sang, mais plutôt comme une personne juridique abstraite et désincarnée, un sujet de droits et d'obligations, une sorte d'acteur de volonté apte à contracter et responsable de ses actes. Ce n'est véritablement qu'avec les lois dites de bioéthique de juillet 1994 que le corps humain a fait l'objet de dispositions propres dans le Code civil (sur ces lois : voir *infra* no 1011).

Sous cette réserve, notre Code civil contemporain continue de distinguer les personnes, sujets de droits, et les choses, objets de droits. Ceci nous conduit à énoncer qu'en droit français toutes les personnes physiques sont des sujets de droits et d'obligations.

Histoire du droit. Il n'en a pas toujours été ainsi.

691. Le ***droit romain*** assimilait l'esclave à une chose (en latin *res*). Plus précisément, ce droit, plus riche conceptuellement que notre droit civil, distinguait la personne juridique abstraite et le corps humain. Ainsi, dans les *Institutes*, un titre consacré aux personnes pose le principe selon lequel : «*la division majeure en ce qui concerne le droit des personnes est que tous les hommes, ou sont libres, ou sont esclaves.*» Puis, le titre consacré aux choses énumère diverses choses corporelles : «*le fonds de terre, l'homme, le vêtement, l'or, et l'argent.*» Les historiens du droit interprètent ces textes, apparemment contradictoires, de la manière suivante. Tout homme est une personne juridique, y compris l'esclave. Tout corps humain est une chose corporelle. Seul le corps de l'esclave est une chose corporelle de la catégorie des marchandises, puisque le corps de l'homme libre est une chose sans prix. En définitive, l'esclave romain n'avait aucune personnalité juridique : il ne pouvait posséder, agir en justice ou même témoigner.

692. Dans l'***Ancien Droit français***, le statut de l'esclave n'était guère plus favorable. Le Code noir promulgué par Louis XIV en 1685 pour régler le statut de l'esclave assimilait ce dernier à des choses : «*Déclarons les esclaves être meubles, et comme tels entrer en la communauté* [...]» (art. 44). En conséquence, l'esclave, simple marchandise (le commerce dit du *bois d'ébène*), n'avait aucune personnalité juridique, et ses enfants naissaient avec cette condition (art. 9). Il a fallu attendre un décret du 4 mars 1848 pour que l'esclavage soit entièrement aboli dans les colonies et possessions françaises, tout châtiment corporel, tout achat et toute vente de personnes non libres étant absolument interdits (art. 1er). La participation de Français à ces trafics était également interdite en pays étrangers, sous peine de perte de la qualité de citoyen français (art. 8).

693. Au ***XIXe siècle***, notre droit supprimait encore la qualité de sujets de droits à certaines personnes condamnées à des peines criminelles perpétuelles. Ces personnes étaient frappées de mort civile (Code civil de 1804, art. 22 à 33). Aux termes de l'article 25 du Code civil Napoléon : «*Par la mort civile, le condamné perd la propriété de tous les biens qu'il possédait ; sa succession est ouverte au profit de ses héritiers, auxquels ses biens sont dévolus, de la même manière que s'il était mort naturellement et sans testament. Il ne peut plus ni recueillir aucune succession, ni transmettre, à ce titre, les biens qu'il a acquis par la suite. Il ne peut ni disposer de ses biens* [...]. *Il ne peut être témoin* [...]. *Il ne peut procéder en justice* [...]. *Il est incapable de contracter un mariage* [...]. *Le mariage qu'il avait contracté précédemment, est dissous* [...].» La mort civile a été abolie par une loi du 31 mai 1854.

694. Plan. Nous déterminerons d'abord la durée de la personnalité juridique des personnes physiques (Sous-section I). Puis, nous examinerons l'étendue de la capacité juridique des personnes physiques (Sous-section II). Enfin, nous présenterons les éléments d'identification des personnes physiques (Sous-section III).

Sous-section I La durée de la personnalité juridique

Une personne physique est sujet de droits, dès sa naissance (§1), et jusqu'à sa mort (§2).

§ 1. L'acquisition de la personnalité juridique

A. Le commencement de la personnalité juridique

1. Le principe : un enfant né vivant et viable

695. La personnalité juridique commence à la naissance, sous réserve que l'enfant soit né vivant et viable (C. civ., art. 318, 725 et 906). En conséquence, dans trois circonstances, la personnalité juridique n'est pas reconnue.

696. D'une part, lorsque l'enfant est simplement conçu, autrement dit lorsqu'il est à l'état de fœtus et, *a fortiori*, d'embryon (sur le sens de ces mots en médecine : voir *infra* n° 704). Aussi lorsqu'une personne est à l'origine de la disparition d'un fœtus viable, à la suite, par exemple, d'un accident de la circulation ou d'un acte médical, elle ne peut être poursuivie du chef d'homicide involontaire, puisqu'il n'y a pas eu « mort d'autrui », au sens de la loi pénale (voir *infra* n° 706). À l'inverse, si le bébé survit, ne serait-ce qu'une heure, à sa naissance et décède des suites de l'accident fatal à sa mère, l'homicide involontaire à « autrui » est constitué (Crim., 2 déc. 2003 : *Bull.* n° 230 : la mère, grièvement blessée dans un accident de la circulation, après une césarienne, avait donné naissance le même jour à un garçon décédé une heure après).

697. IVG. De même, l'interruption volontaire de grossesse, admise à titre provisoire par la loi *Veil* du 17 janvier 1975, et définitivement consacrée par une loi du 31 décembre 1979, ne conduit pas à supprimer une personne juridique, dans la mesure où l'enfant ne naîtra ni vivant, ni viable. L'on sait que cette loi autorise les personnes à recourir à une interruption de grossesse, pendant les dix premières semaines de la grossesse (aujourd'hui 12 semaines), et ce uniquement dans le cadre d'une procédure déterminée, soit en raison d'une situation de détresse, soit pour un motif thérapeutique (L. 1975, art. 1er : « *La loi garantit le respect de tout être humain dès le commencement de la vie. Il ne saurait être porté atteinte à ce principe qu'en cas de nécessité et selon les conditions définies par la présente loi.* »).

Le Conseil constitutionnel a déclaré conforme à la Constitution la loi *Veil* : « *aucune des dérogations prévues par la loi relative à l'interruption volontaire de grossesse n'est contraire, en l'état, à l'un des principes fondamentaux reconnus par les lois de la République, ni ne méconnaît le principe énoncé dans le préambule de la Constitution du 27 octobre 1946, selon lequel la nation garantit à l'enfant la protection de la santé, non plus qu'aucune des autres dispositions ayant valeur constitutionnelle édictées par le même texte* » (Cons. const., déc. n° 74-54 du 15 janvier 1975 : *D.* 1975. 529, note L. Hamon).

698. D'autre part, lorsque l'enfant est mort, soit dans le sein de sa mère, soit à l'accouchement. Ces « enfants sans vie », selon une formule de l'administration, peuvent néanmoins figurer sur le livret de famille et bénéficier d'une sépulture (voir *infra* n° 712).

699. Enfin, lorsque l'enfant est né vivant, mais non viable parce qu'il est privé d'un ou plusieurs organes essentiels pour continuer à vivre. Ce peut être le cas, par exemple, d'un extrême prématuré né à moins de 21 semaines de grossesse et/ou dont le poids de naissance est inférieur à 500 grammes, puisque leur mortalité est presque de 100 % (seuil de viabilité mentionné par l'Organisation mondiale de la santé).

2. Les tempéraments : un enfant simplement conçu

700. «*Infans conceptus.*» Lorsque l'intérêt de l'enfant l'exige, on admet que la personnalité juridique lui soit reconnue dès sa conception, sous réserve qu'il naisse ultérieurement vivant et viable. Cette règle résulte d'un adage romain : «*Infans conceptus pro nato habetur quoties de commodo ejus agitur*» (l'enfant conçu sera considéré comme né chaque fois qu'il pourra en tirer avantage).

C'est ainsi que notre droit reconnaît à l'enfant, non encore né, mais déjà conçu, l'aptitude à recueillir une succession (C. civ., art. 725 «Pour succéder, il faut exister à l'instant de l'ouverture de la succession ou, ayant déjà été conçu, naître viable»). Concrètement, si le père décède pendant la grossesse de sa femme, l'enfant déjà conçu à l'ouverture de la succession pourra hériter de lui.

La règle est identique en cas de donation (C. civ., art. 906 : «Pour être capable de recevoir entre vifs, il suffit d'être conçu au moment de la donation. Pour être capable de recevoir par testament, il suffit d'être conçu à l'époque du décès du testateur. Néanmoins, la donation ou le testament n'auront leur effet qu'autant que l'enfant sera né viable»).

701. Présomption relative à la période de conception. Il est difficile de déterminer avec certitude le moment de la conception, y compris pour les parents. De plus, la durée de la gestation peut varier selon les sujets et les circonstances. Aussi le Code civil a-t-il prévu une présomption de la durée de la grossesse, en s'appuyant sur les durées extrêmes *minima* (6 mois) et *maxima* (10 mois) admises à l'époque, la durée moyenne d'une grossesse étant de 280 jours. Aux termes de l'article 311 de notre Code, l'enfant est réputé avoir été conçu entre le 300e jour et le 180e jour, inclusivement, qui précède sa naissance (dans diverses législations étrangères, la durée maximum de la grossesse est fixée à une année entière ou 365 jours : Maroc, Tunisie, Égypte, par exemple). S'agissant d'une présomption légale, il n'y a rien à prouver. Il suffit de partir de la date de naissance – fait connu – pour déterminer la date de conception – fait inconnu. Concrètement, si un homme décède le 1er janvier 2009, et sa veuve donne naissance à un enfant le 1er janvier 2010, soit 365 jours après, cet enfant ne sera pas considéré comme celui de l'homme, et il ne pourra lui succéder.

Toutefois, depuis la loi du 3 janvier 1972 sur la filiation, cette présomption légale n'est plus irréfragable : elle peut être combattue par la preuve contraire (C. civ., art. 311, al. 3). Il est donc possible de démontrer par tous moyens, en particulier en recourant à une expertise biologique, que la conception remonte à moins de 180 jours avant la naissance (ex. : prématuré né avant le terme de 35 semaines de grossesse révolues ; grand prématuré [né à moins de 33 semaines], très grand prématuré…), ou, au contraire, qu'elle date de plus de 300 jours.

702. Présomption relative au jour de la conception. À l'intérieur de la période légale de conception de 121 jours, il peut être nécessaire de fixer la date de la conception. Le Code civil a recours à une autre présomption (art. 311, al. 2 : «*La conception est présumée avoir eu lieu à un moment quelconque de cette période, suivant ce qui est demandé dans l'intérêt de l'enfant*»). Il s'agit d'une présomption simple dont la preuve contraire peut être rapportée par tous moyens (art. 311, al. 3).

B. Le statut de l'embryon et du fœtus

703. *Summa divisio* des personnes et des choses. Le droit attache peu d'intérêt à la distinction scientifique de l'embryon et du fœtus. Du point de vue juridique, on ne peut être que personne ou chose, de sorte que les variations académiques, éthiques, philosophiques et poétiques sur la personne humaine potentielle ou en devenir, la chose personnifiée ou sacrée, voire la personne réifiée (fécondation *in vitro*) n'y changent rien (le Comité consultatif national d'éthique, dans un avis du 22 mai 1984, a affirmé que : « l'embryon ou le fœtus doit être reconnu comme une personne humaine potentielle qui est ou a été vivante et dont le respect s'impose à tous »). L'embryon et le fœtus, à défaut d'être nés vivants et viables, ne sauraient répondre à la qualification de personne titulaire de droits subjectifs. Ils sont tous deux des choses qu'il n'y a pas lieu de différencier. Certes, il s'agit d'êtres vivants qui sont éventuellement protégés par le droit depuis les lois de bioéthique de 1994, mais ces êtres n'en demeurent pas moins des choses eu égard à la distinction la plus élevée du droit français des personnes et des choses.

Cette distinction remonte au droit romain. Elle a été exprimée pour la première fois dans les *Institutes* (manuels de droit) de Gaïus et Justinien. Ces ouvrages exposaient les règles de droit en examinant successivement les personnes (*personae*), les choses (*res*), et les actions en justice que les premières peuvent accomplir sur les secondes (voir *supra* n° 100). Notre Code civil de 1804 a quasiment repris cette division du droit dans ses trois livres (« Des personnes » ; « Des biens » ; « Des différentes modifications de la propriété »).

704. De l'embryon à l'enfant. Le stade d'embryon commence dès la fécondation de l'ovule de la femme par un spermatozoïde de l'homme (l'œuf fécondé ou zygote), et il s'achève après la formation de tous les organes, à la 8e semaine de grossesse (l'embryon mesure alors environ 5 millimètres), qui correspond à la 10e semaine d'aménorrhée (ce terme désigne l'absence des règles chez la femme, dont l'une des causes est la grossesse ; la fécondation intervenant en général 14 jours après le début du cycle menstruel, il existe donc une différence de deux semaines entre la période de grossesse et celle d'aménorrhée). Après l'on parle de fœtus jusqu'à la mise au monde de l'enfant (après environ 9 mois). Autrement dit, l'embryon désigne l'être vivant qui est engendré et considéré au début de son développement, alors que le fœtus désigne cet être dans le stade plus avancé de son développement dans le sein de la mère jusqu'à la naissance.

1. La qualification juridique de l'embryon in utero

705. *« Un produit innomé. »* Empêtré dans la distinction des personnes et des choses, notre législateur s'est bien gardé de qualifier juridiquement l'embryon et le fœtus. La loi du 29 juillet 1994 relative au respect du corps humain n'a donné aucun statut juridique clair et précis à l'embryon. Dans le Code civil, les nouveaux articles issus de cette loi se contentent d'utiliser les concepts d'être ou de corps humain (C. civ., art. 16 : « *La loi assure la primauté de la personne, interdit toute atteinte à la dignité de celle-ci et garantit le respect de l'être humain dès le commencement de sa vie* » ; art. 16-1 : « *Le corps humain, ses éléments et ses produits ne peuvent faire l'objet d'un droit patrimonial* »). Or, nulle part, il n'est précisé si ces concepts comprennent l'embryon et le fœtus. De surcroît, ils n'ont pas plus de valeur juridique que ceux d'embryon et de fœtus. Aussi existe-t-il, en droit français, un décalage complet entre le commencement biologique de la vie (lui-même sujet à des variations infinies), et le commencement de la personnalité juridique dès la naissance de l'enfant.

706. Homicide involontaire et fœtus. La Cour de cassation refuse de considérer le fœtus comme une personne humaine pénalement protégée, en particulier par le biais de l'incrimination d'homicide involontaire. L'hypothèse classique est celle de la perte du fœtus soit à la suite d'une erreur d'un diagnostic ayant provoqué l'avortement d'une patiente, soit dans un accident de circulation dont la mère qui le porte est elle-même victime. Pour la Cour de cassation, l'auteur de l'accident ne peut être poursuivi du chef d'homicide par imprudence, puisqu'il n'y a pas eu « mort d'autrui », au sens de l'article 221-6 du Code pénal ; le principe de la légalité des délits et des peines imposant une interprétation stricte de ce texte (Cass. ass. plén., 29 juin 2001 : *Bull.* n° 8 ; Crim., 4 mai 2004 : *Bull.* n° 108). En clair, le fœtus ne peut être considéré comme une personne humaine (*autrui*).

Quant à la Cour EDH, elle a préféré battre en retraite, alors qu'elle était saisie d'un recours d'une Française dénonçant précisément le refus des autorités françaises de qualifier d'homicide involontaire l'atteinte à la vie (Cour EDH, gr. Ch., 8 juill. 2004, *Vo c. France*, req. n° 53924/00 : *D.* 2004. *Jur.* 2456, note Pradel). La plaignante estimait que ce refus devait s'analyser en une atteinte au droit à la vie des embryons, garanti par l'article 2 de la Conv. EDH (art. 2-1 : « *Le droit de toute personne à la vie est protégé par la loi. La mort ne peut être infligée à quiconque intentionnellement* [...] »). La Cour EDH écarta cet argument, convaincue qu'il n'était « *ni souhaitable, ni même possible actuellement de répondre dans l'abstrait à la question de savoir si l'enfant à naître est une "personne" au sens de l'article 2 de la Convention* ».

707. Révision des lois de bioéthique. Le Conseil d'État dans son étude sur la révision des lois de bioéthique, rendue publique en mai 2009, n'a pas cru devoir inviter le législateur français à intervenir, se retranchant derrière diverses considérations éthiques : « *Dire qui est l'embryon ou ce qu'il est relève de l'impossibilité, mais même quand l'embryon n'est pas considéré comme une personne à part entière, il n'est généralement pas défini comme une chose. Le regarder comme étant une personne humaine potentielle assure le consensus éthique le plus large. Sans permettre de rejoindre entièrement celles et ceux qui demandent que tous les attributs de la personne humaine lui soient reconnus, cette qualification justifie du moins de lui apporter des protections qui lui soient propres, en pensant non seulement à ce qu'il est mais aussi à ce qu'il a vocation à devenir.* »

2. *La qualification des embryons fécondés* in vitro *(FIV)*

708. La question de la qualification des embryons humains a rebondi avec le développement des techniques de fécondation *in vitro* (du latin : dans le verre, par extension : dans un tube), qui permettent de donner naissance à des bébés dits éprouvette (en Grande-Bretagne, Louise Brown, le premier d'entre eux, est née en juillet 1978 ; aujourd'hui, dans le monde, environ 200 000 enfants ont été conçus selon cette technique [sources : Ined, janvier 2009] ; en France, plus de 20 000 enfants naissent chaque année grâce à une insémination artificielle [30 %] ou une FIV [70 %]). Dans ce contexte, les tribunaux ont dénié la qualité d'être humain à l'embryon *in vitro*, l'assimilant à une simple chose animée à l'instar d'un déchet opératoire.

709. Jurisprudence. Le Conseil constitutionnel, saisi de la constitutionnalité de l'article 16 du Code civil, issu des lois de bioéthique de 1994, a considéré que, selon l'intention du législateur, le principe du respect de l'être humain dès le commencement de sa vie n'était pas applicable aux embryons congelés *in vitro* (Cons. const., 27 juill. 1994, *J.O.* 29 juill. 1994).

Cette décision a dû inspirer des juridictions du fond, comme la Cour administrative de Douai pour qui les embryons *in vitro* ne sont ni des êtres humains ni des produits humains ayant le caractère de chose sacrée ou présentant une valeur patrimoniale (CAA Douai, 6 déc. 2005 : *D. 2006.*

Pan. 1205, obs. Galloux). Leur perte en raison de la défaillance du matériel de conservation d'un hôpital ne peut donc donner lieu à indemnisation des parents.

De son côté, la Cour EDH s'est montrée moins catégorique, en refusant, tout comme dans l'affaire *Vo c. France*, de prendre position (Cour EDH, 7 mars 2006, *Evans c. Royaume-Uni*, req. n° 6339/05). Cette juridiction avait été saisie d'un recours d'une anglaise qui dénonçait sa législation nationale autorisant la destruction d'embryons en cas de rétractation du consentement de l'un des parents. Pour la plaignante, cette disposition s'analysait en une atteinte au droit à la vie des embryons, garanti par l'article 2 de la Conv. EDH. La Cour a écarté cet argument au motif qu'en l'absence d'un consensus européen sur la définition scientifique et juridique des débuts de la vie, le point de départ du droit à la vie relevait de la marge d'appréciation des État.

3. Le décès périnatal (période précédant ou suivant la naissance)

710. Actes de naissance et de décès. Lorsque l'enfant est né vivant et viable, il est une personne juridique et sa naissance doit être déclarée dans les trois jours de l'accouchement à l'officier de l'état civil (C. civ., art. 55, al. 1). L'acte de naissance énonce le jour, l'heure et le lieu de naissance, le sexe de l'enfant, ainsi que ses nom et prénoms (C. civ., art. 57). Au cas où cet enfant décéderait très peu de temps après l'accouchement, sous réserve que le déclarant fournisse un certificat médical indiquant qu'il était né vivant et viable, l'officier d'état civil établit à la fois un acte de naissance et un acte de décès (C. civ., art. 79-1). Cet enfant décédé est une personne juridique à part entière. Sa naissance est mentionnée sur le livret de famille, il a un nom de famille et un prénom, et ses parents peuvent lui organiser des obsèques, l'inhumation – ou la crémation – étant obligatoire.

711. Acte d'enfant sans vie. En revanche, lorsqu'un enfant est né vivant et non viable ou lorsqu'il est mort-né, il n'a pas la personnalité juridique et il n'est pas dressé d'acte de naissance (l'enfant mort-né est l'enfant qui est mort soit pendant la grossesse, soit à la naissance). Tout au plus, peut-il être doté de quelques éléments d'état civil (et non d'un état civil à proprement parler). C'est ainsi qu'un acte d'enfant sans vie peut être établi par l'officier d'état civil. Cet acte est inscrit à sa date sur les registres de décès, et il énonce notamment le jour de l'accouchement et le nom des parents (C. civ., art. 79-1, al. 2). S'ils le souhaitent, les parents peuvent faire figurer l'enfant né vivant mais non viable ou l'enfant mort-né sur le livret de famille. Ils peuvent encore lui donner un prénom et réclamer son corps en vue d'organiser des obsèques (l'enfant mort-né n'a cependant ni personnalité juridique ni filiation, et il ne saurait être successible, donataire ou légataire au sens des articles 725 et 906 du Code civil).

712. Les conditions de l'inscription à l'état civil de l'enfant mort-né. Pour éviter de trop nombreuses déclarations à l'état civil d'enfants sans vie, une circulaire du 30 novembre 2001 avait exclu de cette procédure les enfants morts n'ayant pas dépassé un poids de 500 grammes ou une gestation de 22 semaines d'aménorrhée, seuils de viabilité définis par l'Organisation mondiale de la santé. En deçà de l'un ou l'autre de ces seuils, les parents ne pouvaient obtenir un acte d'enfant sans vie. Ils ne pouvaient donc organiser ses obsèques, et l'inscrire sur leur livret de famille avec un prénom. Néant absolu au niveau du droit (ni personnalité juridique, ni bribes d'état civil), le fœtus de moins de 22 semaines, que ses parents avaient pu voir et dont ils avaient entendu les premiers battements de cœur, grâce à l'échographie, était considéré comme un déchet opératoire, incinéré ou conservé dans du formol (en 2006, la presse a fait état de centaines de fœtus stockés dans deux hôpitaux parisiens depuis plusieurs années).

Toujours est-il que l'introduction par l'administration de ces seuils de viabilité dans le cadre d'une simple circulaire a été condamnée par la Cour de cassation (Civ. 1re, 6 févr. 2008, 3 arrêts : nº 06-16498, nº 06-16499, nº 06-16500 ; *Bull.* nºs 41 et 42 ; l'un des fœtus né avait 18 semaines et il pesait 155 grammes). Pour ce faire, la Cour de cassation s'est fondée sur l'article 79-1, alinéa 2 du Code civil qui ne subordonne l'établissement d'un acte d'enfant sans vie ni à son poids, ni à la durée de la grossesse. Ainsi, dans le silence des textes, tout fœtus né sans vie, voire tout embryon, devait être susceptible d'inscription sur les registres de l'état civil.

À la suite de ces arrêts, l'on s'attendait à une évolution législative dans le cadre de la révision des lois de bioéthique, programmée pour l'année 2010. À cette fin, le service des études du Sénat avait examiné le statut des enfants nés sans vie dans plusieurs pays étrangers et mis en évidence un statut bien plus favorable en Allemagne et en Suisse (*Étude de législation comparée* nº 184, avril 2008 : en ligne sur le site du Sénat). Pourtant, le Conseil d'État dans sa propre étude sur la révision des lois de bioéthique n'aborde pas cette question (accessible en ligne : www.conseil-etat.fr).

Sans doute ce mutisme est-il lié à la modification, au cours de l'année 2008, de la réglementation française concernant les conditions de délivrance d'un acte d'enfant né sans vie (*D.* nº 2008-798, 20 août 2008 ; *D.* nº 2008-800, 20 août 2008 ; A. 20 août : *J.O.* du 22 août). Ces textes abandonnent toute référence explicite à des seuils de terme de grossesse et/ou de poids. Désormais, tout enfant né sans vie, après un accouchement spontané ou une interruption médicale de grossesse (IMG : environ 6000 en 2004), peut être inscrit à la demande de ses parents à l'état civil (il n'a toujours ni personnalité juridique, ni filiation). L'acte d'enfant sans vie permet de mentionner l'enfant sur le livret de famille qui est remis aux parents, et donc de lui offrir des funérailles. Il est établi par l'officier d'état civil sur présentation d'un « certificat médical d'accouchement, rempli par le médecin ou la sage-femme ». Seulement, ce certificat ne pouvant être établi que pour les accouchements spontanés ou provoqués pour raison médicale (IMG), aucun acte d'enfant sans vie ne peut être dressé en cas d'IVG (jusqu'à 12 semaines de grossesse, soit 14 semaines d'aménorrhée ; selon l'Ined, le taux d'IVG était de 14,5 pour 1 000 femmes en 2006), ni *a fortiori* de fausse couche précoce (au cours du premier trimestre de la grossesse).

§ 2. La disparition de la personnalité juridique

713. La personnalité juridique s'éteint à la mort physique de la personne (A), sous réserve que la mort soit certaine (B).

A. Le moment de la mort

1. La mort naturelle

714. La personnalité juridique prend fin avec la mort des personnes physiques. Autrefois, deux sortes de mort étaient retenues.

715. D'une part, la mort civile qui a été définitivement abolie par une loi du 31 mai 1954. La mort civile supprimait l'aptitude à être sujets de droit de personnes pourtant vivantes. Elles ne pouvaient donc plus participer aux « droits de la société civile » (Robert-Joseph Pothier). Nous savons qu'il s'agissait d'une mesure qui frappait encore au XIXe siècle certains condamnés à une peine criminelle (voir *supra* n° 693).

On ajoutera que, dans l'Ancien Droit, la mort civile atteignait également ceux qui entraient en religion, dès l'instant où ils émettaient leurs vœux perpétuels (*Mortuus mundo, deo vivit* ; le religieux *profès* [qui fait serment] ne saurait se soucier des choses néfastes de ce monde d'ici bas, vivant au service de Dieu). C'est un édit de François Ier, de mai 1532, qui avait généralisé cette mort civile dans le royaume de France.

716. D'autre part, la mort naturelle de tout un chacun. Aujourd'hui, la mort naturelle est la seule cause de la perte de la personnalité juridique. À sa mort, une personne n'est plus un sujet de droit. L'une des conséquences est que son patrimoine, attribut essentiel de sa personnalité juridique, fait l'objet d'une transmission à ses héritiers avec tous ses biens et toutes ses dettes (d'où l'expression *transmission universelle*). Et, épisodiquement l'actualité nous rappelle qu'on ne juge plus un meurtrier qui vient de mourir (ex. : Thierry Paulin, surnommé « Le tueur de vieilles dames », auteur d'au moins 18 assassinats, est décédé, en 1989, à l'hôpital des prisons de Fresnes, avant d'avoir pu être jugé).

717. Post mortem. La disparition de la personnalité juridique n'est pas toujours absolue avec la mort. Il convient de respecter la volonté d'une personne, au-delà de sa mort, telle qu'elle l'a exprimée dans son testament (C. civ., art. 895 : « Le testament est un acte par lequel le testateur dispose, pour le temps où il n'existera plus, de tout ou partie de ses biens ou de ses droits [...] »). De même, de son vivant, une personne peut régler les conditions de ses funérailles (L. 15 nov. 1887, art. 3), et ceux qui ne respecteraient pas sa volonté encourent une peine d'emprisonnement et d'amende (C. pén., art. 433-21-1). Elle peut également s'opposer à ce que soient effectués des prélèvements post mortem d'organes à des fins thérapeutiques, étant observé que, à défaut d'un tel refus, son consentement est présumé (CSP, art. L. 1232-1, al. 2 ; en 2007, 28 % des prélèvements possibles ont été refusés, dans 4 cas sur 10 parce que le défunt avait déclaré son opposition de son vivant, dans les 6 autres cas à la suite de l'opposition des familles).

718. Révision des lois de bioéthique. L'étude du Conseil d'État relative à la révision des lois de bioéthique ne propose pas de modifier ce régime d'autorisation des dons d'organes post mortem (étude du Conseil d'État, p. 79).

2. *Le constat médical de la mort réelle*

719. Comme la naissance, la mort doit être déclarée à l'officier d'état civil de la commune où le décès a eu lieu par une personne quelconque (C. civ., art. 78). Toutefois, en raison de l'extrême difficulté qui existe pour distinguer la mort apparente de la mort absolue, le constat du décès est confié au médecin qui atteste notamment que la mort est « réelle et constante » (C. gén. coll. territ., art. L. 2223-42). Faute de certificat médical de décès, l'officier d'état civil ne peut autoriser l'inhumation.

720. De la mort du cœur à celle du cerveau. La définition médicale de la mort et les méthodes diagnostiques de constat de celle-ci ont évolué. Jadis, la mort était un événement unique, instantané, qui correspondait généralement au « dernier soupir ». La mort médicale était donc liée au cœur avec l'arrêt respiratoire et cardiaque. Depuis les années 1960, la mort médicale est essentiellement liée à l'activité cérébrale de la personne. Désormais, la mort est considérée comme un processus biologique, un phénomène progressif qui se déroule en plusieurs phases, la dernière étant celle de la mort cérébrale ou encéphalique. Ces termes sont empruntés à divers travaux qui décrivent les signes cliniques du « coma dépassé », le quatrième et dernier stade des comas (du grec *Kôma* : profond sommeil). Partant de là, les méthodes diagnostiques de la mort se sont reportées sur le cerveau. La mort réelle et constante, mentionnée sur le certificat médical de décès, est devenue la mort cérébrale. Cette mutation de la définition de la mort est concomitante au développement des techniques de réanimation qui permettent de maintenir les battements du cœur d'une personne dont les fonctions cérébrales sont entièrement abolies (les hôpitaux y recourent afin de prélever, « à cœur battant », des organes « nobles », tels que reins, pancréas, cœur, foie, poumons, sur le corps d'une personne dont la mort cérébrale est certaine).

On ajoutera que, dans le cas de constat de la mort préalable à un prélèvement d'organes, le pouvoir réglementaire est intervenu pour fixer des critères de la mort. À cette fin, il a repris les descriptions médicales du coma dépassé. Il se réfère donc au stade de la mort cérébrale qui doit être caractérisée par la présence simultanée de trois signes cliniques : « 1° : Absence totale de conscience et d'activité motrice spontanée. 2° : Abolition de tous les réflexes du tronc cérébral. 3° : Absence totale de ventilation prolongée » (CSP, art. R. 1232-1 et s. ; issus du décret du 21 mai 2003).

721. Révision des lois de bioéthique. La peur d'être enterré vivant à la suite d'une erreur de diagnostic existe depuis la nuit des temps. Aujourd'hui, une autre peur hante l'homme ayant consenti de son vivant à des dons d'organes post mortem : celle d'être pris en charge par une équipe médicale pressée d'effectuer une greffe sur un malade, et qui prélèverait sur le corps du donateur des organes, soit après avoir arrêté des soins alors qu'il était en fin de vie, soit après un constat superficiel de sa mort réelle, soit, en cas d'arrêt cardiaque, sans avoir mis en œuvre les techniques classiques ou lourdes de réanimation. Actuellement, la loi ne lui apporte qu'une seule garantie éthique : la séparation entre l'équipe de soins qui constate le décès et l'équipe de prélèvement.

Aussi l'étude du Conseil d'État, de mai 2009, préconise-t-elle d'ajouter d'autres garanties : la première consiste à préciser que le prélèvement sur un patient décédé d'un arrêt cardiaque (en termes médicaux : « prélèvement après cardiaque réfractaire ») ne peut avoir lieu que s'il a fait l'objet « d'une tentative de réanimation d'une ampleur et d'une durée telle que son absence de succès permet de conclure à l'irréversibilité de la mort » (le prélèvement sur donneur décédé après arrêt cardiaque est interdit en Allemagne et au Portugal ; il est autorisé aux Pays-Bas, en Belgique, au Royaume-Uni et en Espagne) ; la seconde est de préciser explicitement que les patients dont les soins ont été arrêtés en fin de vie ne peuvent faire l'objet d'un prélèvement d'organe, « même dans l'hypothèse où ils auraient préalablement donné leur accord » ; la troisième consiste à fonder sur des critères strictement médicaux la décision de renoncer à la technique coûteuse d'assistance circulatoire thérapeutique, dite ACT, au profit d'une réanimation classique, pour un patient victime d'un arrêt cardiaque avant un éventuel prélèvement (la technique de l'ACT connaît un très bon taux de réussite, sans séquelles importantes, de l'ordre de 30 % pour les arrêts cardiaques ayant une cause médicamenteuse).

3. La fin de vie

722. La médiatisation d'affaires dans lesquelles des malades incurables demandaient le droit de mourir dans la dignité pour s'épargner des souffrances insupportables a relancé le débat sur l'euthanasie (du grec ευ, *bonne*, θανατος, *mort* : soit une mort douce et sans souffrance donnée par autrui à un malade incurable ou qui souffre atrocement). Sont encore dans nos mémoires Vincent Humbert, jeune tétraplégique que sa mère et un médecin ont aidé à mourir en 2003 ; ainsi que Chantal Sébire et Rémy Salvat qui, en 2008, avaient chacun écrit au président de la République pour demander le droit de mourir avant de se suicider.

723. Euthanasie active et passive. Au niveau médical, deux sortes d'euthanasie sont susceptibles d'être pratiquées. L'euthanasie active qui résulte d'un acte positif du médecin qui, par exemple, va injecter un produit pour hâter ou provoquer la mort (droit de faire mourir). L'euthanasie passive qui résulte de l'absence de recours à des soins qui auraient pu prolonger la vie, le médecin laissant venir la mort sans acharnement thérapeutique (droit de laisser mourir). Par exemple, il va retirer du patient la sonde gastrique qui l'alimentait, et il va le placer sous « sédation en phase terminale pour détresse » (moyens médicamenteux qui permettent au patient de ne pas avoir conscience de ce qui arrive et de ne pas souffrir).

On notera toutefois que, dans le langage courant et même juridique, le terme d'euthanasie est souvent réservé à la seule euthanasie active. De plus, le recours à la sédation est parfois perçu comme une réponse du personnel médical à une demande d'euthanasie par le patient ou ses proches, une sorte d'euthanasie déguisée.

a. L'INTERDIT : LE DROIT À LA MORT

724. Au niveau européen, la Cour EDH s'est montrée très réticente à l'égard de l'euthanasie. Elle a refusé de condamner, sur le fondement de l'article 2 de la Conv. EDH, la Grande-Bretagne qui interdit l'euthanasie (Cour EDH, 29 avril 2002, *Pretty c. Royaume-Uni*, 2346/02, *Gr. Arr.* CEDH, n° 44). En l'espèce, les autorités anglaises avaient menacé de poursuites pénales le mari d'une malade incurable, qui envisageait de l'aider à mourir. Celui-ci argumenta que le droit à la vie, consacré par l'article 2 de la Conv. EDH, devait être interprété comme conférant à tout individu le droit de choisir la mort plutôt que la vie (art. 2 : « Le droit de toute personne à la vie est protégé par la loi [...] »). Cette interprétation a été écartée par la Cour EDH pour qui on ne pouvait déduire de cet article un droit à mourir, que ce soit de la main d'un tiers ou avec l'assistance d'une autorité publique. Autrement dit, pour la Cour EDH, il n'y a pas de « droit à la mort ».

De même, la France refuse-t-elle qu'un tiers, parent, proche ou médecin, mette fin à la vie d'un malade pour lui éviter des souffrances ou l'agonie, que ce dernier l'ait ou non voulu. C'est ainsi que l'euthanasie est sanctionnée pénalement sous la qualification d'homicide volontaire (C. pén., art. 221-1), le consentement de la victime ne constituant pas un fait justificatif (le 15 mars 2007, une cour d'assises a condamné pour empoisonnement une femme médecin qui avait aidé à mourir une patiente atteinte d'un cancer généralisé en stade terminal, en dépit du désir de cette dernière de voir abréger ses souffrances).

b. L'ERSATZ : LE DROIT AUX SOINS PALLIATIFS

725. Source. La France a préféré opter pour le développement des soins palliatifs qui, depuis une loi du 4 mars 2002, constituent un droit du malade (CSP, art. L. 1110-9 : « toute personne malade dont l'état le requiert a le droit d'accéder à des soins palliatifs et à un accompagnement »). Les soins palliatifs désignent des soins actifs et continus pratiqués par une équipe interdisciplinaire en institution ou au domicile. Ils visent à soulager la douleur, à apaiser la souffrance psychique, à sauvegarder la dignité de la personne malade et à soutenir son entourage (CSP, art. L. 1110-10).

La loi du 4 mars 2002 a été complétée par une loi du 22 avril 2005, dite loi *Leonetti*, relative aux droits des malades et à la fin de vie, dont l'affaire Humbert est sans doute à l'origine. Malheureusement, l'éparpillement, sans la moindre logique, des dispositions de cette dernière loi dans plusieurs articles du Code de la santé publique donne lieu à différents niveaux de lecture qui engendrent de grandes difficultés de compréhension (la confusion tient à l'imprécision des termes utilisés, ainsi qu'à la distinction des situations prévues par les textes sans que l'on comprenne toujours le régime applicable à chacune d'entre elles : patient étant en fin de vie ou non ; patient étant en état ou non d'exprimer sa volonté).

Tout d'abord, la loi du 22 avril 2005 énonce que les actes médicaux « ne doivent pas être poursuivis par une obstination déraisonnable », et qu'ils peuvent être suspendus ou ne pas être entrepris « lorsqu'ils apparaissent inutiles, disproportionnés ou n'ont d'autre effet que le maintien artificiel de la vie » (CSP, art. L. 1110-5, al. 2). Au demeurant, cette disposition ne fait que rappeler les pratiques médicales quotidiennes.

726. Euthanasie passive ou déguisée. Plus innovant, en revanche, le dispositif de cette loi de 2005 qui permet d'appliquer au *malade en fin de vie*, c'est-à-dire « en phase avancée ou terminale d'une affection grave et incurable », un traitement en soin palliatif à double effet : un effet premier avec le soulagement de la souffrance « et » un effet secondaire avec le risque d'abréger la vie (CSP, art. L. 1110-5, al. 5). Le même malade en fin de vie peut également décider « de limiter ou d'arrêter tout traitement » (CSP, art. L. 1111-10). Dans ce cas, il semble que le médecin soit tenu de respecter sa volonté. Si ce malade est inconscient, la décision est prise par le médecin lui-même, sous réserve de la consultation de l'équipe soignante (procédure dite collégiale) et de la famille, ainsi que, le cas échéant, de la prise en compte des « directives anticipées » que le malade avait pu donner. Le médecin est également invité à solliciter l'avis d'une personne de confiance désignée par le malade ou sa famille (CSP, art. L. 1111-6).

Lorsque le *malade n'est pas en fin de vie*, il peut refuser un traitement, alors même que cet arrêt mettrait sa vie en danger (CSP, art. L. 1111-4, al. 2). Dans ce cas, le médecin doit tout mettre en œuvre pour le convaincre d'accepter les soins indispensables, et le malade doit réitérer sa demande dans un délai raisonnable (*ibid.*). Toujours est-il que, dans tous les cas, l'arrêt de traitement thérapeutique ne signifie pas l'arrêt des soins palliatifs. Au contraire, la décision du malade ou du médecin doit conditionner le déclenchement ou la modification des soins palliatifs pour éviter les souffrances.

Tout ce dispositif exprime, pour les uns, un refus de l'euthanasie (ceux pour qui l'euthanasie se confond exclusivement avec l'euthanasie active), pour les autres, la consécration d'une euthanasie passive. En tout cas, il ne légalise pas l'euthanasie, contrairement à certains pays européens (Belgique et Pays-Bas en 2002, Luxembourg en 2009 ; 1,7 % des décès enregistrés aux Pays-Bas ont lieu à la suite d'une euthanasie ou d'une aide au suicide médicalisé par injection déclarée aux autorités).

727. L'ineffectivité du droit aux soins palliatifs. Le droit de demander l'arrêt des traitements « thérapeutiques », et donc le début d'un traitement « palliatif » pouvant conduire à la mort, est souvent paralysé du fait d'un nombre limité de structures et/ou d'équipements en soins palliatifs, d'une formation insuffisante des personnels dans le domaine de l'éthique et des soins palliatifs, et d'un mode de tarification des soins palliatifs pénalisant pour l'hôpital. Il en résulte que le droit individuel aux soins palliatifs, substitut choisi par la France à la légalisation de l'euthanasie active, est peu effectif. Aussi, pour abroger leurs souffrances, des malades incurables ou en fin de vie continuent-ils à se donner la mort ou à implorer un proche ou un médecin de les assister aux risques pour ces derniers d'être poursuivis pour homicide involontaire ou empoisonnement (certains partent à l'étranger pour bénéficier d'un suicide assisté).

C'est la différence fondamentale qui existe avec la Grande-Bretagne, qui est à l'origine des soins palliatifs dans les années 1960 (*Hospice Movement*). Certes, ce pays condamne, comme la France, l'euthanasie. Cependant, grâce au développement de structures adaptées, il a pu réduire de manière significative les suicides prématurés et les demandes d'abrégement de fin de vie des malades, en leur offrant systématiquement des soins palliatifs.

728. Révision des lois de bioéthique. Aussi le Conseil d'État préconise-t-il d'adopter des mesures pour améliorer l'effectivité en France du droit aux soins palliatifs, sans pour autant permettre l'euthanasie active, fermement condamnée par les réseaux d'éthique et l'Église catholique. C'est ainsi qu'il proclame qu'il ne saurait être question de permettre l'euthanasie active dans certaines circonstances : « Même justifiée par l'intérêt du malade, une telle autorisation constituerait une transgression majeure de l'interdit de mettre fin à la vie d'autrui, qui est un interdit structurant de nos sociétés. » Puis, il recommande de préciser dans la loi qu'il y a lieu de proposer immédiatement des soins palliatifs à toute personne demandant l'arrêt des traitements ; de modifier éventuellement les modes de tarification des soins palliatifs, de créer des diplômes universitaires adaptés, ou encore, dans le cas du patient ne pouvant exprimer sa volonté, de permettre à ses proches de déclencher la procédure collégiale au sein de l'équipe médicale.

B. L'incertitude quant à la mort

729. Incertitude. Notre droit fait une place au problème posé par l'incertitude quant à la vie ou la mort d'une personne, en opposant deux situations.

730. La disparition. D'une part, celle où l'on est presque certain qu'une personne est morte, malgré l'absence de cadavre (accident d'avion, naufrage en mer, tsunami ou raz de marée, attentat, etc.). On parle de disparition, et il est possible de demander immédiatement au tribunal de grande instance de rendre un jugement déclaratif de décès (C. civ., art. 88). Contrairement à l'absence où le décès n'est pas certain, le tribunal fixe la date de la mort dans le jugement. Si le disparu reparaît, il pourra demander l'annulation du jugement et récupérer ses biens (C. civ., art. 92).

731. L'absence. D'autre part, la situation où l'on n'est pas certain qu'une personne soit morte. En fait, plus personne n'a de ses nouvelles (enlèvement, fugue, éloignement supposé, etc.). On parle d'absence.

Dans un premier temps, on peut demander au juge des tutelles du domicile de cette personne de constater qu'il y a « présomption d'absence » (C. civ., art. 112). Le juge peut alors désigner un représentant de l'absent pour exercer ses droits et administrer ses biens (C. civ., art. 113). Celui-ci peut ainsi continuer à percevoir les arrérages (versements périodiques) de la pension de retraite de la personne « présumée absente » qui doit être tenue pour vivante jusqu'à la déclaration d'absence (Civ. 2e, 20 sept. 2005, no 04-15998 : *Bull.* no 228).

Dans un deuxième temps, lorsqu'il s'est écoulé dix ans depuis le jugement qui a constaté la présomption d'absence, le tribunal de grande instance peut rendre un jugement de déclaration d'absence, à la requête de toute partie intéressée ou du ministère public (C. civ., 122). Dans le cas où la demande de la présomption d'absence n'a pas été faite, le délai est de vingt ans. Le jugement déclaratif d'absence est transcrit sur les registres de l'état civil. Il produit tous les effets d'un décès, de sorte que le conjoint de l'absent peut contracter un nouveau mariage (C. civ., art. 128). Au cas où l'absent reparaît, le jugement est annulé (C. civ., art. 129). Toutefois, son mariage reste dissous (C. civ., art. 132).

732. Statistiques. Nombre de demandes introduites en 2006 : jugement déclaratif de décès en cas de disparition : 55 ; constatation de présomption d'absence : 307 ; déclaration d'absence : 199 (source : Annuaire statistique de la justice, édition 2008).

Sous-section II La capacité des personnes physiques

733. Toute personne physique est apte à être titulaire de droits subjectifs. Cependant, certaines personnes physiques sont privées de la possibilité d'être titulaires de droits déterminés, ou d'exercer elles-mêmes des droits dont elles sont titulaires. En effet, des personnes peuvent être frappées d'incapacité. Certes, elles sont toujours des sujets de droit, mais leur personnalité juridique est réduite.

Plan. Nous présenterons d'abord l'étendue des incapacités (§1), puis les personnes qui en sont atteintes (§2), enfin la sanction des incapacités (§3).

§ 1. L'étendue des incapacités

734. Il existe deux sortes d'incapacités : les incapacités de jouissance et les incapacités d'exercice.

735. L'incapacité de jouissance est assez rare. Elle a pour objet d'interdire à une personne d'être titulaire d'un droit donné, quand bien même elle serait capable, majeure et pleinement consciente. L'aptitude à acquérir et à exercer ce droit lui est interdite. Dans la mesure où la personne est privée du droit considéré, ce droit ne peut être accompli en son nom et pour son compte par un représentant légal ou un mandataire. On notera qu'il n'existe pas d'incapacité de jouissance générale qui empêcherait une personne d'acquérir et d'exercer quelque sorte de droit. L'incapacité de jouissance est toujours spéciale en ce sens qu'elle n'est édictée par la loi à l'égard de catégories de personnes que pour certains actes déterminés.

736. Actes interdits. Par exemple, l'article 420 du Code civil interdit aux mandataires judiciaires à la protection des majeurs (tuteurs professionnels), de percevoir, à quelque titre et sous quelque forme que ce soit, aucune somme ou avantages financiers en relation avec les missions dont ils ont la charge, autres que les aides et subventions qui sont attribuées aux personnes morales pour leur fonctionnement général par des collectivités publiques (C. civ., art. 420).

Il est interdit au tuteur ou à l'administrateur légal d'acquérir ou de louer les biens de la personne protégée (C. civ., art. 509). Le personnel d'une maison de retraite ou d'un établissement psychiatrique ne peut acquérir un bien de l'un des pensionnaires (C. civ., art. 1125-1).

Un mineur âgé de moins de seize ans ne peut disposer de ses biens (art. 903 C. civ.). Il ne peut donc faire aucune libéralité, aussi bien sous la forme d'un testament que d'une donation, sauf s'il s'agit de cadeaux d'usage (C. civ., art. 904, al. 1er). Seul le mineur de seize ans peut faire un testament, dans la limite de la moitié de ce dont il aurait pu disposer s'il avait été majeur (*ibid.*).

737. L'incapacité d'exercice est beaucoup plus courante, car elle frappe tous les mineurs et beaucoup de majeurs protégés. Cette fois, la personne n'est pas privée de la jouissance du droit. Au contraire, elle est parfaitement apte à acquérir ou à disposer de droits. Chacun sait qu'un jeune enfant dont l'un des parents décède hérite normalement de celui-ci. Quel que soit son âge, cet enfant sera propriétaire des biens recueillis dans la succession. De même, une personne majeure dont les facultés sont altérées et qui fait l'objet d'une mesure de protection, comme une curatelle ou une tutelle, continue à disposer de droits. Concrètement, elle est toujours propriétaire de ses biens, et créancière ou débitrice d'obligations.

En fait, l'incapacité d'exercice va rendre cette personne inapte à exercer elle-même les droits dont elle est titulaire. Le plus souvent, c'est un tiers qui exercera ses droits au nom et pour son compte. Par exemple, le tuteur (ou l'administrateur légal) d'un jeune enfant, propriétaire d'un appartement à la suite du décès de l'un de ses parents, mettra en location cet appartement et percevra les loyers pour le compte de l'enfant. Le tuteur d'une personne âgée gérera les comptes de cette personne. À l'égard de la banque, la personne âgée reste seule titulaire des comptes, quand bien même le tuteur a la « signature ».

§ 2. Les personnes incapables

Les incapacités d'exercice peuvent tenir à l'âge d'une personne (A), voire à l'altération de ses facultés mentales (B).

A. Les mineurs

738. L'incapacité qui tient à l'âge d'une personne vise tous les mineurs. Aux termes de l'article 388 du Code civil : « Le mineur est l'individu de l'un ou de l'autre sexe qui n'a point encore l'âge de dix-huit ans accomplis. » À cet âge, précise l'article 414 du Code civil, issu de la loi du 5 mars 2007 sur la protection juridique des majeurs, entrée en vigueur le 1er janvier 2009, « chacun est capable d'exercer les droits dont il a la jouissance ». *A contrario*, le mineur est atteint d'une incapacité d'exercice générale (1), sauf exceptions (2).

1. L'incapacité générale des mineurs

739. Administration légale et tutelle. Lorsque le mineur a encore ses parents, l'administration de ses biens est attribuée par la loi au(x) parent(s) qui exerce(nt) l'autorité parentale (C. civ., art. 382). Pour cette raison, l'administration est dite légale. Elle est exercée conjointement par le père et la mère, s'ils exercent en commun l'autorité parentale, même s'ils sont séparés (C. civ., art. 383). Dans les autres cas, elle est exercée sous le contrôle du juge, soit par le père, soit par la mère (ex. : décès de l'un des parents). À défaut de parents titulaires de l'autorité parentale, il est organisé un régime de tutelle assez complexe, en ce qu'interviennent le conseil de famille (organe de décision), le tuteur (organe d'exécution), le juge aux affaires familiales qui, depuis une loi du 12 mai 2009, exerce les fonctions de juge des tutelles des mineurs (organe de contrôle qui préside par ailleurs le conseil de famille), ainsi que, le cas échéant, un subrogé tuteur désigné par le conseil de famille pour surveiller le tuteur (C. civ., art. 394 et s.).

On notera que, en cas de décès des parents et en l'absence de tuteur testamentaire, la tutelle n'est pas nécessairement dévolue à l'ascendant le plus proche (en fait les grands-parents). Le tuteur est désigné par le conseil de famille, selon ce qu'exige l'intérêt de l'enfant (C. civ., art. 404). Le beau-parent peut donc être choisi en raison des liens tissés avec l'enfant.

740. Statistiques. En 2006, 1,2 million d'enfants vivaient en famille recomposée dont 800 000 avec un parent et un beau-parent, et 400 000 nés après recomposition familiale ; environ 2,7 millions d'enfants vivaient dans un foyer monoparental ; et 30 000 dans un foyer composé d'adultes de même sexe (Insee Première, n° 1259-oct. 2009).

741. Droit de jouissance légale. L'article 382 du Code civil ajoute que la « jouissance des biens » de l'enfant appartient à ses père et mère. Cette jouissance légale est une espèce d'usufruit. Elle désigne le droit appartenant aux parents (ou père ou mère), titulaires de l'autorité parentale, de percevoir les revenus personnels des biens de leur enfant jusqu'à ce qu'il ait 16 ans accomplis. Ce droit qui porte sur tous les biens du mineur (ex. : immeubles, droit au bail, loyers et fermages, fonds de commerce, dividendes de titres sociaux), ne constitue pas un avantage gratuit. Il s'agit d'une modalité de compensation des dépenses engagées par les parents dans l'intérêt de l'enfant (éducation, nourriture, entretien…).

742. Actes de disposition et d'administration. Les pouvoirs de l'administrateur légal ou du tuteur dans la gestion des biens du mineur diffèrent selon le type d'actes. L'on oppose les actes de disposition et les actes d'administration.

Pour les actes de disposition, en régime d'administration légale, les parents les accomplissent ensemble, sans information préalable du juge des tutelles (C. civ., art. 389-5, al. 1er). En cas de désaccord, l'acte doit être autorisé par le juge des tutelles (C. civ., art. 389-5, al. 2). En régime de tutelle, le tuteur ne peut les accomplir qu'avec l'autorisation du conseil de famille ou, à défaut, du juge des tutelles (C. civ., art. 502).

Pour les actes d'administration, en régime d'administration légale, chaque parent peut les passer seul, sans autorisation (C. civ., art. 389-4). En régime de tutelle, ils sont accomplis par le tuteur seul (C. civ., art. 504, al. 1er).

743. Actes de disposition. Les actes de disposition sont les plus graves, dans la mesure où ils peuvent porter atteinte au patrimoine du mineur. Un décret du 22 décembre 2008 (*J.O.* du 31 déc.), les définit comme des : « *actes qui engagent le patrimoine de la personne protégée, pour le présent* *ou l'avenir, par une modification importante de son contenu, une dépréciation significative de sa valeur en capital ou une altération durable des prérogatives de son titulaire»* (art. 2). De manière confuse, ce décret distingue les actes qui sont nécessairement de disposition et ceux dont cette qualification paraît être laissée à l'appréciation du tuteur et du juge des tutelles, selon les «circonstances d'espèce», autrement dit selon le montant.

Parmi les ***actes qui sont toujours de disposition,*** on mentionnera divers actes à titre onéreux ou gratuit : vente et apport en société d'un immeuble ou d'un fonds de commerce; constitution d'une hypothèque; conclusion et renouvellement de baux ruraux ou commerciaux; ouverture d'un nouveau compte ou livret (autre que le premier compte ou livret); vente d'instruments financiers (actions, obligations...); vente du mobilier du logement; souscription d'un emprunt, souscription ou rachat d'une assurance-vie; donation, partage amiable; acceptation et renonciation à une succession ou à un legs; action en justice relative à un droit extrapatrimonial...

Parmi les ***actes de disposition*** selon ou «***sauf circonstances d'espèces***», le décret cite notamment le prélèvement d'argent sur un capital à l'exclusion du paiement des dettes; l'emprunt de sommes d'argent; le prêt consenti par la personne protégée; l'acquisition et la cession d'instruments financiers non inclus dans un portefeuille...

744. Actes d'administration. Ces actes concernent la gestion courante d'un bien. Le décret de 2008 évoque des «actes d'exploitation ou de mise en valeur du patrimoine [...] dénués de risque anormal» (art. 1er). Il en est ainsi, par exemple, des opérations suivantes : conclusion d'un bail de neuf ans au plus (C. civ., art. 595); ouverture d'un premier compte ou livret (C. civ., art. 427, al. 4); emploi de sommes d'argent qui ne sont ni des capitaux ni des excédents de revenus; de l'acceptation d'une succession à concurrence de l'actif net (C. civ., art. 507-1); louage, prêt, vente, et achat de meubles d'usage courant et de faible valeur; conclusion d'une assurance de biens ou de responsabilité; paiement de dettes; cession de titres d'un portefeuille à condition qu'elle soit suivie de leur remplacement...

2. *La capacité, au cas par cas, des mineurs*

745. L'incapacité d'exercice du mineur n'est pas absolue : elle connaît des limites édictées par la loi.

746. En matière contractuelle, quel que soit son âge, un mineur peut être choisi pour être mandataire d'une tierce personne (C. civ., art. 1990). Il peut donc vendre un bien immobilier au nom et pour le compte d'autrui, alors même qu'il ne pourrait vendre un tel bien lui appartenant ! Il peut aussi ouvrir un livret de caisse d'épargne. Dès l'âge de 16 ans, il peut disposer par testament d'une partie de ses biens (C. civ., art. 904).

Plus largement, l'article 389-3 du Code civil permet au mineur, dans le cadre de l'administration légale, de conclure seul des actes de la vie courante. L'article 408 comporte une disposition identique pour le mineur en tutelle. Un mineur peut ainsi acheter seul des aliments, des vêtements, souscrire une assurance, ou prendre un titre de transport. Pour l'acquisition de biens plus importants (audio, vidéo, micro-informatique, etc.), il s'agit certes d'actes susceptibles d'être effectués fréquemment, mais tout dépend du montant (Civ. 1re, 9 mai 1972 : *Bull.* no 122 : l'achat d'une voiture par un mineur n'est pas un acte de la vie courante [à cette époque, la majorité était à 21 ans, et le permis de conduire à 18 ans]).

747. En matière extrapatrimoniale, un mineur peut saisir lui-même le juge de l'assistance éducative (C. civ., art. 375, al. 1er). S'il a plus de 13 ans, il doit consentir personnellement à son adoption (C. civ., art. 345 et 360). Dans toute procédure le concernant, le mineur capable de discernement peut être entendu par le juge ou lorsque son intérêt le commande par la personne désignée par ce juge (C. civ., art. 388-1).

On notera encore que le consentement des titulaires de l'autorité parentale n'est pas requis pour la prescription, la délivrance ou l'administration de contraceptifs aux personnes mineures (CSP, art. L. 5134-1). De plus, une jeune fille mineure non émancipée peut bénéficier d'une interruption volontaire de grossesse, sans le consentement ou même l'information de ses parents (CSP, art. L. 2212-7).

748. Le mineur émancipé. Selon l'article 413-6, alinéa 1er : « Le mineur émancipé est capable, comme un majeur, de tous les actes de la vie civile. » Il ne peut toutefois contracter librement mariage (C. civ., art. 413-6, al. 2). Depuis une loi du 5 juillet 1974, il ne peut plus être commerçant, quand bien il peut faire des actes de commerce isolés (C. civ., art. 413-8).

En principe, l'émancipation du mineur peut intervenir dès l'âge de 16 ans (C. civ., art. 413-2 ; nombre de demandes d'émancipation en 2006 : 1 091 : Annuaire statistique de la justice pour 2008). Elle est prononcée, à la requête des parents, par le juge des tutelles, s'il y a juste motif et après audition du mineur (C. civ., art. 413-2). Le mineur resté sans père ni mère peut aussi être émancipé à la requête du conseil de famille (C. civ., art. 413-3). En outre, l'émancipation est de plein droit par le mariage, avec l'autorisation des parents et après dispense du procureur de la République (C. civ., art. 413-1).

B. Les majeurs protégés

749. En principe, dès l'âge de 18 ans, « chacun est capable d'exercer les droits dont il a la jouissance » (C. civ., art. 414). Toutefois, la loi intervient pour protéger certains majeurs. Les dispositions relatives à la protection juridique des majeurs ont ainsi fait l'objet d'une réforme complète par la loi no 2007-308 du 5 mars 2007, entrée en vigueur le 1er janvier 2009. Elles constituent le Titre XI du livre premier du Code civil (C. civ., art. 414 à 495-9).

On notera que les termes à connotation péjorative comme « incapable » ou « aliéné » sont remplacés par ceux de personne ou majeur « protégé ». En outre, les mesures de protection rendues nécessaires par l'état ou la situation de la personne s'étendent à sa personne même ainsi qu'à ses biens (C. civ., art. 415), tout en pouvant être limitées expressément à l'une ou l'autre de ces missions (C. civ., art. 425, al. 2).

1. La personne du majeur protégé

750. Droits extrapatrimoniaux. La loi de 2007 garantit au majeur protégé certains droits afin de remédier aux abus constatés à son encontre (ex. : maltraitance envers les personnes âgées). Outre, son information sur la portée des mesures envisagées (C. civ., 457-1), le Code civil distingue désormais les décisions qui, lui étant strictement personnelles, ne peuvent jamais donner lieu à assistance ou représentation (C. civ., art. 458), et les simples « décisions relatives à la personne » (C. civ., 459). Au titre des premières, l'article 458, alinéa 2 cite la reconnaissance d'un enfant, les actes d'autorité parentale, le changement de nom ou le consentement à une adoption. S'il est manifestement impossible au majeur concerné d'exprimer sa volonté, l'acte ne se fera pas, sauf disposition légale contraire. Quant aux autres décisions qui, sans être strictement personnelles, intéressent néanmoins la personne du majeur, toujours sauf disposition légale contraire, elles sont prises par cette personne « dans la mesure où son état le permet » (C. civ., art. 459). Si cet état ne lui permet pas d'exprimer sa volonté, la décision pourra être prise, selon des modalités diverses, par les organes de la protection (juge des tutelles, conseil de famille, curateur, tuteur…).

La loi prévoit encore que la personne protégée choisit le lieu de sa résidence et qu'elle entretient librement des relations personnelles avec autrui (C. civ., art. 459-2). Elle peut également se marier, mais avec l'autorisation, selon le cas, du curateur, du tuteur, du conseil de famille ou du juge (C. civ., art. 460).

751. Droits fondamentaux et dignité des personnes. Le législateur de 2007 proclame divers droits, inspirés des droits de l'homme et des droits de la personnalité. Ainsi l'article 415 du Code civil précise-t-il que la protection de la personne et des biens du majeur protégé « est instaurée et assurée dans le respect des libertés individuelles, des droits fondamentaux et de la dignité de la personne. Elle a pour finalité l'intérêt de la personne protégée. Elle favorise, dans la mesure du possible, l'autonomie de celle-ci. »

2. Les biens du majeur protégé

752. Mesures de protections légales. Les modalités de la gestion des biens du majeur protégé dépendent de la mesure judiciaire adoptée. Ces mesures peuvent être prononcées par le juge (toujours sur avis médical : C. civ., art. 431), dès lors que la personne concernée se trouve « dans l'impossibilité de pourvoir seule à ses intérêts en raison d'une altération, médicalement constatée, soit de ses facultés mentales, soit de ses facultés corporelles de nature à empêcher l'expression de sa volonté » (C. civ., art. 425).

On notera que le législateur de 2007 a supprimé l'une des causes de mise en curatelle tenant à la prodigalité, l'intempérance ou l'oisiveté du majeur (C. civ., ancien art. 488, al. 3). De plus, le nouvel article 428 du Code civil énonce qu'une mesure de protection ne peut être ordonnée qu'en cas de nécessité et lorsqu'il ne peut être suffisamment pourvu aux intérêts de la personne par les règles de la représentation, celles des droits et devoirs respectifs des époux ou des régimes matrimoniaux.

Toujours est-il que la loi de 2007 a repris les trois types de protection judiciaire, issues d'une loi du 3 janvier 1968, avec le même degré hiérarchique : la sauvegarde de justice, la curatelle, et la tutelle.

753. Sauvegarde de justice. La mesure la moins grave est la sauvegarde de justice (C. civ., art. 433 à 439). Il s'agit d'une mesure provisoire, qui ne peut excéder une année, renouvelable une fois (C. civ., art. 439, al. 1er). Elle est souvent prononcée immédiatement par le juge des tutelles, à la demande des proches parents d'une personne qui commence à décliner, en attendant que toutes les formalités soient réunies pour pouvoir la placer en curatelle ou en tutelle.

Dans ce régime de protection succincte, le majeur conserve l'exercice de ses droits, la protection étant, en quelque sorte, *a posteriori* à l'occasion d'un acte particulier (C. civ., art. 435, al. 1er). C'est ainsi que, si les actes qu'il a conclus sont lésionnaires ou excessifs, le majeur protégé est seul admis à agir en nullité, en rescision ou en réduction (C. civ., art. 435, al. 2 & 3). Après sa mort, l'action appartient à ses héritiers. Dans les deux cas, les juges sont invités à prendre en compte l'utilité ou l'inutilité de l'opération, l'importance ou la consistance du patrimoine de la personne protégée et la bonne ou la mauvaise foi des cocontractants (*ibid.*). La loi de 2007 a, par ailleurs, innové en permettant au juge de désigner un mandataire spécial pour faire un acte déterminé, dont l'exemple type est la vente du logement du majeur protégé (C. civ., art. 437, al. 2).

754. Curatelle. Cette fois, il s'agit d'une véritable mesure d'incapacité, mais à un niveau moins élevé que la tutelle. Elle prend la forme d'un régime d'assistance ou de contrôle de manière continue dans les actes importants de la vie civile, et non d'un régime de représentation de la personne protégée (C. civ., art. 469, al. 1er : «*Le curateur ne peut se substituer à la personne en curatelle pour agir en son nom*»). En clair, les actes sont toujours passés par la personne protégée, mais avec l'assistance du curateur (ex. : double signature). En cas de désaccord entre la personne protégée et le curateur, le juge des tutelles peut autoriser la personne protégée à l'accomplir seul (C. civ., art. 469, al. 3). Plus encore, cette assistance ne concerne que les actes de disposition (C. civ., art. 467, al. 1er : sur la définition et l'énumération de ces actes par le décret du 22 décembre 2008 qui n'est pas réservé aux mineurs incapables : voir *supra* nº 743). L'assistance concerne aussi le mariage (C. civ., art. 460), les actions en justice, l'emploi des capitaux, la conclusion d'un contrat de fiducie (C. civ., art. 468), et les donations (C. civ., art. 470, al. 2). En revanche, les actes d'administration sont accomplis seuls par le majeur protégé, sauf si le juge a prononcé une curatelle renforcée, en interdisant, par exemple, au majeur protégé d'accomplir certains actes d'administration ou de percevoir des revenus (C. civ., art. 472).

La durée de la curatelle est de cinq ans (C. civ., art. 441). Elle est renouvelable pour une durée éventuellement plus longue (C. civ., art. 442). Le curateur (ou le tuteur) est désigné par le juge qui est invité à choisir en priorité la personne éventuellement choisie par le majeur (C. civ., art. 448). En l'absence d'un tel choix, il est invité à désigner un membre de la famille (conjoint, pacsé, etc.), et, à défaut, un proche (C. civ., art. 449). En l'absence de famille ou de proches, la curatelle est dévolue à l'État, un mandataire judiciaire à la protection des majeurs étant désigné (C. civ., art. 450). De plus, si le juge l'estime nécessaire, un subrogé curateur peut être désigné pour surveiller le curateur (C. civ., art. 454).

755. Tutelle. La tutelle est prononcée pour les causes prévues à l'article 425 de Code civil, qui sont communes à la curatelle et à la tutelle, dès lors que cette personne doit être représentée d'une manière continue dans les actes importants de la vie civile (C. civ., art. 440, al. 3). Il s'agit donc de l'altération des facultés corporelles ou mentales de la personne de nature à empêcher l'expression de sa volonté (voir *supra* nº 752). Contrairement à la curatelle, il s'agit d'un régime de représentation. Il en résulte que le majeur ne peut exercer aucun acte de disposition ou d'administration. Seul son tuteur qui le représente peut agir en son nom (C. civ., art. 473).

Le tuteur est désigné par le juge des tutelles dans les mêmes conditions que celles précédemment vues pour le curateur. Il est assisté du conseil de famille et contrôlé par le juge des tutelles, voire un subrogé tuteur, comme cela a été dit à propos de la tutelle des mineurs dont le régime est identique (voir *supra* nº 739). Quant aux pouvoirs respectifs de ces divers organes pour accomplir les actes nécessaires à la gestion du patrimoine du majeur protégé, on applique le régime du titre XII du livre premier du Code civil, avec les distinctions des actes de disposition et des actes d'administration, ainsi que le droit reconnu à la personne protégée d'accomplir des actes de la vie courante. Ce régime, qui est commun aux mineurs et aux majeurs en tutelle, a déjà été présenté (voir *supra* n° 742 et s.). On notera seulement que le majeur protégé peut se marier, sous réserve de l'autorisation du juge des tutelles (C. civ., art; 460, al. 2), et qu'il peut rédiger un testament avec l'autorisation du juge des tutelles ou du conseil de famille (C. civ., art. 476).

756. Statistiques. En 2010, plus d'un million de personnes faisaient l'objet d'une mesure de protection. Plus de la moitié d'entre elles avaient moins de 59 ans (personnes handicapées, malades mentaux...) ; et un tiers seulement plus de 75 ans. Au cours de l'année 2006, les tribunaux ont été saisis de : 53 165 demandes d'ouverture d'un régime de protection sans autre indication ; 25 625 demandes d'ouverture d'une tutelle pour majeurs protégés ; 20 327 demandes d'ouverture d'une curatelle ; 718 demandes de conversion de tutelle en curatelle ; 3 167 demandes de conversion de curatelle en tutelle (sources : Annuaire statistique de la justice, année 2008).

§ 3. La sanction des incapacités

757. Droit commun des contrats et des obligations. On rappellera d'abord que la capacité est une condition de validité des contrats (C. civ., art. 1108). Aussi, le contrat est-il « nul de droit » lorsqu'il a été conclu par un mineur non émancipé (ou un majeur protégé), incapable de contracter selon l'article 1124 du Code civil, et sans l'intermédiaire de son représentant. Autrement dit, il appartient au tribunal d'en prononcer l'annulation, sans avoir égard à la bonne ou mauvaise foi de l'un ou l'autre des contractants.

Dans la mesure où cette incapacité est édictée à titre de protection du mineur ou du majeur en tutelle, la nullité est relative. Elle ne peut donc être invoquée par le cocontractant du mineur (C. civ., art. 1125). L'action en nullité est exercée par le mineur lui-même, ou du moins son représentant légal (ex. : Civ. 1re, 14 janv. 2009, n° 07-16451 : *Bull.* n° 6, en l'espèce, un père avait vendu à son fils mineur une maison !). Le délai de prescription est de cinq ans. Plus encore, en dépit de l'annulation rétroactive du contrat, qui devrait conduire à ce que chacune des parties restitue à l'autre ce qu'elle avait reçu, l'article 1312 du Code civil dispense le mineur (ou le majeur en tutelle) de cette restitution, sauf de ce qui a tourné à son profit, c'est-à-dire ce dont le mineur s'est enrichi (par exemple, s'il a dépensé l'argent reçu, il n'a pas à le restituer).

Cependant, ce régime de la nullité des actes ne concerne en général que les actes de disposition, auxquels l'article 1241 du Code civil assimile le paiement fait à l'incapable, sauf si ce paiement a tourné à son profit. En effet, pour les actes d'administration, il convient de prendre en considération la règle de l'article 1305 du Code civil. Selon cette règle, lorsque l'incapable a accompli seul un acte que son représentant légal aurait pu faire seul, sans autorisation du conseil de famille (donc un acte d'administration), la nullité ne peut être demandée par l'incapable que s'il démontre avoir subi une lésion, c'est-à-dire un déséquilibre à son désavantage (C. civ., art. 1305). *A contrario*, si l'acte d'administration n'est pas injuste pour l'incapable, il ne saurait être annulé.

758. Loi du 5 mars 2007. De nouveaux articles du Code civil, issus de la loi de 2007, comportent également des dispositions pour sanctionner les règles assurant la protection des majeurs. Ces dispositions sont communes à la curatelle et à la tutelle. Schématiquement, trois situations sont prévues.

La première concerne une personne qui n'est pas placée sous un régime de protection légale. L'article 414-1 du Code civil commence par rappeler le principe selon lequel : « Pour faire un acte valable, il faut être sain d'esprit. » Puis, il ajoute : « C'est à ceux qui agissent en nullité pour cette cause de prouver l'existence d'un trouble mental au moment de l'acte. » Il peut donc être demandé la nullité du contrat litigieux sur ce fondement.

La deuxième situation concerne la conclusion d'un acte passé moins de deux ans avant la publicité du jugement d'ouverture d'une mesure de protection du majeur. L'acte peut être réduit sur la seule preuve que l'inaptitude du majeur à défendre ses intérêts, par suite de l'altération de ses facultés personnelles, était notoire ou connue du cocontractant (C. civ., art. 464). Il peut encore être annulé, s'il est justifié d'un préjudice subi par la personne protégée. Dans les deux cas, le délai de prescription est de cinq ans à compter de la date du jugement d'ouverture.

La dernière situation concerne celle où le majeur a accompli un acte non autorisé après la mise en place du régime de protection. L'article 465 du Code civil envisage trois cas de figure : 1°) s'il s'agit d'un acte de la vie courante que la personne protégée pouvait accomplir seule, l'acte n'est pas nul. Cependant, il peut être rescindé pour lésion ou réduit pour excès ; 2°) s'il s'agit d'un acte pour lequel la personne protégée aurait dû être assistée, l'acte ne peut être annulé que s'il est établi qu'elle a subi un préjudice ; 3°) s'il s'agit d'un acte pour lequel la personne protégée aurait dû être représentée, l'acte est nul de plein droit, sans qu'il soit nécessaire de justifier d'un préjudice.

À l'inverse, si l'un de ces actes a été passé par le curateur (ou le tuteur), alors même qu'il n'avait pas le pouvoir d'agir seul, soit parce que l'acte ne pouvait être accompli que par la personne protégée ou avec son assistance, soit parce qu'il nécessitait une autorisation du juge des tutelles ou du conseil de famille, l'acte est nul de plein droit qu'il y ait ou non préjudice.

Sous-section III L'identification des personnes physiques

759. État des personnes. L'état des personnes désigne l'ensemble des éléments qui permettent de distinguer une personne dans la société et dans la famille à laquelle elle appartient. Il en est ainsi du nom, du domicile et de la nationalité de la personne, ainsi que des actes de l'état civil qui constatent les événements essentiels de sa vie (naissance, mariage, décès). Il n'est pas question de développer ici ces éléments, qui relèvent des cours de droit des personnes (nom, domicile, état civil), et de droit international privé (nationalité). Aussi le nom sera-t-il présenté essentiellement sous l'angle des droits extrapatrimoniaux ou de la personnalité (§1), complété de quelques définitions relatives au domicile, à la nationalité et à l'état civil (§2).

§ 1. Le nom

A. Attribution du nom

760. Objet et dévolution du nom de famille. Le nom permet de distinguer les personnes entre elles, et il marque le rattachement à la famille. Depuis une loi n° 2002-305 du 4 mars 2002, l'appellation « nom de famille » a remplacé, dans le Code civil, celle de « nom patronymique ». Jusqu'alors une coutume ancestrale, consacrée par la jurisprudence, imposait automatiquement le nom du père (le patronyme) sur l'acte de naissance de l'enfant. Cette coutume, contraire au principe d'égalité des époux, avait été condamnée par la Cour de Strasbourg (Cour EDH, 22 février 1994, *Burghartz c. Suisse*).

Désormais, la loi du 4 mars 2002, complétée par la loi du 18 juin 2003, entrée en vigueur le 1er janvier 2005, offre aux parents un choix pour la fixation du nom de famille de leurs enfants. Ils peuvent opter pour le nom du père, celui de la mère, ou leurs deux noms accolés dans l'ordre choisi par eux, dans la limite d'un nom de famille pour chacun d'eux (C. civ., art. 311-21). À défaut de choix, l'enfant légitime prend de nom de son père, alors que l'enfant naturel prend le nom de celui de ses parents à l'égard duquel sa filiation est établie en premier lieu, et de son père si la filiation est établie simultanément à l'égard des deux parents (C. civ., art. 334-1).

761. Nom d'usage. Depuis 1985 « Toute personne majeure peut ajouter à son nom, à titre d'usage, le nom de celui de ses parents qui ne lui a pas transmis le sien. À l'égard des enfants mineurs, cette faculté est mise en œuvre par les titulaires de l'exercice de l'autorité parentale » (L. nº 85-1372 du 23 déc. 1985 : *J.O.* du 26 déc.). Contrairement au nom de famille, le nom d'usage n'est pas transmissible, et il n'est pas mentionné dans les actes de l'état civil. Par ailleurs, il est de coutume qu'une femme porte le nom de son mari. Ce droit facultatif se poursuit en cas de veuvage, mais non de divorce, sauf avec l'accord de l'autre époux ou avec l'autorisation du juge (voir *infra* nº 764).

B. Nature et régime du nom

1. La nature juridique du nom

762. Planiol voyait dans le nom une **institution de police civile**, c'est-à-dire un simple matricule administratif, à l'instar du numéro de la sécurité sociale (*Traité élémentaire de droit civil*, t. I, 5e éd., 1908, nº 398 : « Le nom est une institution de police civile ; il est la forme obligatoire de la désignation des personnes ; mais il n'est pas plus un objet de propriété que ne le sont les numéros de matricule ; il n'est pas aliénable [...] »).

Dans cette opinion, l'individu n'a aucun droit sur son nom. Si un tiers usurpe un nom et se désigne avec, le titulaire du nom ne peut se défendre qu'en exerçant une action en responsabilité fondée sur les articles 1382 et 1383 du Code civil. Dans ce cas, il doit rapporter la preuve peu évidente du préjudice qu'il a subi. C'est la solution qui a pu avoir les faveurs des juridictions administratives (C.E., 24 octobre 1952, *G.P.* 1952.2.356).

763. Quant aux juridictions judiciaires, autrefois, elles admettaient que le nom fasse l'objet d'un **droit de propriété de la famille** (Cass., 16 mars 1841, *D.* 1841.1.210 : « Les noms patronymiques des familles sont leur propriété [...] »). Il en résultait que si un tiers usurpait un nom, son titulaire pouvait se défendre sans avoir à rapporter la preuve d'un quelconque préjudice.

764. Aujourd'hui, la doctrine dominante admet que le droit au nom constitue un élément de la personnalité de l'individu, un **droit de la personnalité**, donc un droit extrapatrimonial (voir *infra* nº 959).

Cette thèse est admise par la Cour de Strasbourg (Cour EDH, *Burghartz c. Suisse*, préc. ; dans le même sens : Cour EDH, sect. III, 21 oct. 2008, *G. E. c. Turquie* : req. nº 37483/02). Pour cette juridiction, « en tant que moyen d'identification personnelle et de rattachement à une famille, le nom d'une personne n'en concerne pas moins la vie privée et familiale de celle-ci ». Il en résulte que la liberté de choix du nom de famille est protégée par le droit au respect de la vie privée visé à l'article 8 de la Conv. EDH.

La Cour de cassation française adhère désormais à cette thèse, sur le fondement de l'article 9 du Code civil selon lequel : « Chacun a droit au respect de sa vie privée » (Civ. 1re, 7 mai 2008 : *Bull.* no 126 : « l'ancienne identité de celui qui a légalement fait changer son nom est un élément de sa vie privée »).

2. *Les caractères du nom*

765. Le nom est indisponible, imprescriptible et immuable.

766. Indisponibilité. Le caractère indisponible du nom signifie qu'il est hors du commerce juridique. Autrement dit, le nom ne peut faire l'objet de conventions. Il en résulte qu'une convention par laquelle le nom serait vendu, donné, échangé, voire loué, serait illicite et entachée de nullité.

Toutefois, l'indisponibilité n'atteint que l'aspect de la personnalité du nom. En effet, le nom a un autre aspect, cette fois d'ordre patrimonial. Il en est ainsi lorsqu'il permet de désigner un bien ou un service (Michelin, Peugeot, Dassault, etc.). Sous cet aspect patrimonial, le nom est parfaitement disponible : il peut être vendu, loué, donné, etc. (Com., 12 mars 1985, *aff. Bordas*, *Bull.* no 95 ; 6 mai 2003, *aff. Alain Ducasse*, *Bull.* no 69). Cependant, ces conventions n'affectent aucunement l'indisponibilité du nom en tant qu'élément de la personnalité.

767. Nom d'usage. Une autre exception à l'indisponibilité résulte de l'article 264 du Code civil, aux termes duquel : « À la suite du divorce [...], l'un des époux peut néanmoins conserver l'usage du nom de l'autre [...] avec l'accord de celui-ci [...], s'il justifie d'un intérêt particulier pour lui ou pour les enfants. » Cet article consacre donc la validité d'une convention sur le nom.

768. Imprescriptibilité. Ce caractère signifie que l'on ne peut ni perdre, ni acquérir un nom par usage ou non-usage prolongé.

Toutefois, des tempéraments sont apportés par la jurisprudence. Les tribunaux admettent qu'une famille conserve le nom qu'elle utilise par erreur. Encore faut-il qu'il y ait eu, d'une part, possession prolongée (plusieurs générations au moins), d'autre part, bonne foi de celui qui, à l'origine, avait commis l'erreur en s'attribuant le nom.

769. Exemples. Monsieur de Rochechouart, duc de Mortemart, descendant d'une grande famille française, a pu faire interdire à une famille Mortemart de continuer à porter ce nom, du moins sous cette orthographe. En effet, deux siècles auparavant, l'ancêtre de cette famille avait sciemment substitué comme dernière lettre de son nom le « t » illustre, au « d » roturier (Civ. 1re, 17 mai 1966 : *Bull.* no 299).

Les titulaires du nom « de Bourbon de Parme » ont pu empêcher l'utilisation du nom « de Bourbon » par le prince Henri d'Orléans, comte de Paris, faute pour ce dernier d'avoir pu rapporter la preuve de l'usage du nom de Bourbon par ses ancêtres ni celle de l'interruption de la possession du nom d'Orléans (Civ. 1re, 30 sept. 2003 : *Bull.* no 195).

Louis Poirot de Fontenay a dû cesser de porter le nom de Fontenay, qui avait été sciemment pris par son père au lendemain de la Seconde Guerre mondiale, et enregistré comme tel dans les actes de naissance de ses enfants (Civ. 1re, 11 juill. 2006 : *Bull.* civ., no 377).

770. Immutabilité. Le nom est immuable. Cela signifie que, de sa propre initiative, une personne ne peut ni le changer, ni le modifier. Ce principe est posé par l'un des plus anciens textes de notre droit, l'article 1er de la loi du 6 fructidor an II (23 août 1794), aux termes duquel : « Aucun citoyen ne pourra porter de nom ni de prénom autres que ceux exprimés dans son acte de naissance. »

Toutefois, l'immutabilité n'est pas absolue. Une personne peut être autorisée à changer de nom, dans les conditions fixées par les articles 61 à 61-4 du Code civil, dans leur rédaction issue d'une loi du 8 janvier 1993. Aux termes de l'article 61 : « Toute personne qui justifie d'un intérêt légitime peut demander à changer de nom. » L'autorisation fait l'objet d'un décret publié au *Journal officiel*. Ce décret émane du ministre de la Justice qui peut prendre l'avis du Conseil d'État.

En général, les demandes sont justifiées par un caractère ridicule du nom qui le rend difficile à porter, un besoin d'intégration en cas de nom à consonance étrangère, ou la sauvegarde d'un nom de famille illustre. En outre, l'article 61, alinéa 2 mentionne expressément le souhait d'éviter l'extinction du nom porté par un ascendant ou un collatéral du demandeur jusqu'au quatrième degré.

771. Francisation. Un cas courant de changement de nom résulte de sa francisation. Par exemple, un Martinez qui veut s'appeler Martin. Au demeurant, il existe un principe général selon lequel : « Toute personne qui acquiert ou recouvre la nationalité française peut demander la francisation de son nom seul, de son nom et de ses prénoms ou de l'un d'eux, lorsque leur apparence, leur consonance ou leur caractère étranger peut gêner son intégration dans la communauté française » (art. 1er, L. no 72-964 du 25 oct. 1972, mod. L. no 93-22 du 8 janv. 1993).

3. La protection du nom

772. Sanctions civiles. Le titulaire d'un nom est protégé contre les atteintes que pourraient lui apporter les tiers en raison d'une usurpation ou d'une utilisation de son nom.

773. Il y a *usurpation*, lorsqu'une personne s'est emparée du nom d'autrui pour se désigner sous ce nom. En cette circonstance, la jurisprudence dispense le demandeur de prouver qu'il a souffert d'un préjudice. Il en est ainsi parce qu'il ne s'agit pas d'une action en responsabilité civile, mais plutôt d'une action qui trouve son fondement dans une atteinte à la vie privée, voire à un droit de propriété.

774. Il y a *utilisation*, lorsqu'une personne s'est emparée du nom d'autrui pour désigner autre chose qu'elle-même, par exemple, un service, un produit ou un personnage de roman. En cette circonstance, la jurisprudence exige que le demandeur rapporte la preuve du préjudice dont il se prétend victime, à l'instar des actions fondées sur la responsabilité civile pour faute des articles 1382 et 1383 du Code civil. En général, le demandeur doit justifier l'existence d'une confusion possible à laquelle il a intérêt à mettre fin (Civ. 1re, 19 déc. 1967 : *Bull.* no 372). Cependant, cette preuve n'est pas toujours facile à rapporter. Par exemple, les tribunaux n'ont donné gain de cause ni à un dénommé *Dop* dans son action contre la société L'Oréal qui avait commercialisé un shampoing sous ce nom (Civ. 1re, 26 mai 1970 : *Bull.* no 174), ni à un certain *Bidochon* dans son action contre Christian Binet, auteur d'une bande dessinée représentant un couple de Français ridicules portant ce nom (Paris, 30 oct. 1998. *D.* 1999. IR. 259 : « Aucun rapprochement n'est possible entre ces personnages de fiction marginaux, et le requérant, personnage honorable et sympathique »).

775. Sanctions pénales. Les atteintes au nom des personnes font également l'objet d'une incrimination, sous l'article 433-19 du nouveau Code pénal, en ces termes : « Est puni de six mois d'emprisonnement et de 7 500 euros d'amende le fait, dans un acte public ou authentique ou dans un document administratif destiné à l'autorité publique [...] ; 1° de prendre un nom ou un accessoire du nom autre que celui assigné par l'état civil ; 2° de changer, altérer ou modifier le nom ou l'accessoire du nom assigné par l'état civil. »

§ 2. Les autres éléments d'identification

A. Le domicile

776. Aux termes de l'article 102 du Code civil : « Le domicile de tout Français, quant à l'exercice de ses droits civils, est au lieu où il a son principal établissement. » La référence à un « établissement » est évidemment mieux adaptée aux personnes morales qu'aux personnes physiques. Ainsi, pour les sociétés, la jurisprudence précise-t-elle que le siège social est le lieu où se trouve la direction effective de la société (Ass. plén., 21 déc. 1990 : *Bull.* n° 12). Pour les personnes physiques, on lui substitue en général les concepts de résidence principale et de résidence secondaire. On déduit, par ailleurs, de cet article 102 que chaque personne est libre de choisir son domicile (et d'en changer).

777. Unicité et fixité du domicile. Il découle de ce même texte que chaque personne a un seul et unique domicile légal géographique (pays, ville, rue), qui permet de l'identifier, au même titre que son nom. En cela, le domicile est une institution de police civile.

778. Cas particuliers. Il existe des dispositions particulières concernant les bateliers, les gens du voyage... Schématiquement, ces personnes qui circulent ont néanmoins une commune de rattachement (C. civ., art. 102, al. 2). Quant à celles qui n'ont aucun lieu d'habitation déterminé (SDF), elles peuvent, tout au plus, se déclarer domiciliées à un organisme d'accueil agréé ou à un centre d'action sociale. On observera que le principe fondamental à valeur constitutionnelle du droit au logement pour tout individu, déduit des 10e et 11e alinéas du préambule de la Constitution du 27 octobre 1946, et celui du médiatique droit au logement opposable (DALO) des personnes dans les situations les plus difficiles, issu d'une loi n° 2007-290 du 5 mars 2007 (*J.O.* du 6 mars), sont en partie privés d'efficacité faute d'offre de logement suffisante (4 296 personnes relogées pour 62 614 demandes en Île-de-France au 1er septembre 2009).

779. Utilité du domicile. Outre l'identification des personnes, le domicile présente divers autres intérêts. Intérêt d'ordre procédural, le tribunal territorialement compétent étant celui du défendeur (C. proc. civ., art. 42 et 43). Intérêt d'ordre successoral, la succession s'ouvrant au lieu du dernier domicile du défunt (C. civ., art. 720). Intérêt lié au mariage, celui-ci étant célébré publiquement devant l'officier de l'état civil de la commune ou l'un des époux a son domicile ou sa résidence (C. civ., art. 165).

780. Inviolabilité du domicile. On terminera avec le principe de l'inviolabilité du domicile qui a une valeur constitutionnelle (Cons. const., 29 déc. 1983), et qui est garanti sous l'angle de l'article 8 de la Conv. EDH (Cour EDH, 16 avr. 2002 : *aff. Société Colas Est*). Du point de vue pénal, la violation du domicile, et donc de la vie privée, est également sanctionnée (C. pén., art. 226-4).

B. La nationalité

781. La nationalité, qui intéresse les personnes physiques et les personnes morales, désigne le rattachement d'une personne à la population d'un État. Les textes qui gouvernent la nationalité sont inclus sous un titre 1 *bis* du livre premier du Code civil (C. civ., art. 17 à 33-2). Pour l'essentiel, ils sont constitués des dispositions d'une loi n° 73-42 du 9 janvier 1973. La nationalité et la condition des étrangers sont examinées dans le cadre du cours de droit international privé en Master.

782. Attribution et acquisition. On notera seulement qu'il existe, d'une part, deux techniques d'attribution de la nationalité française : la filiation, y compris par adoption plénière (*jus sanguinis*), et la naissance en France de l'un des parents au moins lui-même né en France (*jus soli*), d'autre part, trois modes d'acquisition de la nationalité : de plein droit (ex. : naissance et résidence en France) ; par déclaration (ex. : mariage avec un conjoint français, adoption simple) ; par décret de naturalisation.

C. L'état civil

783. L'état civil constate formellement les événements essentiels de la vie des personnes, de la naissance à la mort en passant éventuellement par le mariage (C. civ., art. 34 à 100). Ces événements sont enregistrés et constatés officiellement dans les registres de l'état civil, tenus à la mairie, en double original (Décr. n° 62-921 du 3 août 1962, art. 1er). En principe, le maire, officier de l'état civil, est compétent pour rédiger ces registres, sous le contrôle du procureur de la République (C. civ., art. 53). Cependant, le maire peut déléguer à un ou plusieurs fonctionnaires ces fonctions (C. gén. coll. terr., art. R. 2122-10).

784. La publicité des actes de l'état civil s'opère par la délivrance de copies intégrales ou d'extraits aux personnes intéressées, connues sous le nom d'actes (de naissance, de mariage, de décès). Par ailleurs, un livret de famille est remis par l'officier d'état civil aux époux ou aux parents d'un enfant naturel. Selon les cas, il comporte l'extrait de l'acte de mariage des parents, les extraits des actes de naissance des enfants et de ceux morts avant leur majorité, les extraits des actes de décès des époux ou des parents… (Décr. n° 74-449 du 15 mai 1974).

785. La force probante des actes de l'état civil et du livret de famille est exceptionnelle, puisqu'il s'agit d'actes authentiques établis par un officier public (voir *infra* n° 1179). Ils vont donc permettre de prouver les faits juridiques qu'ils mentionnent : naissance, mariage ou décès d'une personne. Concrètement, ces actes de l'état civil, auxquels sont assimilés les copies et extraits, font foi jusqu'à inscription de faux. Quant aux énonciations portées sur ces actes, celles qui sont personnellement constatées par l'officier d'état civil font foi jusqu'à inscription de faux, et celles qui ne résultent que des déclarations des intéressés font foi jusqu'à preuve contraire.

786. L'indisponibilité de l'état civil et le transsexualisme. En principe, l'état des personnes qui résulte des actes de l'état civil est indisponible. Cela signifie qu'il n'est pas possible de changer cet état conféré par la loi et/ou la nature. La question s'est alors posée de la possibilité ou non d'obtenir un changement de la mention du sexe d'une personne sur l'état civil, à la suite d'une opération chirurgicale lui permettant de prendre l'apparence physique d'une personne du sexe opposé qu'elle considère être physiologiquement le sien.

Dans un premier temps, la Cour de cassation a exclu la possibilité d'un changement de sexe, conformément au principe de l'indisponibilité de l'état des personnes (Civ. 1re, 21 mai 1990 : *Bull.* n° 117). Dans un second temps, la Cour EDH a condamné des législations nationales qui interdisaient le changement de sexe, au nom du respect dû à la vie privée et familiale, garanti par l'article 8 de la Conv. EDH (Cour EDH, 25 mars 1992, *Van Oosterwicjk c. Belgique*, série A ; 11 juill. 2002, *Goodwin*, considérant que le transsexuel opéré doit pouvoir se marier avec une personne du même sexe que son sexe d'origine). Suite à cette jurisprudence européenne, la Cour de cassation a opéré un revirement. Elle considère désormais que le principe d'indisponibilité de l'état des personnes ne constitue plus un obstacle à une modification de son état civil (Ass. plén., 11 déc. 1992 : *Bull.* n° 13).

Section II
Les personnes morales

787. La personnalité juridique n'est pas l'apanage des personnes physiques : il existe d'autres personnes juridiques. Il en est ainsi de certains groupements, qualifiés de personnes morales. Les uns appartiennent au droit public, comme l'État ou les communes. Les autres au droit privé, comme les sociétés, les associations ou les fondations.

788. À titre d'exemple, une université, en tant qu'établissement public, constitue une personne morale de droit public (C. éducation, art. L. 711-1 : « *Les établissements publics à caractère scientifique, culturel et professionnel sont des établissements nationaux d'enseignement supérieur et de recherche jouissant de la personnalité morale et de l'autonomie pédagogique et scientifique, administrative et financière* »). Dotée de la personnalité juridique, et représentée par son président, l'université est apte à acquérir et exercer des droits. Aussi peut-elle être propriétaire de ses locaux ou de son matériel. Elle peut les donner en location, les prêter, voire les donner. De même, elle peut s'obliger à l'égard d'autrui. L'université est débitrice de prestations pécuniaires à l'égard de ses fournisseurs ou de certaines catégories de personnel. Comme toute personne juridique, elle a un patrimoine, un nom, un domicile, et elle peut exercer des actions en justice.

Plan. Nous définirons, tout d'abord, la notion de personne morale (Sous-section I). Puis, nous évoquerons les controverses relatives à la nature juridique de la personnalité morale (Sous-section II). Enfin, nous présenterons les divers groupements dotés de la personnalité juridique (Sous-section III).

Sous-section I La définition des personnes morales

789. Silence de la loi française. À la différence de certains droits étrangers (Allemagne, Espagne, Suisse, Québec, par exemple), il n'existe pas dans nos lois de définition et/ou de théorie générale de la personne morale. C'est la doctrine qui a tenté d'opérer une systématisation en s'aidant parfois de solutions jurisprudentielles. Cependant, le résultat est pour le moins incertain, abstrait et compliqué.

790. Code civil du Québec. À ce jour, le mouvement de réforme du Code civil français ne se préoccupe guère d'intégrer dans le livre premier « Des personnes » des dispositions relatives aux personnes morales.

Pourtant, de telles dispositions existent dans le Code civil du Québec. En voici un extrait : art. 298 : « Les personnes morales ont la personnalité juridique. Elles sont de droit public ou de droit privé » ; art. 299 : « Les personnes morales sont constituées suivant les formes juridiques prévues par la loi, et parfois directement par la loi » ; art. 301 : « Les personnes morales ont la pleine jouissance des droits civils » ; art. 302 : « Les personnes morales sont titulaires d'un patrimoine [...] Elles ont aussi des droits et obligations extrapatrimoniaux liés à leur nature » ; art. 303 : « Les personnes morales ont la capacité requise pour exercer tous leurs droits » ; art. 312 : « La personne morale est représentée par ses dirigeants [...] » ; art. 313 : « Les règlements de la personne morale établissent des rapports de nature contractuelle entre elle et ses membres » ; art. 314 : « L'existence d'une personne morale est perpétuelle, à moins que la loi ou l'acte constitutif n'en dispose autrement. »

Plan. Dans le silence des textes français, la doctrine et la jurisprudence définissent la personne morale comme un groupement (§1), animé d'un intérêt propre (§2), auquel est reconnue la personnalité juridique (§3).

§ 1. Un groupement de personnes ou de biens

791. Le premier élément caractéristique de la personne morale est qu'elle constitue un groupement. La plupart des personnes morales sont des groupements de personnes (ex. : société ou association). Plus rarement, elles forment un groupement de biens (ex. : fondation).

Les personnes morales sous la forme d'un groupement de personnes ne réunissent pas nécessairement des personnes physiques. Les membres du groupement peuvent être eux-mêmes des personnes morales. Par exemple, les associés d'une société sont souvent des sociétés.

792. Les sociétés unipersonnelles. Le caractère de groupement de personnes est remis en cause, aujourd'hui, avec la création de personnes morales constituées d'un seul et unique membre. Ainsi, en droit des sociétés, le législateur consacre-t-il de plus en plus d'hypothèses de sociétés comportant un associé unique. Par exemple, en 1985, avec l'entreprise unipersonnelle à responsabilité limitée : EURL (C. com., art. L. 223-1) ; en 1999, avec la société par actions simplifiée unipersonnelle : SASU (C. com., art. L. 227-1).

§ 2. Un groupement animé d'un intérêt propre

793. Le deuxième élément caractéristique de la personne morale réside dans l'intérêt propre qui doit animer le groupement. On dit encore que le groupement poursuit un but déterminé ou collectif. En somme, les personnes sont réunies autour d'un intérêt collectif, qui dépasse leurs propres intérêts.

C'est un peu la règle exprimée par l'article 1833 du Code civil à propos des sociétés : « Toute société doit avoir un objet licite et être constituée dans l'intérêt commun des associés. » Dans la fondation, cette idée d'intérêt collectif existe également. En effet, les biens sont affectés à la réalisation d'une œuvre d'intérêt général et non lucrative : ils sont donc soudés autour d'une affectation unique.

794. Abus du droit de vote. La condition relative à l'intérêt collectif ou propre du groupement, distinct des intérêts personnels de ses membres, sert de fondement à la jurisprudence relative à l'***abus de majorité***, qui est une application de la théorie de l'abus de droit. Selon cette théorie, si une personne peut user des droits dont elle est titulaire, elle ne peut en abuser au détriment d'autrui. Ainsi, dans les conseils d'administration et autres assemblées de sociétés ou d'associations, le vote des majoritaires qui, selon la loi de la démocratie, devrait s'imposer aux minoritaires, peut être remis en cause pour abus de majorité.

L'abus de majorité nécessite la réunion de deux conditions cumulatives : d'une part, la décision doit être contraire à l'intérêt collectif du groupement ; d'autre part, elle doit avoir été prise dans l'unique dessein de favoriser les majoritaires au détriment des minoritaires, autrement dit elle doit opérer une rupture d'égalité (Com., 18 avr. 1961 : *Bull.* n° 175, dans une société ; Civ. 1re, 4 avr. 2006, n° 03-13894 : *Bull.* n° 188, dans une association). Il en est ainsi, par exemple, lorsque des associés majoritaires d'une société votent, depuis de nombreuses années, la mise en réserve de la totalité des bénéfices, empêchant la distribution de dividendes à l'ensemble des associés, tout en s'attribuant d'importantes rémunérations comme gérants (Com., 1er juill. 2003, n° 99-19328, inédit). Les sanctions de l'abus de majorité consistent en la condamnation des majoritaires à des dommages et intérêts et/ou l'annulation de la décision prise par l'assemblée.

795. Symétriquement, la notion d'***abus de minorité*** permet de protéger les majoritaires des minoritaires qui bloquent toute décision. En effet, certaines décisions doivent être adoptées à l'unanimité ou à une majorité renforcée des membres. Un membre qui, sans être majoritaire, dispose d'une minorité de blocage peut donc empêcher l'adoption d'une telle décision.

La jurisprudence caractérise l'abus de minorité au moyen des deux critères de l'abus de majorité : l'atteinte à l'intérêt social et la rupture d'égalité entre les membres du groupement, c'est-à-dire l'unique dessein des minoritaires de favoriser leurs propres intérêts au détriment de l'ensemble des autres membres. Il en est parfois ainsi, lorsqu'un associé minoritaire bloque par son vote une décision d'augmentation du capital nécessaire à la survie de la société, au motif égoïste qu'il n'a pas les moyens d'y souscrire (Com., 27 mars 2007 : *Bull.* n° 97).

La sanction de l'abus prend la forme d'une condamnation à des dommages et intérêts, et non d'une annulation de la décision, puisque celle-ci n'a pu être adoptée.

§ 3. Un groupement doté de la personnalité juridique

796. Personnalité morale. Le troisième élément caractéristique de la personne morale tient à la circonstance que le groupement est doté de la personnalité juridique. Cette condition est essentielle. Sinon, n'importe quel groupe de personnes ou de biens serait susceptible de constituer une personne morale. Par exemple, il est évident que des étudiants qui préparent en commun un exposé forment un groupe de personnes animées d'un intérêt commun. Pour autant, ce groupe n'est pas une personne morale. Pour accéder à l'état de personne morale, le groupe doit être doté de la personnalité juridique, d'où l'expression personnalité morale.

La personnalité juridique est alors propre au groupement, et elle ne se confond pas avec celle de chacun de ses membres. Aussi, la personne morale est-elle dotée d'un patrimoine qui lui est propre, distinct de celui de ses membres. Comme toute personne juridique, la personne morale est titulaire de droits extrapatrimoniaux (nom ; domicile ; nationalité ; et même droits de la personnalité non attachés à la personne humaine : en ce sens : Civ. 1re, 27 sept. 2005 : *Bull.* n° 346, à propos de l'atteinte à l'honneur et à la considération d'une personne morale). Elle a une certaine capacité juridique, qui lui permet, par exemple, d'ester en justice (agir). Elle est sujet de droits et d'obligations : elle peut donc être propriétaire, créancière, débitrice, etc.

797. Groupements légaux sans personnalité morale. Un groupement de personnes peut être dénué de la personnalité juridique tout en étant parfaitement licite, dès lors que son existence est reconnue par le législateur qui n'hésite pas à en définir le régime.

798. Association non déclarée. C'est ainsi que la loi du 1er juillet 1901 distingue les associations qui, ayant été déclarées à la préfecture, sont dotées de la personnalité juridique, et les associations non déclarées, donc privées de cette personnalité : «*Les associations de personnes pourront se former librement sans autorisation ni déclaration préalable, mais elles ne jouiront de la capacité juridique que si elles se sont conformées aux dispositions de l'article 5* [dispositions relatives à la déclaration]» (voir *infra* nº 840).

Certes, une telle association, faute de personnalité juridique, est privée de la plupart des prérogatives des sujets de droits et d'obligations : elle n'a pas de patrimoine, elle ne peut contracter, etc. Pourtant, elle n'est pas étrangère à l'univers juridique : des germes de prérogatives juridiques lui sont octroyés (voir *infra* nº 841). Par exemple, une association non déclarée «ayant au demeurant une existence légale peut exercer un recours pour excès de pouvoir pour contester la légalité d'actes administratifs» (C.E., 39 avr. 1999, *Univ. Paris-Dauphine* : *Rec.* T. 814).

799. Société en participation. Les sociétés connaissent aussi un clivage entre les sociétés dotées de la personnalité juridique, à compter de leur immatriculation au registre du commerce et des sociétés (RCS), et celles qui, faute d'être immatriculées à ce registre, n'ont pas la personnalité juridique. Il en est ainsi des sociétés en participation dont l'existence et le régime sont consacrés par les articles 1871 à 1872-2 du Code civil : «*Les associés peuvent convenir que la société ne sera point immatriculée. La société est dite alors société en participation. Elle n'est pas une personne morale et n'est pas soumise à publicité. Elle peut être prouvée par tous moyens. Les associés conviennent librement de l'objet, du fonctionnement et des conditions de la société en participation, sous réserve de ne pas déroger aux dispositions des articles* [...]» (C. civ., art. 1871).

Cette société est licite puisqu'elle est prévue par la loi. Les associés l'ont voulue comme telle pour diverses raisons (ex. : rapidité ou confidentialité d'une opération commerciale). Ils ont même dû conclure un contrat de société, écrit ou non, aussi appelé statut. De plus, l'article 1873 du Code civil applique le régime de la société en participation à la société créée de fait qui, elle aussi, n'étant pas immatriculée, est privée de la personnalité morale. Il s'agit d'une société induite de l'attitude de plusieurs personnes qui se comportent, souvent, sans en avoir conscience, comme des associés (ex. : deux époux ou concubins exploitant en commun le fonds de commerce de l'un d'eux : Com., 23 juin 2004 : *Bull.* nº 134).

Quant au régime de ces deux sociétés sans personnalité morale, l'article 1872-1 du Code civil énonce que la responsabilité des associés est indéfinie, personnelle et, soit conjointe si l'activité est civile, soit solidaire si elle est commerciale.

800. Principe de la spécialité. Le contenu de la personnalité juridique des personnes morales est moindre que celui des personnes physiques :

– d'une part, leur capacité de jouissance est limitée, dans la mesure où, contrairement aux personnes physiques, elles sont régies par le principe dit de la spécialité. Ce principe signifie que leur capacité d'acquérir et de disposer est limitée à leur objet, lequel est fixé par la loi, voire restreint par les statuts. Par exemple, une association ayant pour objet, selon ses statuts, l'initiation de personnes âgées à l'informatique, ne saurait assurer des opérations de promotion immobilière.

Quant à la sanction d'un acte accompli par une personne morale en dehors de son objet, il peut s'agir de la nullité (Civ., 14 mars 1941 : *DA* 1941.146). Cependant, pour éviter de compromettre les droits des tiers de bonne foi qui ont contracté avec la personne morale, d'autres sanctions moins rigoureuses peuvent être prévues par la loi. Par exemple, dans les sociétés anonymes et les SARL, le représentant légal de la société engage sa responsabilité à l'égard de celle-ci, alors que la société reste engagée par l'acte à l'égard des tiers, sauf si ceux-ci savaient qu'il dépassait les limites de l'objet social (C. com., art. L. 223-18 al. 5 ; L. 225-56 al. 2) ;

– d'autre part, les personnes morales sont quasiment privées de la capacité d'exercice, dans la mesure où il s'agit d'entités abstraites. Plus simplement dit, une société ou une association n'ont pas de mains et de bouche pour rédiger des actes ou s'engager verbalement. Pour intervenir dans la vie juridique, les personnes morales doivent être représentées par des organes de gestion agissant en leur nom et pour leur compte. Selon le type de groupement, il pourra s'agir de présidents, de gérants, de directeurs, de maires élus par un conseil municipal, etc.

Sous-section II La nature juridique des personnes morales

801. La question qui se pose est de déterminer comment un groupement animé d'un intérêt commun peut être doté de la personnalité juridique. Les réponses varient selon la nature juridique que l'on attribue à la personne morale. De nombreuses théories ont été proposées par la doctrine, au point que le doyen Carbonnier disait qu'il existait autant de théories que d'auteurs.

Plan. De manière schématique, l'on peut distinguer la théorie dite de la fiction (§1), et la théorie dite de la réalité (§2).

§ 1. La théorie de la fiction

802. Création artificielle de la loi. Selon cette théorie, bien exposée par Laurent au XIXe siècle, seules les personnes physiques sont dotées, par nature, de la personnalité juridique. Aucune formalité, plus ou moins sacramentelle, n'est donc nécessaire pour leur reconnaître la personnalité juridique.

En revanche, il n'en est pas de même pour les personnes morales. La personnalité juridique ne saurait être de l'essence d'un groupement, qui ne constitue qu'une entité abstraite. En conséquence, il appartient à la loi, et à elle seule, de conférer la personnalité juridique à une catégorie de groupement. En somme, tout dépend du bon vouloir du législateur. Seule la loi peut créer, par pure fiction, des personnes juridiques, et il n'y a pas d'autres personnes morales que celles décidées par la loi. Quant au juge, il n'a aucun pouvoir pour compléter la liste légale des personnes morales, puisque cette liste est limitative.

803. Applications législatives. Les partisans de la théorie de la fiction peuvent se prévaloir de nombreuses lois qui interviennent pour énoncer qu'un groupement donné est doté de la personnalité morale, ou, au contraire, pour lui refuser expressément cet attribut.

Par exemple, l'article 2 de la loi du 1er juillet 1901 énonce les modalités exigées pour qu'une association de personnes jouisse de la *capacité juridique* (ce terme est synonyme de *personnalité juridique*). L'article 1842 du Code civil dispose : « Les sociétés autres que les sociétés en participation [...] jouissent de la personnalité morale à compter de leur immatriculation. » L'article 7 d'une loi du 11 mars 1988 relative à la transparence financière de la vie politique pose le principe selon lequel : « Les partis et groupements politiques [...] jouissent de la personnalité morale », etc.

Plus significatif encore, afin d'éviter toute discussion, le législateur n'hésite pas à énoncer clairement qu'une catégorie de groupement n'a pas la personnalité morale. Par exemple, l'article 1871 du Code civil : « Les associés peuvent convenir que la société ne sera point immatriculée. La société est dite alors société en participation. Elle n'est pas une personne morale. » De même, l'article 7 d'une loi du 23 décembre 1988 énonce que le fonds commun de placement « n'a pas la personnalité morale ».

804. Une fois sur deux ? Les voies du législateur étant souvent impénétrables, on relèvera, dans les groupements de biens, que les fondations universitaires créées par la loi du 10 août 2007 relative aux libertés et responsabilités des universités (LRU), modifiée par la LME du 4 août 2008, sont dotées de la personnalité morale, alors que les fondations partenariales créées par la même loi se voient refuser cette personnalité (voir *infra* n° 829). Dans les OPCVM (organismes de placement collectif de valeurs mobilières), les FCP (fonds commun de placement), sorte de copropriété de valeurs mobilières, donc de groupement de biens, ne disposent pas de la personnalité morale, alors que les SICAV (sociétés d'investissement à capital variable) sont des sociétés, donc des groupements de personnes, qui ont la personnalité morale.

§ 2. La théorie de la réalité

805. Variations. Avec la théorie de la réalité, qui doit beaucoup à L. Michoud, au début du XXe siècle, la personnalité morale des groupements n'est plus une fiction. Il s'agit d'une réalité qui est inhérente aux groupements de personnes ou de biens, de la même manière que la personnalité juridique est inhérente aux personnes physiques. Autrement dit, les personnes morales ne sont plus des êtres fictifs, des créations artificielles de la loi : ce sont des êtres réels.

Toutefois, il existe de nombreuses variations, comme la théorie de l'institution (Hauriou), ou celle de la réalité technique (Gény). Nous en évoquerons deux autres :

- l'une prétend que les personnes morales sont des réalités organiques ou biologiques. Comme les personnes physiques, les personnes morales seraient composées de cellules humaines, à savoir les membres du groupe qui ont perdu leur propre individualité ;
- l'autre met davantage l'accent sur la réalité psychologique de la personne morale. Dans la mesure où l'essence de la personne humaine est plus dans la volonté que dans le corps, un groupement peut être une personne juridique, dès que l'on peut mettre en évidence une volonté collective distincte des volontés individuelles des membres qui le composent.

806. Constatation judiciaire. Quelles que soient les variations sur la théorie de la réalité, sa conséquence première est que l'attribution de la personnalité morale ne dépend plus du bon vouloir du législateur. Chaque fois que l'on est en présence d'un groupement animé d'une volonté collective, voire d'une « organisation défendant des intérêts collectifs », il n'y a plus qu'à constater la personnalité morale inhérente à ce groupement. L'arbitraire législatif n'a donc plus de raison d'être. Le juge, même dans le silence de la loi, doit reconnaître la personnalité morale d'un tel groupement, puisque c'est une réalité.

807. Applications jurisprudentielles. Les partisans de cette théorie peuvent se prévaloir de décisions de justice qui ont constaté la personnalité morale de groupements, dans le silence de la loi.

Ce fut d'abord le cas, à la fin du XIXe siècle, avec des décisions qui ont reconnu la personnalité morale aux sociétés civiles, alors même que la loi n'avait accordé la personnalité morale qu'aux sociétés commerciales (Req., 23 février 1891, *S.* 1891.1.72 ; Req., 2 mars 1892, *S.* 1892.497). Aujourd'hui, la question est résolue autrement, dans la mesure où, depuis une loi du 4 janvier 1978, l'article 1842 du Code civil accorde la personnalité juridique aux sociétés civiles.

Ce fut ensuite le cas d'un arrêt de la Cour de cassation, en date du 28 janvier 1954, à propos des comités d'établissement (Civ., 28 janv. 1954, *D.* 1954.217). Il faut savoir que la loi reconnaît expressément la personnalité morale aux comités d'entreprise. En revanche, elle ne dit rien des comités d'établissement. Il s'agit de l'hypothèse d'une même entreprise qui est divisée en plusieurs établissements, et dont chacun comporte un comité d'établissement sur le modèle du comité d'entreprise (ex. : le comité d'établissement Renault Flins). Imaginons qu'un fournisseur reçoive une commande d'un tel comité d'établissement, et qu'il ne soit pas payé. Il ne pourra assigner en justice ce comité d'établissement en paiement qu'autant que celui-ci est une personne juridique. Aussi, la Cour de cassation a-t-elle suppléé la loi en reconnaissant la personnalité morale des comités d'établissement, au moyen d'un attendu célèbre : « La personnalité morale n'est pas une création de la loi ; elle appartient en principe à tout groupement pourvu d'une possibilité d'expression collective pour la défense d'intérêts licites, dignes, par suite, d'être protégés. »

808. Autres applications. Dans le silence de la loi, la Cour de cassation a également reconnu la personnalité juridique aux comités de groupe institués par les articles L. 2231-1 et s. du Code de travail (Soc., 23 janvier 1990, *Bull.* n° 20). Plus récemment, elle a reconnu la personnalité morale d'une Cie de commissaires-priseurs, « organisme privé créé par la loi avec mission de gérer certains intérêts collectifs présentant le caractère de droits susceptibles d'être invoqués en justice » (Civ. 1re, 18 janv. 2005 : *Bull.* n° 28). En revanche, elle n'a pas reconnu la personnalité juridique d'une section syndicale, créée par un syndicat, car celle-ci n'avait : « ni organe d'expression propre, ni volonté collective distincte du syndicat dont elle émanait » (Soc., 19 décembre 1990, *Bull.* n° 698).

809. Épilogue. Il n'y a ni vainqueurs, ni vaincus. D'un côté, la Cour de cassation met en œuvre la théorie de la réalité de la personnalité morale, de l'autre, le législateur ne cesse d'intervenir pour créer de nouvelles personnes juridiques, considérant qu'il lui appartient seul d'en décider, conformément à la théorie de la fiction. Toutefois, la multiplication des interventions législatives, ces dernières années, pour reconnaître ou dénier la personnalité morale à chaque nouveau groupement réduit à une peau de chagrin le domaine d'intervention éventuelle de la jurisprudence et explique, sans doute, l'apaisement de la discussion en doctrine.

Sous-section III Les catégories de personnes morales

810. Plan. On distingue les personnes morales de droit public qui relèvent du droit public (§1), et les personnes morales de droit privé qui relèvent du droit privé (§3). Toutefois, la frontière entre ces deux catégories n'est pas toujours évidente, certaines personnes morales présentant à la fois des aspects de droit privé et des aspects de droit public (§2).

§ 1. Les personnes morales de droit public

811. Absence de personnes physiques publiques. Toutes les personnes publiques qui relèvent du droit public sont des personnes morales, autrement dit des entités abstraites. En effet, contrairement au droit privé, il n'existe aucune personne physique de droit public. C'est ainsi que le fonctionnaire reste une personne physique de droit privé, agent d'une personne de droit public, et soumis à un statut de la fonction publique, étranger aux salariés de droit privé.

812. Diversité des personnes morales publiques. Les personnes morales de droit public se répartissent en quatre catégories : l'État (A), les collectivités territoriales de la République (B), les établissements publics à caractère administratif (C), et les groupements d'intérêt public (D).

A. L'État

813. L'État a une vocation administrative générale, et son action s'étend à l'ensemble du territoire. Il s'agit d'une personne morale unitaire, en ce sens que les différentes autorités administratives qui le composent n'ont pas elles-mêmes la personnalité morale (ex. : ministère, préfecture, etc.).

814. Quant aux innombrables **autorités administratives ou publiques indépendantes** (AAI), qui ont essaimé notre pays depuis les années 1970, elles font partie intégrante de l'État, puisqu'elles sont en principe dénuées de la personnalité morale. Il en est ainsi d'une trentaine d'entre elles (Conseil supérieur de l'audiovisuel, Commission nationale de l'informatique et des libertés...). Toutefois, à titre exceptionnel, le législateur a attribué la personnalité morale à trois autorités administratives qui constituent alors des établissements publics (Autorité des marchés financiers, Haute Autorité de santé, Agence française de lutte contre le dopage).

B. Les collectivités territoriales de la République

815. Les collectivités locales, devenues « collectivités territoriales de la République » depuis la révision constitutionnelle du 28 mars 2003, sont énumérées sous l'article 72 de la Constitution.

Il s'agit des communes (36682 au 1er janvier 2009), des départements (100 dont 4 d'outre-mer, en attendant la départementalisation de Mayotte), des régions (26 dont 4 d'outre-mer et la Corse), et des collectivités d'outre-mer, comme la Polynésie française. Ces collectivités bénéficient d'une compétence générale respectivement pour les affaires communales, départementales et régionales.

816. Difficultés. Des textes spéciaux règlent différemment certains types d'affaires. Par exemple, en matière d'enseignement primaire et secondaire, la région est compétente pour la construction, l'équipement et l'entretien des lycées, le département pour les collèges, et la commune pour les écoles maternelles et primaires. Ce cas d'« école » est d'autant plus complexe que la définition des programmes, l'affectation et la charge des enseignants relèvent, en principe, de l'État.

C. Les établissements publics à caractère administratif (EPA)

817. Les EPA sont créés par l'État ou une autre collectivité publique territoriale en entité autonome, dotée de la personnalité morale et de l'autonomie financière, afin de gérer un service public administratif. En somme, selon les circonstances, une même activité administrative peut être organisée et gérée soit directement en régie par l'État ou une collectivité publique, soit sous la forme d'un établissement public.

Sont encore qualifiés d'EPA, les établissements publics territoriaux, qui regroupent des collectivités locales pour exploiter en commun certains services publics, comme les syndicats intercommunaux ou d'agglomérations nouvelles, les communautés urbaines, et les communautés d'agglomérations ou de communes (18 504 groupements de collectivités locales au 1er janvier 2009).

818. Parmi les innombrables EPA, on mentionnera les chambres de commerce et d'industrie, certains hôpitaux, les offices publics d'habitation et de loyers modérés (OPHLM), l'Établissement public d'aménagement de la Défense (EPAD), le Pôle emploi, le musée d'Orsay, et les haras nationaux.

Les universités, les centres régionaux des œuvres universitaires et scolaires (CROUS), le centre national d'enseignement à distance (CNED), et l'École polytechnique, surnommée l'« **X** », constituent également des EPA, contrairement aux écoles primaires, aux collèges et aux lycées du secondaire qui n'ont pas la personnalité juridique.

D. Les groupements d'intérêt public (GIP)

819. Créé par une loi du 15 juillet 1982, le GIP a pour objet d'associer des personnes publiques entre elles, ou des personnes publiques et privées, à une mission de service public. Il s'agit essentiellement d'une structure de collaboration entre des personnes existantes, qui conservent chacune leur indépendance juridique. Doté de la personnalité morale, le GIP est une « personne publique soumise à un régime spécifique » (Trib. confl., 14 févr. 2000, *GIP « Habitat et interventions sociales pour les mal-logés », GAJA).* Schématiquement, sa création nécessite trois actes : une loi qui le rend possible dans un secteur d'activités donné, une convention conclue entre les futurs membres, et un arrêté approuvant la convention.

820. On trouve des GIP dans tous les domaines de l'action publique (recherche, environnement, sport, justice, action culturelle, santé, politique sociale, tourisme, aménagement, administration locale, etc.). Par exemple, 35 organismes de retraite obligatoire (base et complémentaire) se sont réunis au sein du « GIP Info Retraite » ; 6 régions du Massif central se sont réunies en 2009 au sein du « GIP Massif central » ; l'Agence nationale de recherche sur le sida est un GIP qui regroupe plusieurs ministères, ainsi que le CNRS, l'Institut Pasteur, l'Inserm et l'IRD.

§ 2. Les personnes morales de droit mixte

821. Ces personnes morales hybrides, qui relèvent à la fois du droit privé et du droit public, peuvent être réparties en trois catégories : les établissements publics à caractère industriel et commercial (A), les sociétés d'économie mixte et les associations administratives (B), ainsi que les ordres professionnels et les comités d'entreprise (C).

A. Les établissements publics à caractère industriel et commercial (EPIC)

822. Les EPIC sont des personnes morales de droit public qui sont en charge d'un service public industriel et commercial (SNCF ; RATP ; Ports autonomes ; Commissariat à l'énergie atomique, Office national des forêts ; Opéra national de Paris ; Réunion des musées nationaux, etc.). Ces personnes de droit public sont, en grande partie, soumises au droit privé, échappant de la sorte aux règles du droit public, qui les empêcheraient d'être en situation de concurrence avec le secteur privé.

Par exemple, les offices publics d'aménagement et de construction (OPAC), qui ont le statut d'EPIC, sont concurrentiels avec le secteur de la construction privée de logements. En effet, contrairement aux OPHLM qui sont des EPA, ils n'ont pas à respecter les règles de la fonction publique, de la comptabilité publique et des marchés de travaux publics.

B. Les sociétés d'économie mixte et les associations administratives

823. De nombreuses personnes morales de droit privé, sous le statut de société, comptent parmi leurs associés des personnes publiques. C'est ainsi que l'État, les collectivités publiques territoriales et les établissements publics interviennent souvent dans le secteur économique par le biais de sociétés anonymes dites d'économie mixte (SEM). Ils détiennent dans celles-ci entre 51 et 85 % du capital, le reste étant possédé par au moins un investisseur privé. D'une manière générale, les biens, le personnel et l'activité des SEM sont régis par le droit privé, sous réserve de dérogations empruntées au droit public.

Par ailleurs, dans le secteur social, éducatif, culturel, sanitaire et sportif, souvent les sociétaires ou membres des associations sont des personnes publiques, en particulier des communes. Ces associations, qui n'en demeurent pas moins des personnes morales de droit privé, sont parfois désignées comme associations administratives, municipales ou semi-publiques.

824. Malgré les vagues successives de privatisation d'entreprises publiques qui ont conduit l'État à se retirer du capital de grandes sociétés anonymes industrielles ou financières (Paribas, BNP, UAP, Havas, Canal Plus, Elf-Aquitaine, etc.), on recensait, au 1er janvier 2010, plus d'un millier de SEM, parfois appelées entreprises publiques (Areva, Aéroports de Paris, EDF, La Banque Postale, La Française des jeux ; la ville de Paris est actionnaire d'une vingtaine de SEM gérant plus de 90000 logements).

C. Les ordres professionnels et les comités d'entreprise

825. Il existe deux catégories de personnes morales de droit privé, dont les membres sont des personnes privées, et qui sont soumises à certaines règles de droit public :

- d'une part les *ordres professionnels* qui réunissent l'ensemble des membres d'une profession libérale (ordre des médecins ; ordre des avocats, ordre des architectes, etc.). En principe, ces ordres sont en charge de la qualification professionnelle de leurs membres, de l'application et de l'évolution de règles de déontologie, et ils ont un pouvoir juridictionnel avec un conseil disciplinaire ;
- d'autre part les *comités d'entreprise*, institués en février 1945 en vue d'associer les salariés à la marche générale des entreprises et d'assurer ou de contrôler la gestion des activités sociales et culturelles. Ils sont composés du chef d'entreprise ou d'un de ses représentants, et de membres élus du personnel.

Ces deux groupements sont des personnes morales de droit privé qui sont investies par la loi d'une mission de service public ou d'intérêt général. Seulement, leur affiliation légale à la catégorie des personnes morales de droit privé ne saurait faire oublier certaines marques du droit public. Il en est ainsi de leur création et de l'adhésion des membres, qui sont obligatoires dans les conditions prévues par la loi (ex. : un comité d'entreprise doit être créé dans toutes les entreprises de 50 salariés et plus).

§ 3. Les personnes morales de droit privé

826. Plan. Les personnes morales de droit privé se subdivisent en deux catégories : l'une, assez résiduelle, est composée des groupements de biens (A); l'autre, très importante, réunit les groupements de personnes (B).

A. Les groupements de biens

827. Fondations. Il n'existe qu'une sorte de groupement de biens doté de la personnalité morale : il s'agit des fondations, comme la Fondation de France, l'Académie Goncourt et la Fondation Abbé Pierre. On en dénombre 1 448 (source : enquête de l'Observatoire de la Fondation de France, mars 2007).

Bien que les fondations soient anciennes (au Moyen Âge, le collège de la Sorbonne et l'Hôtel-Dieu de Beaune étaient des fondations), il a fallu attendre une loi n° 87-571 du 23 juillet 1987, sur le développement du mécénat, pour en avoir une définition. Selon l'article 18 de cette loi : « La fondation est l'acte par lequel une ou plusieurs personnes physiques ou morales décident l'affectation irrévocable de biens, droits ou ressources à la réalisation d'une œuvre d'intérêt général et à un but non lucratif. »

Ainsi, à l'origine de toutes fondations, il existe des personnes. Contrairement aux associations ou aux sociétés, ce ne sont pas ces personnes qui sont investies de la personnalité morale. C'est la masse de biens qu'elles affectent au service d'un but désintéressé qui constitue la personne morale. À la limite, il importe peu que ces personnes disparaissent après avoir affecté irrévocablement des biens à l'activité d'intérêt général.

La personnalité morale n'est pas de droit pour les fondations. Elle relève d'une reconnaissance d'utilité publique du projet par l'autorité administrative sous la forme d'un décret du Premier ministre sur avis du Conseil d'État : « Lorsque l'acte de fondation a pour but la création d'une personne morale, la fondation ne jouit de la capacité juridique qu'à compter de la date d'entrée en vigueur du décret en Conseil d'État accordant la reconnaissance d'utilité publique » (art. 18, al. 2).

828. Fondations d'entreprise. Les fondations ont connu un regain d'intérêt avec la création des fondations d'entreprise par une loi du 4 juillet 1990. C'est ainsi que les sociétés, les EPIC, les coopératives et les mutuelles peuvent créer, en vue de la réalisation d'une œuvre d'intérêt général, des fondations d'entreprise, qui sont des personnes morales à but non lucratif. Ce cadre juridique permet à des entreprises de valoriser des actions de mécénat, éventuellement sous leur propre nom (ex. : Éolia Environnement; EADS; La Française des jeux).

829. Fondations universitaires et partenariales. D'autres formes de fondations ont été créées ces dernières années. Parmi celles-ci, on mentionnera la Fondation de coopération scientifique (FCS), créée par la loi de programme pour la recherche du 18 avril 2006 (ex. : Synergie Lyon Cancer ; FCS sur la maladie d'Alzheimer ; Centaure) ; la Fondation universitaire et la Fondation partenariale, toutes deux créées par la loi du 10 août 2007 relative aux libertés et responsabilités des universités (LRU), modifiée par la LME du 4 août 2008. Ces deux derniers types de fondations constituent un mode de financement complémentaire permettant aux universités de recourir au mécénat des entreprises et des particuliers, lesquels bénéficient en contrepartie de réductions d'impôts. On notera que les fondations universitaires n'ont pas la personnalité morale, contrairement aux fondations partenariales. À ce jour, plusieurs universités ont créé des fondations universitaires (ex. : université d'Auvergne, université de Toulouse 3 sous le nom de Catalyse...), ou des fondations partenariales (ex. : université de Lyon 1 ; université de Versailles-Saint-Quentin).

B. Les groupements de personnes

830. Importance. D'une manière générale, les personnes qui envisagent l'exercice d'activités industrielles, commerciales, agricoles, libérales, culturelles ou sociales vont opter soit pour la forme d'une entreprise individuelle, soit pour celle d'un groupement doté de la personnalité morale. C'est ainsi que l'on dénombre environ 1 300 000 entreprises individuelles ; 725 000 exploitations agricoles individuelles ; 3 600 000 sociétés civiles et commerciales ; et 1 000 000 d'associations déclarées réunissant 21 millions de membres et 1,6 million de salariés.

Plan. Les groupements de personnes sont variés. Une distinction classique conduit à opposer ceux qui ont une activité en principe désintéressée, comme les associations (1), à ceux qui recherchent le profit, comme les sociétés civiles et commerciales (2). Il existe même une catégorie intermédiaire avec le groupement d'intérêt économique (3).

1. Les associations

831. La liberté d'association. Aujourd'hui encore, les associations sont régies par la célèbre loi *Waldeck-Rousseau*, du 1er juillet 1901 (*Waldeck-Rousseau* était président du Conseil et ex-ministre de l'Intérieur et des Cultes). Cette loi, d'une vingtaine d'articles à peine, ne définit pas grand-chose, comparée à la prolifération de lois concernant les sociétés commerciales, qui entendent réglementer le moindre détail. Toujours est-il que la loi de 1901 exprime au moins le principe de liberté de constitution des associations : « Les associations de personnes peuvent se former librement sans autorisation ni déclaration préalable » (art. 2). On rappellera que, jusqu'à cette loi, les pouvoirs publics exerçaient un contrôle *a priori* sur la création de l'association au moyen d'un mécanisme d'autorisation accordé discrétionnairement.

832. Une liberté à valeur constitutionnelle. La liberté d'association est renforcée, en ce qu'elle constitue une liberté publique ayant valeur constitutionnelle. Comme nous l'avons déjà mentionné, le Conseil constitutionnel a intégré cette liberté dans les « principes fondamentaux reconnus par les lois de la République et solennellement réaffirmés par le préambule de la Constitution » (Cons. const. 16 juillet 1971, *D.* 1972-685 ; voir *supra* n° 165).

a. Les caractères de l'association

833. Aux termes de l'article premier de la loi de 1901 : « L'association est la convention par laquelle deux ou plusieurs personnes mettent en commun d'une façon permanente leurs connaissances ou leur activité dans un but autre que de partager des bénéfices. » L'association se caractérise donc par sa nature contractuelle, sa permanence et l'exclusion du partage des bénéfices entre ses membres.

834. Nature contractuelle. La loi de 1901 définit l'association comme une convention, un pur groupement contractuel. Cet aspect contractuel entraîne le respect du principe de l'autonomie de la volonté et de ses corollaires : liberté de contracter et d'adhérer (Civ. 3e, 12 juin 2003 : *Bull.* n° 125 : nullité de la clause d'un bail commercial obligeant le preneur à adhérer à une association) ; liberté de quitter l'association (Ass. plén., 9 févr. 2001 : *Bull.* n° 3) ; liberté de rédaction des statuts (C.E., 2 mai 1975, *Féd. caisses rurales du crédit du Finistère*, *Rec.* 277) ; application des principes généraux du droit des contrats (objet et cause licites, force obligatoire et effet relatif du contrat, etc.).

835. Contrat ou institution ? Au début du siècle dernier, la nature contractuelle de l'association s'est heurtée à la théorie de l'institution défendue par Maurice Hauriou (*Les Principes de droit public*, 1916, p. 550). Selon cet auteur, il y a abus de considérer comme contrat tout organisme où apparaissent des éléments consensuels. Chacune des volontés qui vont se rencontrer dans un contrat a un contenu ou un objet différent, alors que dans un organisme collectif ces volontés ont un contenu ou un objet identique. Il en résulte que l'association, bien que reposant sur des éléments consensuels, ne serait plus un contrat, mais une institution corporative. En effet, elle est créée par des individus animés de volontés à contenu similaire, qui vont organiser un pouvoir pour la réalisation de cette idée (bureau et président), et recruter des bénéficiaires intéressés à sa réalisation. En définitive, pour Hauriou, la théorie du contrat est une théorie statique qui n'envisage l'association qu'au moment de sa création, seule la théorie de l'institution pouvant saisir tous les éléments durables de l'association. Aujourd'hui, peu de juristes défendent cette théorie de l'institution.

836. Permanence. Le caractère permanent de l'association ne signifie pas qu'elle ait une durée indéterminée. Il s'agissait uniquement pour le législateur de 1901 de distinguer l'association de la réunion concertée d'avance. Aussi cette permanence s'accommode-t-elle d'une durée déterminée. Dans cette occurrence, jusqu'à la dissolution de l'association, la condition de permanence est réalisée par l'application des dispositions statutaires.

837. But non lucratif. L'association exclut le partage de bénéfices entre ses membres. Contrairement à une idée reçue, le but non lucratif ne signifie pas qu'une association ne puisse réaliser des bénéfices.

D'abord, la réalisation de bénéfices est le propre de toute bonne gestion. Dans ce cas, faute de pouvoir distribuer les bénéfices à ses membres, l'association doit les réinvestir (à sa dissolution, le *boni* de liquidation est attribué à une autre association).

Ensuite, nul n'oserait affirmer que le cadre juridique de l'association soit réservé exclusivement aux initiatives philanthropiques. C'est ainsi que des banques, des assureurs, des promoteurs immobiliers, des professionnels du tourisme et des loisirs, des clubs de sport, des maisons de retraite recourent, pour de multiples raisons, à l'association, éventuellement sous l'appellation de mutuelle (Code de la mutualité, art. L. 111-1 : « *Les mutuelles sont des personnes morales de droit privé à but non lucratif* [...] »). Par exemple, le *groupe AXA*, second assureur mondial, est constitué de deux mutuelles : *AXA assurances IARD Mutuelles* et *AXA Assurances Vie Mutuelles*, qui ont généré un bénéfice net de 3,6 milliards d'euros en 2009 (les mutuelles et les associations constituent un instrument d'ingénierie juridique : faute de capital social, elles sont à l'abri des prises de contrôle par des tiers concurrents).

838. Activités lucratives d'associations à but non lucratif ! L'administration fiscale n'est pas dupe de la déviation du phénomène associatif par les acteurs de l'économie. En dehors de tout texte, elle distingue, par le biais d'instructions, les « associations authentiquement désintéressées » et les « associations non authentiquement désintéressées ». Ces dernières sont soumises sur leurs bénéfices à l'impôt sur les sociétés, à l'instar de la plupart des sociétés commerciales, et leurs opérations ne peuvent être exonérées de la TVA. Divers critères sont retenus pour les identifier : activité exercée en concurrence avec les entreprises du secteur lucratif et dans des conditions similaires (ex. : prix des prestations identique) ; caractère non désintéressé de la gestion (ex. : absence de bénévolat et rémunération des dirigeants au-delà d'un certain montant ; distribution directe ou indirecte de bénéfices) ; et/ou services rendus à des entreprises qui en retirent un avantage concurrentiel.

839. Associations exerçant une activité économique. Par ailleurs, le législateur soumet toutes les personnes morales de droit privé non commerçantes « ayant une activité économique », y compris les associations, aux règles de la comptabilité commerciale et de désignation de commissaires aux comptes, à partir de certains seuils (C. com., art. L. 612-1 et suiv.).

Plus étonnant, les associations, qui exercent exclusivement ou non une activité économique, sont autorisées à émettre, avec ou sans offre au public, des valeurs mobilières, en particulier des obligations qui portent le nom de titres associatifs, afin de développer leur financement en fonds propres (C. mon. et fin., art. L. 213-8 et suiv.).

b. La personnalité morale de l'association

La loi de 1901 distingue trois catégories d'association.

840. Association non déclarée. L'association non déclarée est une association qui n'a fait l'objet d'aucune formalité de publicité (art. 2). Une telle association n'a pas la personnalité morale et elle n'a, en conséquence, aucun patrimoine. Faute d'être sujet de droits et d'obligations, elle ne peut ni contracter (Civ. 1re, 5 mai 1998, *Bull.* n° 159), ni agir en justice (Civ. 1re, 22 juillet 1964, *Bull.* n° 410).

841. Incapacité juridique. Des tempéraments à cette incapacité juridique ont été admis par la pratique et la jurisprudence, comme le droit de percevoir des cotisations (trav. prép., *J.O.* Ch. déb. 1901, p. 1633), ou d'ouvrir un compte de chèques postaux (L. 7 janvier 1918, art. 13). Dans ce cas, les fonds déposés relèvent de la propriété indivise des membres de l'association.

842. Association déclarée. L'association déclarée est celle qui a été rendue publique par les soins de ses fondateurs (art. 5). Cette formalité consiste en une déclaration préalable au bureau des associations de la préfecture ou de la sous-préfecture du lieu de son siège social. À cette occasion, il convient de remettre deux exemplaires des statuts. Puis, l'administration, qui ne peut s'opposer à la constitution de l'association, fait le nécessaire pour la rendre publique, au moyen d'une insertion au *Journal officiel*. C'est à compter de cette publication que l'association est dotée de la personnalité morale. Dès cet instant, elle peut ester en justice, contracter, acquérir et administrer des biens nécessaires à son objet social, etc.

On ajoutera que l'association, une fois dissoute, conserve la personnalité morale et le droit d'ester en justice pour les besoins de sa liquidation, à l'instar des sociétés (Civ. 3e, 4 oct. 1995 : *Bull.* no 214).

843. Petite personnalité morale. L'association simplement déclarée n'acquiert pas une capacité juridique pleine et entière. D'une part, elle ne peut acquérir ou posséder des immeubles, en dehors de ceux nécessaires à son activité (art. 6). D'autre part, elle ne peut, en principe, recevoir des libéralités entre vifs ou testamentaires. Une réforme du 23 juillet 1987 a toutefois assoupli cette restriction. C'est ainsi qu'elle peut recevoir des subventions des collectivités publiques, des cotisations de leurs membres jusqu'à un certain montant, et des dons manuels (L. 1901, art. 6 modifié). En général, on entend par dons manuels des dons de faible importance.

844. Association reconnue d'utilité publique. Toutes les associations déclarées peuvent demander leur reconnaissance d'utilité publique. Cette reconnaissance prend la forme d'un décret en Conseil d'État. Une telle reconnaissance leur confère auprès du public une sorte de label de qualité. En outre, elle leur permet de recevoir des libéralités sous forme de dons et de legs, sous réserve d'autorisations administratives (art. 11). C'est la raison pour laquelle on dit parfois qu'elles ont la « grande personnalité morale ».

845. Conditions. La reconnaissance d'utilité publique n'est pas un droit. C'est une faveur qui relève du pouvoir d'appréciation du ministre de l'Intérieur, qui exige généralement une ancienneté plus importante que les trois ans imposés par la loi de 1901 (art. 10), un rayonnement national et non simplement local, et plus de 200 membres.

Ces conditions très sélectives font que seules 1 967 associations étaient reconnues d'utilité publique au 1er juillet 2009, contre 850 000 associations simplement déclarées.

2. *Les sociétés*

846. Législation en vigueur. Les textes applicables aux sociétés sont répartis dans le Code civil et dans le Code de commerce :

- d'une part, le Code civil comporte un titre intitulé : « De la société », qui est divisé en trois chapitres. Le premier chapitre, qui inclut les articles 1832 à 1844-17, contient les dispositions applicables à toutes les sociétés, qu'il s'agisse de sociétés civiles ou commerciales. Ces dispositions forment le droit commun des sociétés. Le deuxième chapitre, qui inclut les articles 1845 à 1870-1, regroupe les règles propres aux seules sociétés civiles. Le troisième chapitre, qui inclut les articles 1871 à 1873, réglemente les sociétés en participation et les sociétés créées de fait, qui sont toutes deux dénuées de la personnalité morale, tout en étant parfaitement licites ;
- d'autre part, le Code de commerce intègre les dispositions de la loi du 24 juillet 1996 sur les sociétés commerciales, plus d'une cinquantaine de fois modifiée sur des points particuliers (C. com., art. L. 210-1 à L. 252-13). Ces dispositions énumèrent les règles relatives aux principales formes de sociétés commerciales : notamment la société en nom collectif (SNC), la société à responsabilité limitée (SARL), les sociétés par actions (société anonyme : SA ; société par actions simplifiée : SAS).

Plan. Ce cadre normatif nous conduit à présenter les règles communes aux sociétés (a), puis celles spécifiques aux principales sociétés (b).

a. Les règles communes aux sociétés

847. La définition de la société est donnée par l'article 1832 du Code civil : « La société est instituée par deux ou plusieurs personnes qui conviennent par un contrat d'affecter à une entreprise commune des biens ou leur industrie en vue de partager le bénéfice ou de profiter de l'économie qui pourra en résulter. Elle peut être instituée, dans les cas prévus par la loi, par l'acte de volonté d'une seule personne. Les associés s'engagent à contribuer aux pertes. »

Plan. Cet article apporte des précisions en ce qui concerne la conception de la société (1er point), et ses éléments caractéristiques (2e point). Puis, il conviendra d'évoquer la question de la personnalité morale de la société (3e point).

La conception de la société

848. Une controverse continue à opposer la doctrine en ce qui concerne la nature juridique ou la conception de la société. Pour certains, la société est un contrat, pour d'autres, elle est une institution.

849. Conception contractuelle. Dire que la société est un contrat, c'est mettre l'accent sur l'autonomie de la volonté, en particulier sous l'expression du principe de la liberté contractuelle. Il est vrai que, dans sa rédaction antérieure à une réforme de 1978, l'article 1832 énonçait : « La société est un contrat [...]. »

Dans cette conception, on décide que les droits et obligations des parties, autrement dit des associés, sont en principe fixés dans le contrat de société, matérialisé par les statuts, de manière définitive. Il en résulte que les statuts ne sauraient être modifiés sans l'accord unanime des associés, notamment par une simple décision majoritaire qui s'imposerait aux associés minoritaires. De même, la volonté des associés devrait l'emporter sur la loi pour régir la société. En somme, les textes devraient être supplétifs de la volonté des parties.

850. Conception institutionnelle. Dire que la société est une institution, c'est dénier tout rôle à la volonté individuelle ; l'institution étant l'opposé du contrat. L'institution peut être définie comme un ensemble de règles qui organisent de façon impérative et durable un groupement de personnes, en l'occurrence les associés, autour d'un but commun. On dit encore que les droits et intérêts privés des associés sont subordonnés au but social qu'il s'agit de réaliser : d'où la formule selon laquelle l'intérêt social prime l'intérêt personnel des associés.

Plusieurs conséquences résultent de cette conception. D'une part, les droits et obligations des associés ne sont pas fixés de manière définitive par les statuts : ils peuvent être modifiés par une décision de la majorité des associés qui s'impose à la minorité récalcitrante, et ce parce que l'intérêt social l'exige. D'autre part, la loi doit elle-même déterminer, de manière impérative, les règles en matière de société ; aucune place ne devant être laissée à la volonté individuelle des associés.

851. Nature hybride. Il est difficile, aujourd'hui, de déclarer un vainqueur entre ces deux conceptions. Il y a autant d'arguments de textes ou de jurisprudence pertinents pour chacune des conceptions.

Les partisans de la *conception contractuelle* relèvent que le terme de *contrat* subsiste dans la nouvelle définition de la société donnée par l'article 1832, quand bien même il lui est désormais accolé le mot *instituer*. De plus, l'article 1842 alinéa 2 insiste sur l'aspect contractuel de la société : « Jusqu'à l'immatriculation, les rapports entre les associés sont régis par le contrat de société et par les principes généraux du droit applicable aux contrats et obligations. » En outre, l'article 1836 énonce que les statuts ne peuvent être modifiés, à défaut de clause contraire, que par l'accord unanime des associés. Enfin, de nombreux articles autorisent la stipulation dans les statuts de dispositions dérogatoires aux règles qu'ils posent.

Au titre des *règles d'inspiration institutionnelle*, il convient de citer l'article 1832. La définition qu'il donne de la société a été complétée par une loi du 11 juillet 1985, qui a confié au législateur la possibilité de créer des sociétés unipersonnelles, c'est-à-dire des sociétés constituées d'un seul associé (ex. : l'entreprise unipersonnelle à responsabilité limitée : EURL ; la société par actions simplifiée unipersonnelle : SASU). Il a donc été nécessaire de préciser que la société pouvait non seulement résulter d'un contrat, mais qu'elle pouvait être encore « instituée » par l'acte de volonté d'une seule personne. Aussi la société unipersonnelle est-elle anti-contractuelle, puisqu'un contrat repose nécessairement sur la rencontre des volontés d'au moins deux personnes.

En outre, la personnalité morale de la société ne résulte pas de la seule volonté des associés (conception contractuelle), mais d'une formalité administrative obligatoire (conception institutionnelle), à savoir l'immatriculation de la société au RCS (C. civ., art. 1842).

De plus, beaucoup de dispositions du Code de commerce, applicables aux principales formes de sociétés commerciales, sont impératives. Les modifications statutaires résultent non pas d'une décision adoptée à l'unanimité des associés (conception contractuelle), mais d'une décision prise à une majorité renforcée (conception institutionnelle) : par exemple, majorité des 2/3 des voix pour les SA (C. com., art. L. 225-96, al. 3).

Les caractères de la société

852. Pour qu'il y ait société, deux conditions sont exigées par l'article 1832 : la mise en commun d'apports, et la participation aux risques de l'entreprise. À ces deux conditions, il est traditionnel d'en ajouter une troisième, exprimée par une formule latine : *l'affectio societatis*.

853. La mise en commun d'apports. Les apports en société désignent les biens (argent, immeuble, fonds de commerce, matériel, marchandises, actions ou parts de sociétés…) que chaque associé est tenu de mettre à la disposition de la société en vue de l'exploitation. C'est la somme de ces valeurs apportées qui constitue le capital social.

854. La participation aux risques. L'associé a vocation aux résultats sociaux. Lorsqu'ils sont bénéficiaires, il doit y participer. Lorsqu'ils sont déficitaires, il doit contribuer aux dettes.

- **Partage des bénéfices et des économies.** Jusqu'à une loi du 3 janvier 1978, l'article 1832 n'évoquait que la participation aux bénéfices. Le législateur n'ayant pas défini ce concept, des difficultés de qualification de groupements de personnes sont apparues. Par exemple, lorsque plusieurs personnes se réunissent en une association, c'est souvent pour obtenir des prestations à prix coûtant. Indirectement, elles réalisent une économie d'ordre patrimonial. La question est alors de déterminer si ces économies constituent des bénéfices au sens de l'article 1832, avec la requalification à la clef de l'association en société.

La Cour de cassation a écarté cette solution, définissant le bénéfice comme un « gain pécuniaire ou matériel qui ajouterait à la fortune des associés » (Chbres réun., 11 mars 1911, *Manigot, DP* 1914.1.257). Pourtant, le législateur, par la suite, n'a pas fait grand cas de cette jurisprudence. Ainsi une loi du 10 septembre 1947 a-t-elle donné aux coopératives la qualification de société, alors qu'elles limitent leurs activités à la recherche d'économies.

Aujourd'hui, la controverse est close, dans la mesure où le nouvel article 1832 du Code civil, dans sa rédaction de 1978, a ajouté au mot *bénéfice* le mot *économie* : « en vue de partager le bénéfice ou de profiter de l'économie qui pourra en résulter ». Paradoxalement, aujourd'hui, la confusion est à son comble entre les sociétés et les associations qui ont, toutes deux, vocation, à réaliser des économies !

- **Contribution aux pertes.** L'article 1832 alinéa 3 précise : « les associés s'engagent à contribuer aux pertes. » Ce terme de *contribution* est important, en ce qu'il s'oppose à celui d'obligation. Les problèmes de responsabilité limitée ou illimitée, voire solidaire ou conjointe, des associés aux dettes sociales ne sont pas visés par cet alinéa. En effet, il s'agit de problèmes d'obligation des associés à l'égard des tiers, autrement dit à l'égard des créanciers de la société. Ces règles d'obligation sont d'ordre public, et elles ne peuvent être écartées par une disposition contraire des statuts. En revanche, le problème de la contribution concerne la question de savoir qui, en fin de compte, supportera le passif social. En fait, cela se pose surtout à la liquidation de la société, lorsque l'actif social étant insuffisant pour payer les créanciers, l'un des associés les rembourse. Peut-il exercer un recours contre les autres associés ? La réponse est affirmative, dans la mesure où l'article 1832 commande à chaque associé de contribuer aux pertes.

Toutefois, ce texte n'est pas impératif, et les règles de contribution peuvent être accommodées dans les statuts, au même titre que les règles de participation aux bénéfices. La seule limite à la liberté des règles de contribution réside dans la prohibition, par l'article 1844-1 alinéa 2 du Code civil, des clauses dites léonines. Il s'agit de stipulations attribuant à un associé la totalité du profit procuré par la société ou l'exonérant de la totalité des pertes, ainsi que celles excluant un associé totalement du profit ou mettant à sa charge la totalité des pertes.

855. *L'affectio societatis.* Ce troisième élément caractéristique d'une société peut être déduit de l'article 1833 du Code civil, aux termes duquel : « toute société [...] doit être constituée dans l'intérêt commun des associés. »

En général, *l'affectio societatis* exprime la volonté de collaboration active et égalitaire des associés dans la société. Toutefois, l'on concède que la volonté de participer à la vie sociale de façon active est étrangère chez beaucoup d'associés qui se préoccupent uniquement du montant de leurs dividendes annuels, et des plus-values éventuelles lors de la cession de leurs titres. Quant à la volonté de collaboration égalitaire, elle signifie qu'aucun associé n'est subordonné à un autre associé. Ce principe n'est aucunement mis en cause par l'existence d'associés majoritaires et d'associés minoritaires. Il permet encore de distinguer la société du contrat de travail avec une clause de participation aux bénéfices.

La personnalité morale de la société

856. L'acquisition de la personnalité morale. Aux termes de l'article 1842 du Code civil, les sociétés jouissent de la personnalité morale à compter de leur immatriculation au RCS. Une seule exception est prévue pour la société en participation qui n'est pas immatriculée, afin de rester secrète. Pour autant, cette société est parfaitement licite : elle a été voulue par les associés qui ont conclu un contrat de société, tout en préservant son caractère occulte, gage du succès de leur entreprise.

Cette référence purement formelle à la date d'immatriculation ne signifie pas que la société n'existe pas auparavant. Au contraire, elle existe pendant toute la période de formation. Seulement, à défaut d'exister comme personne juridique, elle existe comme contrat dès la signature des statuts, étape préliminaire à l'immatriculation : « Jusqu'à l'immatriculation, les rapports entre les associés sont régis par le contrat de société [...] » (C. civ., 1842 al. 2).

857. La représentation des sociétés. Dotées de la personnalité juridique, comme toutes personnes morales, les sociétés immatriculées ont des attributs presque similaires à ceux des personnes physiques. Sujets de droits et d'obligations, elles sont titulaires d'un patrimoine.

Elles ont, par ailleurs, une certaine capacité juridique. Leur capacité de jouissance est alors gouvernée par le principe de la spécialité légale et statutaire. Autrement dit, leur capacité d'acquérir et de disposer est limitée à leur objet, qui est fixé par la loi, voire restreint par les statuts. Au niveau de la capacité d'exercice, à l'instar de toute personne morale, la société, entité abstraite, ne peut agir que par l'intermédiaire d'un représentant (gérant, président-directeur général...).

858. La disparition de la personnalité morale. Au cours de la vie sociale, divers événements vont modifier la structure de la société. Il en est ainsi des modifications statutaires qui résultent d'une augmentation du capital, d'une prorogation de la société, du changement de son objet, etc. Si la personnalité morale avait été liée à ces événements, chacun d'eux aurait conduit à la disparition de la personnalité morale de la société, c'est-à-dire à sa dissolution. Pour éviter une telle solution, l'article 1844-3 du Code civil pose le principe selon lequel : « La transformation régulière d'une société en une société d'une autre forme n'entraîne pas la création d'une personne morale nouvelle. Il en est de même de la prorogation ou de toute autre modification statutaire. »

859. Liquidation. La personnalité morale de la société ne disparaît pas complètement avec sa dissolution légale (ex. : arrivée du terme de la société), judiciaire (ex. : mésentente entre associés), ou volontaire. Elle survit à la dissolution de la société. Ce principe est formulé par l'article 1844-8 alinéa 3 du Code civil : « *La personnalité morale de la société subsiste pour les besoins de la liquidation jusqu'à la publication de la clôture de celle-ci.* » En fait, la dissolution de la société marque le début d'une période appelée liquidation. Pendant cette période, il convient de régler le passif, de convertir les éléments de l'actif en argent, de mener à terme certains contrats, etc. Pour ces opérations de liquidation, la personnalité morale subsiste. La disparition de la personnalité morale de la société va donc seulement coïncider avec la fin de la période de liquidation, matérialisée par la formalité de « clôture de la liquidation », qui fait l'objet d'une publicité.

b. Les règles spécifiques aux principales sociétés

860. Lorsque l'entrepreneur opte pour le cadre sociétaire, il est confronté à un choix, dans la mesure où, à côté des sociétés classiques (SA, SARL, SNC, Soc. civ., etc.), il existe plus d'une centaine d'autres sociétés réglementées, comme les multiples sociétés civiles professionnelles par activité déterminée, les diverses sociétés immobilières, les sociétés financières (SICAV, SICOMI, SICOVAM, etc.).

L'étude des sociétés faisant l'objet d'un enseignement spécifique, nous nous limiterons à quelques éléments caractéristiques des sociétés les plus répandues.

861. Statistiques. Au 1er janvier 2010, l'INPI recensait plus de 3 500 000 sociétés immatriculées (1 780 107 SARL ; 1 059 827 sociétés civiles immobilières ; 305 284 sociétés civiles ; 138 953 sociétés par actions simplifiées ; 113 492 sociétés anonymes ; 66 576 sociétés en nom collectif ; 16 493 groupements d'intérêt économique ; 14 911 sociétés civiles professionnelles ; 3 709 sociétés coopératives agricoles ; 2 093 sociétés en commandite simple ; 441 sociétés en commandite par actions). Quant aux sociétés dénuées de la personnalité morale (société en participation, société créée de fait...), les statistiques sont moins fiables en raison de leur non-immatriculation au RCS, et d'un objet souvent discret (en 2005, l'Insee en recensait environ 80 000).

862. Société civile et société commerciale par la forme. Il convient d'abord d'opposer les sociétés civiles aux sociétés commerciales par la forme (SNC, SARL, SA, SAS...). Seule une activité civile est permise dans le cadre d'une société civile, alors qu'une société commerciale par la forme est libre d'exercer aussi bien une activité civile qu'une activité commerciale (C. civ., art. 1845, al. 2).

863. Risques limités et risques illimités. La société civile et la SNC se rejoignent en ce qu'elles constituent des sociétés à risque illimité.

- dans la SNC, le principe est celui de la responsabilité personnelle et indéfinie des associés (C. com., art. L. 221-1). Ainsi, lorsque la société a des dettes, le créancier peut la mettre en demeure de le payer par simple exploit d'huissier. S'il n'est pas payé, il peut se retourner contre l'un quelconque des associés. Ce dernier devra payer le créancier sur son patrimoine personnel, quel que soit le montant de la dette. Plus encore, chaque associé est engagé solidairement. Cela signifie deux choses. D'une part, il est privé du bénéfice de discussion, en ce qu'il ne peut contraindre le créancier social à épuiser au préalable toutes les poursuites judiciaires contre la société. D'autre part, il est privé du bénéfice de division, en ce qu'il ne peut contraindre le créancier social à diviser ses poursuites contre tous les associés. Il doit donc régler l'ensemble des dettes sociales, quitte à se retourner ultérieurement contre la société ou contre les coassociés pour qu'ils contribuent au passif social, selon la proportion définie par la loi ou les statuts ;
- dans la société civile, l'associé est également responsable personnellement et indéfiniment du passif de la société sur son patrimoine personnel (C. civ., art. 1857). Toutefois, il n'est pas tenu solidairement. Aussi peut-il opposer au créancier les bénéfices de discussion et de division.

À l'opposé, les SA et les SARL se rejoignent en ce qu'elles constituent des sociétés à risque limité. Cette fois, les associés courent uniquement le risque de ne pas récupérer ce qu'ils ont apporté. En effet, les créanciers sociaux ne peuvent exercer leurs poursuites que sur le seul patrimoine de la société. Autrement dit, si l'actif de la société est insuffisant pour les rembourser, ils ne peuvent se retourner contre le patrimoine personnel de chacun des associés.

864. Sociétés de personnes et sociétés de capitaux

– Les *sociétés de personnes*, qui réunissent les sociétés civiles et les SNC, sont celles pour qui la considération de la personnalité des associés est essentielle. Peu importe le montant du capital réuni. D'ailleurs, aucun minimum n'est exigé. Les partenaires se réunissent en société parce qu'ils s'estiment et se font confiance. On dit encore que l'*intuitus personae* y est prépondérant. C'est la raison pour laquelle un associé ne peut, en principe, céder ses parts qu'avec le consentement unanime des autres associés. De même, le décès de l'un des associés met, en principe, fin à la société qui sera dissoute. Ce caractère personnel existe encore à l'égard des créanciers sociaux, dans la mesure où les associés sont responsables de manière illimitée des dettes de la société.

– Les *sociétés de capitaux*, qui réunissent essentiellement la SA et la SAS, sont celles pour qui la personne des associés est indifférente. Ce qui compte, c'est le montant du capital réuni (37 000 euros minimum pour les SA), encore que la SAS puisse désormais être constituée avec un capital d'un seul euro. Puisque l'*intuitus personae* n'a pas droit de cité, les associés peuvent céder librement leurs titres, et le décès de l'un d'eux n'a aucune incidence sur le fonctionnement de la société. Vis-à-vis des tiers, la personnalité des associés n'importe pas davantage, puisque leur responsabilité est limitée au montant de leur apport.

Situations hybrides. Cette distinction des sociétés n'est pas parfaite :

– d'une part, la SARL est difficile à rattacher à l'une ou l'autre de ces catégories. Dans la mesure où la responsabilité de ses associés est limitée au montant de leur apport, elle s'apparente aux sociétés de capitaux. Mais, dans la mesure où, dans les rapports entre associés, les parts ne sont pas toujours cessibles, elle s'apparente aux sociétés de personnes. Cette dernière affiliation s'est accentuée depuis une loi du 1er août 2003, qui permet de fixer librement le montant du capital des SARL, quitte à ne retenir qu'un euro symbolique ;

– d'autre part, la portée de la distinction s'estompe bien souvent. En effet, il est possible d'introduire dans les statuts des SA de l'*intuitus personae* au moyen de clauses prévoyant une procédure d'agrément en cas de cession d'actions à des tiers étrangers à la société. À l'opposé, dans les sociétés de personnes, il est possible de diluer la considération de la personne en introduisant dans les statuts des clauses destinées à écarter la dissolution pour cause de décès d'un associé.

3. Les groupements d'intérêt économique (GIE)

865. Les groupements d'intérêt économique remontent à une ordonnance du 23 septembre 1967. Il s'agit d'une structure de collaboration entre des entreprises existantes, qui conservent chacune leur indépendance juridique. Leur vocation n'est pas de faire des bénéfices, mais d'être au service des entreprises qu'ils réunissent pour leur permettre de réaliser, souvent à moindre coût et de manière plus efficace, des actions communes. L'exemple type est celui du GIE des cartes bleues bancaires. Tous les établissements de crédit, malgré leur autonomie, ont préféré s'entendre pour ce produit commun, plutôt que de créer chacun un produit incompatible avec les distributeurs automatiques de billets des concurrents.

Cette structure, qui est dotée de la personnalité morale à compter de son immatriculation au registre du commerce et des sociétés, est plus simple que la société, et plus efficace que l'association. Pourtant, malgré un certain succès lors de sa création, cette formule s'est un peu essoufflée. On en compte environ 16500. Sans doute la réforme de 1978, qui a permis aux sociétés de se constituer pour réaliser non plus seulement des bénéfices, mais aussi des économies, a-t-elle retiré une grande partie de l'intérêt de ce groupement. De plus, la responsabilité illimitée des membres du groupement d'intérêt public, à l'instar de celle des associés des SNC, est dissuasive.

Chapitre III

La valeur des droits subjectifs

866. Plan. Selon que les droits subjectifs sont susceptibles ou non d'évaluation pécuniaire, ils sont classés dans la catégorie des droits patrimoniaux (Section I), ou dans celle des droits extrapatrimoniaux (Section II).

Section I

Les droits patrimoniaux

867. Critère. Les droits patrimoniaux sont les droits qui sont susceptibles d'évaluation en argent. Ils s'opposent aux droits extrapatrimoniaux en ce qu'ils sont « dans le commerce juridique » (C. civ., art. 1128). Cette expression doit être prise dans un sens large. Elle évoque la circulation économique des richesses par quelque procédé que ce soit, comme une vente, une donation ou une succession. Dans ce sens, il importe peu que les protagonistes de l'opération participent ou non à une activité commerciale. Plus simplement dit, les droits patrimoniaux sont transmissibles et disponibles.

C'est d'ailleurs cette transmissibilité des droits patrimoniaux qui permet leur évaluation pécuniaire. Dans la mesure où ils ont une valeur économique, ils représentent pour leur titulaire un élément de richesse matérielle. Ils font donc partie de son patrimoine.

Plan. Nous commencerons par définir cette notion de patrimoine (Sous-section I). Puis, nous envisagerons l'étude des droits réels et des droits personnels, aussi appelés droits de créance, qui composent les droits patrimoniaux (Sous-section II). Enfin, nous présenterons les biens sur lesquels peuvent porter les droits patrimoniaux (Sous-section III).

Sous-section I Le patrimoine

868. Concept doctrinal. Dans le langage courant, le patrimoine se confond avec la fortune d'une personne. Telle personne a un patrimoine, telle autre en est dépourvue. Plus précisément, le *Larousse* en donne la définition suivante : « ensemble des biens de famille reçus en héritage. »

Cette définition n'est pas celle qui est retenue par le droit. À dire vrai, notre droit positif ignore le concept de patrimoine. Il est vain d'en chercher une définition dans nos lois écrites, ou même dans la jurisprudence. La notion juridique du patrimoine est essentiellement l'œuvre de la doctrine.

Plan. Si la doctrine est à peu près d'accord sur la définition du patrimoine (§1), en revanche, elle est divisée dès lors qu'il convient d'envisager les relations entre le patrimoine et la personne (§2).

§ 1. La définition du patrimoine

869. Le patrimoine est une universalité juridique, composée de l'ensemble des droits et obligations d'une personne, évaluables en argent, et dont l'actif répond du passif.

L'exigence d'une évaluation pécuniaire des éléments composant le patrimoine exclut de celui-ci tous les droits extrapatrimoniaux, puisqu'ils n'ont aucune valeur économique. Sont donc étrangers au patrimoine d'une personne, ses droits politiques, comme le droit de vote, ou ses droits dits de la personnalité, comme les droits au respect de la vie privée et à l'intégrité physique. En revanche, tous les biens (actif) et toutes les dettes (passif) d'une personne font partie de son patrimoine, puisqu'ils sont évaluables en argent.

870. Actif. Certes, nous avons évoqué non pas les biens d'une personne, mais ses droits évaluables en argent. En réalité, il n'y a pas de différence. Les biens désignent deux sortes de choses : d'une part des choses palpables, concrètes (ex. : bijou, livre, maison, terrain), d'autre part des choses incorporelles, comme le droit personnel qui confère à une personne le droit d'exiger d'une autre personne une certaine prestation ou un paiement, ou encore certains droits réels qu'une personne exerce sur une chose (voir *infra* n° 944).

Aussi l'actif du patrimoine d'une personne peut-il comprendre deux sortes de droits ou de biens. D'une part, tous ses droits réels, tel le droit de propriété qu'elle exerce sur divers biens corporels, meubles ou immeubles. D'autre part, tous ses droits personnels ou de créance, issus d'actes juridiques ou de faits juridiques. C'est ainsi, par exemple, que font partie de l'actif du patrimoine, la créance en réparation d'une personne victime d'un dommage causé par autrui, ou la créance du prêteur en remboursement d'une somme d'argent, autrement dit tout ce qu'on lui doit, que ce soit une somme d'argent ou une autre sorte de prestation évaluable économiquement.

871. Passif. Le passif du patrimoine d'une personne comprend tout ce que cette personne doit, toutes ses obligations, dès lors qu'elles sont évaluables en argent. Il peut évidemment s'agir d'une dette d'argent. Mais il peut également s'agir d'obligations de fournir une chose ou un service. Ce qui compte, c'est la valeur économique de la prestation.

872. Universalité de droit. Le patrimoine est un ensemble complet, une universalité (dans le sens de totalité). En effet, il n'est pas composé d'une sélection d'un ou de plusieurs éléments actifs ou passifs d'une personne, ayant une valeur économique, mais de tous ses droits et de toutes ses obligations. C'est la réunion, quelque peu abstraite, de l'actif et du passif d'une personne qui donne naissance au patrimoine.

Non seulement le patrimoine doit s'entendre de la réunion de tous les éléments de l'actif et du passif d'une personne, mais le passif est indissolublement lié à l'actif. Cela signifie que l'actif répond du passif. Autrement dit, les biens d'une personne répondent de ses dettes. C'est l'idée qu'exprime l'article 2284 du Code civil : « Quiconque s'est obligé personnellement est tenu de remplir son engagement sur tous ses biens mobiliers et immobiliers. » Concrètement, si un locataire doit de l'argent à son propriétaire, ce dernier pourra faire saisir ses biens, les faire vendre aux enchères, et se rembourser sur le prix obtenu.

Il en résulte que le patrimoine n'est pas un simple ensemble de biens, aussi appelé « universalité de fait », comme un tas de bois ou un stock de marchandises. Le patrimoine est une « universalité de droit », c'est-à-dire un ensemble juridique complexe des droits et obligations d'une personne, dans lequel l'actif répond du passif.

§ 2. Le lien entre le patrimoine et la personne

873. La question qui divise la doctrine est la suivante. Le patrimoine est-il dissociable ou non des personnes juridiques. En clair, le patrimoine peut-il exister indépendamment d'une personne ?

Plan. La conception française classique du patrimoine le refuse (A). Cette conception s'oppose à une théorie dite du patrimoine d'affectation qui rejette la notion d'un patrimoine lié à la personnalité (B).

A. La conception classique du patrimoine

874. Aubry et Rau. La conception classique du patrimoine est due à Aubry (1803-1883) et Rau (1803-1877). Ils étaient tous deux professeurs à la faculté de droit de Strasbourg avant de devenir conseillers à la Cour de cassation, et auteurs d'un *Traité de droit civil* qui a longtemps fait autorité. Paradoxalement, la première édition de ce traité n'était que la traduction d'un *Cours de droit civil français*, rédigé en allemand, par un professeur de droit allemand : Zachariae. En effet, Napoléon, qui avait conquis une grande partie de ce qui constitue aujourd'hui l'Allemagne, y avait introduit notre Code civil. Toutefois, les éditions ultérieures de ce traité permirent à Aubry et Rau d'élargir cette œuvre, qui leur devint véritablement personnelle.

C'est précisément dans ce traité que l'on découvre la théorie selon laquelle le patrimoine est une émanation de la personnalité. Pour Aubry et Rau, le patrimoine ne se crée pas. Par nature, toute personne, physique ou morale, est dotée d'un patrimoine : le patrimoine est inné à la personne juridique, il fait corps avec elle, il en est indissociable. Aubry et Rau en déduisent trois conséquences : seules les personnes juridiques ont un patrimoine (1) ; toute personne a nécessairement un patrimoine (2) ; toute personne n'a qu'un patrimoine (3).

1. Seules les personnes juridiques ont un patrimoine

875. Personnes physiques et morales. Ces personnes juridiques peuvent être aussi bien des personnes physiques que des personnes morales, comme les sociétés, les comités d'entreprise, les communes ou les associations. C'est normal, puisque les personnes morales, dès lors qu'elles sont dotées de la personnalité juridique, sont assimilées à des personnes physiques. En conséquence, elles ont, en principe, les mêmes attributs que les personnes physiques, en particulier un patrimoine composé d'un actif et d'un passif.

876. Application aux sociétés. Prenons l'exemple d'une société dotée de la personnalité morale dès son immatriculation au RCS.

L'actif social de son patrimoine est composé de tous les biens, en nature ou en numéraire, apportés par les associés lors de la constitution de la société ou d'une augmentation du capital, et de ceux acquis par la société au moyen des bénéfices non distribués. Aussi la société est-elle propriétaire de ces divers biens. D'ailleurs, les apports en propriété effectués par les associés s'analysent en de véritables actes d'aliénation, puisque ces biens ou cet argent sont sortis du patrimoine des associés pour entrer dans celui de la société.

Le passif social comprend toutes les dettes de la société à l'égard des associés ou des tiers. En principe, ce ne sont pas les associés qui sont tenus des dettes de la société sur leur patrimoine personnel : ce sont les actifs sociaux qui garantissent les dettes sociales. Certes, il existe des sociétés où la responsabilité des associés n'est pas limitée au montant de leur apport. Il en est ainsi des SNC et des sociétés civiles, dans lesquelles les associés sont personnellement et indéfiniment tenus des dettes sociales sur leur patrimoine respectif (voir *supra* n° 863). Cependant, cette situation reste compatible avec la règle selon laquelle la société, en tant que personne morale, a un patrimoine distinct du patrimoine de chacun de ses associés.

2. Toute personne a nécessairement un patrimoine

877. Cette seconde règle est normale, dans la mesure où le patrimoine est le corollaire de la personnalité juridique, l'un ne pouvant aller sans l'autre. Certes, des gens sont riches, d'autres pauvres. Mais cela importe peu, puisque le patrimoine ne se confond pas avec la fortune, du moins pécuniaire, d'une personne.

878. Intransmissibilité entre vifs. Cette règle entraîne une autre conséquence, à savoir qu'une personne ne peut se séparer de son patrimoine. S'il en était autrement, elle n'aurait plus de patrimoine. Une telle conséquence en forme de lapalissade est inconcevable en droit. C'est la raison pour laquelle on énonce que le patrimoine est intransmissible, du moins entre vifs, c'est-à-dire du vivant d'une personne. Certes, de son vivant, une personne peut vendre ou donner des biens qui composent son patrimoine. L'actif de son patrimoine diminuera d'autant. En revanche, elle ne saurait vendre ou donner la totalité de son patrimoine. La terminologie juridique prend en considération cette situation en énonçant que la personne, qui reçoit un ou plusieurs biens du patrimoine d'une autre personne, est seulement son « ayant cause à titre particulier ». Cela signifie qu'elle a reçu un ou plusieurs biens déterminés de son auteur, et non, ce qui est impossible, l'universalité du patrimoine de celui-ci.

879. Transmission universelle de patrimoine. Les solutions sont différentes, lorsque la personne décède. En effet, il s'opère une transmission universelle de son patrimoine à ses héritiers. Universelle parce que l'ensemble du patrimoine est transmis. Cette transmission universelle du patrimoine peut résulter aussi bien d'une succession *ab intestat* que d'une succession testamentaire.

880. Terminologie juridico-funèbre. Lorsque le défunt n'avait pas fait de testament, il s'ouvre une succession *ab intestat* (du latin *ab intestato* qui signifie : « du fait d'une personne qui n'a pas testé »). Le patrimoine de cette personne est transmis aux membres de sa famille selon des règles fixées dans le Code civil. S'il y a un héritier, il recevra l'ensemble du patrimoine. Si, au contraire, il y a plusieurs héritiers, chacun recevra une quote-part de l'ensemble du patrimoine. Dans ces deux situations, les héritiers sont appelés « les ayants cause à titre universel du défunt », car ils ont reçu tout le patrimoine ou une fraction de l'ensemble du patrimoine du défunt.

Lorsque le défunt avait fait un testament, il s'ouvre une succession testamentaire. Cette fois, on respectera la volonté qu'il a exprimée en désignant les personnes auxquelles il a souhaité léguer ses biens. La personne qui reçoit toute la succession est dite légataire universel. Celle qui reçoit une quote-part de la succession est dite légataire à titre universel. Quant à celle qui reçoit un ou plusieurs biens particuliers, elle est dite légataire à titre particulier.

3. *Toute personne n'a qu'un patrimoine*

881. La règle de l'unité du patrimoine produit diverses conséquences.

882. Succession et fusion des patrimoines. En matière successorale, l'ayant cause universel ou à titre universel du *de cujus* ne se trouve pas à la tête de deux patrimoines, le sien et celui dont il a hérité. En effet, le patrimoine de son auteur se confond avec le sien. De la sorte, se trouve respectée la règle de l'unité du patrimoine. Bien entendu, la conséquence de l'acceptation de l'héritage peut se révéler être une mauvaise affaire lorsque les dettes du défunt sont supérieures à l'actif de la succession. Dans la mesure où les patrimoines ont désormais fusionné, l'héritier devra rembourser toutes les dettes du défunt.

883. Acceptation sous bénéfice d'inventaire. Lorsqu'une personne est appelée à hériter d'une autre, dont elle connaît l'étendue des dettes, il lui est possible de renoncer purement et simplement à la succession. Certes, elle n'aura pas à payer les dettes du défunt, mais elle perdra tous droits sur les biens de la succession. Au cas où l'héritier ignore l'étendue du patrimoine du défunt, il a encore la possibilité d'accepter la succession sous bénéfice d'inventaire. Dans cette occurrence, l'héritier sera redevable des dettes du défunt dans la limite des biens qu'il aura recueillis. En effet, l'acceptation sous bénéfice d'inventaire produit de plein droit une séparation des patrimoines de la succession et de l'héritier (Req., 29 juin 1853, *DP* 1853.1.282). Dans la mesure où les patrimoines ne sont pas confondus, l'héritier n'est pas tenu des dettes du défunt dépassant le montant de sa part dans la succession (C. civ., art. 787 et s.).

884. Indivisibilité. Il résulte également du principe de l'unité du patrimoine qu'une personne ne peut fractionner son patrimoine en plusieurs patrimoines distincts dont chacun aurait son actif et son passif. On dit encore que le patrimoine est indivisible. Aussi lorsqu'une personne envisage d'exercer une activité économique sous la forme d'une exploitation individuelle, et qu'elle y affecte une partie de ses biens, elle ne donne pas naissance à un nouveau patrimoine : cette personne n'a toujours qu'un patrimoine, dont l'actif répond désormais des dettes de l'affaire.

885. Sociétés et séparation des patrimoines. Pour contourner la conséquence de l'unité du patrimoine, il suffit de créer une personne morale, telle une société, dont l'objet est l'activité économique envisagée par ses fondateurs. Cette personne morale, comme toute personne juridique, a un patrimoine propre, distinct de celui de chacun des associés. En pratique, cependant, la personnalité morale de la société ne constitue pas toujours un écran empêchant les créanciers sociaux d'atteindre les biens personnels des associés. Il en est ainsi non seulement pour les sociétés dites à risques illimités (SNC, société civile), mais aussi pour celles à risques limités (SA, SAS, SARL).

Dans les *sociétés à risques illimités*, le principe est celui de la responsabilité indéfinie des associés. Ainsi, lorsque la société a des dettes, le créancier qui n'est pas payé par celle-ci peut se retourner contre l'un des associés. Ce dernier devra payer le créancier sur son patrimoine, quel que soit le montant des dettes sociales, puisqu'il en est responsable indéfiniment (C. civ., art. 1857 pour la société civile ; C. com., art. L. 221-1 pour la SNC).

Dans les *sociétés à risques limités*, les associés courent uniquement le risque de ne pas récupérer ce qu'ils ont apporté à la société (C. com., art. L. 223-1, L. 225-1, L. 227-1). Si l'actif social est insuffisant pour rembourser les créanciers, ceux-ci ne peuvent se retourner contre le patrimoine propre de chacun des associés. Pourtant, cette séparation des patrimoines est souvent altérée :

– d'abord, parce que la plupart des créanciers sociaux exigent des principaux associés de la société, qui en sont souvent les dirigeants, le cautionnement sur leur patrimoine personnel des engagements souscrits pour le compte de la société. Si la société ne paye pas ses dettes, les créanciers sont alors en droit d'en exiger le paiement de ceux qui se sont portés caution (C. civ., art. 2288) ;
– ensuite, en raison des règles du droit des procédures collectives. En principe, lorsqu'une société est en cessation des paiements, la procédure collective qui est ouverte contre elle atteint son patrimoine, et non les biens personnels de ses associés. Toutefois, lorsque la procédure fait apparaître une insuffisance d'actif, le tribunal peut condamner les dirigeants (souvent des associés majoritaires), ayant commis des fautes de gestion à l'origine de cette insuffisance à supporter tout ou partie de son montant (C. com., art. L. 651-2, al. 1er).

B. L'émergence du patrimoine d'affectation

886. Affectation de biens à un but commun. La conception classique du patrimoine s'oppose à la conception dite du patrimoine d'affectation, qui admet l'existence d'un patrimoine sans sujets de droits. Dans cette conception, pour créer un patrimoine, dans lequel l'actif répond du passif, il suffit d'affecter certains biens à un but commun. Et, conséquence même de l'indissociabilité de l'actif et du passif, les biens affectés à cette activité répondent seuls des dettes nées de l'activité. En somme, un entrepreneur pourrait constituer autant de patrimoines distincts que d'activités économiques différentes sans avoir à créer de personnes morales nouvelles ni engager son patrimoine personnel originel.

1. La résistance du droit français

887. Le droit anglo-saxon n'a jamais admis la théorie d'un patrimoine attaché à une personne juridique (le *trust* : « *The guardian angel of the anglo-saxon* », dont l'origine remonte aux croisades, lorsque les chevaliers qui partaient en terre sainte confiaient leur domaine à un homme de confiance, le *trustee*). Le droit allemand a abandonné cette théorie, au XIXe siècle, en faveur de celle du patrimoine d'affectation (*Zweckvermögen*). En revanche, le législateur français s'est longtemps montré peu réceptif à cette division patrimoniale. Tout au plus, pouvait-on découvrir une illustration de la théorie du patrimoine d'affectation dans le mécanisme de l'acceptation d'une succession sous bénéfice d'inventaire (voir *supra* n° 883). En raison de la séparation du patrimoine du défunt et de celui de l'héritier, cet héritier est provisoirement à la tête de deux patrimoines dont l'actif de l'un ne répond pas du passif de l'autre.

888. Sociétés unipersonnelles. Notre législateur n'a pas su profiter de l'institution des sociétés unipersonnelles pour accueillir le mécanisme du patrimoine d'affectation.

Traditionnellement, le droit français, fidèle à la nature contractuelle de la société, était hostile aux sociétés constituées d'un seul et unique associé. Aujourd'hui, cette réserve n'a plus lieu d'être, dans la mesure où le législateur consacre des hypothèses de sociétés comportant un associé unique : en 1985, avec l'entreprise unipersonnelle à responsabilité limitée, dite EURL (L. 223-1) ; en 1999, avec la société par actions simplifiée unipersonnelle ou SASU (L. 227-1).

Cependant, ce développement de sociétés unipersonnelles n'emporte aucune conséquence sur la conception classique du patrimoine. Le législateur n'a pas adopté le mécanisme du patrimoine d'affectation pour permettre à l'exploitant individuel d'opérer un cloisonnement entre son patrimoine personnel et les éléments affectés à son entreprise. Il s'est contenté, en 1985, de modifier la définition de la société en ces termes : « *La société est instituée par deux ou plusieurs personnes qui conviennent par un contrat d'affecter à une entreprise commune des biens ou leur industrie en vue de partager le bénéfice ou de profiter de l'économie qui pourra en résulter. Elle peut être instituée, dans les cas prévus par la loi, par l'acte de volonté d'une seule personne* » (C. civ., art. 1832). Certes, les termes « *affecter à une entreprise commune* » empruntent le vocabulaire du patrimoine d'affectation. Mais, dans la mesure où il n'est donné naissance à un patrimoine qu'autant que l'on crée une société, donc une personne morale, on retombe dans la conception classique de l'unité du patrimoine : l'EURL et la SASU sont des personnes juridiques dotées, par nature, d'un patrimoine.

2. Les mutations du droit français

889. La théorie d'Aubry et Rau d'un patrimoine « émanation de la personnalité » et ses principaux caractères (seules les personnes ont un patrimoine ; toute personne n'a qu'un patrimoine...) sont en passe d'intégrer les collections des musées du droit. En effet, trois séries de dispositions traduisent aujourd'hui l'intérêt du législateur pour la conception du patrimoine d'affectation.

890. L'insaisissabilité des biens immobiliers de l'entrepreneur individuel. En raison du principe de l'indivisibilité du patrimoine, un exploitant individuel, comme toute personne physique, n'a qu'un seul et unique patrimoine dont les éléments actifs répondent du passif, y compris celui généré par son activité professionnelle.

Pourtant, depuis une loi du 1er août 2003, complétée par la loi de Modernisation de l'Économie, dite LME, du 4 août 2008, l'entrepreneur individuel peut faire échapper à la saisie des créanciers de l'affaire l'ensemble de ses biens immobiliers, à l'exception de ceux affectés à son usage professionnel (C. com., art. L. 526-1, al. 1er). Tout au plus peut-il renoncer à cette insaisissabilité au profit de créanciers déterminés dont les créances sont nées à l'occasion de l'affaire (C. com., art. 526-3, al. 4). On notera que la loi relative à l'entrepreneur individuel à responsabilité limitée, qui a été adoptée en mai/juin 2010, prévoit l'extinction de ce dispositif d'insaisissabilité neuf mois après la date de sa publication (voir *infra* n° 893).

891. Le patrimoine fiduciaire (du latin *fiducia* : confiance). Créée par une loi du 19 février 2007, et renforcée par la LME de 2008, la fiducie fait échos à la théorie du patrimoine d'affectation, qui préconise de libérer de tout lien le patrimoine et la personne juridique.

Cette opération permet à une personne, le constituant, de confier des actifs (biens meubles et immeubles, droits, sûretés) à une autre personne, le fiduciaire, à charge pour celle-ci de les rétrocéder, après un certain temps, à un bénéficiaire (C. civ., art. 2011) ; ce dernier pouvant être aussi bien un vrai tiers que le constituant ou le fiduciaire (C. civ., art. 2016). Pendant ce laps de temps, les actifs transférés au fiduciaire sont séparés des patrimoines propres du constituant et du fiduciaire (C. civ., art. 2011). Ils ne peuvent donc être saisis ni par les créanciers du constituant, ni par ceux du fiduciaire (C. civ., art. 2024). Ainsi, ce patrimoine fiduciaire, sans création d'une nouvelle personne juridique, constitue un véritable patrimoine d'affectation (L. 19 février 2007, art. 12, I : « *les éléments d'actif et de passif transférés dans le cadre de l'opération mentionnée à l'article 2011 du Code civil forment un patrimoine d'affectation* »).

892. Conditions. Une condition, qui n'existe pas dans le mécanisme équivalent du *trust* anglo-saxon, limite pour l'instant l'usage de la fiducie. L'opération doit répondre à un but déterminé étranger à toute intention libérale (C. civ., art. 2013). On ne peut donc y recourir à des fins successorales (fiducie-libéralité).

En revanche, elle peut permettre à toute personne physique ou morale d'isoler des actifs dans un patrimoine autonome afin de garantir le remboursement d'un crédit (***fiducie-sûreté***). Les banques peuvent ainsi recourir à la fiducie pour sécuriser les prêts qu'elles consentent aux sociétés. En subordonnant ces prêts à la conclusion d'une fiducie à leur bénéfice, elles évitent que les actifs des sociétés ne soient appréhendés par d'autres créanciers en cas d'ouverture d'une procédure collective.

La fiducie peut aussi permettre d'assurer la gestion d'actifs, suivie de leur transmission au profit d'un bénéficiaire (***fiducie-gestion***). Des particuliers et des entrepreneurs peuvent donc utiliser ce mécanisme pour pallier des problèmes de santé. On ajoutera que seules peuvent exercer les fonctions de fiduciaire certaines personnes morales spécialisées en gestion d'actifs (établissements de crédit, entreprises d'investissement et d'assurances, La Poste, Caisse des dépôts), ainsi que les avocats.

893. L'entreprise individuelle à responsabilité limitée (EIRL). En mai 2010, le Parlement a adopté un projet de loi relatif à l'entrepreneur individuel à responsabilité limitée. Le Gouvernement disposait d'un délai de six mois afin de rédiger une ordonnance devant permettre la mise en œuvre de ce statut à compter du 1er janvier 2011. Ce texte opère une véritable révolution du droit français, puisqu'il consacre un ***patrimoine affecté à l'activité professionnelle de l'entrepreneur individuel, séparé de son patrimoine personnel*** (art. L. 526-6, al. 1er). L'EIRL est ouverte aux commerçants, artisans, agriculteurs et éleveurs, ainsi qu'aux personnes physiques exerçant une activité professionnelle indépendante, y compris libérale. Elle leur permet d'être titulaires de deux patrimoines : leur patrimoine personnel et celui affecté à l'exercice de l'activité professionnelle, sans avoir besoin de créer une personne morale. Il leur suffit de déclarer dans un registre de publicité légale (ex. : registre du commerce et des sociétés…) la constitution du patrimoine affecté (L. 526-6, al. 2). Aussitôt, seuls les biens affectés à l'exercice de l'activité professionnelle répondront des dettes de celle-ci. En revanche, les biens personnels, meubles et immeubles, des chefs d'entreprise échapperont à toute saisie des créanciers de l'affaire (L. 526-11).

894. Projet de loi relatif à l'entrepreneur individuel à responsabilité limitée (modifié par le Sénat) : Art. L. 526-6 : « Tout entrepreneur individuel peut affecter à son activité professionnelle un patrimoine séparé de son patrimoine personnel, sans création d'une personne morale. Ce patrimoine est composé de l'ensemble des biens, droits, obligations ou sûretés dont l'entrepreneur individuel est titulaire, nécessaires à l'exercice de son activité professionnelle. Il peut comprendre également les biens, droits, obligations ou sûretés dont l'entrepreneur individuel est titulaire, utilisés pour les besoins de son activité professionnelle et qu'il décide d'y affecter. La constitution du patrimoine affecté résulte du dépôt d'une déclaration effectué [...] au registre de publicité légale auquel l'entrepreneur individuel est tenu de s'immatriculer [...]. Un même entrepreneur individuel ne peut constituer plusieurs patrimoines affectés.» Art. L. 526-11 : «La déclaration visée à l'article L. 526-6 n'a d'effet qu'à l'égard des créanciers dont les droits sont nés postérieurement à son dépôt. Par dérogation aux articles 2284 et 2285 du Code civil : 1° Les créanciers dont les droits sont nés à l'occasion de l'exercice de l'activité professionnelle à laquelle le patrimoine est affecté ont pour seul gage général le patrimoine affecté ; 2° Les autres créanciers ont pour seul gage général le patrimoine non affecté.»

Avant-projet de réforme du droit des biens : Art. 519, al. 2 : «Toute personne physique ou morale est titulaire d'un patrimoine et, sauf si la loi en dispose autrement, d'un seul» [*possibilité ainsi donnée au législateur de déroger, au cas par cas, à la conception classique du patrimoine qui serait maintenue*].

Sous-section II La composition du patrimoine

895. Plan. Les droits patrimoniaux se divisent en deux catégories : les droits réels (§1), et les droits personnels (§2).

§ 1. Les droits réels

896. Définition. Le droit réel est un droit qui confère à une personne un pouvoir juridique directement sur une chose, qu'il s'agisse d'un meuble ou d'un immeuble (ex. : le droit de propriété). D'ailleurs, les mots *droit réel* viennent du latin *jus in re,* c'est-à-dire «droit sur la chose», *res* désignant la chose.

897. Caractères. Ce pouvoir juridique, direct et immédiat, conféré à une personne sur une chose, est absolu. Cela signifie que le droit réel est opposable à tous les individus, et non à une personne donnée. Ainsi, chacun doit-il respecter le droit réel de son titulaire.

898. Attributs. Le droit réel confère au titulaire deux attributs essentiels sur la chose :

– d'une part, un *droit de suite*, qui lui permet de revendiquer la chose en quelque main qu'elle se trouve ;
– d'autre part, un *droit de préférence*, qui lui permet d'être préféré sur la chose à tous ceux qui, pour la revendiquer, se prévaudraient de droits concurrents, tel un droit réel inférieur au sien ou un droit personnel qui, par nature, est dépourvu des droits de préférence et de suite.

899. Avant-projet portant réforme du droit des biens : art. 522 : «Le droit réel est celui qui confère à une personne un pouvoir direct sur un bien. Il suit ce dernier en quelques mains qu'il passe. Lorsqu'il est accessoire à une créance dont il garantit le paiement, il confère, outre un droit de suite, un droit de préférence sur le bien» [*Définition classique du droit réel avec le droit de préférence limité aux sûretés, et le droit de suite étendu à tous les droits réels*].

900. Plan. Les droits réels se subdivisent en deux catégories : les droits réels principaux (A), et les droits réels accessoires (B).

A. *Les droits réels principaux*

901. Les droits réels principaux réunissent le droit de propriété (1), et des droits démembrés de la propriété (2).

1. Le droit de propriété

902. Prérogatives. Le droit de propriété est le droit réel principal qui confère à son titulaire la maîtrise la plus complète d'une chose. Ce caractère souverain est formulé par l'article 544 du Code civil, dans sa rédaction de 1804 toujours en vigueur : « La propriété est le droit de jouir et de disposer des choses de la manière la plus absolue, pourvu qu'on n'en fasse pas un usage prohibé par les lois ou par les règlements. »

C'est ainsi que le propriétaire se voit reconnaître sur la chose trois attributs que l'on cite traditionnellement par les termes latins : *usus, fructus, abusus.*

L'*usus* désigne le droit pour le propriétaire de se servir de la chose, d'en avoir l'usage. Par exemple, s'il s'agit d'une maison, son propriétaire peut y habiter.

Le *fructus* désigne le droit pour le propriétaire de percevoir les fruits, autrement dit les revenus de la chose. Par exemple, s'il s'agit d'une maison, le propriétaire peut la mettre en location pour percevoir des loyers.

L'*abusus* désigne le droit pour le propriétaire de disposer de la chose. Par exemple, le propriétaire d'une maison peut la vendre, la donner, la transformer, voire la détruire.

903. Restrictions. Ces pouvoirs du propriétaire sur la chose subsistent de nos jours. Seulement, ils ont été considérablement érodés. En effet, pour les rédacteurs du Code civil, le droit de propriété individuelle était un véritable droit de l'homme, qui trouvait son fondement dans le droit naturel (Déclaration des droits de l'homme et du citoyen, art. 2 : « *Le but de toute association politique est la conservation des droits naturels et imprescriptibles de l'homme. Ces droits sont la liberté, la propriété, la sûreté et la résistance à l'oppression* » ; art. 17 : « *La propriété étant un droit inviolable et sacré, nul ne peut en être privé, si ce n'est lorsque la nécessité publique, légalement constatée, l'exige évidemment, et sous la condition d'une juste et préalable indemnité* »). Il est significatif, à cet égard, d'observer que tous les traités de droit civil du XIXe siècle ont érigé en système les trois caractères de la propriété, à savoir un droit à la fois absolu, exclusif et perpétuel (Aubry et Rau, Demolombe, Duranton, Toullier).

Aujourd'hui, la propriété individuelle n'est plus aussi absolue, illimitée et souveraine. Des mesures successives n'ont eu cesse de la restreindre. Les exemples de la propriété foncière et de la propriété des entreprises sont parfaitement significatifs.

904. Amenuisement de l'*usus*. Il n'est plus possible de construire (ou de détruire !) n'importe quoi, n'importe où et n'importe comment. Il faut tenir compte des restrictions qui résultent notamment de la réglementation de l'urbanisme dont l'ampleur nécessite un Code autonome. Il faut pareillement prendre en compte les règles de sécurité et les servitudes d'utilité publique prévues par la loi (voirie, transmission et distribution des sources d'énergie, etc.). De plus, lorsque le propriétaire met son bien en location, il lui est parfois difficile de le reprendre à l'issue du bail. Les lois en matière de baux d'habitation et professionnels, de baux commerciaux et de baux ruraux organisent, dans certaines circonstances, de véritables droits au maintien dans les lieux au bénéfice du locataire. Et, de 1992 à 2008, dans le cadre de la politique agricole européenne commune, des agriculteurs ont dû mettre en jachère une partie de leurs terres en échange d'une rémunération afin de limiter la surproduction de cultures céréalières (la jachère obligatoire a été supprimée en juillet 2008). Quant au propriétaire d'immeubles bâtis, il n'est plus libre de les laisser inhabités. Depuis 1945, les autorités publiques locales ont la possibilité (et non l'obligation) de requérir des logements vacants au bénéfice des mal logés (C. constr. et habit., art. 641.1, et s.).

905. Amenuisement du *fructus*. Nous prendrons l'exemple de la détermination du montant des loyers. Pour les ***baux d'habitation***, la loi impose un système dit des références aux loyers habituellement constatés dans le voisinage (L. n° 86-1290 du 6 juill. 1989, mod. L. n° 2000-1208 du 13 déc. 2000, art. 17 b). Pour les ***baux commerciaux***, si les parties sont libres de fixer le montant du loyer, en revanche, la réglementation est sévère pour le renouvellement du bail. Schématiquement, à l'issue du bail d'une durée de 9 ans, le bailleur qui en refuse le renouvellement doit verser au commerçant une indemnité d'éviction dont le montant comprend notamment la valeur marchande de son fonds de commerce (C. com., art. L. 145-14). Pour les ***baux ruraux***, les parties ne sont même pas libres de fixer le montant du loyer, appelé fermage. Celui-ci doit être compris entre un minimum et un maximum définis par les textes (C. rural, art. 411- 11 et s.).

906. Amenuisement de l'*abusus*. Une manifestation de l'affaiblissement de cette prérogative est donnée avec le développement des droits de préemption. Il s'agit d'un mécanisme qui permet souvent à des collectivités publiques ou privées, comme les Safer, d'acquérir, par priorité dans certaines zones, des biens immobiliers mis en vente par leur propriétaire. Le propriétaire n'est donc plus libre du choix de l'acquéreur, ce qui peut le dissuader de vendre.

On peut encore évoquer le développement des cas d'expropriation pour cause d'utilité publique, qui obligent le propriétaire à céder son bien, afin de permettre la construction de divers équipements et infrastructures.

Rappelons aussi que des propriétaires d'entreprises privées ont dû subir trois vagues de nationalisation. L'avènement du Front populaire, en 1936, s'est accompagné des premières nationalisations. En 1945 et 1946, de nouvelles nationalisations ont été décidées notamment pour sanctionner la collaboration d'entreprises avec l'ennemi. Une dernière vague de nationalisation a été décidée, en 1982, par les gouvernements socialistes. Depuis, on assiste à un mouvement inverse de privatisation avec la cession de la plupart des entreprises publiques au secteur privé afin de rétablir la situation financière de l'État.

907. Abus de droit. Dès le milieu du XIXe siècle, la jurisprudence a sanctionné l'usage abusif d'un droit. Jusqu'alors, on considérait que le titulaire d'un droit subjectif pouvait tout faire. À la limite, le propriétaire d'un terrain pouvait y édifier des palissades pour gâcher la vue de son voisin. Une fabrique pouvait en toute impunité occasionner des troubles de voisinage. L'un comme l'autre ne faisaient qu'exercer leur droit de propriété dans la démesure de l'article 544 du Code civil.

Aujourd'hui, il en va autrement. La jurisprudence affirme que l'abus de l'exercice d'un droit de propriété est une faute. En conséquence, le propriétaire et l'industriel engagent leur responsabilité pour troubles anormaux de voisinage, qu'ils aient eu ou non l'intention de nuire à la victime. Autrefois, cette action était accueillie sur le fondement du droit commun de la responsabilité civile (Colmar, 2 mai 1855, *DP* 1856.2.9; Req. 3 août 1915, *DP* 1917.1.79). Aujourd'hui, elle ne se réfère à aucun texte spécifique, si ce n'est implicitement au droit de propriété prévu par l'article 544 (Civ. 2e, 23 oct. 2003 : *Bull.* n° 318 : «*Attendu que le droit de propriété, tel que défini par l'article 544 du Code civil* [...] *est limité par le principe selon lequel nul ne doit causer à autrui un trouble anormal de voisinage*»).

908. Valeur constitutionnelle du droit de propriété. Les diverses atteintes du législateur au droit de propriété ont parfois incité l'opposition parlementaire à déférer les lois en cause au Conseil constitutionnel. Ainsi, à l'occasion d'une loi sur les nationalisations, le Conseil constitutionnel a-t-il consacré la valeur constitutionnelle du droit de propriété, sur le fondement des articles 2 et 17 de la Déclaration des droits de l'homme (Cons. const., 16 janv. 1982, *D.* 1983. 169, note L. Hamon). Ce droit est donc désormais intégré au bloc de constitutionnalité. Au demeurant, cette élévation du droit de propriété au rang de droit fondamental n'a pas empêché le Conseil constitutionnel d'admettre la validité des lois de nationalisation sur le fondement de l'alinéa 9 du préambule de la Constitution de 1946, également intégré au bloc de constitutionnalité (Cons. const. 16 janv. 1982, préc.). Selon ce texte, en cas de nécessité publique légalement constatée, «*tout bien, toute entreprise dont l'exploitation a ou acquiert le caractère d'un service public national ou d'un monopole de fait doit devenir la propriété de la collectivité*».

909. Avant-projet portant réforme du droit des biens. Art. 534 : «La propriété est le droit exclusif et perpétuel d'user, de jouir et de disposer des choses et des droits. Elle confère à son titulaire un pouvoir absolu sous réserve des lois qui la réglementent.» [*L'article 544 du Code civil n'évoque que la propriété des «choses». La précision nouvelle selon laquelle le droit de propriété porte également sur des «droits» ravivera le débat doctrinal autour de la question suivante : les droits personnels, à savoir les créances, peuvent-ils faire l'objet d'un droit de propriété ?*] Art. 535 : «Nul ne peut exercer son droit de propriété dans l'intention de nuire à autrui» [*il s'agit d'une simple codification des solutions consacrées par la jurisprudence*]. Art. 536 : «La propriété s'étend aux fruits et produits de la chose et à tout ce qui s'unit à elle par accession naturelle ou artificielle.» Art. 537 : «La propriété ne se perd pas par le non-usage. L'action en revendication est perpétuelle» [*consécration de la jurisprudence sur l'imprescriptibilité de la propriété; celle-ci ne s'éteignant pas par le non-usage :* Civ. 3e, 9 juill. 2003 : *Bull.* n° 156]. Art. 538 : «Nul ne peut être contraint de céder sa propriété, si ce n'est pour cause d'utilité publique, et moyennant une juste et préalable indemnité.» Art. 539 : «[...] le propriétaire victime d'un empiétement non intentionnel sur son fonds, ne peut, si celui-ci est inférieur à 0,30 mètre, en exiger la suppression que dans le délai de deux ans de la connaissance de celui-ci sans pouvoir agir plus de dix ans après l'achèvement des travaux [...].» [*Cet article met un terme à la jurisprudence qui sanctionnait l'empiétement sur le terrain d'autrui par la démolition de l'ouvrage construit, même pour quelques centimètres :* Civ. 3e, 14 mars 1973 *: Bull.* n° 206]. Art. 540 : «La propriété se prouve par tous moyens.» [*Solution déjà admise par la jurisprudence pour les biens immeubles :* Civ. 3e, 20 juill. 1988 : *Bull. n° 136; et pour les biens meubles :* Civ. 1re, 11 janv. 200 : *Bull.*, n° 5.]

2. *Les droits démembrés de la propriété*

910. Définition. Les droits démembrés de la propriété sont des droits réels principaux qui ne confèrent à leurs titulaires que certains attributs du droit de propriété. Les attributs du droit de propriété, à savoir l'*usus,* le *fructus,* et l'*abusus,* sont partagés entre plusieurs personnes.

911. Usufruit. L'usufruit est défini, sous l'article 578 du Code civil, en ces termes : « L'usufruit est le droit de jouir des choses dont un autre a la propriété, comme le propriétaire lui-même, mais à la charge d'en conserver la substance. » Ainsi défini, l'usufruit, qui résulte de la volonté de la loi ou de l'homme, confère à son titulaire, appelé « usufruitier », deux attributs : d'une part le droit de se servir de la chose, l'*usus* ; d'autre part le droit d'en percevoir les fruits et les revenus, le *fructus*. En revanche, le droit de disposer de la chose, l'*abusus*, est conservé par une autre personne, appelée « nu-propriétaire ».

On ajoutera que l'usufruit étant un droit nécessairement viager, il s'éteint de plein droit à la mort de son titulaire (Chbres. réun., 16 juin 1933 : *DH*, 1933.393).

912. Exemple du conjoint successible. La situation type est celle du chef de famille, qui décède, alors qu'il était le seul propriétaire du domicile familial. À son décès, il est possible de conférer la nue-propriété de l'appartement à ses enfants, et de laisser l'usufruit de l'appartement à son conjoint (C. civ., art. 757 : « *Si l'époux prédécédé laisse des enfants ou descendants, le conjoint survivant recueille, à son choix, l'usufruit de la totalité des biens existants ou la propriété du quart des biens* [...] »). Le conjoint pourra donc bénéficier d'un toit pour habiter jusqu'à la fin de ses jours, ou d'une source de revenus en mettant l'appartement en location. À sa mort, les enfants récupéreront l'usufruit du bien qui, ajouté à l'*abusus*, dont ils étaient titulaires, leur permettra d'être pleinement propriétaires de l'appartement.

913. Avant-projet portant réforme du droit des biens. Art. 575 : « L'usufruit est le droit réel d'user et de jouir d'un bien appartenant à un autre, à charge d'en conserver la substance. Il peut être établi sur toute espèce de biens ou tout ensemble de biens, meubles ou immeubles, corporels ou incorporels » [*Définition sans innovation de ce concept*]. Art. 577 : « La conservation des biens objets de l'usufruit est une obligation d'intérêt commun pour le propriétaire et l'usufruitier » [*Il s'agit d'une nouveauté, car jusqu'à présent l'usufruitier ne pouvait pas obliger le nu-propriétaire à faire des travaux sur le bien. Par la suite, les articles 579 prévoient que seul l'usufruitier est intégralement et définitivement tenu des travaux dont il a la charge, contrairement au nu propriétaire qui, à la fin de l'usufruit, peut demander à l'usufruitier ou à ses ayants cause le remboursement d'une partie des travaux*]. Art. 592 : « L'usufruit est constitué soit pour la vie de son titulaire, soit pour une durée déterminée ou déterminable, laquelle ne peut dépasser trente ans » [*l'usufruit ne serait donc plus exclusivement viager. Il pourrait être temporaire, peu important la mort de celui qui l'a consenti*].

914. Servitudes. Les servitudes sont définies sous l'article 637 du Code civil : « Une servitude est une charge imposée sur un héritage pour l'usage et l'utilité d'un héritage appartenant à un autre propriétaire. » Le terme *héritage* doit être pris dans le sens d'immeuble par nature, autrement dit il s'agit d'un terrain, d'une maison ou d'un appartement (*Gardez-vous, leur dit-il, de vendre l'héritage que nous ont laissé nos parents ; un trésor est caché dedans* : La Fontaine, Fable V, 9). De leur côté, les praticiens ont quasiment imposé le terme de *fonds*.

Toujours est-il que la servitude met en relation deux fonds qui appartiennent à des propriétaires différents. L'un des fonds, appelé *fonds dominant*, profite d'une servitude que lui doit l'autre fonds, pour cette raison appelé *fonds servant*. L'exemple type est celui du propriétaire d'un terrain enclavé, qui bénéficie d'un droit de passage sur le terrain du voisin pour accéder à la route. En matière de cultures et d'élevage, il s'agit souvent d'un droit de puisage ou d'abreuvage.

Cette servitude, qui démembre la propriété du fonds servant, est attachée au fonds et non à son propriétaire. C'est la raison pour laquelle la servitude est considérée comme un droit réel, et non comme un droit personnel mettant en relation deux personnes. Il en résulte que la servitude subsiste même si le propriétaire de chacun des fonds cède le sien à un tiers.

915. Avant-projet portant réforme du droit des biens. Art. 612 : « La servitude est une charge réelle grevant un fonds pour l'usage et l'utilité d'un fonds appartenant à un autre propriétaire. Elle n'établit ni prééminence d'une propriété sur l'autre, ni obligations personnelles au profit ou à la charge des propriétaires, mais seulement des rapports entre fonds servant et fonds dominant et des services qui leur sont attachés » [*définition réécrite, sans changement notable*].

916. Droit d'usage. Le droit d'usage porte sur un bien immobilier (C. civ., art. 625 et s.). Il est appelé *droit d'habitation*, lorsqu'il a pour objet un logement (C. civ., art. 632). Ce droit réel, qui est temporaire et viager, confère à l'usager la faculté de se servir du bien d'autrui et d'en percevoir les fruits. Il est souvent présenté comme un diminutif de l'usufruit. D'abord, parce qu'il est personnel à son titulaire, qui ne peut le céder, le donner ou le louer. Ensuite, parce qu'il a un caractère alimentaire, en ce sens que l'usager n'a pas droit à la totalité des fruits, mais seulement à ceux qui sont nécessaires à ses besoins et à ceux de sa famille.

Dans ce cadre, une personne peut se voir concéder par un propriétaire, même gratuitement, un droit de pêche dans un étang, un droit de cueillette dans un verger ou un droit d'habitation sur une maison. En somme, comme l'usufruit, le droit d'usage démembre partiellement la propriété d'autrui. Dans la mesure où il s'agit d'un droit réel, son propriétaire peut en revendiquer l'exercice en quelque main que passe la propriété du fonds.

917. Avant-projet portant réforme du droit des biens. Art. 603 : « Le droit d'usage et d'habitation est celui qui confère à son bénéficiaire, dans la limite de ses besoins et de ceux de sa famille actuelle et future, l'usage personnel d'un fonds et la perception des fruits » [*les droits d'usage et d'habitation ne sont plus distingués et ils bénéficient désormais d'une définition unique, sans surprise*].

918. Emphytéose. Ce terme, du genre féminin, vient du mot latin *emphyteusis,* lui-même transcrit du grec *emphuteuin* : « planter dans ». Dans notre droit, il sert à désigner un bail d'immeuble de très longue durée (souvent de dix-huit ans à quatre-vingt-dix-neuf ans). Assez souvent le loyer est modique (1 euro). Par exemple, une association organisatrice de centres de vacances va louer, sur une longue période et pour une somme dérisoire, un fort maritime désaffecté appartenant à l'armée, qui le conserve pour des raisons stratégiques. En contrepartie, elle assume les frais d'entretien du fort et promet de le libérer, si nécessaire, dans les vingt-quatre heures.

Certes, comme tout contrat de location établissant des rapports entre bailleurs et preneurs, l'emphytéose devrait être qualifiée de droit personnel. Toutefois, la loi retient la qualification de droit réel, sans doute en raison de sa très longue durée (C. rur., art. L. 451-1 à 451-13).

On peut encore évoquer une variété du bail emphytéotique avec le bail à construction. Ce bail oblige le preneur à édifier des constructions sur un terrain et à les conserver jusqu'au terme du bail. À cet instant, le terrain et ses constructions reviennent au bailleur-propriétaire du terrain (C. constr. et habit., art. L. 251-1 à L. 251-9). Le bail à construction est qualifié, lui aussi, de droit réel immobilier démembré de la propriété.

919. Avant-projet portant réforme du droit des biens. Art. 607 : « Des droits réels sur le sol peuvent être conférés par certains contrats, tels les baux emphytéotiques ou à construction. Ces droits, accessibles et susceptibles d'hypothèques, confèrent à leurs titulaires, pendant la durée du contrat, la propriété des constructions ou des plantations ou installations dont ils autorisent la réalisation. Ils sont régis par les lois qui les instituent » [*définition ne contenant aucune nouveauté notable*].

Art. 608 : « Le propriétaire peut consentir, sous réserve des règles d'ordre public, un ou plusieurs droits réels conférant le bénéfice d'une jouissance spéciale d'un ou plusieurs de ses biens. » [*Il s'agit d'une nouvelle catégorie de droits réels, temporaire et limitée à trente ans (art. 611). Alors que l'usufruit ne peut porter que sur la totalité de l'usage d'un bien, ce droit réel de jouissance peut porter sur une ou plusieurs de ses utilités, au choix du constituant (par ex., droit d'utiliser certaines installations sportives). Il semble que cet article 608 soit surtout destiné à limiter la portée du nouvel article 516 du Code civil, aux termes duquel les dispositions du livre II sont des dispositions d'ordre public. Si l'article 608 n'y avait pas aussitôt dérogé, il n'aurait plus été possible pour les praticiens de créer des droits réels originaux comme le permet la Cour de cassation depuis le XIXe siècle :* Req., 16 févr. 1834, *Caquelard* : *S.* 1834.I.205. *Sans doute, les conservateurs des hypothèques continueront-ils à refuser de publier de tels droits réels ignorés par la loi !*]

B. Les droits réels accessoires

920. Définition. Les droits réels accessoires constituent des prérogatives juridiques individuelles qui, dans la dépendance d'un droit personnel, s'exercent directement sur une chose. En effet, ils sont l'accessoire d'une créance qu'ils renforcent pour en garantir l'exécution. Dans la mesure où cette garantie porte sur une chose, les droits réels accessoires constituent des sûretés réelles. L'hypothèque, le gage et le nantissement sont les plus connus d'entre elles.

921. Hypothèque. L'hypothèque est un droit réel qui porte sur un bien immeuble du débiteur, affecté à l'acquittement de l'obligation de ce dernier (C. civ., art. 2393). Par exemple, une banque va subordonner un prêt à la constitution d'une hypothèque sur un bien immobilier du client emprunteur. En l'espèce, le contrat de prêt constitue un droit personnel, et l'hypothèque un droit réel accessoire destiné à garantir la banque contre le risque de non-remboursement.

L'hypothèque ne confère pas à son titulaire l'usage de l'immeuble. En effet, le débiteur continue à exercer tous les attributs du droit de propriété. Seulement, dans la mesure où l'hypothèque constitue un droit réel, le créancier hypothécaire bénéficie sur l'immeuble d'un droit de suite et d'un droit de préférence :

– le droit de suite permet au créancier de se prévaloir de son hypothèque sur l'immeuble, en quelque main qu'il se trouve, quand bien même il aurait déjà été revendu à un tiers (C. civ., art. 2393, al. 3) ;
– le droit de préférence permet au créancier, en cas d'insolvabilité du débiteur, de se faire payer sur le prix de l'immeuble, par priorité sur les autres créanciers du débiteur.

922. Gage. Le gage est un droit réel accessoire qui porte sur un bien meuble corporel du débiteur (C. civ., art. 2333). Dans ce sens, il ne saurait être confondu avec le « gage commun » des créanciers, mentionné par l'article 2285 du Code civil (ancien art. 2093). Ici, on est en présence d'une sûreté réelle.

923. Distinction. Certains gages sont consentis *sans dépossession* du débiteur. Il en est ainsi du gage sur véhicules automobiles. Cette espèce de gage confère au créancier à la fois un droit de préférence et un droit de suite. En effet, un système de publicité permet de protéger les tiers acquéreurs du bien gagé (C. civ., 2337, al. 1er). Par exemple, pour une automobile, la publicité est effectuée au niveau de la préfecture. Il suffit à l'acquéreur d'un véhicule d'occasion, afin d'éviter toute déconvenue, d'exiger du vendeur la remise d'un certificat de non-gage, délivré par la préfecture (C. civ., art. 2351). Plus généralement, depuis 2007, le conseil national des greffes des tribunaux de commerce tient un fichier électronique national des principaux gages sans dépossession, prévu par l'article 2338 du Code civil, et dont la consultation est gratuite (www.infogreffe.fr/).

D'autres gages sont consentis *avec dépossession*. Dans cette occurrence, le débiteur, tout en restant propriétaire du bien, le remet au créancier ou à un tiers convenu (C. civ., art. 2337, al. 2). Au cas où le débiteur ne paie pas, le créancier gagiste exerce son droit de préférence en se faisant rembourser, en priorité, sur le produit de la vente du bien. Toutefois, dans la mesure où il n'existe pas de publicité pour cette espèce de gage, le créancier est privé du droit de suite. À dire vrai, cela lui importe peu, car d'ordinaire il détient déjà le bien.

924. Nantissement. Depuis la réforme des sûretés, issue d'une ordonnance du 23 mars 2006, le terme de nantissement est réservé aux garanties portant sur des meubles incorporels, et celui de gage à celles portant sur des meubles corporels. C'est ainsi, par exemple, que le fonds de commerce (ou une police d'assurance sur la vie) peut faire l'objet d'un nantissement au profit d'un créancier, souvent un établissement de crédit. Si le débiteur ne paye pas ce qu'il doit au créancier, ce dernier pourra se faire attribuer le fonds (ou la police d'assurance) affecté en garantie (C. civ., art. 2365).

§ 2. Les droits personnels

925. Définition. Le droit personnel, aussi appelé *droit de créance*, est un droit qui confère à une personne le pouvoir d'exiger d'une autre une certaine prestation. Il s'agit, en conséquence, d'un rapport juridique entre deux personnes, et non plus, comme pour le droit réel, d'un rapport entre une personne et une chose. Dans ce rapport personnel, la créance de l'un, le *créancier*, se traduit par une obligation à la charge de l'autre, le *débiteur*, qui peut être une obligation de donner, de faire ou ne pas faire.

926. Applications. Prenons l'exemple d'un contrat synallagmatique, générateur d'obligations réciproques, tel le contrat de travail. L'employeur est en droit d'obtenir du salarié une prestation de travail. Créancier de cette prestation, il est titulaire d'un droit personnel à l'encontre du salarié. Quant au salarié, il est en droit d'obtenir de l'employeur une rémunération. En somme, à son tour, en tant que créancier d'une certaine prestation, il devient titulaire d'un droit personnel à l'encontre de l'employeur. En revanche, en présence d'un contrat unilatéral, tel le contrat de prêt, seule l'une des parties est titulaire d'un droit personnel à l'encontre de l'autre (en l'espèce, il s'agit du prêteur à l'égard de l'emprunteur).

927. Avant-projet portant réforme du droit des biens. Art. 523 : « Le droit personnel est celui du créancier d'une obligation à l'encontre de son débiteur. » [*Dans un souci pédagogique, le droit personnel est défini de manière on ne peut plus classique.*]

928. Risque de confusion. Il peut arriver que le droit personnel porte indirectement sur une chose. Toutefois, il ne saurait, pour autant, être transformé en droit réel. En effet, il s'agit encore d'un rapport entre deux personnes, à propos d'une chose, et non d'un rapport direct et immédiat d'une personne à une chose. Il en est ainsi du contrat de location d'un bien meuble ou immeuble, qui confère à une personne, le *preneur*, le droit d'obtenir d'une autre personne, le *bailleur*, la jouissance d'une chose. Certes, en tant que propriétaire, le bailleur est titulaire d'un droit réel sur le bien. Seulement, la mise en location de ce bien n'engendre qu'un rapport personnel entre lui et le preneur. Aux termes de leur convention, le bailleur est en droit d'exiger du preneur le paiement de loyers. Réciproquement, le preneur est en droit d'exiger du bailleur la mise à sa disposition du bien.

929. Source. Le lien de droit en vertu duquel un créancier peut exiger d'un débiteur une prestation déterminée est appelé *obligation*. En somme, ce mot est synonyme de créance ou de dette selon l'angle d'observation retenu. D'une manière générale, il n'existe pas, à proprement parler, d'énumération des droits personnels. Ces droits sont généralement présentés en fonction de leur source créatrice. C'est ainsi que l'on oppose traditionnellement l'acte juridique, dont l'exemple type est le contrat, au fait juridique, comme le délit ou le quasi-délit. La question de la source des droits subjectifs ayant déjà été examinée, son étude n'est plus à faire.

930. Défaut de droits de préférence et de suite. Le droit personnel diffère du droit réel en ce qu'il ne confère à son titulaire ni droit de préférence, ni droit de suite. Cela ne signifie pas pour autant que le créancier ne puisse agir au cas où le débiteur n'exécuterait pas ses obligations. Au contraire, si le débiteur est défaillant, le créancier peut toujours le poursuivre en justice. En général, il obtiendra un jugement exécutoire, qui lui permettra de faire saisir les biens du débiteur et d'être payé sur le produit de leur vente.

Seulement, dans la mesure où le droit personnel n'emporte pas droit de préférence, le créancier viendra en concours avec tous les autres créanciers du débiteur sur le produit de la vente. Il en résulte que si le produit de la vente est insuffisant pour rembourser l'ensemble des créanciers, ceux-ci ne seront remboursés que proportionnellement au montant de leur créance, à moins qu'il n'y ait entre eux des causes légitimes de préférence (C. civ., art. 2285).

Le droit personnel n'emporte pas non plus droit de suite. Au cas où le débiteur aliène ses biens, le créancier ne pourra les faire saisir entre les mains du tiers acquéreur. Bien entendu, le créancier peut se protéger en se faisant conférer par son débiteur une sûreté réelle sur un bien immobilier lui appartenant. Ainsi, titulaire d'un droit réel accessoire à sa créance, le créancier bénéficiera-t-il, en principe, sur ce bien du débiteur d'un droit de préférence et d'un droit de suite.

931. Thèse personnaliste. Parmi les diverses critiques doctrinales suscitées par la distinction traditionnelle du droit réel et du droit personnel, il convient de citer la thèse dite « personnaliste ». Cette thèse a été défendue, à la fin du siècle dernier par Planiol (*Traité élémentaire*, t. I, 1900, 1re éd. no 762). Elle tente de ramener le droit réel au seul droit personnel. Le postulat de départ consiste à relever que le droit réel et le droit personnel n'engendrent des rapports qu'entre personnes.

Dans le droit personnel, une personne déterminée est sujet passif du droit d'une autre personne, en l'occurrence le créancier. Dans le droit réel, il n'est pas question de considérer qu'une chose puisse être un sujet de droit. On énonce alors que les sujets passifs du droit réel sont toutes les personnes, dans la mesure où elles doivent respecter le droit du titulaire. En somme, le droit réel correspondrait à une obligation passive personnelle universelle. Quant au droit personnel, au sens strict du terme, il correspondrait à une obligation passive personnelle individuelle. La conclusion qui s'impose est la suivante : le droit réel et le droit personnel n'ont pas lieu d'être distingués, puisqu'ils constituent tous deux des rapports d'obligation entre personnes.

932. Discussion. Le talon d'Achille de cette thèse est qu'elle repose sur l'ambiguïté du concept d'opposabilité. Lorsque l'on énonce que le droit réel est opposable à tous, et que le droit personnel n'est opposable qu'à une personne déterminée, il n'est pas donné le même sens au mot *opposabilité.*

Dire que le droit personnel n'est pas opposable à tous, c'est dire maladroitement qu'il n'oblige qu'une personne déterminée. Sous cet angle, le droit personnel est un droit «relatif», en ce qu'il lie une personne à une autre personne. Il en résulte que l'on ne peut demander à quelqu'un d'autre d'exécuter la prestation à laquelle s'est obligé le seul débiteur. Il n'empêche que ce droit personnel, autrement dit ce rapport d'obligation entre deux personnes, reste opposable à tous. Il est opposable, en ce sens que tous les individus doivent se garder d'y porter atteinte. Par exemple, des employeurs ne doivent pas «débaucher» un cadre lié à une entreprise concurrente par un contrat de travail à durée déterminée. S'ils passaient outre, ils engageraient leur responsabilité. En somme, un droit personnel peut, tout à la fois, n'obliger que deux personnes, et être opposable à toutes personnes.

Quant au droit réel qui met en relation une personne et une chose, nul ne conteste qu'il soit opposable à tous. Il est opposable *erga omnes*, dans la mesure où tous les individus doivent ne rien faire qui puisse y porter atteinte. En l'occurrence, l'obligation passive universelle du droit réel n'exprime rien d'autre que le principe du respect par tous des droits subjectifs d'autrui. Il ne s'agit pas d'une obligation au sens strict du terme. Il s'agit d'une règle de conduite sociale qui est opposable à tous.

Sous-section III La distinction des biens meubles et des biens immeubles

933. Il ne s'agit pas d'une classification des droits subjectifs, au sens propre du terme. Il s'agit de la classification des biens, encore appelés *choses*, sur lesquels peuvent porter une partie des droits subjectifs, à savoir les droits patrimoniaux.

934. Biens corporels. À l'origine, le droit n'appréhendait que les choses corporelles, c'est-à-dire les choses matérielles, en ce qu'elles sont palpables, comme un terrain, un bâtiment, un objet, etc. Les choses étaient divisées en deux catégories. D'une part, celle des meubles, du latin *mobiles,* c'est-à-dire ce qui peut être déplacé, comme des objets d'ameublement, des livres, des bijoux, des pièces de monnaie, etc. D'autre part, celle des immeubles, du latin *immobiles,* c'est-à-dire tout ce qui, étant immobile, ne peut être déplacé. Ces immeubles comprennent le sol, ainsi que ce qui y est fixé, comme les bâtiments, les plantations ou les arbres.

935. Biens incorporels. Par la suite, cette référence aux seules choses corporelles s'est révélée insuffisante, pour deux sortes de raisons.

D'abord, sont apparus des biens qui, incorporels, c'est-à-dire sans matière, avaient néanmoins une valeur économique certaine. Un seul exemple suffira : celui des valeurs mobilières émises par les sociétés, qu'il s'agisse de titres de capital (actions ou parts) ou de titres de créance (obligations). Ces titres financiers ont une nature patrimoniale et ils sont transmissibles. Ainsi, au XIXe siècle, avec le développement des grandes sociétés industrielles et commerciales, des fortunes considérables se sont constituées. La grande propriété terrienne ou immobilière de la noblesse de l'Ancien Régime a ainsi cédé la place à la fortune mobilière de la bourgeoisie d'affaires.

Ensuite, la distinction classique, limitée aux choses corporelles, oubliait les droits personnels envisagés en tant que tels. Certes, les droits personnels ou de créance ne portent pas directement sur une chose. Cependant, intrinsèquement, ils ont une existence et une valeur économique. D'ailleurs, le titulaire d'une créance peut la céder à un tiers moyennant une somme d'argent. C'est d'ailleurs le système qu'empruntent les sociétés de *factoring,* qui rachètent des factures (le juriste dit des créances), que détient un fournisseur sur des clients commerçants. Ces droits de créance, qui permettent à une personne d'exiger d'une autre personne une certaine prestation, constituent des biens. Dans la mesure où un tel rapport juridique entre deux personnes est abstrait, il est qualifié de bien incorporel.

Dès 1804, les rédacteurs du Code civil ont pris en compte l'existence de ces choses incorporelles. C'est ainsi que les articles 516 et suivants du Code civil, d'une part, reprennent la division classique des biens meubles et des biens immeubles, d'autre part, subdivisent chacune de ces catégories afin d'opposer les choses corporelles aux choses incorporelles.

936. Intérêts de la distinction. D'une manière générale, l'intérêt de la distinction des meubles et des immeubles tient à ce qu'ils sont assujettis à des règles spécifiques. Ainsi, en cas de litige qui porte sur un immeuble, le tribunal territorialement compétent pour en connaître sera, en principe, celui dans le ressort duquel il est situé. En revanche, lorsqu'un litige porte sur un meuble, on applique le principe de la compétence du tribunal du domicile du défendeur.

Un autre exemple peut être emprunté au régime de la publicité légale. Les mutations immobilières font l'objet d'une publicité propre à renseigner les tiers sur le statut juridique des immeubles (indication des anciens et nouveaux propriétaires, date du transfert de propriété, modalité juridique du transfert, etc.). Cette publicité obligatoire a lieu à la Conservation des hypothèques. En revanche, les meubles échappent à ce genre de publicité pour de simples raisons pratiques. C'est la raison pour laquelle les transactions mobilières sont opposables aux tiers indépendamment de toute publicité.

Plan. Aux termes de l'article 516 du Code civil : « Tous les biens sont meubles ou immeubles. » Nous suivrons cet ordre pour définir les biens meubles (§1), et les biens immeubles (§2).

§ 1. Les biens meubles

937. Les biens meubles se subdivisent en meubles corporels (A), et en meubles incorporels (B).

A. Les meubles corporels

938. Au sein des meubles corporels, il convient de distinguer les meubles corporels par nature et les meubles corporels par anticipation.

939. Meubles corporels par nature. Ces meubles correspondent à notre définition initiale, à savoir toute chose matérielle susceptible de déplacement (table, chaise, animal, etc.). À ces meubles corporels par nature, il convient d'ajouter les immeubles qui sont devenus des meubles dès qu'ils ont perdu leur fixité. Il en est ainsi d'une pierre descellée d'un mur, du fruit cueilli ou tombé de l'arbre, du minerai extrait de la mine, du blé fauché, etc.

940. Avant-projet portant réforme du droit des biens. Art. 521 : « Sous réserve des lois qui les protègent, les animaux sont soumis au régime des choses corporelles. » [*Les auteurs du texte renoncent à préciser que les animaux sont des biens meubles corporels, sans doute pour ne pas froisser les amis des bêtes. Toutefois, ils rappellent que le régime des animaux est celui des choses corporelles.*] Quant au nouvel art. 614-a du Code civil Suisse, il exclut la qualification de choses pour les animaux, tout en les soumettant au régime des choses : « Les animaux ne sont pas des choses. Sauf disposition contraire, les dispositions s'appliquant aux choses sont également valables pour les animaux. »

941. Meubles corporels par anticipation. Ces autres meubles constituent normalement des immeubles, c'est-à-dire des biens fixés au sol. Cependant, ils sont fictivement considérés comme des meubles, parce qu'ils sont destinés à le devenir dans un très proche avenir. En effet, ils ont vocation à être détachés du sol ou d'un bien incorporé au sol. C'est le cas des récoltes sur pied, du minerai non encore extrait ou des matériaux d'un bâtiment devant être démoli. Certes, le jour où ils seront détachés de l'immeuble principal, ils deviendront des meubles par nature. Mais, tant qu'ils ne sont pas détachés, on considère qu'ils constituent des meubles par anticipation (Com., 24 nov. 1981, *Bull.* n° 408, pour des arbres à abattre). En conséquence, bien qu'encore immeubles, le régime juridique des biens meubles leur sera appliqué, du moins dans une certaine mesure.

B. Les meubles incorporels

942. Cette sous-catégorie des biens meubles accueille la plupart des choses incorporelles, qu'elles aient ou non un rapport avec un bien meuble. En effet, en présence de certaines choses incorporelles, il est difficile de leur découvrir une attache mobilière ou immobilière. La tendance consiste à les classer, de manière arbitraire, dans la catégorie des biens meubles. Nous définirons les meubles incorporels les plus connus.

943. Droit personnel. Comme nous l'avons énoncé, un droit personnel ou de créance, qui sert à définir un rapport juridique entre deux personnes, est abstrait, incorporel (voir *supra* n° 925). De surcroît, il est difficile de déceler en cette matière une coloration mobilière ou immobilière. Aussi, pour la seule raison que la catégorie des biens meubles se présente comme une catégorie quasiment « fourre-tout », le droit personnel est classé dans la sous-catégorie des meubles incorporels.

944. Droit réel portant sur les meubles corporels d'autrui. Il s'agit de droits dont une personne est titulaire sur une chose mobilière d'une autre personne. Tel est le cas du droit d'usufruit ou du droit d'usage qu'exerce une personne sur un bien meuble appartenant à quelqu'un d'autre (ex. : l'usufruit d'un cheval ou d'une automobile). Cependant, dans la mesure où ce droit réel porte sur la chose appartenant à autrui, il convient d'en exclure le droit réel le plus important, à savoir le droit de propriété. En effet, ce droit appartient à une personne sur sa propre chose. Or, dans la tradition du droit romain, notre Code civil identifie le droit de propriété à la chose corporelle sur laquelle il porte. Le droit de propriété n'est donc pas analysé comme un droit, c'est-à-dire un bien incorporel, mais comme un bien meuble corporel, puisqu'il porte sur un tel bien.

945. Parts, actions et obligations. Ces titres de capital ou de créance émis par les sociétés, faute d'identité physique matérielle, sont rangés dans la catégorie des biens meubles incorporels. Cette qualification est d'autant plus appropriée que les valeurs mobilières ont été dématérialisées par une loi du 30 décembre 1981. Elles ne sont donc plus représentées par des titres-papiers. Désormais, les valeurs mobilières et les droits qui leur sont attachés (ex. : droit de vote dans les assemblées, droit de percevoir des dividendes prélevés sur les bénéfices annuels, etc.) sont représentés par une simple inscription en compte ouvert au nom de leur titulaire et tenu par la société elle-même ou un intermédiaire financier habilité.

946. Droits intellectuels. Ces termes désignent le droit de l'auteur à l'exploitation de son œuvre (droits de propriété littéraire et artistique). Il est évident que ce droit pécuniaire ne saurait être confondu avec le droit moral de l'auteur sur son œuvre, qui est étranger aux biens, puisqu'il s'agit d'un droit extrapatrimonial. En revanche, le droit de l'auteur à l'exploitation de son œuvre est un droit patrimonial qualifié de bien incorporel. C'est d'ailleurs la raison pour laquelle les termes de *propriété incorporelle* se substituent souvent à ceux de droits intellectuels. Les droits de propriété incorporelle incluent également les droits de propriété industrielle, à savoir le droit pécuniaire de l'inventeur à l'exploitation de ses inventions brevetées, ou celui de l'auteur sur ses dessins, modèles et marques déposés.

947. Fonds de commerce. La loi ne donne aucune définition du fonds de commerce. Pourtant, l'on admet que tout commerçant a un fonds de commerce. D'une manière sommaire, le fonds de commerce peut être défini comme une entité (aussi appelée « universalité de fait »), d'une part, constituée de certains biens meubles affectés à l'exercice d'une activité commerciale, d'autre part, analysée en une propriété incorporelle.

Ces éléments qui composent un fonds de commerce sont exclusivement des biens meubles. Les uns sont corporels (outillage, matériel et marchandises), les autres incorporels, comme la clientèle, le nom commercial, l'enseigne, les droits de propriété industrielle, et le bail commercial dont est éventuellement titulaire l'exploitant sur les locaux nécessaires à l'activité (C. com., art. L. 141-5). En revanche, ne sont jamais inclus dans le fonds de commerce le local et les murs dont le commerçant serait propriétaire et dans lesquels il exploiterait son activité. En somme, l'immeuble n'apparaît qu'indirectement dans le fonds de commerce sous l'angle du droit au bail du commerçant locataire de son local commercial. Or, un droit au bail est un droit personnel, donc un bien meuble incorporel. Toujours est-il que cet ensemble de biens est assimilé à un meuble incorporel, à l'instar de toutes les entités abstraites qui font l'objet d'une propriété cessible et transmissible.

948. Clientèles civiles. Traditionnellement, le fonds d'exercice d'une activité libérale (avocat, médecin, architecte, etc.) n'avait pas le statut patrimonial du fonds de commerce. On considérait que le « cabinet » se confondait avec la clientèle attachée à la personne du professionnel. Il en résultait que le fonds libéral d'exercice de la profession, autrement dit la clientèle civile, dénué de toute valeur patrimoniale, ne pouvait faire l'objet d'une cession. On disait encore qu'il était « hors du commerce juridique » (Civ. 1re, 3 juill. 1996, *Bull.* n° 287). Toutefois, la jurisprudence permettait à l'entrepreneur libéral de conclure une convention de présentation du successeur à ses clients ; ce droit de présentation, érigé en droit patrimonial, pouvant faire l'objet d'une cession (Civ. 1re, 7 juin 1995, *D.* 1995. 560, note Beigner).

La Cour de cassation a opéré un revirement. Elle décide désormais que le fonds d'exercice libéral constitue une universalité de fait réunissant la clientèle, le matériel et le droit au bail du local où s'exerce la profession (Civ. 1re, 7 nov. 2000, *Bull.* no 283). Elle en déduit que la clientèle civile peut être cédée, en même temps que le fonds libéral, à la condition que soit sauvegardée la liberté de choix du client ou du patient. Le fonds libéral, à l'instar du fonds de commerce, fait donc l'objet d'une propriété incorporelle, que l'on peut, sans doute, qualifier de bien meuble incorporel.

949. Actions en justice ayant pour objet un droit mobilier. Tantôt, ces actions en justice ont pour objet de faire sanctionner un droit personnel mobilier, telle une action délictuelle ou contractuelle en dommages et intérêts. Tantôt, elles ont pour objet de faire sanctionner un droit réel mobilier, telle une action en revendication d'un bien meuble.

§ 2. Les biens immeubles

950. Les biens immeubles se subdivisent en immeubles corporels (A), et en immeubles incorporels (B).

A. Les immeubles corporels

Il existe deux sortes d'immeubles corporels : les immeubles par nature (1), et les immeubles par destination (2).

1. Les immeubles par nature

951. Les immeubles par nature correspondent aux immeubles corporels qui ne peuvent être déplacés. L'article 518 du Code civil cite, à ce titre, les *fonds de terre*, c'est-à-dire le sol et le sous-sol, ainsi que les bâtiments.

Il en est de même de tout ce qui s'incorpore au sol, y étant fixé. Telles sont les plantations, les cultures, les bois et les forêts. En somme, tant que des fruits ne sont pas encore cueillis ou des céréales moissonnées, il s'agit d'immeubles par nature, sauf à les considérer fictivement comme des meubles par anticipation. Une fois les fruits récoltés ou les céréales moissonnées, ils deviennent réellement des meubles par nature.

Constitue encore des immeubles par incorporation, tout ce qui fait partie des bâtiments (toiture, canalisations, etc.). La seule condition exigée est la construction du bâtiment principal sur des fondations creusées dans le sol.

2. Les immeubles par destination

952. *L'accessoire suit le principal.* La catégorie des immeubles par destination est plutôt étrangère au critère physique ordinaire de la fixité des immeubles. En effet, il s'agit de meubles. Toutefois, dans la mesure où ces meubles ont un lien étroit avec un immeuble par nature, ils sont considérés comme des immeubles par destination. Le principe du droit selon lequel l'accessoire suit le principal permet d'expliquer cette fiction. Dans cette occurrence, l'article 524 du Code civil qualifie d'immeubles par destination deux groupes de meubles : d'une part, les meubles destinés à l'exploitation d'un immeuble par nature, d'autre part, les meubles destinés à la décoration d'un immeuble par nature.

953. Meubles destinés à l'exploitation d'un immeuble par nature. Il s'agit de meubles que le propriétaire d'un fonds y a placé pour le service et l'exploitation de ce fonds (ex. : le mobilier et les machines appartenant au propriétaire des murs d'un hôtel ou d'une usine). Bien entendu, nul ne conteste que tous ces biens constituent des biens meubles par nature. Seulement, par pure fiction, ils sont qualifiés d'immeubles par destination, dans la mesure où ils forment un tout avec l'immeuble qu'ils servent.

954. Conditions. Pour que ces biens répondent à la qualification d'immeubles par destination, deux conditions sont exigées. D'une part, l'immeuble par nature et l'immeuble par destination doivent appartenir au même propriétaire. C'est l'exemple du fermier qui est propriétaire à la fois de la ferme avec ses terres et les bâtiments, et des tracteurs ou du cheptel. Tel n'est évidemment plus le cas, si le fermier, bien que propriétaire de son tracteur, n'est pas le propriétaire du domaine agricole qu'il exploite. D'autre part, il faut que le propriétaire du fonds ait eu spécialement l'intention d'affecter ces objets mobiliers qui lui appartiennent au service ou à l'exploitation du fonds. Pour désigner cette volonté d'affectation émanant du propriétaire, on emploie souvent le terme latin *animus.*

955. Meubles destinés à la décoration d'un immeuble par nature. Avec cet autre groupe, on retrouve quelque peu le critère physique de la fixité. En effet, le dernier alinéa de l'article 524 du Code civil exige que le propriétaire du fonds ait attaché ces objets « à perpétuelle demeure ». En somme, un tableau accroché au mur ne saurait être un immeuble par destination. Il en est de même des éléments préfabriqués d'une cuisine qui peuvent être détachés des murs sans occasionner trop de détériorations. En revanche, les tribunaux ont accordé la qualification d'immeubles par destination à des glaces fixées sur les murs ou à des bas-reliefs (C.E., 24 février 1999, *D.* 1999. IR. 110). Quant aux statues, l'article 525 du Code civil leur reconnaît la qualification d'immeubles par destination, quand bien même elles ne seraient pas attachées à perpétuelle demeure. Il suffit qu'elles soient « placées dans une niche pratiquée exprès pour les recevoir ». En fait, tout est question de circonstances, et les décisions rendues par les tribunaux sont souvent contradictoires.

956. Les fresques de l'église de Casenoves. Des fresques avaient été peintes, au XIe siècle, sur les murs d'une chapelle, qui servait de hangar à trois copropriétaires en indivis. L'un d'entre eux, sans l'accord des autres, a vendu ces fresques à un antiquaire, qui est parvenu à les détacher grâce à un procédé technique ingénieux. Les deux autres ont exercé une action en revendication des fresques. C'est ainsi que les tribunaux ont dû les qualifier. Les juges d'appel ont retenu la qualification d'immeubles par destination, du moins à partir du moment où a été inventé le procédé de descellement. Dès cet instant, et dans la mesure où le propriétaire de l'immeuble n'en avait pas fait usage, c'est qu'il entendait les affecter définitivement à l'immeuble, autrement dit les y attacher à perpétuelle demeure.

La Cour de cassation a censuré cet arrêt (Ass. plén., 15 avril 1988, *Bull.* n° 4). Pour celle-ci, les fresques sont des immeubles par nature, et leur arrachement n'a pu en faire que des meubles. Quant à la qualification d'immeubles par destination, elle l'écarte, au motif que seuls pourraient être considérés comme tels les objets mobiliers que le propriétaire d'un fonds y a placés pour son service et son exploitation ou qu'il y a attachés à perpétuelle demeure. En somme, pour la Cour de cassation, ces fresques constituaient des immeubles par nature en raison de leur incorporation au mur. Elles ne pouvaient donc répondre à la qualification d'objets mobiliers affectés à perpétuelle demeure.

B. Les immeubles incorporels

957. Cette catégorie est résiduelle, les choses incorporelles étant presque systématiquement assimilées à des biens meubles.

On évoquera toutefois les droits réels immobiliers. Il s'agit de droits réels dont une personne est investie sur un immeuble appartenant à quelqu'un d'autre. Ces droits, qui sont incorporels comme tous les droits envisagés en tant que tels, peuvent être constitués en particulier par l'usufruit, l'usage et l'habitation, ainsi que la servitude ou l'hypothèque d'un terrain ou d'une maison.

Comme pour les biens meubles, le droit réel le plus important qui porte sur un immeuble, à savoir le droit de propriété, est exclu de cette catégorie, Dans la tradition du droit romain, il est assimilé à l'immeuble corporel sur lequel il porte. Il est donc rangé dans la catégorie des biens immeubles corporels.

958. Avant-projet portant réforme du droit des biens. Art. 527 : « Par leur nature, sont immeubles les parties déterminées de l'espace terrestre. Sont ainsi immeubles : les fonds, les volumes, les constructions et végétaux qui s'y trouvent, ainsi que toutes les autres choses qui s'y incorporent. Sont aussi immeubles les lots de copropriété » [*les volumes sont désormais expressément mentionnés dans les immeubles par nature, à l'instar des fonds et des constructions. Il en est de même des lots de copropriété comme la jurisprudence l'admettait depuis longtemps :* Civ. 3e, 15 nov. 1989 *: Bull.* n° 213]. Art. 529 : « Par leur objet sont immeubles les droits réels sur les immeubles et les actions qui s'y rapportent. » Art. 533 : « Tous les droits, autres que ceux visés à l'article 529, sont meubles. » [*Sans doute peut-on déduire de ces deux articles la fin du principe, difficile à comprendre, selon lequel les biens n'englobaient pas tous les droits, en particulier le droit réel le plus important, à savoir le droit de propriété.*]

Section II
Les droits extrapatrimoniaux

959. Définition. Les droits extrapatrimoniaux sont les droits subjectifs qui ne sont pas susceptibles d'évaluation en argent. Faute de valeur économique, ils ne représentent pour leur titulaire aucun élément de richesse matérielle. C'est la raison pour laquelle ils n'entrent pas dans le patrimoine de la personne, peu important qu'ils puissent, le cas échéant, entraîner des conséquences pécuniaires (ex. : une action en dommages et intérêts en cas d'atteinte à l'honneur ou à la vie privée).

960. Caractères. Le plus souvent, les droits extrapatrimoniaux sont intimement liés à la personne humaine. Aussi, à l'instar de celle-ci, sont-ils « hors du commerce juridique », non pas dans le sens commun « hors échanges commerciaux », mais dans le sens juridique « hors de toute transaction ».

Il en résulte que les droits extrapatrimoniaux sont ***incessibles***, le titulaire ne pouvant les céder, ni même y renoncer. Ils sont ***intransmissibles*** à cause de mort aux héritiers et légataires. Ils sont encore ***insaisissables*** par les créanciers. Enfin, ils sont ***imprescriptibles***. Cette imprescriptibilité concerne la prescription acquisitive. Ainsi, les droits extrapatrimoniaux ne peuvent-ils s'acquérir par un usage, une possession prolongée, pendant un certain laps de temps. Elle concerne également la prescription extinctive : les droits extrapatrimoniaux ne peuvent se perdre en raison d'un non-usage prolongé.

961. Diversité. On peut ranger dans cette catégorie très générale et imprécise quatre espèces de droits subjectifs. La première est empruntée au droit public, les autres relèvent du droit privé, et plus spécialement du droit civil.

962. Droits politiques. Les droits politiques du citoyen, comme le droit de vote, le droit d'être élu ou celui d'exprimer ses opinions, constituent certainement des droits extrapatrimoniaux. En effet, ces divers droits, dénués de toute valeur marchande, sont éminemment personnels, et ils ne sauraient faire l'objet d'une cession à quelque titre que ce soit.

963. Droits de la famille. Sous cette expression peuvent être réunis divers droits extrapatrimoniaux. Certains dérivent du mariage. Il en est ainsi du droit à la fidélité et au respect que chaque époux peut exiger de l'autre (C. civ., art. 212 : « Les époux se doivent mutuellement respect, fidélité, secours, assistance »). D'autres dérivent de la filiation. Tels sont les droits attachés à l'autorité parentale (C. civ., art. 371 : « L'enfant, à tout âge, doit honneur et respect à ses père et mère »).

964. Droits moraux de l'auteur. Le Code de la propriété intellectuelle distingue les droits moraux de l'auteur, qui sont de nature extrapatrimoniale, et ses droits patrimoniaux (CPI, art. L. 111-1 : « L'auteur d'une œuvre de l'esprit jouit sur cette œuvre, du seul fait de sa création, d'un droit de propriété incorporelle exclusif et opposable à tous. Ce droit comporte des attributs d'ordre intellectuel et moral ainsi que des attributs d'ordre patrimonial [...] »). Les droits moraux intègrent notamment le droit au respect du nom de l'auteur, de sa qualité et de son œuvre (CPI, art. L. 121-1). Il peut s'agir de toutes les œuvres de l'esprit, en particulier d'ordre littéraire, artistique, scientifique, cinématographique, audiovisuel, graphique, et même informatique avec la conception de logiciels (CPI, art. L. 112-2). Quant aux droits patrimoniaux de l'auteur, ils comprennent le droit pécuniaire de l'auteur à l'exploitation de son œuvre (CPI, art. L. 122-1).

965. Droits de la personnalité. Parfois qualifiés de droits primordiaux, les droits de la personnalité sont issus de la jurisprudence française et européenne. Puis, la doctrine a essayé de dégager des lignes directrices de ce droit prétorien. Plus tardivement, le législateur est intervenu pour réglementer certains droits de la personnalité, sans d'ailleurs utiliser ces termes (ils n'apparaissent pas dans le Code civil). Il en est ainsi du droit au respect de la vie privée (C. civ., art. 9), du droit au respect de la présomption d'innocence (C. civ., art. 9-1), et du droit au respect du corps humain (C. civ., art. 16-1).

966. Caractères des droits de la personnalité. Dans le silence de la loi, il est difficile de donner une définition des droits de la personnalité. On peut toutefois mentionner certains de leurs caractères généraux. D'abord, il s'agit de droits subjectifs, c'est-à-dire de prérogatives juridiques dont sont titulaires des personnes. Les personnes sont donc protégées contre toute atteinte à ces droits. Ensuite, il s'agit de droits extrapatrimoniaux qui, comme tels, ne sont pas susceptibles d'évaluation pécuniaire. Enfin, il s'agit de droits qui ont pour objet divers éléments de la personnalité de l'individu, en particulier sa vie privée, sa dignité, ses sentiments, son nom, et même son intégrité corporelle.

967. Contenu des droits de la personnalité. Quant à la liste des droits de la personnalité, elle varie d'un auteur à l'autre. Toutefois, la doctrine s'accorde à y inclure le droit au respect de la vie privée, dont on peut rapprocher le droit à l'image. Au-delà, les avis sont partagés, spécialement à propos du droit à l'intégrité physique, du droit au respect de la présomption d'innocence, du droit au nom, et du droit à l'honneur qui permet à son titulaire de poursuivre ceux qui le diffament ou l'injurient.

Plan. Dans la mesure où nous avons déjà étudié l'aspect extrapatrimonial du droit au nom (voir *supra* n° 764), nous nous attacherons à deux autres droits de la personnalité d'une grande actualité : le droit au respect de la vie privée (Sous-section I), et le droit au respect du corps humain (Sous-section II).

Sous-section I Le droit au respect de la vie privée

968. Plan. Il convient d'envisager successivement les sources du droit au respect de la vie privée (§1), l'objet de ce droit (§2), et les modalités de sa protection (§3).

§ 1. Les sources de la protection

969. Origine prétorienne. Pendant des décennies, la jurisprudence a permis à la personne, qui était victime d'une atteinte à sa vie privée, d'obtenir réparation de son préjudice sur le fondement du droit commun de la responsabilité civile pour faute des articles 1382 et 1383 du Code civil. Elle a ainsi consacré un véritable droit au respect de la vie privée de chacun.

L'exemple type est l'affaire des touristes de la tour de Pise (Paris, 24 mars 1965, *D.* 1965 somm. 122). Un couple de Français visitait l'Italie. Il faisait très chaud, et ils étaient en tenue débraillée, shorts et maillots de corps. Par surprise, ils ont été pris en photo. En rentrant en France, ils ont découvert leur photo dans un journal, accompagnée de propos ironiques sur le ridicule des Français à l'étranger. Ils ont pu obtenir réparation de leur dommage pour atteinte à la vie privée et/ou à l'image.

970. Article 9 du Code civil. Par la suite, une loi n° 70-643 du 17 juillet 1970 a consacré ce droit, sous l'article 9 du Code civil, en ces termes : « Chacun a droit au respect de sa vie privée. »

Puis, le Conseil constitutionnel a élevé ce droit au rang des droits et libertés constitutionnellement garantis, sur le fondement de l'article 2 de la Déclaration des droits de l'homme de 1789 (Décision n° 99-416 DC du 23 juill. 1999 : *J.O.* du 28 juill.). Selon cet article : « Le but de toute association politique est la conservation des droits naturels et imprescriptibles de l'homme. Ces droits sont la liberté, la propriété, la sûreté et la résistance à l'oppression. » Pour le Conseil constitutionnel, « la liberté », proclamée par cet article comme « droit naturel et imprescriptible de l'homme », « implique le respect de la vie privée » (dans le même sens : décision n° 2005-532 du 19 janvier 2006, *J.O.* du 24 janvier 2006).

971. Conv. EDH. L'article 9 du Code civil reprend quasiment le texte du principe proclamé par l'article 8 de la Conv. EDH (« Toute personne a droit au respect de sa vie privée et familiale, de son domicile et de ses communications »). On rappellera que cette convention est d'applicabilité directe dans notre pays, et que les droits fondamentaux qu'elle garantit font partie du droit de l'Union en tant que principes généraux (voir *supra* n° 208). Ainsi une personne peut-elle se prévaloir des droits garantis par la Conv. EDH devant ses juridictions nationales. Pour cette raison, une personne, qui estime qu'il a été porté atteinte à sa vie privée (ou à son image), fonde généralement son action à la fois sur l'article 9 du Code civil et l'article 8 de la Conv. EDH.

§ 2. L'objet de la protection

972. L'article 9 du Code civil permet de protéger la personne contre les atteintes à sa vie privée (A) ; atteintes qui prennent souvent la forme de la diffusion de son image (B).

A. Les atteintes à la vie privée

973. La loi ne définit pas la vie privée. Tout au plus, l'article 9 du Code civil opère-t-il une distinction en utilisant deux notions légèrement différentes. L'alinéa premier, pour formuler le principe général de protection, utilise les termes de « vie privée ». Le second alinéa, pour énumérer les mesures qui peuvent être prises par le juge pour empêcher ou faire cesser l'atteinte, au-delà de la réparation sous forme de dommages et intérêts, se réfère à « l'intimité de la vie privée ». Si l'on considère que « l'intimité de la vie privée » est une notion plus étroite que celle de la « vie privée », il faut comprendre que le législateur entend éviter une dérive des modalités d'intervention du juge, à base d'interdiction de parution d'un ouvrage, de suppression de passages d'un livre ou d'un film, ou de publication de droits de réponse à tout vent.

1. L'étendue de la protection

a. NOTION DE VIE PRIVÉE

974. Le concept de vie privée est difficile à définir. Il se comprend ordinairement par référence à la vie publique ou officielle d'une personne. En conséquence, il s'agit essentiellement de protéger la vie familiale ou sentimentale de la personne. De même, la santé, les loisirs, les souvenirs ou la fortune peuvent participer à l'aspect privé de la personne, selon l'appréciation des juges du fond.

C'est ainsi que la Cour de cassation admet que l'atteinte à la vie privée d'une personne prenne la forme de la révélation publique de son état de santé (Civ. 1re, 6 juin 1987, *Bull.* n° 191) ; de sa grossesse ou de sa maternité (Civ. 2e, 5 janv. 1983, *Bull.* n° 4) ; de ses pratiques religieuses (Civ. 1re, 6 mars 2001, *Bull.* n° 60) ; de sa vie sentimentale et affective (Civ. 1re, 6 oct. 1998, *Bull.* n° 274) ; ou encore de son adresse (Civ. 2e, 5 juin 2003 : *Bull.* n° 175). Elle peut aussi prendre la forme de la violation du secret de ses correspondances privées (Soc., 2 oct. 2001, *Sté Nikon France*, *Bull.* n° 291), et de sa filature par un détective privé (Civ. 2e, 3 juin 2004, *Bull.* n° 273).

975. Vie privée des salariés dans l'entreprise. La jurisprudence admet la surveillance des salariés, y compris par des écoutes téléphoniques, sous réserve qu'ils en aient été dûment avertis (Soc. 14 mars 2000 : *Bull.* n° 101). Dans le cas contraire, la mise en place d'un dispositif de surveillance clandestin, à ce titre déloyal, porte atteinte à la vie privée des salariés, rendant irrecevables en justice les preuves ainsi obtenues (Soc., 18 mars 2008 : *Bull.* n° 64).

L'atteinte à la vie privée d'un salarié peut également résulter de la violation du secret de ses correspondances privées. Il en résulte qu'un employeur ne peut, sans violation de ce droit fondamental, prendre connaissance des courriers électroniques ou courriels (e-mail) personnels envoyés par un salarié ou reçus par lui grâce aux ordinateurs de l'entreprise, et ceci même au cas où il en aurait interdit l'utilisation non professionnelle (Soc., 2 oct. 2001, *Sté Nikon France*, *Bull.* n° 291). Plus encore, l'employeur ne peut se fonder sur le trouble objectif dans le fonctionnement d'une entreprise, dont le personnel avait vu passer une revue pornographique que l'un de ses salariés s'y était fait adresser, pour prononcer des sanctions à son encontre, sans méconnaître le respect dû à la vie privée (Cass. Chbre mixte, 18 mai 2007 : *Bull.* n° 3).

Toutefois, l'employeur peut toujours accéder au poste informatique de ses salariés, en leur absence, pour prendre connaissance des dossiers qui s'y trouvent, en dehors de ceux expressément identifiés comme personnels (Soc., 18 oct. 2006, n° 04-48025, *Bull.* n° 308). Il peut également rechercher sur le disque dur de l'ordinateur d'un salarié, en son absence, les traces des connexions établies par ce dernier, dans la mesure où étant effectuées pendant son temps de travail, elles sont présumées avoir un caractère professionnel (Soc., 9 juill. 2008, n° 06-45800, *Bull.* n° 150).

976. Informations d'ordre patrimonial. La question s'est encore posée de savoir si la révélation de renseignements concernant le patrimoine d'une personne était susceptible de constituer une atteinte à sa vie privée. La Cour de cassation a jugé que la révélation du salaire d'une personne ne jouissant d'aucune notoriété quelconque ressortissait de sa vie privée (Civ. 1re, 15 mai 2007 : *Bull.* n° 191).

En revanche, les solutions peuvent être différentes à l'égard d'une personne publique. Dans ce cas, la jurisprudence française et européenne considère que la publication de renseignements d'ordre patrimonial d'une telle personne ne constitue pas nécessairement une atteinte à sa vie privée (Civ. 1re, 20 oct. 1993 : *Bull.* n° 295, à propos de la publication de la liste des « cent Français les plus riches » ; Cour EDH, 21 janv. 1999, *Fressoz c. France*, à propos de la publication dans *Le Canard enchaîné* du salaire de Jacques Calvet, dirigeant du groupe Peugeot).

977. Johnny Hallyday. Il en va autrement lorsque ces informations comportent des allusions à la vie privée et à la personnalité de l'intéressé (Civ. 1re, 30 mai 2000, n° 98-14610 : *Bull.* n° 167, *aff. Johnny Hallyday c. Hachette Filipacchi*, à propos d'un article paru le 13 novembre 1996 dans *Ici Paris* mettant en exergue « l'inconséquence et la prodigalité du chanteur » tenu, pour s'en sortir, de faire de la publicité pour des produits divers). Toutefois, la Cour EDH a donné raison à l'éditeur du magazine, sur le fondement de la liberté d'expression (Cour EDH, 23 juill. 2009, *aff. Hachette Filipacchi c. France*, Requête n° 12268/03). Les juges de Strasbourg ont reproché à la Cour de cassation de ne pas avoir pris en considération, pour apprécier la faute de l'éditeur, le fait que le chanteur avait révélé antérieurement son mode de vie dépensier dans une autobiographie, affaiblissant de la sorte le degré de protection à laquelle il pouvait prétendre au titre de sa vie privée.

b. Personnes protégées

978. L'article 9 du Code civil protège la vie privée de « chacun ». Cela signifie que « toute personne, quel que soit son rang, sa naissance, sa fortune, ses fonctions présentes ou à venir a droit au respect de sa vie privée » (Civ. 1re, 23 oct. 1990 : *Bull.* n° 222 ; dans le même sens : Cour EDH, 24 juin 2004, *Von Hannover*, Req. n° 59320/00).

Il peut s'agir de ***célébrités*** qui souhaitent préserver une partie de leur vie privée. C'est ainsi que le prince Albert de Monaco a pu invoquer une atteinte à sa vie privée du fait de la divulgation dans la presse de l'existence d'un enfant naturel dont il serait le père (Civ. 1re, 27 févr. 2007 : *Bull.* n° 85). Il peut aussi s'agir d'un ***simple particulier*** qui, même s'il n'a aucune notoriété, a lui aussi droit au respect de sa vie privée. Tel est le cas, par exemple, d'un salarié, victime d'atteinte à la vie privée au cours de son activité professionnelle (Soc., 2 oct. 2001, *précit.* ; voir *supra* n° 975).

c. Durée de la protection

979. Conformément au caractère de l'intransmissibilité des droits extrapatrimoniaux, la protection de la vie privée cesse avec la mort de la personne. Ce principe a été formulé par la Cour de cassation à propos de la révélation dans un livre de faits couverts par le secret médical concernant une personne décédée, en l'occurrence le président Mitterrand (Civ. 1re, 14 déc. 1999, *Bull.* nº 345). Pour la Cour de cassation : « Le droit d'agir pour le respect de la vie privée s'éteint au décès de la personne concernée, seule titulaire de ce droit. » Aussi ses héritiers n'étaient-ils pas fondés à défendre la mémoire du président Mitterrand contre l'atteinte à la vie privée dont il avait été victime de son vivant.

2. Les limites de la protection

980. Moyens de défense. D'une manière générale, les éditeurs, qui diffusent des informations (ou des photos) dans les médias sur la vie privée d'une personne célèbre, invoquent, à titre de faits justificatifs, soit la complaisance habituelle de cette personne (a), soit la liberté d'information (b).

a. Autorisation donnée

981. En principe, la jurisprudence considère que les personnes célèbres ne peuvent se voir opposer leur tolérance habituelle ou passée ; la tolérance ne pouvant être assimilée à une renonciation générale et définitive à toute intimité (Civ. 2e, 14 nov. 1975 : *Bull.* nº 294). Aussi seule une autorisation expresse ou tacite non équivoque de la personne célèbre peut-elle justifier une atteinte à sa vie privée. L'autorisation tacite peut résulter, par exemple, de la révélation par cette personnalité dans une autobiographie antérieure de faits concernant sa vie privée (Civ. 1re, 10 oct. 1995, *Bull.* nº 355 ; Cour EDH, 23 juill. 2009, préc.).

b. Légitimité de l'information

982. En matière d'atteinte à la vie privée, l'argument des libertés de l'information et de l'expression n'est pas dénué d'efficacité, quand bien même il est plus souvent invoqué dans le cas de publications de photos de personnes dans des magazines, révélant des éléments de leur vie privée (voir *infra* nº 991). Ces libertés fondamentales sont affirmées par divers textes internes et communautaires :

– d'une part, l'article 11 de la Déclaration des droits de l'homme : « *La libre communication des pensées et des opinions est un des droits les plus précieux de l'homme ; tout citoyen peut donc parler, écrire, imprimer librement, sauf à répondre de l'abus de cette liberté dans les cas déterminés par la loi.* » La valeur constitutionnelle de cette liberté a été affirmée par le Conseil constitutionnel (Cons. const., 10 et 11 oct. 1984, *Rec.* p. 73) ;

– d'autre part, l'article 10 § 1 de la Conv. EDH : « *Toute personne a droit à la liberté d'expression* [...] *Ce droit comprend la liberté d'opinion et la liberté de recevoir ou de communiquer des informations ou des idées sans qu'il puisse y avoir ingérence d'autorités publiques et sans considération de frontière* [...]. » Cet article a été repris tel quel dans l'article 11 de la Charte des droits fondamentaux de l'UE.

983. Balance des intérêts. Il existe donc un conflit d'égal intérêt entre le respect de la vie privée d'une personne et les nécessités de l'information. La Cour de cassation considère qu'il n'y a aucune hiérarchie préétablie entre ces intérêts. Aussi invite-t-elle les juges du fond à rechercher leur équilibre et, le cas échéant, à privilégier la « solution la plus protectrice de l'intérêt le plus légitime » (Civ. 1re, 9 juill. 2003 : *Bull.* n° 172 : « *Attendu que les droits au respect de la vie privée et à la liberté d'expression, revêtant, eu égard aux articles 8 et 10 de la Convention EDH et 9 du Code civil, une identique valeur normative, font ainsi devoir au juge saisi de rechercher leur équilibre et, le cas échéant, de privilégier la solution la plus protectrice de l'intérêt le plus légitime* »).

Pour la Cour EDH, l'un des points d'équilibre tourne autour du critère de l'intérêt public ou général. Si les révélations sont de nature à alimenter un débat d'intérêt général, la liberté d'expression de la presse doit l'emporter ; si elles ne répondent à aucun besoin d'information du public, le droit au respect de la vie privée doit primer (Cour EDH, 18 mai 2004, req n° 58148/00, *Sté Plon c. France* ; Cour EDH, 24 juin 2004, *Von Hannover*, préc.). C'est la raison pour laquelle la presse *people* est souvent condamnée pour avoir révélé des éléments de la vie privée et familiale de célébrités aux seules fins de plaire à ses lecteurs.

La Cour de cassation intègre ce critère. Elle a admis l'atteinte à la vie privée du prince Albert de Monaco du fait de la révélation de l'existence d'un fils né hors mariage (Civ. 1re, 27 févr. 2007, préc.). Pour la Cour de cassation, cette information ne pouvait relever d'aucun débat d'intérêt général, dès lors que la Constitution de la principauté exclut toute possibilité pour un tel enfant d'accéder au trône. En revanche, la révélation des frasques conjugales de l'époux d'une princesse avec une « strip-teaseuse » constitue un événement d'actualité dont un hebdomadaire peut légitimement rendre compte (Civ. 1re, 23 avr. 2003 : *Bull.* n° 98).

Par ailleurs, la Cour de cassation décide qu'il n'y a pas atteinte à la vie privée lorsque l'information relatée constitue un fait public ou ne présente qu'un caractère anodin (Civ. 1re, 3 avr. 2002 : *Bull.* n° 110, concernant les indications sur le lieu de résidence de la princesse Stéphanie de Monaco et la rencontre de celle-ci avec son époux).

On ajoutera que le droit à l'image s'éteint au décès de la personne concernée (voir *supra* n° 979). Toutefois, des proches d'une personne peuvent s'opposer à la reproduction de son image après son décès, dès lors qu'ils en éprouvent un préjudice personnel, déduit, le cas échéant, d'une atteinte à la mémoire ou au respect dû au mort (Civ. 1re, 22 oct. 2009, n° 08-10557, *Bull.* n° 211).

984. Saisine de la Cour EDH. Les organes de presse, dès lors qu'ils ont été condamnés par les juridictions françaises sur le fondement d'atteintes commises à la vie privée et/ou au droit à l'image d'une personne, et après avoir épuisé toutes les voies de recours disponibles du droit national, n'hésitent pas à saisir la Cour EDH pour dénoncer leur condamnation sur le fondement de l'article 10 § 1 de la Conv. EDH. Ainsi cette matière donne-t-elle parfois lieu à des décisions de la Cour de cassation et de la Cour EDH contradictoires, dans des délais interminables. Par exemple, dans l'affaire *Johnny Hallyday c. Hachette Filipacchi*, à propos d'un article paru en 1996 dans *Ici Paris*, la Cour de cassation a condamné l'éditeur en 2000 (Civ. 1re, 30 mai 2000, préc.), et, treize ans après les faits, la Cour EDH a donné raison au même éditeur (Cour. EDH, 23 juill. 2009, préc.).

985. Portée relative des arrêts de la Cour EDH. On rappellera que lorsque la Cour EDH dénonce la non-conformité à la Conv. EDH d'un arrêt d'une de nos juridictions nationales, cet arrêt n'est pas « retoqué ». La Cour de Strasbourg n'a pas le pouvoir d'annuler les décisions des juridictions nationales (voir *supra* n° 217). Ces décisions internes conservent donc toute leur autorité. Tout au plus, notre législateur ou nos juges peuvent-ils, à l'avenir, légiférer ou juger différemment. C'est d'ailleurs l'utilité même des recours qui sont exercés par les organes de presse et les syndicats de journalistes au nom de leur droit à informer le public.

B. Les atteintes à l'image

986. Plan. Il convient d'examiner les atteintes à l'image même de la personne (1), et les atteintes à l'image des biens appartenant à une personne (2).

1. Droit à l'image d'une personne

987. Droit extrapatrimonial. On peut rapprocher du droit au respect de la vie privée, le droit moral d'une personne quant à l'utilisation ou la reproduction de son image, par exemple, dans la presse, un livre, un film, voire dans un blog ou un site Internet. C'est encore la jurisprudence qui a découvert ce droit extrapatrimonial de tout un chacun sur son image, qui comprend le droit de s'opposer à la fois à la saisie de son image et à la diffusion de celle-ci.

Il va de soi que ce droit à l'image est étranger au droit patrimonial d'une personne quant à l'exploitation commerciale de son image, parfois qualifié de « droit sur l'image », qui donne lieu à d'autres sortes de litiges, comme l'opposition à des publications non autorisées dans le contrat de cession des droits (Civ. 1re, 11 déc. 2008, no 07-19494).

a. Fondements et applications

988. Absence de textes particuliers. Alors que le Code pénal incrimine expressément les atteintes à l'image d'une personne sous les articles 226-1 et 226-8 (voir *infra* no 1005), le Code civil ne comporte aucune disposition précise en cette matière. Faute de textes, les tribunaux se fondent parfois sur l'idée d'un droit de propriété de la personne sur sa propre image (Paris, 21 juin 1985, *D.* 1986. IR. 49), et plus naturellement sur les règles de la responsabilité pour faute de l'article 1382 du Code civil.

Par ailleurs, la plupart des décisions rattachent le droit à l'image à l'article 9 du Code civil qui garantit le respect de la vie privé. Aussi la personne, qui estime avoir été victime d'une atteinte à l'image, fonde-t-elle généralement son action sur les articles 9 et 1382 du Code civil, tout en ajoutant la référence à l'article 8-1 de la Conv. EDH qui fait double emploi avec l'article 9 du Code civil (ex. : Civ. 1re, 21 mars 2006 : *Bull.* no 170).

989. Spécificité du droit à l'image. Cependant, la Cour de cassation considère que le respect dû à l'image et celui dû à la vie privée constituent des droits distincts (Civ. 1re, 10 mai 2005 : *Bull.* no 206). Cela n'empêche aucunement qu'une personne puisse invoquer concomitamment une atteinte à ces deux droits, dès lors que les circonstances de l'espèce les font s'entrecroiser (par ex. : Civ. 2e, 5 mars 1997 : *Bull.* no 66, publication de la photo d'une personne dans un lieu privé). Dans cette hypothèse, la Cour de cassation considère que la condamnation à réparation de l'auteur du dommage trouve son fondement dans la seule atteinte au respect de la vie privée de l'article 9 du Code civil, indépendamment des conditions d'application de la responsabilité pour faute de l'article 1382 du Code civil (Civ. 1re, 12 déc. 2000, *Bull.* no 321). Il en résulte qu'il n'est plus nécessaire de rapporter la preuve d'une faute et d'un dommage en relation de causalité avec cette faute (Civ. 1re, 5 nov. 1996 : *Bull.* no 378, « attendu que selon l'article 9 du Code civil, la seule constatation de l'atteinte à la vie privée ouvre droit à réparation »).

990. Applications diverses. Toute personne peut interdire que sa photo soit publiée dans un journal, en particulier lorsqu'elle a été prise dans une réunion privée (Civ. 2e, 5 mars 1997 : *Bull.* no 66). Il en est de même de la publication, sans autorisation, de photos d'un groupe de personnes sur un site web, dans un reportage télévisé ou un journal, chaque fois que ces personnes sont identifiables individuellement (ex. : classe, chorale, club de sports, etc.). Dans cette hypothèse, il importe peu que la photo ait été prise dans un lieu privé ou public, comme une rue, un stade ou un spectacle (Civ. 1re, 12 déc. 2000 : *Bull.* no 322). Un exemple mémorable est celui de la réalisation d'un film documentaire, destiné à être diffusé à la télévision, et représentant des handicapés mentaux, sans l'autorisation de leurs représentants légaux (Civ. 1re, 24 février 1993, *Bull.* no 87). En revanche, si des précautions ont été prises pour qu'une personne ne soit pas identifiable, en particulier en pixellisant son visage et en s'abstenant de communiquer des informations précises la concernant, l'atteinte à la vie privée et à l'image n'est pas constituée (Civ. 1re, 21 mars 2006 : *Bull.* no 170).

S'agissant, par ailleurs, de l'autorisation donnée par l'intéressé (ou par son représentant légal), lorsqu'elle était limitée pour une utilisation de l'image dans un contexte particulier, l'image ne peut être utilisée dans un contexte différent (Civ. 1re, 14 juin 2007 : *Bull.* no 236, à propos de la publication d'une photo d'enfants malades dans un manuel scolaire, l'autorisation des parents ayant été donnée pour leur seule participation à une séquence télévisée d'un «*Téléthon*»).

Le droit à l'image bénéficie aussi aux célébrités, même si elles avaient consenti, dans le passé, à l'utilisation de leur image, pour d'autres circonstances (Soc., 2 juill. 2002, *Bull.* no 245). Ainsi un monarque peut-il s'opposer à la diffusion de son image, dès lors qu'elle ne le représente pas dans l'exercice de la vie publique (Civ. 1re, 13 avr. 1988 : *Bull.* no 98 : photographie dans *Jour de France* de l'ancienne impératrice d'Iran en costume de bain). De même, Ségolène Royal a-t-elle pu faire condamner, pour atteinte au droit à l'image et à la vie privée, *Paris Match* qui avait publié des photos d'elle, avec son compagnon et sa fille (Ord. réf., TGI Nanterre, 20 mars 2009, inédit; Ord., TGI Paris, 9 octobre 2009, inédit).

b. Limites à la liberté d'information

991. Conflit de droits. D'une manière générale, les journalistes et photographes se défendent en invoquant la liberté d'expression et son corollaire le droit du public à être informé, garantis par les articles 11 de la Déclaration des droits de l'homme, 10 § 1 de la Conv. EDH, et 11 de la Charte des droits fondamentaux de l'UE.

Les tribunaux sont alors conduits à trancher un conflit de droits fondamentaux entre, d'une part, la liberté d'expression ou d'information, d'autre part, le droit de tout un chacun sur son image. Comme pour le droit au respect de la vie privée, les tribunaux sont invités à privilégier la solution la plus protectrice de l'intérêt le plus légitime (Civ. 1re, 23 avr. 2003, préc.).

Deux limites sont toutefois assignées aux juges pour admettre la suprématie de la liberté d'information sur le droit à l'image : d'une part, la contribution de la photo à un débat d'intérêt général ; d'autre part, le respect de la dignité humaine.

992. Contribution à un débat d'intérêt général et/ou implication dans un fait d'actualité. Cette première limite à la liberté d'information a été formulée par la Cour EDH dans son arrêt *Von Hannover* du 24 juin 2004 : «*l'élément déterminant, lors de la mise en balance de la protection de la vie privée et de la liberté d'expression, doit résider dans la contribution que les photos et articles publiés apportent au débat d'intérêt général*» (Cour EDH, 24 juin 2004, préc.).

La Cour de cassation s'en inspire, sous une formulation quelque peu différente. Elle invite les juges du fond à vérifier si la publication de la photo d'une personne, sans son consentement, est justifiée par son implication dans un événement dont l'importance rend cette publication légitime pour l'information du public (Civ. 1re, 20 févr. 2001, *Bull.* nº 42; 24 avr. 2003 : *Bull.* nº 114). Autrement dit, il est possible de publier les photos de personnes impliquées dans un événement d'actualité, à condition que cette publication contribue à l'information légitime du public ou à une discussion d'intérêt général. C'est ainsi que la Cour de cassation a validé la publication dans un journal de la photographie d'une reconstitution d'un braquage, sur laquelle trois policiers étaient reconnaissables (Civ. 1re, 10 mai 2005 : *Bull.* nº 206).

Cette recherche d'une proportionnalité entre la protection de la personne et les nécessités de l'information entraîne souvent la condamnation de la presse *people* dont les photographes *paparazzis* rivalisent d'audace pour prendre en photo des personnalités dans les lieux et surtout des scènes les plus intimes de leur vie privée (voir en particulier l'affaire *Von Hannover*, précité, où la Cour EDH a estimé que la prise de photos de la princesse Caroline de Monaco dans un lieu public et dans des scènes de la vie quotidienne, et leur publication dans la presse n'étaient justifiées par aucun débat quelconque d'intérêt général, la princesse ne remplissant pas de fonctions officielles).

993. Primauté de la dignité. La Cour de cassation assigne à la liberté de l'information une seconde limite attachée à la « décence ». Dans des situations extrêmes, elle fait appel au « droit à la dignité ». Ce concept n'est pas nouveau puisqu'il figure, depuis 1994, sous l'article 16 du Code civil : « La loi assure la primauté de la personne, interdit toute atteinte à la dignité de celle-ci [...]. » Il a même été élevé au rang de principe à valeur constitutionnel (Cons. const. déc. nº 94-343/344 du 27 juill. 1994). Plus encore, ce « droit des droits » est devenu perpétuel depuis l'introduction par la loi nº 2008-1350 du 19 décembre 2008 relative à la législation funéraire d'un nouvel article 16-1-1 du Code civil, aux termes duquel : « le respect dû au corps humain ne cesse pas avec la mort; les restes des personnes décédées, y compris les cendres de celles dont le corps a donné lieu à crémation, doivent être traités avec respect, dignité et décence » (c'est précisément sur ce fondement que les tribunaux ont interdit l'exposition « Our body, à corps ouverts », présentant une vingtaine de corps conservés, dans des postures singulières : Paris, 30 avr. 2009, *D.* 2009, p. 2019, note Edelman).

994. L'affaire *Érignac*. C'est à l'occasion de la dramatique affaire du préfet Claude Érignac, assassiné dans une rue d'Ajaccio, qu'est apparue, dans la jurisprudence, la référence au droit à la dignité humaine. Une photo représentant distinctement le corps et le visage du préfet, gisant sur la chaussée, avait été publiée dans *Paris-Match*. Ses héritiers ont agi contre l'organe de presse en se prévalant d'une atteinte à leurs sentiments d'afflictions partant à l'intimité de leur propre vie privée. La Cour de cassation leur a donné raison, considérant que le droit au respect de la vie privée doit l'emporter sur la liberté d'information, dès lors qu'il y a atteinte à la dignité de la personne humaine (Civ. 1re, 20 déc. 2000, *Bull.* nº 341). La Cour EDH a confirmé cette décision, jugeant que l'article 10 de la Conv. EDH, garantissant la liberté de la presse et le droit d'informer, n'avait pas été méconnu par la Haute juridiction française (Cour EDH, 14 juin 2007, *France c. Hachette Filipacchi*). Cette décision a surpris dans la mesure où la juridiction de Strasbourg est d'habitude très libérale pour soutenir la liberté d'expression des journalistes au nom de l'intérêt général du public à être informé d'un événement d'actualité. On notera toutefois que les juges européens, non unanimes pour statuer de la sorte (cinq voix contre deux), n'ont pas fait référence au principe de dignité, mais à la douleur intense de la famille.

995. Journalisme jaune et variations judiciaires. Le principe selon lequel la dignité de la personne humaine peut être un obstacle à la publication de l'image d'une personne impliquée dans un fait d'actualité peut donner lieu à des décisions déconcertantes.

D'un côté, la Cour de cassation n'a pas considéré comme attentatoire à la dignité de la personne humaine la publication de la photo d'un policier procédant à l'expulsion de « sans papiers », qui s'étaient réfugiés dans l'église Saint-Bernard à Paris (Civ. 1re, 20 févr. 2001, no 99-15970, *Bull.* no 43), ni celle d'une victime de l'attentat du 25 juillet 1995 à la station Saint-Michel du RER (Civ. 1re, 20 févr. 2001, no 98-23471, *Bull.* no 42). Pis, elle n'a rien trouvé à redire à la publication, en première page d'un journal à sensation, de la photo d'un adolescent de 16 ans, le visage maculé de sang, inanimé sur un brancard, après un accident de scooter, destinée à assouvir le goût du public pour ce genre de reportage, appâté par la légende suivante : « Il faisait la course en scooter. Il avait 16 ans. Les médecins ne pourront le ranimer » (Civ. 2e, 4 nov. 2004, no 03-15397, *Bull.* no 486).

D'un autre côté, nos juges se sont empressés de relever une « atteinte à la dignité de la personne » du président de la République dans le fait humoristique de vendre une poupée à son effigie, accompagnée d'épingles destinées à y être plantées selon le culte vaudou, afin de lui faire ressentir des douleurs aux endroits désignés par elles (Paris, 28 nov. 2008 : *D.* 2009. 610, note Edelman).

2. *Droit à l'image des biens d'une personne*

996. Parfois, l'atteinte à la vie privée d'une personne résulte de la publication de la photo de son habitation, accompagnée de son nom et de l'adresse précise. Dans cette situation, la Cour de cassation considère qu'il y a atteinte au respect dû à la vie privée, prévu par l'article 9 du Code civil (Civ. 3e, 5 juin 2003 : *Bull.* no 175).

La question s'est alors posée du fondement à assigner à l'action du propriétaire d'un bien souhaitant s'opposer à la prise en photo de celui-ci et, *a fortiori*, à sa publication, en dehors de toute autorisation. Ce peut être le cas lorsque le propriétaire d'une maison historique ou originale ne souhaite pas que l'image de celle-ci soit reproduite dans un documentaire, un prospectus touristique publicitaire, ou sous forme de carte postale.

997. Dans un premier temps, la jurisprudence s'est fondée sur le **droit absolu de propriété**, consacré par l'article 544 du Code civil (Civ. 1re, 10 mars 1999 : *Bull.* no 87, à propos d'une carte postale représentant un café situé en Normandie et réputé être la première habitation française libérée en 1944 : « *Vu l'article 544, le propriétaire a seul le droit d'exploiter son bien sous quelque forme que ce soit* [...] *; l'exploitation du bien sous la forme de photographies porte atteinte au droit de jouissance du propriétaire* »).

998. Dans un deuxième temps, la Cour de cassation s'est référée au fondement de la **responsabilité civile pour trouble anormal** (Ass. plén., 7 mai 2004 : *Bull.* no 10, « *Attendu que le propriétaire d'une chose ne dispose pas d'un droit exclusif sur l'image de celle-ci ; qu'il peut toutefois s'opposer à l'utilisation de cette image par un tiers lorsqu'elle lui cause un trouble anormal* »). Ce fondement était quelque peu audacieux, dans la mesure où l'action en justice pour trouble anormal était jusqu'alors essentiellement cantonnée aux relations de voisinage. De plus, s'il semble permettre de protéger le propriétaire du bien contre l'utilisation anormale de sa photographie, il est muet sur la prise de photo dudit bien et la distinction éventuelle à faire entre un bien situé dans un lieu à la vue du public et un bien situé dans un lieu clos.

999. Récemment, la Cour de cassation a considéré que la diffusion de l'image d'un bien pouvait conduire à une **atteinte à la vie privée**, garantie par les articles 9 du Code civil et 8 de la Conv. EDH (Civ. 1re, 7 nov. 2006 : *Bull.* no 466 : « *Attendu que le droit de chacun au respect de sa vie privée s'étend à la présentation interne des locaux constituant le cadre de son habitat et, d'autre part, que l'utilisation faite des photographies qui en sont prises demeure soumise à l'autorisation de la* *personne concernée*»). En l'espèce, à l'occasion de travaux de réhabilitation d'un appartement, un entrepreneur avait pris des photos, et la société immobilière, propriétaire de l'appartement, les avait divulguées pour établir les désordres régnant dans les lieux loués. En somme, la Cour de cassation a admis l'existence du droit d'une personne au respect de l'image de ses biens sur le modèle du droit de la personne au respect de sa propre image. Cependant, l'on peut s'interroger sur la portée de cet arrêt dans la mesure où c'est, semble-t-il, davantage l'état des désordres qui reflétait la personnalité de l'occupant, et donc sa vie privée, que l'image même de son bien.

§ 3. Les modalités de la protection

1000. En cas d'atteintes à la vie privée et à l'image, il existe des sanctions civiles (A), et des sanctions pénales (B).

A. Les sanctions civiles

1001. Dommages et intérêts. L'article 9, alinéa 2 du Code civil confère au juge le pouvoir de réparer le dommage subi. La sanction la plus courante des atteintes à la vie privée et à l'image consiste en l'attribution de dommages et intérêts destinés à réparer le dommage moral de la victime, ainsi que son éventuel dommage matériel (ex. : perte de clientèle à la suite des révélations sur la vie privée d'un commerçant). Bien que l'article 9 ne s'y réfère pas expressément, le fondement de cette action en réparation se trouve dans l'article 1382 du Code civil. Toutefois, par exception aux règles de la responsabilité civile pour faute, il suffit à la victime d'établir l'atteinte à sa vie privée, sans avoir à rapporter la double preuve d'une faute, et d'un dommage en relation de causalité avec cette faute (Civ. 1re, 5 nov. 1996, *Bull.* no 378 ; 12 déc. 2000, préc.). Nous savons qu'il en est de même lorsque la victime réclame réparation d'une atteinte à son image (Civ. 1re, 12 déc. 2000, préc.).

1002. Montant du préjudice. Souvent, le demandeur réclame un euro symbolique (ex. : Paris, 28 nov. 2008, préc., à propos de la poupée vaudou du président de la République), alors même que le montant de l'indemnité devrait être proportionnel à l'atteinte subie (ex. : Ord. réf., TGI Nanterre, 20 mars 2009, préc., condamnation de *Paris-Match* à verser 14 000 euros d'indemnité provisionnelle et 2 000 euros de procédure à Ségolène Royale, qui réclamait 50 000 euros).

1003. Autres mesures. L'alinéa 2 de l'article 9 du Code civil confère encore au juge le pouvoir de prendre « toutes mesures, telles que séquestre, saisie et autres, propres à empêcher ou à faire cesser une atteinte à l'intimité de la vie privée ». Ces mesures ne sont pas exhaustives. Ainsi les juges peuvent-ils ordonner la suppression de certains passages d'ouvrages ou de films (Paris, 14 mai 1975, *D.* 1975. 687, note Lindon). Souvent encore, ils ordonnent la publication de leurs décisions ou d'un droit de réponse sous astreinte (Civ. 1re, 30 mai 2000, *Bull.* no 166).

Le Grand Secret. Ils peuvent également ordonner la saisie totale et l'interdiction de la vente d'un livre. Telle est la décision prononcée à l'égard du livre *Le Grand Secret* dans lequel le médecin personnel du président Mitterrand révélait des informations sur l'état de santé du président qui lui valurent d'être condamné pour violation du secret professionnel et radié de l'ordre des médecins. Le juge des référés et le TGI de Paris interdirent la diffusion du livre et condamnèrent l'éditeur et l'auteur à des dommages et intérêts en raison d'une « intrusion particulièrement grave dans l'intimité de la vie privée et familiale» du président. La cour d'appel de Paris et la Cour de cassation approuvèrent ces décisions (Civ. 1re, 16 juill. 1997, *Bull.* no 249).

Toutefois, au nom du respect dû à la liberté d'expression garantie par l'article 10 de la Conv. EDH, la Cour de Strasbourg a condamné la France, considérant que l'interdiction du livre aurait dû être levée quelques mois après la mort du président Mitterrand ; la condamnation de l'auteur et de l'éditeur au paiement de dommages et intérêts étant pertinente et suffisante (Cour EDH, 18 mai 2004, *Sté Plon c. France*, no 58148/00).

1004. Compétence du juge des référés. L'article 9, alinéa 2 du Code civil ajoute que toutes ces mesures, en cas d'urgence, peuvent être ordonnées en référé. La Cour de cassation précise alors que la seule constatation de l'atteinte aux droits de la personne caractérise l'urgence au sens de ce texte (Civ. 1re, 12 déc. 2000, *Bull.* no 321).

B. Les sanctions pénales

1. Atteintes à la vie privée et à l'image

1005. Textes. L'article 226-1 du Code pénal punit d'un an d'emprisonnement et de 45 000 euros d'amende « le fait, au moyen d'un procédé quelconque, volontairement de porter atteinte à l'intimité de la vie privée d'autrui : 1° en captant, enregistrant ou transmettant, sans le consentement de leur auteur, des paroles prononcées à titre privé ou confidentiel ; 2° en fixant, enregistrant ou transmettant, sans le consentement de celle-ci, l'image d'une personne se trouvant dans un lieu privé. »

L'article 226-2 punit des mêmes peines « le fait de conserver, porter ou laisser porter à la connaissance du public ou d'un tiers ou d'utiliser de quelque manière que ce soit tout enregistrement ou document obtenu à l'aide de l'un des actes prévu par l'article 226-1 ».

1006. Variations. Ces incriminations ont un champ d'application un peu décalé par rapport au principe de la protection de la vie privée de l'article 9 du Code civil. En effet, l'article 226-1 du Code pénal vise, d'une part, « l'intimité de la vie privée », notion plus étroite que la « vie privée », garantie par l'article 9 du Code civil, d'autre part, l'image de la personne qui n'est pas expressément mentionnée par cet article.

Par ailleurs, concernant l'image de la personne, le texte du Code pénal se réfère aux seuls lieux privés, alors qu'en droit civil l'atteinte à la vie privée et à l'image peut se produire dans un lieu privé comme dans un lieu public. Aussi, en raison du principe d'interprétation stricte de la loi pénale, la photographie prise dans un lieu public ne saurait-elle constituer l'infraction prévue par l'article 226-1 (Crim., 20 oct. 1998, *aff. Mitterrand*, *Bull.* no 264, où la chambre mortuaire du président Mitterrand, même visitée par des dizaines de personnes, a été qualifiée de lieu privé. La fixation de l'image de sa dépouille mortelle, sans autorisation, entrait donc dans le champ d'application de l'article 226-1, peu important le point de savoir si le bénéfice de la protection pénale accordé à « autrui » vise la prise de photo du vivant ou après la mort de la personne).

2. Diffamations et injures

1007. Loi de 1881. Souvent, l'atteinte à la vie privée et à l'image constitue les faits des délits de diffamation et d'injure, par voie de presse, qui sont spécialement sanctionnés par la loi du 29 juillet 1881 sur la liberté de la presse. Cependant, les conditions d'application de cette loi pénale sont très strictes, afin de préserver la liberté de la presse (ex. : l'action de la victime est prescrite dans le délai de trois mois à compter de la publication, à l'instar de l'action publique). C'est pourquoi les victimes d'atteintes à l'honneur par voie de presse tentent de porter leur action en responsabilité civile sur le fondement de l'article 1382 du Code civil, devant les juridictions civiles.

La Cour de cassation le refuse, considérant que les abus de la liberté d'expression par voie de presse ne peuvent être réparés que sur le fondement de la loi du 29 juillet 1881, à l'exclusion des dispositions de l'article 1382 du Code civil (Ass. plén., 12 juill. 2000, *Bull.* n° 8). Cependant, lorsque la mise en cause de l'organe de presse ne résulte pas de faits de diffamation et d'injure, l'article 1382 devient applicable (Civ. 1re, 30 oct. 2008 : *Bull.* n° 244, à propos de l'imputabilité de la paternité d'une lettre ouverte en l'absence de propos injurieux ou portant atteinte à l'honneur ou à la considération).

1008. Projet de réforme sur la répartition des contentieux. La Commission présidée par le doyen *Guinchard* préconise, dans son rapport remis au garde des Sceaux le 30 juin 2008, de dépénaliser les délits de diffamation et d'injure (Rapport, p. 219 ; en ligne sur le site de la Documentation française). L'objectif est d'éviter les recours à des « pièges procéduraux » qui ne permettent pas aux victimes de faire valoir leurs droits. Ces comportements relèveraient donc de la seule voie civile (référé, demande au fond de dommages et intérêts et autres mesures civiles). À cet effet, il serait créé un pôle civil « diffamation et injures » dans chaque TGI. Toutefois, resteraient pénalisés les délits de diffamation et d'injure présentant un caractère discriminant (racisme, sexisme...).

Sous-section II Le droit au respect du corps humain

1009. Objet. Le corps humain est indissociable de la personne physique. Aussi les droits de la personnalité réunissent-ils les droits de la personne physique sur son propre corps, qui lui permettent d'empêcher toute atteinte corporelle, en dehors des cas où la loi impose de les subir (vaccination obligatoire, prise de sang en cas d'accident de la circulation, par exemple).

1010. L'homme juridique et la science. Par tradition, notre Code civil considère l'être humain comme une personne juridique abstraite, c'est-à-dire un sujet de droits et d'obligations (voir *supra* n° 690). La personne juridique est alors opposée aux choses, simples objets de droits. Cette conceptualisation de la personne humaine ne pouvait apporter aucune aide aux juges confrontés aux problèmes suscités par le développement de la médecine et de la recherche scientifique concernant, par exemple, les embryons humains, le clonage, les techniques de procréation médicalement assistée, les greffes, ou encore la possibilité pour les biologistes de déposer des brevets concernant les gènes humains sur lesquels ils travaillent.

1011. Lois de bioéthique (du grec *bios* : la vie ; et du latin *ethicus* : qui concerne la morale). Aussi les pouvoirs publics ont-ils décidé de prendre en considération la personne humaine en tant qu'être de chair et de sang. À cette fin, dans un premier temps, trois lois, dites de bioéthique, ont été adoptées et partiellement intégrées dans le Code civil : la loi n° 94-548 du 1er juillet 1994 relative au traitement des données nominatives ayant pour fin la recherche dans le domaine de la santé ; la loi n° 94-653 du 29 juillet 1994 relative au respect du corps humain ; et la loi n° 94-654 du 29 juillet 1994 relative au don et à l'utilisation des éléments et produits du corps humain, à l'assistance médicale à la procréation, de diagnostic prénatal, de transplantation d'organes, d'essais thérapeutiques ou de recherche sur l'embryon humain.

Pour tenir compte de l'avancée de la recherche scientifique, ces lois de 1994 avaient programmé leur révision à l'échéance d'une période de cinq années. Après plusieurs années de discussions et polémiques, la révision a été effectuée par une loi n° 2004-800 du 6 août 2004 relative à la bioéthique. Cette loi a prévu sa propre révision à l'issue d'une nouvelle période de cinq années. Dans cette occurrence, la ministre de la Santé a annoncé, le 15 décembre 2009, à l'Assemblée nationale, que le projet de loi de révision de la loi de bioéthique de 2004 serait présenté au Parlement « au printemps 2010 », tout en souhaitant qu'à l'avenir la loi soit révisable non plus tous les cinq ans, mais en fonction des besoins.

1012. Révision des lois de bioéthique. Les lois de 1994 et de 2004 ont été élaborées en grande partie à partir d'études du Conseil d'État, commandées par le Gouvernement (*De l'éthique au droit* [1988] ; *Les lois de bioéthiques : cinq ans après* [1999]). De la même manière, la révision de 2010 pourrait s'inspirer de propositions réunies dans une étude réalisée, sous l'égide du Conseil d'État, par un groupe de travail dont les membres étaient issus de divers milieux (droit, médecine, assurance, justice, génétique, philosophie, psychologie, éthique, etc.). Cette étude, adoptée par l'Assemblée générale plénière du Conseil d'État, a été rendue publique en mai 2009 (en ligne : www.conseil-etat.fr). La révision pourrait également prendre en compte le bilan des « états généraux de la bioéthique », qui se sont tenus, en 2009, sous l'impulsion du ministère de la Santé et de l'Agence de la biomédecine (www.etatsgenerauxdelabioethique.fr), ainsi que les conclusions d'une mission d'information de l'Assemblée nationale, qui a remis ses travaux le 20 janvier 2010 (en ligne : www.assemblee-nationale.fr).

1013. Révision *a minima*. Sur la plupart des questions examinées par le Conseil d'État, les propositions sont prudentes, quand elles ne préconisent pas le *statu quo*. Cette ligne de conduite, imperméable aux progrès de la recherche scientifique, et en retrait de plusieurs législations étrangères, est longuement justifiée au moyen de valeurs et de concepts d'ordre métaphysique, éthique et théologique. C'est ainsi que le Conseil d'État recommande de maintenir : l'interdiction de la gestation pour autrui (mères porteuses) ; l'exclusion des femmes célibataires à la procréation médicalement assistée ; et l'interdiction de l'insémination ou du transfert d'embryons post mortem. Il fait preuve de prudence à l'égard du double DPI (bébé médicament). Il prône la permanence des restrictions en matière de recherche sur l'embryon, et le maintien de la prohibition du clonage thérapeutique. Il condamne encore l'euthanasie réclamée par des malades incurables. On ajoutera que le Conseil d'État suggère de mettre fin à l'obligation de réexamen des lois de bioéthique tous les cinq ans.

1014. Droits fondamentaux. Ces diverses propositions ne remettent pas en cause les principes fondamentaux de la matière tels qu'ils ont été énoncés, dès la loi du 29 juillet 1994, de manière très générale. Le droit au respect du corps humain est ainsi consacré dans un nouveau chapitre du Code civil intitulé : « Du respect du corps humain » (C. civ., art. 16 et 16-1 à 16-9). L'article 16 définit toujours l'esprit de l'ensemble de ces textes, au moyen d'une formule solennelle : « La loi assure la primauté de la personne, interdit toute atteinte à la dignité de celle-ci et garantit le respect de l'être humain dès le commencement de sa vie. » L'article 16-1 proclame le principe selon lequel : « Chacun a droit au respect de son corps. » Et, sur le modèle de l'article 9 du Code civil sur le droit au respect de la vie privée, l'article 16-2 permet aux juges de prendre « toutes mesures propres à empêcher ou faire cesser une atteinte illicite au corps humain ou des agissements illicites portant sur des éléments ou des produits de celui-ci ».

1015. Plan. Dans le cadre du principe du droit au respect du corps humain, le Code civil consacre deux conséquences : l'inviolabilité du corps humain (§1) et son indisponibilité (§2).

§ 1. L'inviolabilité du corps humain

1016. Inviolabilité et intégrité du corps humain. Le principe d'inviolabilité protège le corps humain contre toute atteinte à l'intégrité physique. Des tempéraments sont toutefois admis. D'abord par les tribunaux pour les vaccinations obligatoires (ex. : diphtérie, tétanos, polio), au motif qu'il s'agit d'assurer la protection de la santé, principe garanti par le préambule de la Constitution de 1946 (C.E., 26 nov. 2001, *RFDA* 2002.164). Ensuite par la loi elle-même avec l'article 16-3 du Code civil : « Il ne peut être porté atteinte à l'intégrité du corps humain qu'en cas de nécessité médicale pour la personne ou à titre exceptionnel dans l'intérêt thérapeutique d'autrui .» Dans ce cas, le consentement de l'intéressé doit être recueilli préalablement hors le cas où son état rend nécessaire une intervention thérapeutique à laquelle il n'est pas à même de consentir (C. civ., art. 16-3, al. 2 ; sur les soins palliatifs et l'euthanasie : voir *supra* n° 722 et s.).

1017. Refus de subir une transfusion. Dans certaines situations d'urgence, il est difficile de déterminer ce qui doit primer : la nécessité médicale immédiate de l'opération pour sauver le malade ou le refus de ce dernier de la subir. Un exemple topique est celui des témoins de Jéhovah qui refusent, par tradition, toute transfusion sanguine, même s'il n'y a pas d'autres alternatives thérapeutiques pour les sauver. Dans ce cas, le Conseil d'État malmène quelque peu l'esprit et la lettre des textes pour considérer que le médecin ne porte pas atteinte à la liberté du patient de donner son consentement lorsque, après avoir tout mis en œuvre pour le convaincre, il accomplit, dans le but de le sauver, un acte indispensable à sa survie et proportionné à son état (C.E., réf., 16 août 2002, *D.* 2004, Somm. 602, obs. Penneau).

A. La prohibition de l'eugénisme

1018. Le principe de l'inviolabilité du corps humain a également pour objet de mettre l'espèce humaine à l'abri des expériences scientifiques et sélectives qui portent sur les gènes. L'interdiction est posée par l'article 16-4, alinéa 2 du Code civil : « Toute pratique eugénique tendant à l'organisation de la sélection des personnes est interdite. »

La portée de cette disposition peut être appréhendée à travers deux questions qui mettent en évidence l'extrême difficulté de trouver un juste équilibre entre les besoins de la recherche scientifique et un encadrement juridique pour protéger la personne humaine depuis sa conception : le clonage humain d'une part (1), et les diagnostics sur l'embryon humain d'autre part (2).

1. Le clonage humain

1019. Plan. La France interdit le clonage reproductif comme tous les autres pays (a), ainsi que le clonage thérapeutique, contrairement à certaines législations étrangères (b).

1020. Le clonage animal. Le clonage est une technique courante et ancienne en matière végétale (ex. : le bouturage). Elle est également employée dans le domaine animal pour reproduire des gènes, des cellules, des tissus ou organismes ayant le même patrimoine génétique que leur modèle original. À l'extrême, cette technique permet de reproduire un animal vivant à l'identique, contrairement à la reproduction sexuée.

– La reproduction sexuée repose sur la rencontre des gamètes ou cellules sexuelles mâle (spermatozoïde) et femelle (ovocyte), qui lors de la fécondation fusionnent (l'ovocyte se transforme à cet instant en ovule) pour former le zygote (l'œuf). Cet œuf marque le début du développement de l'embryon au code génétique unique.

– Le clonage, au contraire, est pratiqué selon un mode de reproduction asexué au moyen du seul gamète femelle (l'ovocyte). Le noyau de l'ovocyte, qui contient 23 chromosomes sur lesquels se trouve l'ADN (molécule qui renferme l'information génétique), est inapte à la reproduction. Il est donc remplacé par le noyau d'une cellule somatique adulte contenant 46 chromosomes (toute cellule du corps, comme une cellule de peau, à l'exception de cellules germinales ou sexuelles comme le spermatozoïde). Cette cellule est prélevée sur l'individu dont on veut obtenir un clone. On réalise ensuite la fusion de l'ovocyte et du noyau du donneur par une stimulation électrique. En cas de réussite, un embryon se forme puis réamorce tout le processus du développement en éprouvette (*in vitro*). Ultérieurement, dans le cas du clonage dit reproductif, le clone embryonnaire est transplanté dans un utérus (ou matrice) d'une femelle et donne naissance au clone du donneur de la cellule somatique. C'est ce qui s'est réalisé en février 1996 pour la brebis Dolly, euthanasiée en 2003 en raison d'une maladie pulmonaire incurable (il y aurait, aujourd'hui, environ 1 000 cochons et 3 000 bovins clonés).

1021. Les techniques de clonage humain. Deux sortes de clonage sont envisageables au niveau de l'homme.

– Le ***clonage humain thérapeutique*** (CHT), dont le début du processus est similaire à celui précédemment décrit pour le clonage animal *in vitro*. Seulement, après environ 8 jours en éprouvette, on prélève sur l'embryon sa masse cellulaire que l'on met en culture afin d'obtenir des cellules souches embryonnaires. Il n'y a donc pas de transplantation *in utero* en vue d'une naissance. Toujours est-il que ce type de clonage, qui se traduit *de facto* par la destruction de l'embryon, est une source d'espoir de guérison de malades graves et incurables. Pour certains scientifiques, il permettrait de fabriquer, à partir des cellules souches embryonnaires, des cellules somatiques (de la peau, du cœur, du foie, etc.), qui pourraient remplacer des cellules mortes ou malades d'un être humain, sans risque de rejet par incompatibilité immune, du fait de l'identité du patrimoine génétique du donneur et du receveur.

– Le ***clonage humain reproductif*** (CHR), qui serait susceptible de donner naissance à un être vivant en tout point identique au donneur. Le processus est en partie identique à celui du clonage humain thérapeutique. Cependant, une fois parvenu au stade embryonnaire, le clone embryonnaire est implanté dans l'utérus d'une mère porteuse. Après neuf mois, celle-ci pourrait donner naissance à un enfant clone du donneur. L'enfant ne serait donc que le descendant d'une seule personne, et non le résultat d'une reproduction sexuée.

1022. Des espérances déçues ? Partant de là, on observera que la communauté scientifique est très partagée quant à l'efficacité du clonage humain. D'abord, parce que ce clonage est toujours au stade de la recherche fondamentale. Ensuite, parce que les recherches en cours se traduisent *de facto* par la destruction d'embryons, donc d'êtres vivants. De plus, des travaux récents de l'équipe du professeur Yamanaka, de l'université de Kyoto, publiés en 2007, donnent à penser qu'il serait possible de parvenir à des applications thérapeutiques équivalentes avec non plus des cellules souches embryonnaires (cellules souches présentent dans l'embryon), mais des cellules souches adultes pluripotentes, comme les cellules de peau. Enfin, parce que la communauté scientifique n'a pas oublié l'annonce, en 2003, par le professeur Hwang de Corée, de sa réussite du clonage d'un embryon humain, suivie quelques mois après d'un démenti embarrassé.

Notons, cependant, que des chercheurs américains ont annoncé, en 2008, avoir obtenu plusieurs embryons clonés à partir de cellules somatiques adultes (cellule de peau) et d'ovocytes préalablement énucléés, c'est-à-dire dont on avait retiré le noyau (travaux en ligne sur *Stem Cells Express*). Ils les ont détruits lorsqu'ils sont parvenus au stade blastocyste (cinq à sept jours après la fécondation de l'ovule). L'expérience a donc été arrêtée avant le stade de la mise en culture possible des cellules souches embryonnaires prélevées sur l'embryon.

a. L'interdiction du clonage reproductif

1023. Le qualificatif « eugénique » utilisé par l'article 16-4 du Code civil est on ne peut plus expressif du fait de ses multiples sens, des questions éthiques qu'il pose et de sa connotation historique (darwinisme, nazisme...). Cela étant, l'interdiction de l'eugénisme concerne indubitablement le clonage humain ou embryonnaire reproductif (CHR). Ce clonage est doublement visé par l'article 16-4. D'une part, par son troisième alinéa, issu de la loi du 6 août 2004 : « Sans préjudice des recherches [en droit, ces termes signifient : sans renoncer aux...] tendant à la prévention et au traitement des maladies génétiques, aucune transformation ne peut être apportée aux caractères génétiques dans le but de modifier la descendance de la personne. » D'autre part, plus clairement, par son alinéa 4 : « Est interdite toute intervention ayant pour but de faire naître un enfant génétiquement identique à une autre personne vivante ou décédée. »

1024. De son côté, le Code pénal qualifie de crime contre l'espèce humaine « le fait de mettre en œuvre une pratique eugénique tendant à l'organisation de la sélection des personnes [...] » (C. pén., art. 214-1). Ce crime est puni de trente ans de réclusion criminelle.

b. L'interdiction du clonage thérapeutique

1025. Sources légales. La loi française interdit le clonage humain thérapeutique (CHT), quand bien même les textes sont parfois rédigés avec l'art et la manière d'éluder les questions embarrassantes.

D'abord, le clonage thérapeutique est implicitement évoqué par l'article 16-4, alinéa 2 du Code civil qui interdit « toute pratique eugénique ». Il importe peu, à cet égard, que les alinéas suivants ne réitèrent l'interdiction que pour le clonage reproductif.

Ensuite, l'autorisation de la recherche sur embryon humain sous des conditions strictes, telle qu'elle est prévue par le droit français, est généralement interprétée comme un substitut au clonage thérapeutique dès lors que celui-ci est interdit (voir *infra* n° 1938 et s.).

Enfin et surtout, la loi de 2004 relative à la bioéthique a clairement interdit le clonage thérapeutique dans deux autres Codes. Le Code pénal qui incrimine en tant que délit, punissable de sept ans d'emprisonnement « Le fait de procéder à la constitution par clonage d'embryons humains à des fins thérapeutiques » (C. pén., art. 511-18-1). Le Code de la santé publique qui interdit formellement, d'une part, la conception *in vitro* d'embryon ou la constitution par clonage d'embryon humain à des fins de recherche (CSP, art. L. 2151-2), commerciales ou industrielles

(CSP, art. L. 2151-3), d'autre part, « toute constitution par clonage d'un embryon humain à des fins thérapeutiques » (CSP, art. L. 2151-4).

1026. Révision des lois de bioéthique. Si le clonage reproductif est interdit dans la quasi-totalité des pays, en revanche, les législations diffèrent à propos du clonage thérapeutique (il est autorisé en Angleterre, en Australie, en Californie, en Corée du Sud et aux Pays-Bas). Il ne semble pas que la France revienne sur l'interdiction du clonage thérapeutique, malgré le dépôt d'une proposition de loi en ce sens, le 22 mai 2005, accompagnée d'une pétition de personnalités scientifiques dont deux prix Nobel de médecine. Au demeurant, l'étude du Conseil d'État relative à la révision des lois de bioéthique n'évoque pas cette question, réservant ses réflexions à la recherche sur les embryons humains.

2. *Les diagnostics sur embryons humains*

1027. Plan. Le droit français autorise, sous conditions, trois types de diagnostic sur l'embryon ou le fœtus : le diagnostic prénatal (a), le diagnostic pré-implantatoire, en abrégé DPI (b), et le double DPI (c).

a. Le diagnostic prénatal

1028. Technique et réglementation. Le diagnostic prénatal (DPN) désigne l'ensemble des examens accomplis en vue de détecter *in utero* chez l'embryon ou le fœtus une affection d'une particulière gravité (CSP, art. L. 2131-1, al. 1er). Les techniques sont diverses : échographie (sonde placée sur le ventre de la mère), embryoscopie (système optique introduit par le col de l'utérus pour observer l'embryon), prélèvement et analyse du sang maternel, du sang fœtal, du liquide amniotique dans lequel baigne le fœtus, etc. Dès lors qu'il existe une forte probabilité que l'enfant à naître soit atteint d'une affection d'une particulière gravité reconnue comme incurable, l'interruption de grossesse peut être autorisée, à toute époque de la grossesse (CSP, art. L. 2213-1, al. 3).

1029. Questions d'éthique. Il s'agit d'une dérogation exceptionnelle au principe de l'interdiction de l'eugénisme, un enfant handicapé étant empêché de venir au monde (en 2006, 6787 attestations de gravité ont été délivrées par les centres pluridisciplinaires de diagnostic prénatal, dont 70 % pour des syndromes malformatifs ou des anomalies chromosomiques). De plus, le dépistage, de plus en plus précoce, des embryons porteurs de maladie ou de handicap peut conduire à multiplier les interruptions médicales de grossesse afin d'éliminer ces embryons ou fœtus (ex. : trisomie 21).

b. Le diagnostic pré-implantatoire

1030. Technique et réglementation. Le diagnostic pré-implantatoire (DPI), ou diagnostic biologique, permet, dans le cadre d'une assistance médicale à la procréation (donc une fécondation *in vitro*), au couple ayant une forte probabilité de donner naissance à un enfant atteint d'une maladie d'une particulière gravité reconnue comme incurable, de s'assurer que l'enfant à naître n'est pas atteint de ladite maladie (CSP, art. L. 2131-4).

L'exemple type est celui d'un des parents, ou de l'un de ses ascendants directs, qui est hémophile ou atteint d'une mucoviscidose. Dans ce cas, le diagnostic demandé ne peut avoir d'autre objet que de rechercher par prélèvement et analyse génétique de cellules prélevées sur l'embryon *in vitro* d'environ trois jours, si elles sont affectées ou non par la maladie. Si tel est le cas, le couple peut renoncer à poursuivre son projet parental, et il peut consentir à ce que l'embryon affecté fasse l'objet de recherches (CSP, art. L. 2131-4). Toutefois, dans la mesure où le DPI permet de trier les embryons affectés par la maladie (ils sont détruits) des embryons sains, ces derniers vont pouvoir être transférés *in utero* et donner éventuellement naissance à un bébé (en 2006, sur les 340 demandes de DPI déposées, 37 ont donné lieu à une naissance).

1031. Questions d'éthique. Certains condamnent cette technique au motif qu'elle reposerait sur une sélection d'embryons : d'un côté, ceux qui ne sont pas porteurs de l'anomalie, de l'autre, ceux à risque. En cela il s'agirait d'une forme d'eugénisme. Il est encore souligné que le DPI ainsi que le diagnostic prénatal peuvent être appliqués dans le cas d'une prédisposition à développer certaines maladies, tels des cancers héréditaires à évolution tardive. Il en résulterait un risque d'élimination d'embryons simplement prédisposés génétiquement à développer des maladies, alors même qu'ils pourraient ne jamais développer ces maladies.

1032. Les kits d'identification génétique. Aujourd'hui, des laboratoires privés, souvent domiciliés dans des pays limitrophes de la France, commercialisent sur l'Internet des tests d'analyse biologique et d'identification génétique, censés prévoir des symptômes de maladie et des aspects physiques d'un enfant à naître (sexe, stature, couleur des cheveux...). Ils permettraient donc de sélectionner l'enfant idéal ou parfait. Il semble même que, dans certains pays, le DPI soit déjà utilisé pour choisir le sexe de l'enfant (l'étude Conseil d'État mentionne le pourcentage de 10 % des DPI à cette fin aux États-Unis).

Aussi le Conseil d'État, dans son étude relative à la ***révision des lois de bioéthique***, faute de pouvoir interdire aux Français l'accès à ces tests sur Internet, propose-t-il de renforcer la législation européenne, afin de mettre en place un système d'autorisation de mise sur le marché de tests génétiques à finalité médicale, complété de dispositions les encadrant.

1033. On notera toutefois que les **tests post mortem** qui, depuis la loi du 6 août 2004, sont interdits en matière de filiation, pourraient être autorisés sur décision du juge, après mise en balance des intérêts en présence, à moins d'opposition de l'intéressé de son vivant, par exemple dans son testament (proposition du Conseil d'État n° 15). Cette évolution permettrait d'harmoniser notre législation avec, d'une part, le droit de plusieurs pays européens (Espagne, Suisse, Royaume-Uni, etc.), d'autre part, la jurisprudence de la Cour européenne des droits de l'homme (Cour EDH, 13 juill. 2006, *Jäggi c. Suisse*).

c. Le double DPI : « bébé médicament »

1034. Technique et réglementation. Par dérogation, le diagnostic pré-implantatoire (DPI) peut être réalisé à partir de cellules prélevées sur l'embryon *in vitro*, pour permettre la guérison d'un enfant aîné atteint d'une maladie génétique (CSP, art. L. 2131-4-1). Cette technique a été introduite, « à titre expérimental », en droit français, par la loi de 2004.

Une dizaine de familles ont, d'ores et déjà, été autorisées à recourir à cette procédure. En 2008, cependant, les tentatives menées n'avaient pas permis de grossesse. À l'étranger, la presse mentionne, de temps à autre, la naissance de tels bébés médicaments (ex. : le 14 octobre 2008, à Séville, *Javier* qui a été conçu pour aider à guérir son frère atteint d'une maladie sanguine héréditaire : la béta-thalassémie-majeure).

1035. ***Vulgaris.*** Le processus est le suivant. Un enfant se révèle atteint d'une grave maladie génétique. Faute de donneur compatible sur le plan immunologique, aucune greffe n'est possible. Dans la mesure où les frères et les sœurs sont les plus compatibles entre eux, les parents envisagent d'avoir un second enfant qui servira de « médicament » à l'aîné. Tout débute par une fécondation en laboratoire, *in vitro*, d'ovocytes de la mère par les spermatozoïdes du père. On sélectionne un embryon sain qui répond à deux critères : ne pas être porteur de la maladie de l'aîné (1er DPI), et avoir une compatibilité optimale sur le plan immunologique avec ce dernier (2e DPI). L'embryon est alors transféré *in utero*. En cas de naissance du bébé, le sang de son cordon ombilical porteur de nombreuses cellules souches peut permettre de guérir l'aîné par transfusion (la moelle osseuse du bébé médicament peut aussi être greffée sur l'aîné).

1036. Questions d'éthique. La technique du double DPI sur l'embryon humain met à rude épreuve les réseaux d'éthique et les diverses religions eu égard aux risques de dérive eugénique. Cette technique est très contestée, en raison du risque d'instrumentalisation de l'enfant à naître en seconde couche pour servir de réservoir potentiel aux soins des affections de son aîné, et des conséquences psychiques qu'elle peut entraîner sur chacun d'eux. De plus, ses détracteurs relèvent le nombre important d'embryons écartés, et donc détruits ou livrés à la recherche (une fois les recherches terminées, ils sont détruits) pour obtenir un bébé médicament sain et immunocompatible (environ trois sur seize). Ils contestent encore l'utilité de cette technique qui serait concurrencée par des techniques alternatives permettant de se procurer du sang de cordon ombilical autrement que par le bébé médicament.

1037. Révision des lois de bioéthique. S'agissant des divers diagnostics sur l'embryon ou le fœtus, le Conseil d'État préconise pour l'instant le *statu quo*. Plus précisément, en matière de diagnostic prénatal (DPN), pour limiter le risque eugénique, il propose de renforcer l'information et l'accompagnement de la femme enceinte dans sa décision de poursuivre ou non sa grossesse (Étude préc., proposition no 2). En matière de diagnostic pré-implantatoire (DPI), où ce risque est plus important, il considère que les conditions strictes de la réglementation actuelle (« maladie d'une particulière gravité reconnue comme incurable ») sont suffisantes (Étude préc., p. 32). Enfin, concernant le double DPI, il recommande d'en proroger le dispositif cinq ans de plus, et, selon les résultats d'une évaluation faite à l'issue de cette période, donc en 2016, de le maintenir ou d'y mettre un terme (Étude préc., proposition no 3).

Plus récemment, le Comité consultatif national d'éthique pour les sciences de la vie et de la santé, en abrégé CCNE, a rendu un avis, le 17 novembre 2009, sur le diagnostic prénatal et le diagnostic pré-implantatoire, qui s'inscrit également dans la perspective de la révision des lois de bioéthique (avis no 107 : en ligne : www.ccne-ethique.fr). Le CCNE considère que le dispositif actuel issu des lois de bioéthique fournit un cadre juridique satisfaisant et n'appelle pas de remise en cause majeure. Il précise encore qu'il serait inopportun de procéder à l'établissement d'une liste des maladies rendant acceptables le diagnostic anténatal (DPN et DPI). Pour le CCNE, une telle liste, indicative ou normative, qui se substituerait à l'appréciation médicale au cas par cas, serait à la fois trop contraignante à l'égard du personnel médical, et discriminatoire à l'égard des personnes atteintes de ces affections.

B. L'autorisation temporaire des recherches sur des embryons

1038. Le débat. En matière de recherches sur les embryons humains conçus *in vitro* et les cellules souches qui en sont issues, le législateur français est tiraillé entre deux valeurs contradictoires.

Pour certains, il convient de prendre en compte les perspectives thérapeutiques éventuelles qu'offrent de telles recherches, en particulier pour le traitement d'affections graves et incurables (ex. : maladies de Parkinson et d'Alzheimer, maladies cardio-vasculaires, paralysie, hémophilie).

Pour d'autres, ces perspectives thérapeutiques sont encore trop aléatoires pour justifier l'utilisation d'un embryon, réduit à un simple matériau destiné à produire des cellules souches. Ce courant est soutenu, en particulier, par l'Église catholique pour qui ces recherches conduisent *in fine* à la destruction des embryons. Or, selon la doctrine de cette Église chrétienne, l'embryon est un être humain dès sa conception, à qui l'on doit reconnaître les droits de la personne, parmi lesquels le droit inviolable de tout être humain innocent à la vie (instruction romaine *Dignitas personae* sur certaines questions bioéthiques, 12 décembre 2008, en ligne).

1039. Pseudo-moratoire. En 1994, le législateur a louvoyé. D'un côté, il a interdit les expérimentations sur les embryons. De l'autre, il a autorisé, sous des conditions strictes, les études ou recherches ne leur portant pas atteinte, et menées avec le consentement de l'homme et de la femme.

La loi du 6 août 2004 a adopté un dispositif encore plus « artificieux ». Elle commence par maintenir le principe de l'interdiction de la recherche sur les embryons (CSP, art. L. 2151-5, al. 1 : « La recherche sur l'embryon humain est interdite »). Puis, elle reconduit l'exception pour les « études » ne portant pas atteinte à l'embryon (CSP, art. L. 2151-5, al. 2 : « À titre exceptionnel, lorsque l'homme et la femme qui forment le couple y consentent, des études ne portant pas atteinte à l'embryon peuvent être autorisées »). Enfin et surtout, elle autorise pour cinq années, à titre dérogatoire, des recherches sur « l'embryon et les cellules souches embryonnaires » sous diverses conditions (CSP, art. L. 2151-5, al. 3). En clair, les scientifiques peuvent pratiquer (ou poursuivre) des recherches susceptibles d'aboutir à des applications thérapeutiques jusqu'au 6 février 2011 (le décret d'application de la loi a été publié le 7 février 2006).

1040. Conditions strictes. L'autorisation n'est pas automatique. Le projet de recherche du laboratoire doit être autorisé par l'Agence de la biomédecine (depuis 2004, 52 projets ont été autorisés et 8 refusés). Les recherches envisagées ne doivent pas pouvoir être poursuivies par des techniques alternatives d'efficacité comparable. Elles doivent permettre des « progrès thérapeutiques majeurs », par exemple, pour le traitement de maladies particulièrement graves ou incurables, ainsi que le traitement des affections de l'embryon ou du fœtus (médecine dite « régénératrice »). Enfin, les embryons doivent avoir été conçus dans le cadre d'une assistance médicale à la procréation (l'AMP désigne l'ensemble des « pratiques cliniques et biologiques permettant la conception *in vitro*, le transfert d'embryons et l'insémination artificielle, ainsi que toute technique d'effet équivalent permettant la procréation en dehors du processus naturel » : CSP, art. L. 2141-7). *A contrario*, il n'est pas possible en France de créer des embryons *in vitro* uniquement à des fins de recherche (CSP, art. L. 2151-2), contrairement à d'autres pays (Grande-Bretagne, Belgique, Espagne, Suède).

1041. Embryons surnuméraires d'une AMP. En principe, le projet de recherche ne peut concerner que des embryons surnuméraires, c'est-à-dire conçus lors d'une fécondation *in vitro* dans le cadre d'une AMP, et qui n'ont pas été transférés dans l'utérus de la mère (des recherches sur des tissus ou cellules embryonnaires ou fœtaux prélevées à l'occasion d'une interruption volontaire ou accidentelle de grossesse peuvent être autorisées selon une autre procédure : CSP, art. L. 1241-5).

En effet, pour multiplier les chances d'une fécondation *in vitro*, de nombreux embryons sont conçus et conservés par congélation en vue d'une implantation ultérieure en cas d'échec de la première tentative (1 à 10 embryons par couple sont congelés pour réitérer l'implantation en cas d'échec) ou au cas où les parents souhaiteraient un nouvel enfant. Les recherches peuvent donc porter uniquement sur ces embryons surnuméraires, sous réserve qu'ils ne fassent plus l'objet d'un projet parental et que le couple concerné y consente. Après cinq années, lorsque le couple est en désaccord sur le projet parental ou ne se manifeste plus, les embryons peuvent être détruits (CSP, art. L. 2141-4, al. 3). Il en est d'ailleurs de même des embryons dévolus à la recherche, une fois la recherche terminée.

1042. Statistiques. Environ 240 000 embryons sont conçus chaque année et conservés par les centres d'études et de conservation des œufs et du sperme (Cecos). Ils sont ensuite soit implantés, soit congelés pour une durée de cinq ans, soit détruits. En 2007, 62,1 % des embryons faisaient l'objet d'un projet parental en cours ; 15 % d'un abandon de ce projet pour être proposés à la recherche ou à l'accueil d'autres couples stériles ; 22,9 % d'un arrêt de conservation.

Au cours de la même année, 122 056 tentatives d'AMP ont donné naissance à 20 657 enfants, soit environ 2,4 % de l'ensemble des naissances en France, dont 19 344 avec des gamètes des deux membres du couple, 1 150 avec des spermatozoïdes d'un donneur, 135 avec des ovocytes d'une donneuse ; 28 par accueil d'embryons (Agence de la biomédecine : AMP, rapport 2008, www.agence-biomedecine.fr/).

1043. Révision des lois de bioéthique. Le caractère dérogatoire et temporaire du régime des recherches sur les cellules souches embryonnaires était justifié par l'espoir d'une démonstration future de leur intérêt thérapeutique. Ces recherches sont toujours de nature cognitive, les développements thérapeutiques relevant encore du domaine de la probabilité. Il était aussi justifié par la mise au point possible, pendant ce laps de temps, d'autres techniques permettant de se passer de cellules souches prélevées sur des embryons (ex. : recherches sur des cellules souches adultes issues du sang du cordon ou sang placentaire). Toutefois, le Conseil d'État considère qu'il n'existe pas de certitudes quant à l'efficacité de ces techniques alternatives. Partant de là, il préconise trois choses :

- d'une part, le maintien de l'interdiction de la recherche sur les embryons : « La recherche sur l'embryon humain soulève des oppositions éthiques car elle porte atteinte non à une chose mais à une personne humaine potentielle qui ne saurait donner lieu à instrumentalisation » ;
- d'autre part, le maintien de l'interdiction de la création d'embryons pour la recherche ;
- enfin, le maintien du régime d'autorisations de la recherche sur les embryons surnuméraires, sous les mêmes conditions. La seule innovation réside dans la proposition faite au législateur de transformer le régime d'autorisations temporaires limitées à cinq ans en un régime d'autorisations permanentes afin de garantir une meilleure visibilité aux équipes de recherche.

§ 2. L'indisponibilité du corps humain

1044. Sources légales. Le corps humain ne peut faire l'objet de conventions. Ce principe est formulé par deux textes spécifiques du Code civil, issus de la loi du 29 juillet 1994 sur le respect du corps humain : l'article 16-1, al. 1 (« Le corps humain, ses éléments et ses produits ne peuvent faire l'objet d'un droit patrimonial ») ; et l'article 16-5 (« Les conventions ayant pour effet de conférer une valeur patrimoniale au corps humain, à ses éléments ou à ses produits sont nulles »).

Au demeurant, le principe de l'indisponibilité du corps humain n'est pas nouveau. Il se déduisait déjà d'autres textes du Code civil dans leur rédaction inchangée depuis 1804 : l'article 6 qui interdit de déroger par conventions aux lois intéressant l'ordre public et les bonnes mœurs ; les articles 1131 et 1133 qui annulent les conventions fondées sur une cause illicite ; et l'article 1128 qui met « hors du commerce juridique » le corps humain.

A. L'interdiction des conventions de mère porteuse

1045. Article 16-7 du Code civil. C'est sur le fondement des articles 6 et 1128 du Code civil que la Cour de cassation avait affirmé, le 31 mai 1991, le caractère illicite du contrat de mère porteuse par lequel une femme s'engage, fût-ce à titre gratuit, à concevoir et porter un enfant pour l'abandonner à sa naissance (Ass. plén., 31 mai 1991, *Bull.* n° 4 ; voir *supra* n° 507). Depuis la loi de 1994, la maternité pour autrui fait l'objet d'un texte autonome : « Toute convention portant sur la procréation ou la gestation pour le compte d'autrui est nulle » (C. civ., art. 16-7).

> **1046. Incriminations pénales.** Elle fait aussi l'objet de sanctions pénales pour supposition d'enfant, infraction consistant à attribuer à une femme l'enfant de sa véritable mère afin de lui donner un état civil non conforme à la réalité (C. pén., art. 227-13), provocation à l'abandon d'enfant (C. pén., art. 227-12, al. 1°), et fait d'entremises [souvent des agences plus ou moins mercantiles] entre la femme porteuse et le couple d'intention (C. pén., art. 227-12, al. 3).

1047. Procréation et gestation pour autrui. L'article 16-7 du Code civil est suffisamment large pour englober deux situations. D'une part, celle où une femme accepte de concevoir un enfant qu'elle portera pour le compte d'une autre personne. Dans cette hypothèse, la mère porteuse est à la fois mère génétique (donneuse d'ovocyte), et mère gestatrice. D'autre part, la situation où une femme accepte de porter l'embryon conçu *in vitro* avec les gamètes du couple d'intention. Cette fois, la mère porteuse est seulement gestatrice de l'enfant.

Si la procréation pour autrui n'est admise nulle part, en revanche, la gestation pour autrui est permise dans divers pays (Belgique, Pays-Bas, Royaume-Uni, Grèce, Danemark, certains États américains, Ukraine, Russie, Inde, etc.). Aussi des parents, dont la stérilité ne peut être surmontée par la voie de l'AMP, vont dans ces pays obtenir des enfants au moyen d'une gestation pour autrui, à titre gratuit ou onéreux (le bénéfice de l'AMP est refusé à nombre de parents d'intention : seul un couple hétérosexuel, marié ou en vie commune d'au moins deux ans, peut y recourir ; l'homme et la femme devant être vivants et en âge de procréer [CSP, art. 2141-2]).

1048. Insémination post mortem. La condition de l'AMP tenant à la vie des membres du couple conduit à empêcher en France l'insémination et le transfert d'embryons post mortem. Pourtant, divers pays admettent le transfert d'embryons post mortem (ex. : Belgique, Espagne, Pays-Bas, Royaume-Uni). En général, ces pays subordonnent le transfert post mortem à un accord exprès du mari ou du compagnon de la future mère, avant son décès, et à une période limitée à cinq ans. Une épouse, en France, ne peut même pas récupérer les cellules reproductrices de sperme de son époux décédé, qui avaient été déposées dans un centre agréé d'études et de conservation des œufs et du sperme (Cecos), afin de procéder à une insémination artificielle post mortem dans un pays l'autorisant (TGI, Rennes, Ord. réf., 15 oct. 2009, *aff. Justel*, *D.* 2009, p. 2758).

1049. Révision des lois de bioéthique. Dans la perspective de la révision de 2010, deux courants s'affrontent en matière de gestation pour autrui et, par ricochet, d'assistance médicale à la procréation. D'un côté, un courant favorable à la légalisation de la gestation pour autrui, afin de remédier aux souffrances de couples sans enfants, et de mettre un terme au détournement de la loi française par des voyages à l'étranger, suivis de retours en France problématiques. De l'autre, un courant hostile à la légalisation de cette technique de procréation, en raison des conséquences psychiques pour l'enfant (sentiment d'abandon), des risques physiques pour la mère porteuse (grossesse et accouchement) ; ainsi que des principes juridico-éthiques de dignité, d'indisponibilité et de non-patrimonialité du corps humain.

C'est ce second courant qui a recueilli les faveurs du Conseil d'État. Tout d'abord, l'étude de ce dernier exclut la légalisation de la gestation pour autrui, en raison de son incompatibilité avec le principe de non-patrimonialité du corps humain, rappelant que l'enfant ne saurait être objet de transaction. Tout au plus, le Conseil d'État préconise-t-il d'adoucir les conséquences du maintien de l'interdiction, en facilitant le retour en France de l'enfant issu d'une gestation pour autrui, pratiquée par ses parents à l'étranger. En effet, actuellement, les parents d'intention peuvent se heurter au refus des autorités françaises de transcrire sur les registres de l'état civil des actes de naissance établis à l'étranger, à l'issue d'une convention de gestation pour autrui (Civ. 1re, 17 déc. 2008 : *Bull.* n° 289 : cassation de l'arrêt qui avait autorisé la transcription au nom de l'intérêt supérieur de l'enfant ; sur renvoi, la cour d'appel de Paris, le 18 mars 2010, a suivi l'opinion de la Cour de cassation). Le Conseil d'État propose donc de reconnaître la filiation du père génétique de l'enfant. Du point de vue juridique, cela ne soulève guère de difficultés puisque la filiation paternelle repose exclusivement sur l'apport génétique. En revanche, le Conseil d'État exclut l'établissement de la filiation entre la mère d'intention et l'enfant, dans la mesure où la filiation maternelle nécessite toujours que la mère de l'enfant l'ait elle-même mis au monde (C. civ., art. 325 et 332). Au grand maximum, le Conseil d'État suggère de permettre au père de confier à la mère d'intention de l'enfant une délégation-partage de l'autorité parentale.

B. Le don d'organes

1050. Le principe fondamental selon lequel le corps humain ne peut faire l'objet de conventions n'est pas sans limites. Au fil des ans, des textes n'ont eu cesse d'autoriser le don des éléments et produits du corps humain (sang, moelle osseuse, rein, foie, sperme, etc.) pour sauver ou réparer des vies, voire permettre des naissances par insémination artificielle.

1051. Statistiques. Chaque année, 2,5 millions de dons du sang sont nécessaires pour soigner les malades, les opérés et les accidentés. En 2009, 4 580 greffes ont été réalisées dont 2 826 du rein, 1 047 du foie, 359 du cœur, et 231 du poumon (14 400 patients étaient inscrits sur liste d'attente). Cette même année, plus de 20 000 enfants sont nés selon les techniques d'AMP, dont environ 1 300 grâce à un don de gamètes ou d'embryons (sources : www.agence-biomedecine.fr/).

1052. Textes. Trois articles du Code civil, issus de la loi de 1994 sur le respect du corps humain, consacrent implicitement la validité de ces dons en prohibant les seules conventions ayant un caractère patrimonial ou onéreux : l'article 16-1, alinéa 3 (« Le corps humain, ses éléments et ses produits ne peuvent faire l'objet d'un droit patrimonial »); l'article 16-5 (« Les conventions ayant pour effet de conférer une valeur patrimoniale au corps humain, à ses éléments ou à ses produits sont nulles ») ; et l'article 16-6 (« Aucune rémunération ne peut être allouée à celui qui se prête à une expérimentation sur sa personne, au prélèvement d'éléments de son corps ou à la collecte de produits de celui-ci »). *A contrario*, le corps humain peut être disponible dans le cadre de conventions à titre gratuit comme la donation. Des lois « médicales » encadrent ces pratiques afin d'éviter les dérives : elles sont intégrées dans le Code de la santé publique dont le livre II de la première partie est intitulé : « Don et utilisation des éléments et produits du corps humain » (CSP, art. L. 1211-1 à L. 1274-3).

1053. Conditions. Schématiquement, les dons d'organes sont subordonnés à trois conditions.

1054. La première, spécifique au droit français, tient à la ***gratuité du don*** (CSP, art. L. 1211-4 : « Aucun paiement, quelle qu'en soit la forme, ne peut être alloué à celui qui se prête au prélèvement d'éléments de son corps ou à la collecte de ses produits »). Par ricochet, il s'en suit une interdiction, pour les chercheurs français, de déposer des brevets concernant les éléments du corps humains, y compris les séquences totales ou partielles des gènes sur lesquels ils travaillent (CPI, art. L. 611-17). Seule une invention constituant l'application technique d'une fonction d'un élément du corps humain peut être protégée (CPI, art. L. 611-18, al. 2). Cette possibilité a été ajoutée par la loi du 6 août 2004 pour conformer le droit français à une directive communautaire du 7 juillet 1998 sur la brevetabilité des inventions biotechnologiques relatives à la vie humaine.

1055. La deuxième condition tient au ***consentement du donneur.*** Ce consentement est donné de manière solennelle lorsque le prélèvement est opéré de son vivant (CPI, art. L. 1231-1, al. 3), ou présumé en cas de prélèvement post mortem. De plus, les circonstances sont limitées (ex. : en cas de prélèvement sur une personne vivante : intérêt thérapeutique, intervention d'un comité d'experts, parenté avec le receveur sauf pour un prélèvement de moelle osseuse, etc.).

1056. La troisième condition tient à l'***anonymat***, garanti par l'article 16-8 du Code civil, en ces termes : « Aucune information permettant d'identifier à la fois celui qui a fait don d'un élément ou d'un produit de son corps et celui qui l'a reçu ne peut être divulguée. Le donneur ne peut connaître l'identité du receveur ni le receveur celle du donneur. » Il en est ainsi, par exemple, dans le cadre d'une AMP réalisée par un don de gamètes féminins (ovocyte) ou masculins (spermatozoïde), ou exceptionnellement d'embryons. Lorsque l'AMP est intraconjugale, les parents sont libres d'informer l'enfant des conditions de sa naissance. Lorsqu'elle procède de l'apport génétique d'une personne extérieure au couple, par insémination artificielle, pour remédier à la stérilité masculine, ou par fécondation *in vitro* d'un ovocyte en laboratoire suivi de son implantation *in utero*, le principe d'anonymat empêche l'enfant de connaître ses origines.

1057. Révision des lois de bioéthique. Trois questions ont retenu l'attention du Conseil d'État.

D'une part, celle du prélèvement d'organes post mortem. Le Conseil d'État préconise de renforcer les conditions de mise en œuvre afin d'exclure tout doute dans l'esprit des proches quant à la mort effective du donneur.

D'autre part, celle de la rémunération d'un don d'ovocyte, pour pallier la pénurie existante. Le Conseil d'État exclut toute indemnisation forfaitaire pour les donneuses.

Enfin, celle de l'anonymat qui empêche l'enfant né dans le cadre d'une AMP, réalisée grâce à un apport générique extérieur, de connaître ses origines. Alors qu'une quinzaine de pays admettent que l'enfant né d'une AMP puisse connaître ses origines (Suède, Norvège, Pays-Bas, Autriche, Suisse, Angleterre…), notre législateur est toujours réticent. La question n'a pas été abordée dans les lois de 1994 et de 2004, et le Conseil d'État, dans son étude en vue de la révision de 2010, propose une modification *a minima* (étude préc., proposition n° 6). Au lieu de donner la possibilité à l'enfant d'accéder, à sa majorité, s'il le souhaite, à l'identité du donneur, le Conseil d'État se prononce en faveur d'une levée partielle de l'anonymat du donneur : l'enfant, à sa majorité, pouvant avoir accès à des données non identifiantes sur le donneur (ex. : âge, caractéristiques physiques…), ou même à son identité, sous réserve du consentement de ce dernier (la levée de l'anonymat ne permet pas pour autant d'établir une filiation entre l'enfant et son père génétique). Autrement dit, le donneur peut empêcher la levée de l'anonymat en refusant de satisfaire à la demande de l'enfant. De plus, le nouveau dispositif ne serait valable que pour les dons à venir, postérieurs au décret d'application de la nouvelle loi.

N°s 1058 à 1070 réservés

Titre II

LA PREUVE DES DROITS SUBJECTIFS

1071. Le problème de la preuve des droits subjectifs est essentiel au cours du procès. En général, l'un des plaideurs prétend être titulaire d'un droit subjectif, et l'autre lui conteste cette prérogative. Il existe alors des règles juridiques qui gouvernent la preuve.

1072. Droit de la preuve. Ces règles sont assez imprécises en droit administratif et en droit pénal. En revanche, en droit civil, au sens large du terme, elles sont relativement précises, bien que maladroitement réparties dans le Code de procédure civile et le Code civil.

Dans le Code de procédure civile, ces règles figurent dans le Titre premier, sous une section IV : « Les preuves » (art. 9 à 11), et dans le Titre VII : « L'administration judiciaire de la preuve » (art. 132 à 322). Dans le Code civil, elles sont réunies dans le titre troisième : « Des contrats ou des obligations conventionnelles en général », du livre III « Des différentes manières dont on acquiert la propriété », sous un chapitre VI : « De la preuve des obligations et de celle du payement » (art. 1315 à 1369).

1073. Plan. C'est essentiellement en matière civile que nous présenterons le droit de la preuve, à travers trois questions. Que doit-on prouver ? C'est le problème de l'objet de la preuve (Chapitre I). Qui doit faire la preuve ? C'est le problème de la charge de la preuve (Chapitre II). Comment faire la preuve ? C'est le problème des moyens ou des modes de preuve (Chapitre III).

Chapitre I

L'objet de la preuve

1074. Plan. La preuve a pour objet un fait (Section I), qui doit être contesté et pertinent (Section II).

Section I

La preuve du fait

1075. Principe. Aux termes de l'article 9 du Code de procédure civile : « il incombe à chaque partie de prouver conformément à la loi les faits nécessaires au succès de sa prétention. »

Le terme de *fait* doit être pris, en cette matière, dans un sens large, qui englobe à la fois les faits juridiques et les actes juridiques. Dans un tel sens, le fait s'oppose au droit, ou plus précisément à la règle de droit. L'article 9 doit donc être compris de la manière suivante : les parties doivent prouver les faits nécessaires à la solution du litige, mais il ne leur appartient pas de prouver les règles de droit applicables au litige. En effet, l'adage selon lequel : « Nul n'est censé ignorer la loi », s'applique au juge plus qu'à quiconque (*jura novit curia* : la cour connaît le droit). Concrètement, le plaideur qui se prévaut d'une loi ou d'une coutume (au sens d'usage de droit), n'a pas à en prouver l'existence et la teneur. Au cas où le juge ne les connaîtrait pas, il lui appartient de faire les recherches appropriées (*da mihi factum, dabo tibi jus* : apporte le fait au juge, il te donnera le droit).

1076. Preuve d'une coutume. Lorsque l'un des plaideurs invoque une coutume, les règles de la charge de la preuve ont déjà été étudiées (voir *supra* n° 331). Il suffit de rappeler deux principes. D'une part, le plaideur n'a pas à prouver la coutume, aussi appelée usage de droit. Dans la mesure où l'usage de droit a valeur de loi, le juge est censé le connaître (Soc., 19 juin 1947, *S.* 1947. 1. 175). D'autre part, le plaideur doit prouver l'existence et la teneur des usages conventionnels professionnels qu'il invoque (Cass. ass. plén., 26 févr. 1988, *Bull.* n° 2). Pour y parvenir, il peut recourir à tous moyens de preuve. En général, il produira une attestation écrite de l'existence de l'usage qui est délivrée par un organisme public ou privé professionnel (cette attestation est appelée *parère*).

1077. Preuve du droit étranger. Pour comprendre cette difficulté, il faut savoir qu'un tribunal français peut connaître d'un litige international qui met en cause des personnes privées. Dans ce cas, le tribunal français jugera le litige selon la loi française ou étrangère désignée par la règle de conflit (voir *supra* n° 302). Prenons l'exemple d'un accident de la circulation survenu entre deux touristes français au Maroc. De retour en France, il est plus commode pour eux de saisir une juridiction française pour déterminer leurs responsabilités respectives. Cette juridiction fera application des dispositions spécifiques du droit marocain en matière de circulation routière.

Cependant, nos juges français ne peuvent connaître toutes les lois et coutumes étrangères. C'est la raison pour laquelle, dans un premier temps, la jurisprudence française avait posé le principe selon lequel les plaideurs devaient prouver le contenu de la loi étrangère (ou de la jurisprudence étrangère) dont ils se prévalaient (Civ., 25 mai 1948, *Lautour, D.* 1944.357). Très souvent, cette preuve était apportée au moyen de certificats de coutumes, délivrés par des jurisconsultes compétents.

Aujourd'hui, cette jurisprudence est abandonnée. Elle était en porte-à-faux avec le principe général de l'article 12, alinéa 1er du Code de procédure civile, selon lequel : « Le juge tranche le litige conformément aux règles de droit qui lui sont applicables. » Aussi la Cour de cassation énonce-t-elle : « qu'il appartient au juge saisi en application d'un droit étranger de procéder à sa mise en œuvre et, spécialement, d'en rechercher la teneur afin de trancher le litige selon ce droit » (par ex. : Civ. 1re, 28 juin 2005 : *Bull.* n° 240).

Section II

Les caractères du fait

1078. Fait contesté. L'objet de la preuve consiste en un fait qui doit, tout d'abord, être contesté. L'explication est simple. Dès lors qu'un fait n'est pas contesté par les parties au procès, c'est sans doute qu'elles sont d'accord sur l'existence de ce fait. En conséquence, il n'y a rien à prouver. Un fait non contesté est considéré comme un fait établi ou exact.

> **Exemple.** Au cours d'un procès, une banque affirme qu'elle a prêté à son client une somme de 1 000 euros. Le client rétorque que la banque ne lui a prêté que 500 euros. Le fait contesté, qu'il convient de prouver, est donc le montant du prêt. L'existence d'un contrat de prêt n'a pas à être prouvée, puisque personne ne la conteste.

1079. Fait pertinent. L'objet de la preuve doit porter sur des faits pertinents. Il s'agit des faits qui sont utiles à la solution du litige, parce qu'ils sont à même d'influencer le juge.

> **Exemple.** Une personne agit en justice contre son voisin pour obtenir le remboursement d'un prêt. Il ne lui sert à rien de prouver que ce voisin est infidèle à sa femme, cette question étant étrangère à l'affaire.

Chapitre II

La charge de la preuve

1080. Plan. Dans le cadre du procès civil, la recherche des preuves incombe aux parties (Section I). Toutefois, certaines réformes permettent au juge de s'immiscer dans la recherche des preuves (Section II).

Section I

Le rôle des parties dans la recherche des preuves

1081. *Actore non probante, reus absolvitur.* Cette maxime peut se traduire de la manière suivante : « Faute de preuve par le demandeur, le défendeur triomphe. »

En effet, dans notre système juridique, les termes de « charge », « poids », voire « fardeau » de la preuve ne sont pas neutres. Ils expriment la situation difficile dans laquelle se trouve celui qui doit prouver le fait qu'il allègue. S'il n'y parvient pas, il perdra son procès. Comme l'énonce la Cour de cassation : « L'incertitude et le doute subsistant à la suite de la production d'une preuve doivent être retenus au détriment de celui qui avait la charge de cette preuve » (Soc., 15 octobre 1964, *Bull.* n° 678).

Il est donc essentiel de déterminer à quelle partie au procès incombe la charge difficile de la preuve, et, par conséquent, le risque de la preuve.

1082. Plan. En cette matière, il existe un principe énoncé par l'article 1315 du Code civil (Sous-section I), qui connaît une exception majeure avec les présomptions légales (Sous-section II).

Sous-section I Le principe de l'article 1315 du Code civil

1083. *Actori incumbit probatio.* Le principe de la charge de la preuve est énoncé par l'article 1315, en ces termes : « Celui qui réclame l'exécution d'une obligation doit la prouver (al. 1). Réciproquement, celui qui se prétend libéré, doit justifier le payement ou le fait qui a produit l'extinction de son obligation (al. 2). »

Plus précisément, l'alinéa premier signifie qu'il appartient au demandeur, qui a l'initiative du procès, de prouver les faits qu'il allègue à l'appui de sa prétention. Cette règle est exprimée par la maxime : *Actori incumbit probatio* (au demandeur incombe la preuve).

Le deuxième alinéa indique que le défendeur, à son tour, lorsqu'il oppose un moyen de défense, appelé une « exception », doit prouver les faits sur lesquels il fonde cette exception. Le défendeur devient donc quasiment demandeur à l'intérieur de son moyen de défense. Aussi doit-il, à son tour, prouver ce qu'il affirme en défense. En effet, lorsque l'on énonce que c'est le demandeur qui a la charge de la preuve, ce n'est pas tellement celui qui est demandeur au procès, mais davantage celui qui allègue un fait contesté. C'est pourquoi, lors du procès, la charge de la preuve incombe à l'une ou l'autre des parties, voire, à tour de rôle, à chacune d'elles.

> **Exemple.** Jean réclame en justice à Pierre le remboursement d'un prêt de 100 000 euros. Pierre affirme en défense deux choses. D'une part, que le montant du prêt était de 50 000 euros. D'autre part, qu'il n'a même pas à rembourser ces 50 000 euros, parce que Jean les lui devait à la suite de l'acquisition par ce dernier de son studio. Dans cette situation, Jean, le demandeur, devra prouver le montant contesté de sa créance de 100 000 euros. Quant à Pierre, le défendeur, il devra prouver le propre fait qu'il allègue, à savoir la vente non réglée de son studio à Jean.

> **1084. Application aux factures de téléphone ou d'eau.** Une illustration de l'alternance de la charge de la preuve entre les parties est donnée par le contentieux inhérent aux contestations des factures de téléphone, d'eau ou d'électricité. Certains consommateurs estiment que leur facture est anormalement élevée par rapport à leur consommation ordinaire. Dans ce cas, la Cour de cassation énonce, sur le fondement de l'article 1315, alinéa 2 du Code civil, qu'il incombe à l'usager qui conteste sa facture d'établir le fait ayant produit l'extinction de son obligation de paiement (Civ. 1re, 31 mars 1999, *Bull.* n° 113). Il est évident qu'une telle preuve est difficile à rapporter, à moins d'expertises aléatoires et coûteuses établissant la défectuosité des compteurs ou des installations.

Sous-section II Les présomptions légales

1085. Risque de confusions. Les présomptions légales ne doivent pas être confondues avec les présomptions de fait, que nous évoquerons à propos des moyens de preuve, quand bien même elles reposent toutes deux sur le même article 1349 du Code civil (voir *infra* n° 1159). Le mécanisme des présomptions dites légales, qui nous intéresse ici, constitue une exception au principe selon lequel la charge de la preuve incombe, si ce n'est au demandeur, du moins à celui qui affirme un fait contesté.

Plan. Nous présenterons successivement la notion de présomption légale (§1), et la nature ou la force des diverses présomptions légales (§2).

§ 1. La notion de présomption légale

1086. Mécanisme. Selon l'article 1349 du Code civil, les présomptions légales constituent des « conséquences que la loi [...] tire d'un fait connu à un fait inconnu ». En somme, si pour établir une situation deux faits sont nécessaires, le législateur donne un « coup de main » à celui à qui incombe la preuve. Il suffit qu'il parvienne à prouver un premier fait pour que la loi induise le second fait. Il est donc dispensé de le prouver.

Ce mécanisme est précisé par l'article 1352, alinéa 1er du Code civil en ces termes : « La présomption légale dispense de toute preuve celui au profit duquel elle existe. » Ce texte doit être compris comme dispensant de la preuve le seul fait qui est objet de la présomption.

1087. Présomption de paternité. Un exemple est donné par l'article 312 du Code civil : « L'enfant conçu ou né pendant le mariage a pour père le mari. » Il s'agit du principe de la présomption de paternité légitime (*Pater is est quem nuptiae demonstrant)*, que l'on retrouve dans de nombreux systèmes juridiques (en droit musulman : « *l'enfant appartient au firach* [le lit conjugal], *et le fornicateur reçoit la pierre* »). Ainsi, tout enfant conçu ou né pendant le mariage de sa mère est réputé avoir pour père légitime le mari de cette femme. À partir d'un fait connu, la conception ou la naissance de l'enfant pendant le mariage, la loi admet l'existence d'un autre fait : la paternité du mari de cette femme.

Au niveau de la charge de la preuve, la présomption légale dispense le demandeur de faire la preuve de ce fait inconnu. L'enfant, qui veut établir sa filiation légitime à l'égard de ses parents, n'aura à prouver que deux faits sur trois. D'une part, qu'il est l'enfant dont la femme a accouché. La preuve est facile à établir avec l'acte de naissance et une carte d'identité. D'autre part, que cette femme était mariée au moment de sa conception ou de sa naissance. Il suffira de produire l'acte de mariage. En revanche, il n'a pas à prouver que le mari de cette femme est bien l'homme qui l'a conçu. Il est dispensé de la preuve de cette paternité légitime, sans doute parce qu'une telle preuve est très difficile à rapporter, alors même que ce fait est probable (les articles 313 et 314 écartent la présomption de paternité lorsque l'acte de naissance de l'enfant ne désigne pas le mari en qualité de père, ainsi qu'en cas de rupture entre les époux résultant d'une procédure de divorce en cours, sauf si l'enfant a la possession d'état à l'égard du mari).

§ 2. La nature des présomptions légales

1088. Plan. Il convient de distinguer deux sortes de présomptions légales : d'une part, les présomptions légales simples (*juris tantum*), aussi appelées présomptions relatives (A) ; d'autre part, les présomptions légales irréfragables (*juris et de jure*), ou présomptions absolues (B).

A. Les présomptions légales simples

1089. Régime. En présence d'une présomption simple, celui qui invoque un fait est certes dispensé de sa preuve, mais son adversaire peut prouver le contraire de ce qui est admis par présomption. En somme, cette présomption conduit à renverser la charge de la preuve du fait allégué. Il appartient donc à l'adversaire d'apporter la preuve contraire de ce fait présumé, c'est-à-dire d'en prouver l'inexactitude ou l'inexistence.

1090. Présomption de paternité : suite. Un exemple de présomption simple est donné par l'article 312 du Code civil relatif à la présomption de paternité légitime. Certes, l'enfant n'a pas à prouver la paternité légitime du mari de sa mère, puisque cette paternité est présumée. Cependant, nous avons vu que l'article 332, alinéa 2 du Code civil permet au père de contester sa paternité en rapportant la preuve qu'il n'est pas le vrai père de l'enfant mis au monde par sa femme (voir *supa* n° 1087). Il peut ainsi détruire ce qui a été supposé par la présomption, en prouvant par tous moyens qu'il n'a pas conçu cet enfant. Il peut, par exemple, produire une analyse comparative sérologique démontrant l'incompatibilité de son groupe sanguin avec celui de l'enfant (sur le recours aux expertises génétiques en matière de filiation : voir *infra* n° 1109), ou fournir des certificats établissant qu'il était éloigné à l'époque de la conception de l'enfant (incarcération, hospitalisation…).

B. Les présomptions légales irréfragables

1091. Régime. Cette fois encore, celui qui invoque un droit va être dispensé de la preuve du fait qui est à l'origine de ce droit. Cependant, ce qui est nouveau, c'est que son adversaire n'a plus la possibilité de contester ce fait. En effet, la présomption est « irréfragable », ce qui signifie qu'elle ne peut être combattue ou contredite. Non seulement le fait inconnu est présumé exister, mais il est incontestable, toute preuve contraire étant interdite. Il s'agit donc d'une dispense de preuve d'un fait, qui ne s'accompagne pas du déplacement de l'objet de la preuve sur l'adversaire.

1. Les présomptions de captation et de suggestion d'héritage

1092. Présomption de captation. Un premier exemple de présomption irréfragable est donné avec l'article 909 du Code civil. Ce texte interdit aux membres des professions médicales et de la pharmacie, ainsi qu'aux auxiliaires médicaux qui ont prodigué des soins à une personne pendant la maladie dont elle est morte, de recevoir de celle-ci des donations ou des legs faits en leur faveur pendant sa maladie.

Dans tous ces cas, le législateur présume, à tort ou à raison, que ces personnes ont profité de leur influence sur le malade pour se faire consentir des libéralités. En général, ce sont les membres de la famille du défunt qui vont attaquer en annulation ces libéralités, afin de récupérer, en tant qu'héritiers *ab intestat*, les biens légués au tiers. Cette présomption est irréfragable : elle ne peut être combattue par la preuve contraire (Req., 7 avril 1863, *DP* 1863.I.231). Ainsi, un médecin, pour sauvegarder la libéralité, ne peut-il prouver qu'elle a pour origine une ancienne amitié avec la personne qu'il a soignée.

1093. Présomption d'interposition de personnes. Plus encore, si le bénéficiaire de la libéralité est un parent ou le conjoint de l'une de ces personnes frappées d'une incapacité de recevoir à titre gratuit, la libéralité sera également annulée, sur le fondement d'une autre présomption, prévue par l'article 911 du Code civil. Cette présomption est également irréfragable, excluant toute preuve contraire (Civ., 22 janv. 1884 : *DP* 1884. 1. 117).

Ainsi, dans le procès, ce sont les membres de la famille du défunt qui, en exerçant l'action en annulation de la libéralité, sont les bénéficiaires de la présomption. D'une part, ils n'ont pas à prouver la captation d'héritage. D'autre part, ils n'ont pas à prouver l'interposition de personnes. Quant aux perdants, ce sont évidemment les personnes qui avaient reçu la libéralité, alors mêmes qu'elles étaient de bonne foi.

> **Exemple**. Imaginons un médecin qui, pour contourner l'interdiction légale de recevoir la libéralité de son malade, lui suggère de désigner son épouse dans l'acte en qualité de bénéficiaire de la libéralité, celle-ci s'engageant à lui rétrocéder discrètement l'héritage. En somme, dans l'acte apparent de la libéralité figure le nom d'une personne interposée, l'épouse du médecin, dissimulant le véritable bénéficiaire de la libéralité, le médecin lui-même. Conformément à l'article 911, l'épouse du médecin ne pourra contester la présomption en prouvant que c'était elle, et non son mari, que le malade voulait gratifier.

2. *Les présomptions de responsabilité*

1094. La responsabilité civile fournit une autre illustration remarquable de présomption irréfragable et, plus généralement, de la plupart des cas de figure concernant la charge de la preuve (sur les divers fondements de la responsabilité civile : voir *supra* n° 512 et s.).

a. Responsabilité contractuelle

1095. En matière de responsabilité contractuelle, la preuve de la mauvaise exécution ou de l'inexécution du contrat dépend de la nature de l'obligation assumée par le débiteur.

1096. S'il s'agit d'une *obligation de moyens*, aussi appelée obligation de prudence et de diligence, la preuve appartient au créancier. Celui-ci devra établir que le débiteur a commis une faute en ne mettant pas en œuvre tous les moyens appropriés. Par exemple, en matière médicale, dans le cadre du contrat qui se forme entre le médecin et le patient, ce dernier, s'il estime avoir été victime d'une erreur médicale doit prouver que les soins donnés par son médecin n'étaient pas conformes aux données acquises de la science (Civ., 20 mai 1936, *DP* 1936. 1. 88).

1097. S'il s'agit d'une *obligation de résultat*, aussi appelée obligation déterminée, le créancier, en fait la victime de l'inexécution ou de la mauvaise exécution du contrat, est dispensé d'établir que le débiteur a commis une faute. La seule absence du résultat escompté suffit à caractériser l'inexécution, donc la faute du débiteur. Cependant, cette présomption est susceptible de degrés.

1098. – D'une part, la présomption est simple lorsque l'obligation contractuelle du débiteur est une *obligation de résultat allégée*. Il en résulte que le débiteur d'une telle obligation peut écarter sa responsabilité en prouvant n'avoir commis aucune faute. C'est ainsi que les banques sont tenues à l'égard de leurs clients profanes d'un devoir de mise en garde quant à l'inadaptation éventuelle à leur situation personnelle de certaines opérations (Cass. ch. mixte, 29 juin 2007 : *Bull.* n° 7). Cependant, les banques peuvent rapporter la preuve de l'exécution de cette obligation, par exemple, en produisant un questionnaire rempli par les clients ou divers documents types d'information signés par ceux-ci.

1099. – D'autre part, la présomption est irréfragable lorsque l'obligation contractuelle du débiteur est une *obligation de résultat aggravée*. Dans ce cas, non seulement le créancier est déchargé du fardeau de la preuve, mais le débiteur ne peut détruire la présomption qui pèse sur lui en prouvant n'avoir commis aucune faute : il assume donc une présomption dite de responsabilité, aussi appelée responsabilité de plein droit.

L'hypothèse type est celle du transporteur de personnes qui, aux termes du contrat de transport, assume une obligation de sécurité de résultat à l'égard des passagers (Civ., 21 nov. 1991, *D.* 1913. 1. 249). Dans la mesure où il est présumé responsable de tous les accidents survenus à ses passagers pendant le voyage, il ne peut écarter sa responsabilité en prouvant, par exemple, qu'il conduisait de manière attentive. Plus précisément, il ne peut écarter sa responsabilité qu'en invoquant une cause étrangère qui ne lui est pas imputable, comme la faute exclusive du passager présentant les caractères de la force majeure (Civ. 1re, 26 juin 1990 : *Bull.* n° 181 ; sur les causes d'exonération de responsabilité : voir *supra* n° 529).

1100. Applications diverses. La distinction des obligations de moyens et de résultat se retrouve dans d'autres domaines. Plus généralement, constituent des obligations de résultat les obligations de donner et les obligations de ne pas faire (ex. : l'obligation de non-concurrence du vendeur du fonds de commerce à l'égard de l'acquéreur : Com., 16 janv. 2001, n° 98-2115 : *Bull.* n° 16).

Quant aux obligations de faire, elles relèvent tantôt des obligations de moyens, tantôt des obligations de résultat. Au titre des obligations de moyens, on citera l'obligation de conseil de l'avocat (Civ. 1re, 7 oct. 1998 : *Bull.* n° 282). Au titre des obligations de résultat, on retiendra deux exemples : d'une part, l'obligation de bon fonctionnement du système d'alarme par son installateur (Civ. 1re, 20 oct. 1998, n° 96-15646, inédit) ; d'autre part, l'obligation du fournisseur d'accès à Internet de fournir à son abonné les prestations prévues au contrat, l'origine extérieure de la défaillance imputable à des opérations de dégroupage ne constituant pas un cas de force majeure, faute d'être un événement imprévisible (Civ. 1re, 19 nov. 2009, n° 08-21645, inédit).

Dans le silence de la loi, c'est la jurisprudence qui définit la nature de l'obligation contractuelle de faire. Souvent, lorsqu'il existe un aléa dans le résultat escompté, l'obligation est qualifiée de moyens. En l'absence d'aléa, elle est qualifiée de résultat. D'autres fois, la jurisprudence semble s'attacher à la volonté initiale des parties, ainsi qu'au rôle actif ou passif du créancier dans l'exécution de l'obligation.

b. Responsabilité extracontractuelle

1101. En matière de responsabilité extracontractuelle, on retrouve l'équivalent de ces systèmes.

– La responsabilité du fait personnel des articles 1382 et 1383 du Code civil est une *responsabilité pour faute prouvée.* La preuve de la faute commise par l'auteur du dommage incombe donc à la victime.

– La responsabilité du fait des choses de l'alinéa premier de l'article 1384 du Code civil repose sur une *présomption de responsabilité*, autrement dit une présomption irréfragable (Chbres. réun., 13 févr. 1930, *DP* 1930. 1. 57, note Ripert). D'une part, la victime est dispensée de prouver la faute du gardien de la chose (il doit toutefois prouver l'intervention matérielle de la chose : Civ. 2e, 29 mars 1971, no 70-11319 : *Bull.* no 140). D'autre part, le gardien de la chose ne peut écarter cette présomption en démontrant n'avoir commis aucune faute dans la garde de la chose.

– La responsabilité des commettants du fait des préposés de l'alinéa 5 de l'article 1384 repose aussi sur une *présomption de responsabilité.* Sous réserve que la victime ait rapporté la preuve de la faute du préposé, le commettant de ce dernier est responsable. Cette présomption est irréfragable, puisque le commettant ne peut écarter sa responsabilité en rapportant la preuve qu'il n'aurait commis aucune faute (Crim., 20 juin 1924, *DP* 1925. 1. 93).

– La responsabilité des parents du fait de leurs enfants mineurs de l'alinéa 4 de l'article 1384 repose également sur un mécanisme de *présomption irréfragable.* En effet, seule la force majeure (événement imprévisible et irrésistible) et la faute de la victime permettent d'exonérer les parents de la responsabilité de plein droit qu'ils encourent du fait des dommages causés par leur enfant mineur avec lequel ils habitent (Civ. 2e, 19 février 1997, *Bull.* no 56). En revanche, la responsabilité des instituteurs du fait de leurs élèves est une responsabilité pour faute prouvée conformément au droit commun (Civ. 2e, 16 oct. 1991, no 90-15824 : *Bull.* no 259).

– Enfin, la responsabilité générale du fait d'autrui, qui a été consacrée sur le fondement de l'alinéa premier de l'article 1384, est une responsabilité de plein droit qui repose sur un mécanisme de *présomption irréfragable* (Crim., 26 mars 1997, *Bull.* no 124). Les personnes tenues de répondre du fait d'autrui ne peuvent donc s'exonérer de leur responsabilité en démontrant n'avoir commis aucune faute.

Section II

Le rôle du juge dans la recherche des preuves

1102. Les rédacteurs du Code de procédure civile de 1806 avaient confié aux plaideurs la maîtrise de l'instruction civile (aussi appelée enquête), en particulier les initiatives en matière de preuve. L'article 9 du nouveau Code de procédure civile, entré en vigueur en 1976, a maintenu ce principe en ces termes : « Il incombe à chaque partie de prouver conformément à la loi les faits nécessaires au succès de sa prétention. »

Plan. Un tel système qui, *a contrario,* impose au juge une neutralité dans la recherche des preuves, caractérise la procédure de type accusatoire (Sous-section I). Toutefois, le Code de procédure civile, au moyen de dispositions ponctuelles, confère au juge certaines prérogatives (Sous-section II).

Sous-section I Le caractère accusatoire de la procédure civile

1103. Le procès civil est soumis à un ***système de type accusatoire***. Cela signifie que la procédure est dirigée par les parties. C'est uniquement par le jeu de leurs initiatives que le procès arrive à sa solution. L'article 2 du Code de procédure civile affirme d'ailleurs que « les parties conduisent l'instance sous les charges qui leur incombent ».

Le juge, quant à lui, doit rester neutre. En quelque sorte, dans la tradition du Code de procédure civile de 1806, il doit seulement assister à la procédure qui est l'affaire des parties. En particulier, il ne doit pas s'immiscer dans la recherche des preuves. Tout au plus, veille-t-il à ce que les règles procédurales soient respectées. En somme, dans une procédure accusatoire, le rôle du juge est uniquement de juger, c'est-à-dire de trancher entre les parties qui déclenchent, conduisent la procédure et produisent des preuves qu'elles ont recherchées. Cette neutralité du juge est aussi désignée sous les termes de « principe dispositif », les parties *disposant*, dans une certaine mesure, de l'instance.

1104. Le procès pénal, à l'opposé, est soumis à un ***système de type inquisitoire***, en ce sens qu'il repose sur l'*enquête* (*inquisitio*, en latin). Dans un tel système, le juge dirige la procédure et intervient directement dans la conduite de l'instruction et la recherche des preuves. C'est évidemment la raison d'être du juge d'instruction, « l'homme le plus puissant de France », qui procède « à tous les actes d'information qu'il juge utiles à la manifestation de la vérité » (C. pr. pén., art. 81, al. 1er). Il exerce donc un rôle actif dans la recherche des preuves, notamment au moyen d'interrogatoires (C. pr. pén., art. 114 à 121) ; d'auditions de témoins (C. pr. pén., art. 101 et s. ; 324 et s. ; 435 et s.) ; de transport sur les lieux (C. pr. pén., art. 92 et 93) ; de perquisitions et saisies (C. pr. pén., art. 94 et s.), et d'expertises (C. pr. pén., art. 156).

Ce système s'oppose à celui des pays anglo-saxons, dit de type accusatoire, qui laisse aux parties le soin d'apporter les preuves et de les discuter contradictoirement devant le juge qui les apprécie librement.

1105. Du juge d'instruction au juge de l'enquête et des libertés. En 2009, au lendemain de la faillite du procès d'Outreau et de quelques affaires politico-financières, le président de la République a annoncé la suppression du juge d'instruction. Cette mesure a été reprise dans l'avant-projet du futur Code de procédure pénale qui a été mis en concertation en mars 2010 (en ligne : ministère de la Justice). Il s'agit d'éviter qu'une seule et même personne, le juge d'instruction, soit à la fois enquêteur et juge : enquêteur chargé d'instruire l'affaire à charge et à décharge (C. proc. pén., art. 81, al. 1er) ; juge pouvant, par exemple, mettre en examen une personne ou saisir le juge des libertés et de la détention pour la placer en détention provisoire. À l'avenir, deux personnes interviendraient. D'une part, le procureur de la République, assisté de la police judiciaire, qui serait en charge de l'enquête judiciaire et des investigations pénales afférentes à celle-ci (déjà, aujourd'hui, le Parquet instruit 95 % des affaires pénales, ne saisissant un juge d'instruction que pour 5 % d'entre elles). D'autre part, un juge de l'enquête et des libertés, qui se verrait confier le pouvoir juridictionnel (placement sous contrôle judiciaire, clôture de l'instruction...). Plus généralement, ce juge exercerait un contrôle sur les enquêtes pénales en garantissant leur loyauté. En particulier, il autoriserait les mesures attentatoires aux libertés (perquisitions, écoutes téléphoniques...), et s'assurerait du respect du droit des parties durant la phase préparatoire au procès.

Au jour où ces lignes sont écrites, il est trop tôt pour prédire le sort de cette réforme. D'un côté, la Cour de cassation, réunie en assemblée générale, en avril 2010, a exprimé des réserves sur la suppression du juge d'instruction et les pleins pouvoirs confiés au Parquet. Pour les hauts magistrats, ce projet « ne garantit pas suffisamment les équilibres institutionnels et l'exercice des droits de la défense et de la victime ». De l'autre, le 4 mai 2010, le président de la République a reporté cette réforme à plus ou moins long terme. Sans doute faudrait-il réécrire le texte afin d'opérer un glissement d'une procédure inquisitoire vers une procédure accusatoire reposant sur l'équilibre des pouvoirs entre les parties ; la personne mise en cause disposant de garanties et de moyens dans la recherche et la discussion des preuves.

1106. Le procès administratif se caractérise également par un ***système de type inquisitoire***, en raison de l'inégalité des parties. En effet, ce procès met en présence un administré et une administration qui, le plus souvent, refuse de répondre aux requêtes de l'administré. Pour corriger cette situation, la direction de l'enquête est confiée au juge administratif, censé être plus efficient que le requérant, autrement dit l'administré :

- d'abord, le requérant doit, tout au plus, apporter des éléments de nature à faire naître un doute dans l'esprit du juge quant au bien fondé de la décision de l'administration qu'il conteste ;
- puis, le juge administratif va user de ses pouvoirs d'instruction. Par exemple, spontanément ou à la demande du requérant, il peut exiger de l'administration qu'elle contribue à l'instruction en communiquant les documents et les pièces nécessaires au jugement de l'affaire, ainsi que les raisons de fait et de droit de sa décision (C.E., 26 janvier 1968, *Maison Génestal*, *Rec.* 62). Au cas où l'administration ne répondrait pas, le juge considère que les prétentions du requérant sont fondées et exactes (C.E., 28 mai 1954, *Barel, Rec.* 308). Ce principe est corroboré par un texte selon lequel lorsque, malgré une mise en demeure, l'administration ne produit aucun mémoire dans le délai fixé par le juge, elle est réputée avoir acquiescé aux faits exposés dans la requête, perdant toute possibilité d'en contester la réalité (C. just. adm., art. R. 612-6).

Sous-section II L'élargissement des prérogatives du juge

§ 1. Les pouvoirs du juge

1107. Juge de la mise en état. Bien que notre procédure civile repose toujours sur un système accusatoire, on relève, depuis l'édiction du nouveau Code de procédure civile de 1976, un rôle plus interventionniste du juge en matière de preuve.

Il en est ainsi avec l'institution généralisée devant le TGI et la cour d'appel du juge ou du conseiller de la mise en état. L'affaire est désormais instruite « sous le contrôle » de ce magistrat (C. proc. civ., art. 763, al. 1er). Plus précisément, « celui-ci a mission de veiller au déroulement loyal de la procédure, spécialement à la ponctualité de l'échange des conclusions et de la communication des pièces » (C. proc. civ., art. 763, al. 2).

À cette fin, diverses prérogatives sont reconnues au juge de la mise en état. Il peut, même d'office, c'est-à-dire de sa propre initiative, entendre les parties (C. proc. civ., art. 767). Sans doute, cette faculté lui permet-elle d'obtenir des parties ou de leurs représentants certains éléments d'information. Il lui est encore reconnu un pouvoir d'injonction à l'encontre des avocats (C. proc. civ., art. 763, al. 3). Il en use généralement pour fixer des délais dans lesquels doivent être déposées les conclusions (écrits rédigés par les avocats ou avoués présentant les prétentions des parties). Il peut aussi ordonner la production de certaines pièces nécessaires à la preuve d'éléments du litige. Plus encore, l'article 771-5 du Code de procédure civile lui permet d'« ordonner, même d'office, toute mesure d'instruction » (ex. : visite des lieux, expertise, audition des témoins). Enfin, il peut décider du moment de la clôture de l'instruction, dès lors qu'il estime que l'affaire est en état d'être jugée (C. proc. civ., art. 779). Cette décision est importante au niveau de la preuve, dans la mesure où, après l'ordonnance de clôture, aucune conclusion ne peut être déposée, ni aucune pièce produite aux débats (C. proc. civ., art. 783).

1108. Autres initiatives. Abstraction faite du juge de la mise en état, le Code de procédure civile confère diverses initiatives au juge en matière de preuve, qui le rapproche du juge administratif.

L'article 8 énonce : « Le juge peut inviter les parties à fournir les explications de fait qu'il estime nécessaire à la solution du litige. » Les articles 10 et 143 ajoutent : « Le juge a le pouvoir d'ordonner d'office toutes les mesures d'instruction, légalement admissibles. » En somme, le juge a quasiment les mêmes prérogatives que les parties. Généralement, il va les exercer lorsque les parties se gardent de les solliciter. Aussi pourra-t-il opérer personnellement des vérifications de faits litigieux, par exemple en se transportant sur les lieux (C. proc. civ., art. 179 et s.). Il pourra aussi ordonner la comparution personnelle des parties (C. proc. civ., art. 184 et s.) ou obtenir des déclarations des tiers, c'est-à-dire des témoins, soit au moyen d'attestations écrites, soit par leur audition (C. proc. civ., art. 199 et s.). Il pourra encore commettre des experts pour être mieux éclairé (C. proc. civ., art. 232 et s.).

Les prérogatives du juge sont renforcées avec les pouvoirs d'injonction qui lui sont reconnus pour forcer des personnes à produire les éléments de preuve qu'elles détiennent. L'article 11, alinéa 2 du Code de procédure civile lui permet de contraindre, même sous astreinte, à la requête de l'une des parties, l'autre partie à produire les éléments de preuve qu'elle détient, c'est-à-dire à les verser aux débats. Ce même texte lui permet de contraindre, à la requête de l'une des parties, un tiers à communiquer les documents utiles à la preuve qu'il détient.

§ 2. L'expertise génétique en matière de filiation

1109. Droit à l'expertise biologique. En principe, le juge n'est jamais tenu d'ordonner une mesure d'instruction : la décision relève de son pouvoir souverain d'appréciation (C. proc. civ., art. 10 et 143). Pourtant, ce principe connaît des dérogations en matière de filiation. Pour la Cour de cassation : « l'expertise est de droit en matière de filiation, sauf s'il existe un motif légitime de ne pas y procéder » (Civ. 1re, 28 mars 2000, *Bull.* nº 103 ; Cass. ass. plén., 23 nov. 2007 : *Bull. civ.,* nº 8). En clair, si l'un des plaideurs demande une telle expertise, les juges du fond doivent l'ordonner, peu importe que la remise en cause de la filiation déstabilise la famille.

Motifs légitimes de refus. La Cour de cassation est très stricte pour admettre des motifs légitimes de refus. L'expertise ne peut être refusée que si elle est inutile. Il en est ainsi, par exemple, lorsque l'action est prescrite, ou lorsque le demandeur a déjà fourni des preuves concluantes ayant permis aux juges de former leur conviction (Civ. 1re, 24 sept. 2002, nº 00-22.466, *D.* 2003, 1793).

Limites. En revanche, ne saurait constituer un motif légitime de refus d'une expertise biologique, sollicitée par le demandeur à une action en contestation de la reconnaissance de paternité d'un enfant, la circonstance que la possession d'état existait au profit de l'auteur de la reconnaissance (Civ. 1re, 28 mai 2008 : *Bull.* n° 157). En l'espèce, la possession d'état résultait du comportement de cet homme comme père de l'enfant, de courriers échangés avec la mère, de l'obtention d'un droit de visite et d'hébergement pendant plusieurs années, ainsi que, plus tard, de la résidence habituelle de l'enfant. Pour les juges du fond, ces indices établissaient la paternité de l'homme, et ils constituaient un motif légitime pour écarter la demande d'expertise. La Cour de cassation a censuré leur décision, considérant que cet ensemble d'éléments ne faisait pas un motif légitime de refus de l'expertise.

1110. Tests *port-mortem* de paternité (voir *supra* n° 1033).

Chapitre III

Les moyens de preuve

1111. Comment fait-on la preuve ? Cette question renvoie à deux autres questions. D'une part, quels sont les divers moyens ou modes de preuve qui existent ? D'autre part, à quelles fins les utiliser ?

Plan. Il convient donc de dresser la liste de ces moyens de preuve (Section I), avant de préciser leurs conditions d'utilisation, de recevabilité, ou d'admissibilité (Section II).

Section I

L'énumération des moyens de preuve

1112. L'article 1315-1 du Code civil énumère les différents moyens de preuve admissibles, en l'occurrence : « [...] la preuve littérale, la preuve testimoniale, les présomptions, l'aveu de la partie et le serment. »

1113. Preuves préconstituées et preuves *a posteriori*. Parmi ces cinq moyens de preuve, la preuve littérale (en clair, l'écrit), est la seule à être qualifiée de preuve préconstituée, ou preuve *a priori*. Une preuve préconstituée est une preuve qui est préparée, à l'avance, pour servir ultérieurement si un litige survient. Les autres moyens de preuve sont des preuves *a posteriori*, parce qu'ils sont établis ou recueillis après la survenance de l'événement générateur du litige.

1114. Preuves parfaites et preuves imparfaites. Ces cinq moyens de preuve font l'objet d'une autre classification en fonction de leur force probante, étant précisé que l'aveu peut être judiciaire ou extra-judiciaire, et le serment décisoire ou supplétoire (voir *infra* n° 1161 et s.).

Ainsi l'écrit, l'aveu judiciaire et le serment décisoire constituent des preuves parfaites. Elles sont parfaites ou absolues, car la loi précise que, lorsqu'elles sont produites, elles lient le juge qui ne dispose d'aucun pouvoir d'appréciation pour les écarter. En revanche, les témoignages, les présomptions de fait, le serment supplétoire et l'aveu extra-judiciaire constituent des preuves imparfaites. Lorsqu'elles sont produites, le juge n'est pas lié par elles : il dispose d'un pouvoir d'appréciation qui lui permet de les retenir ou de les écarter selon sa conviction.

Plan. Nous examinerons les preuves préconstituées, c'est-à-dire les écrits (Sous-section I), et les preuves *a posteriori* (Sous-section II).

Sous-section I Les preuves préconstituées : les écrits

1115. Adaptation de l'écrit aux transactions électroniques. Jusqu'à une loi du 13 mars 2000 portant adaptation du droit de la preuve aux technologies de l'information et relative à la signature électronique, le Code civil ne définissait ni l'écrit, ni la signature. Il se contentait d'énumérer deux types d'écrit pouvant servir de preuve : les actes authentiques et les actes sous seing privé. Dans les deux cas, l'écrit avait pour support un papier sur lequel était apposée une signature manuscrite. Ces règles de preuve, pour la plupart héritées de l'époque de François Ier, n'étaient plus adaptées aux nouvelles technologies de l'information et au développement des transactions électroniques (un achat en ligne ne comporte ni papier, ni signature manuscrite). La loi du 13 mars 2000 a donc modifié les textes du Code civil en matière de preuve.

1116. Écrit papier et écrit numérique. Depuis cette réforme, la preuve littérale peut être rapportée par deux sortes d'écrit : l'écrit sur papier et l'écrit électronique. Le nouvel article 1316 du Code civil emploie une formule générale qui englobe ces deux supports : « La preuve littérale, ou preuve par écrit, résulte d'une suite de lettres, de caractères, de chiffres ou de tous autres signes ou symboles dotés d'une signification intelligible, quels que soient leur support et leurs modalités de transmission. »

En outre, l'article 1316-1 reconnaît à l'écrit sous la forme électronique une force probante identique à celle de l'écrit sur support papier : « L'écrit sous forme électronique est admis en preuve au même titre que l'écrit sur support papier, sous réserve que puisse être dûment identifiée la personne dont il émane et qu'il soit établi et conservé dans des conditions de nature à en garantir l'intégrité. »

Enfin, la réforme donne une définition de la signature : « La signature nécessaire à la perfection d'un acte juridique identifie celui qui l'appose. Elle manifeste le consentement des parties aux obligations qui découlent de cet acte » (art. 1316-14, al. 1). Cette signature peut donc être aussi bien manuscrite qu'électronique, cette dernière étant, par ailleurs, expressément visée par l'alinéa 2 du même texte (voir *infra* n° 1140).

1117. Distinction de l'acte instrumentaire et de l'opération juridique. En matière de preuve, le mot « acte » sert à désigner l'écrit établi pour servir d'instrument de preuve (*instrumentum*). Dans ce sens, il s'oppose à l'« acte juridique », qui définit une opération juridique créatrice d'effets de droit (*negotium*), en particulier le contrat. Seulement, les deux concepts sont étroitement dépendants l'un de l'autre, puisque l'*instrumentum* constate le *negotium* ! Ainsi, par exemple, un écrit, authentique ou sous seing privé, est nécessaire pour constater ou rapporter la preuve d'un contrat civil dépassant la somme de 1 500 euros (voir *infra* n° 1165). Pourtant, l'omission de cette formalité prescrite à titre de preuve (formalité *ad probationem*) reste sans influence sur la validité de l'acte juridique lui-même (voir *supra* n° 611).

Concrètement, ce n'est pas parce que les parties à ce contrat omettent d'établir un écrit probatoire que la validité dudit contrat est affectée. Ce contrat reste valable par le seul accord des volontés des parties. Il en résulte que si aucune des parties ne conteste son existence ou son contenu, il doit être exécuté. Il en va autrement lorsqu'un écrit, authentique ou sous seing privé, est exigé à titre de validité de l'acte lui-même (formalité *ad validitatem*). Un exemple type est celui de la donation dont la validité est subordonnée à la rédaction d'un acte notarié (C. civ., art. 931). Dans ce cas, l'absence d'écrit empêche le contrat d'être valable.

1118. Internet et les NTIC. La réforme du droit civil de la preuve, sous la pression du développement des échanges et des nouvelles technologies de l'information et de la communication, ne remet pas en cause la distinction classique de l'*instrumentum* et du *negotium*. Au contraire, le nouvel article 1108-1 du Code civil, issu de la loi n° 2004-575 du 21 juin 2004 pour la confiance dans l'économie numérique, maintient cette distinction en admettant que l'écrit sous la forme électronique puisse servir aussi bien à la preuve qu'à la validité d'un acte juridique (« *Lorsqu'un écrit est exigé pour la validité d'un acte juridique, il peut être établi et conservé sous forme électronique, dans les conditions prévues aux articles 1316-1 et 1316-4 et, lorsqu'un acte authentique est requis, au second alinéa de l'article 1317* »).

Toutefois, l'article 1108-2 du Code civil prévoit deux exceptions. D'une part, pour les actes sous seing privé relatifs au droit de la famille et des successions (par exemple, le texte d'un testament olographe doit être écrit en entier à la main). D'autre part, pour les actes sous seing privé relatifs à des sûretés personnelles ou réelles, de nature civile ou commerciale, sauf s'ils sont passés par une personne pour les besoins de sa profession (par exemple, la validité de la constitution d'hypothèque est subordonnée à la rédaction d'un acte notarié écrit : C. civ., art. 2416). En somme, dans ces matières, lorsque l'écrit est exigé pour la validité d'un acte juridique, il ne peut être établi sous forme électronique.

§ 1. Les actes authentiques

1119. Plan. Il convient d'examiner les conditions d'existence des actes authentiques (A), et leur force probante, c'est-à-dire l'efficacité qu'ils présentent comme instrument de preuve à l'égard du juge (B).

A. Les conditions d'existence

1120. Selon l'article 1317 du Code civil : « L'acte authentique est celui qui a été reçu par officiers publics ayant le droit d'instrumenter dans le lieu où l'acte a été rédigé, et avec les solennités requises. » Un second alinéa, issu de la loi du 13 mars 2000, ajoute : « Il peut être dressé sur support électronique s'il est établi et conservé dans des conditions fixées par décret en Conseil d'État. »

1. L'intervention d'un officier public

1121. La première condition de validité de l'acte authentique tient à la qualité d'officier public de son rédacteur. Les officiers publics sont nombreux. Nous retiendrons l'officier de l'état civil, autrement dit le maire et ses adjoints, le greffier, l'huissier de justice, et le notaire.

Officiers publics et/ou ministériels ? L'officier public désigne la qualité conférée aux personnes ayant le pouvoir d'authentifier des actes juridiques ou judiciaires. Certaines de ces personnes sont également des officiers ministériels dans la mesure où elles sont titulaires d'un office conféré par l'État, et nommées par décision d'un ministre (ex. : notaire, huissier de justice, greffier du tribunal de commerce, commissaire-priseur judiciaire). On précisera, par ailleurs, que certains officiers ministériels peuvent ne pas avoir la qualité d'officier public (ex. : avoué près les cours d'appel, avocat au Conseil d'État et à la Cour de cassation). Enfin, des officiers publics peuvent ne pas être officiers ministériels (ex. : maires).

2. *La compétence matérielle de l'officier public*

1122. La deuxième condition de validité de l'acte authentique tient à la compétence matérielle de l'officier public, aussi appelée compétence d'attribution. C'est la loi qui définit pour chaque officier public les matières pour lesquelles il est compétent. Ainsi le **maire** et ses adjoints sont-ils seuls compétents pour dresser les actes de l'état civil (actes de naissance, de mariage ou de décès). L'**huissier de justice** est compétent pour signifier les actes de procédure (3 300 huissiers de justice signifient chaque année 10 millions d'actes; leur nom vient de « huis », la porte).

Quant au **greffier** et au **notaire**, ils retiendront davantage notre attention.

a. Le greffier

1123. Le greffier, qui est le secrétaire officiel d'une juridiction, est compétent pour établir la *minute* des décisions de justice (la minute désigne l'original du jugement signé par le juge et le greffier).

C'est encore le greffier qui délivre les *grosses* des décisions de justice, c'est-à-dire des copies revêtues de la formule exécutoire. Cette formule apposée par le greffier sur la décision de justice est la suivante : « *En conséquence, la République française mande et ordonne à tous Huissiers de Justice sur ce requis de mettre la dite décision à exécution, aux procureurs* [...] *d'y tenir la main à tous Commandants et Officiers de la Force Publique de prêter main-forte lorsqu'ils en seront légalement requis* [...]. »

La formule exécutoire est importante : d'une part, elle confère l'authenticité à la décision de justice; d'autre part, elle permet au bénéficiaire de la décision d'en obtenir l'exécution. Imaginons un créancier qui veut faire procéder à la saisie des biens de son débiteur afin d'être remboursé d'un prêt d'argent. Dans la mesure où il ne peut lui-même procéder à une telle saisie, il s'adressera à un huissier de justice. Celui-ci ne pourra pratiquer la saisie qu'à la condition que la créance soit constatée dans un titre exécutoire, c'est-à-dire une décision de justice, voire un acte notarié, revêtue de la formule exécutoire.

Écritures menues et écritures grossoyées. Le mot *minute*, du latin *minuta* : [écriture] menue, remonterait à l'époque où les jugements étaient écrits à la plume d'oie. Leur rédacteur devait utiliser une écriture fine pour en faciliter l'archivage. Le mot *grosse* daterait de la même époque. Les commis des greffiers étant payés au rôle [autrefois, document ou parchemin présenté en rouleau], ils avaient intérêt à rédiger à la plume de longues copies. Pour y parvenir, ils écrivaient en grosses lettres.

b. Le notaire

1124. La profession de notaire remonte au moins à la Renaissance dans les pays de droit romano-germanique (en 2009, la France comportait près de 8 500 notaires répartis dans 4 513 offices et 1 302 bureaux annexes, employant plus de 56 000 personnes). Le notaire dispose d'un monopole pour recevoir tous les actes et contrats auxquels les parties doivent ou veulent faire donner le caractère d'authenticité attaché aux actes de l'autorité publique (Ord. 2 nov. 1945, art. 1). C'est ainsi que sont souvent rédigés « par-devant notaire », les testaments, quand bien même l'intervention d'un notaire n'est pas exigée pour ce type d'acte. D'autres fois, l'intervention du notaire est obligatoire, en particulier pour procéder à une donation (C. civ., art. 931), ou prendre une hypothèque (C. civ., art. 2127). Il en est de même pour conclure un contrat de mariage (C. civ., art. 1394), et une promesse de vente d'immeuble d'une durée supérieure à dix-huit mois (C. constr. et habit., art. L. 290-1). Pour ces quatre opérations, le caractère authentique de l'acte constitue une formalité *ad validitatem*.

1125. Ventes immobilières. On peut aussi évoquer les ventes translatives de propriété immobilière, en rappelant qu'en cette matière l'authenticité n'est pas imposée comme une condition de validité de l'acte, mais à des fins d'efficacité pour permettre leur publication (voir *supra* n° 612). En effet, l'article 4 d'un décret du 4 janvier 1955 relatif à la publicité foncière exige que soient dressés en la forme authentique tous les actes sujets à la publicité foncière dans un bureau des hypothèques, telle une vente d'immeuble. En somme, la forme authentique de la vente d'immeuble est obligatoire sans pour autant être une condition de validité de l'acte (en revanche, pour la vente d'immeuble à construire, la forme authentique est exigée à titre de validité : C. constr. et habit., art. 261.11).

1126. Projet de réforme : l'acte privé contresigné par avocat (APCA). Le quasi-monopole des notaires sur l'acte authentique en matière de transactions immobilières suscite l'amertume des avocats. Aussi le président de la République a-t-il chargé une commission, présidée par un avocat, Maître Darrois, d'élaborer un rapport sur les professions du droit, qui lui a été remis en mars 2009. Depuis, un projet de loi n° 2383 de modernisation des professions judiciaires et juridiques réglementées a été présenté au conseil des ministres, le 17 mars 2010, et aussitôt déposé à l'Assemblée nationale.

Ce projet ne remet pas en cause le monopole des notaires en matière d'immeubles. Au contraire, il propose d'inscrire dans le Code civil le principe selon lequel : « *Tout acte ou droit doit, pour donner lieu aux formalités de publicité foncière, résulter d'un acte reçu en la forme authentique par un notaire* [...] » (nouvel art. 710-1 du Code civil). En contrepartie, il octroie aux avocats le monopole d'un nouvel instrument de preuve : l'acte privé contresigné. À cette fin, il serait inséré, dans la loi du 31 décembre 1971 portant réforme de certaines professions judiciaires et juridiques, trois articles : Art. 66-3-1 : « *En contresignant un acte sous seing privé, l'avocat atteste avoir éclairé pleinement la ou les parties qu'il conseille sur les conséquences juridiques de cet acte.* » Art. 66-3-2 : « *L'acte sous seing privé contresigné par les avocats de chacune des parties ou par l'avocat de toutes les parties fait pleine foi de l'écriture et de la signature de celles-ci tant à leur égard qu'à celui de leurs héritiers ou ayants cause. La procédure de faux prévue par le Code de procédure civile lui est applicable.* » Art. 66-3-3 : « *L'acte contresigné par avocat est, sauf disposition dérogeant expressément au présent article, dispensé de toute mention manuscrite exigée par la loi.* »

Au jour où ces lignes sont écrites, nul ne sait quel sera le sort de ce projet de loi, très ***critiqué par les autres professions du droit qui risquent de perdre leur part du marché de la consultation et de la rédaction des actes privés***. *Pour comprendre leur inquiétude*, il faut rappeler que tout un chacun peut, aujourd'hui, conclure un acte sous seing privé sans avoir recours nécessairement à un professionnel du droit, en particulier grâce à l'utilisation de formulaires disponibles dans le commerce terrestre ou en ligne. Cependant, il est toujours loisible aux particuliers et aux entreprises, qui veulent être éclairés et rassurés sur la régularité et la portée de leurs engagements, de recourir à un professionnel du droit, comme un avocat, un notaire, un juriste d'entreprise salarié (plus de 5000), un expert-comptable (plus de 18000), ou un huissier de justice (chaque année, 3300 huissiers donnent 5 millions de consultations).

Au niveau du droit, ***le seul intérêt de l'APCA tient à sa force probatoire***. Actuellement, l'écriture et la signature d'un acte sous seing privé ne font foi que si la partie à laquelle on l'oppose avoue, c'est-à-dire reconnaît son écriture ou sa signature. Dans le cas où elle désavoue formellement son écriture ou sa signature, autrement dit affirme qu'il s'agit d'un faux, l'acte perd provisoirement toute valeur probante, et il convient de mettre en œuvre la procédure de vérification d'écritures (C. proc. civ., art. 287 à 302). En revanche, ***l'écriture et la signature d'un APCA auront pleine foi jusqu'à la procédure d'inscription de faux***, exactement comme si elles avaient été authentifiées par un notaire. L'une ou l'autre des parties ne pourront donc plus contester leur écriture ou leur signature, sauf à engager cette procédure.

Sous cette réserve, ***l'APCA n'apportera rien de nouveau en ce qui concerne le devoir de conseil et la responsabilité de l'avocat à l'égard des parties***. Certes, le projet d'article 66-3-1 énonce que l'APCA préconstituerait la preuve du devoir de conseil de l'avocat. Mais il ne fait que rappeler la jurisprudence pour qui l'avocat rédacteur d'un acte sous seing privé, comme tout professionnel du droit, est tenu d'un devoir de conseil constitué par l'obligation d'informer et d'éclairer les parties à la convention sur les conséquences juridiques des actes qu'elles souscrivent (Civ. 1re, 27 nov. 2008 : *Bull.* n° 267).

L'APCA aura ***une moindre efficacité qu'un acte authentique***. D'abord, il ne saurait avoir force exécutoire. En effet, la force exécutoire d'un acte ne peut être conférée que par l'État et ses délégataires. C'est ainsi que les notaires, investis d'une confiance particulière de l'État depuis une loi du 25 Ventôse An XI (16 mars 1803), peuvent apposer la formule exécutoire sur les actes, et donc délivrer des copies exécutoires (voir *infra* n° 1129). Tel n'est pas le cas des avocats. Ensuite, l'APCA n'aura jamais les mêmes garanties que l'acte authentique en ce qui concerne la date certaine. Un acte authentique a date certaine dès sa rédaction, à l'égard des tiers et des parties (voir *infra* n° 1134). En revanche, faute d'avoir été constatée par un officier public, ***la date certaine de l'APCA ne sera pas celle de la rédaction de l'acte***. En principe, il devrait s'agir de la date postérieure de l'accomplissement de la formalité de l'enregistrement de l'acte (C. civ., art. 1828 ; voir *infra* n° 1155). Enfin, ***aucune garantie n'est envisagée en ce qui concerne les modalités de conservation de l'APCA***. Dans le cas de l'acte authentique notarié, en principe, un seul et unique original ou minute est établi et reste déposé à l'office (voir *infra* n° 1129). En revanche, les actes sous seing privé qui contiennent des conventions synallagmatiques sont soumis à la formalité dite du double (C. civ., art. 1325). Il est donc établi autant d'originaux que de parties à l'acte. La question est alors de déterminer quel sera le régime de l'APCA : un original unique signé de l'avocat ou autant d'originaux que de parties ? Si un seul acte privé est établi et signé par l'avocat, qui va se charger de sa conservation ? S'il est établi sous forme électronique, quelles seront ses modalités de sécurité ?

3. La compétence territoriale

1127. La troisième condition posée par l'article 1317 tient à la compétence territoriale de l'officier public. Cela signifie qu'il ne peut exercer ses attributions que dans une circonscription géographique limitée. Par exemple, le maire de Versailles ne peut instrumenter que dans sa ville. S'il passait outre, l'acte se trouverait entaché d'une nullité d'ordre public. En revanche, le notaire bénéficie pour la plupart des actes qu'il dresse d'une compétence nationale (art. 8 du décret n° 71-942 du 26 nov. 1971, mod. par le décret n° 2005-311 du 25 mars 2005).

4. Le respect des formalités

1128. Solennités requises. La dernière condition posée par l'article 1317 tient aux formalités exigées par la loi pour conférer l'authenticité à un acte. La signature de l'officier public est une condition commune à tous les actes authentiques. C'est pourquoi l'article 1316-4, alinéa 1er du Code civil énonce que l'apposition de la signature par un officier public confère l'authenticité à l'acte.

Les autres conditions de solennité sont fixées par les statuts propres à chaque espèce d'acte authentique. Par exemple, le décret du 26 novembre 1971, modifié en 2005, précise que l'acte notarié doit énoncer le nom et le domicile du notaire, ceux des parties et, le cas échéant, des témoins. Il porte mention qu'il a été lu par les parties ou que lecture leur en a été donnée. La date et les sommes concernées doivent être énoncées en lettres. Le notaire, les parties et les témoins doivent signer l'acte et même parapher chacune de ses feuilles, etc.

1129. Conservation et communication des actes notariés. L'acte authentique dressé par un notaire est souvent dénommé acte notarié ou acte notarial. Il se présente sous plusieurs formes.

Premièrement, *l'original ou minute*, qui reste déposé à l'office notarial (le *minutier* désigne le lieu où sont conservées les minutes). Pour des raisons de commodité, les actes de moindre importance, désignés par la loi, telles les procurations et les quittances, peuvent être dressés en *brevet*. Dans ce cas, l'original est remis à l'intéressé, le notaire n'en conservant pas trace.

Deuxièmement, les *copies* de l'acte. Elles peuvent se présenter sous trois formes :

– d'une part, la *première expédition ou grosse*, qui est la copie intégrale de la minute, revêtue de la formule exécutoire. Cette formule, identique à celle apposée sur la grosse des décisions de justice, permet au bénéficiaire de l'acte de requérir la force publique afin qu'il soit exécuté, sans être obligé d'obtenir un jugement. En effet, dans la mesure où le notaire est un officier public, il offre une grande garantie de sécurité et d'exactitude. Aussi, dès lors qu'il constate par acte authentique l'existence et le montant d'une créance, il n'est plus nécessaire d'obliger le créancier à saisir un tribunal pour obtenir un jugement constatant la créance et revêtu par le greffier de la formule exécutoire ;

– d'autre part, l'*expédition* qui est une copie intégrale de l'acte, sans la formule exécutoire.

Enfin, l'*extrait*, qui est une copie partielle de l'originale.

1130. Dématérialisation des actes notariés. Chaque année, les notaires établissent plus de 4 millions d'actes authentiques, souvent de plusieurs dizaines de pages, dont chacune doit être paraphée par lui, ainsi que par les parties et les témoins éventuels. Ils doivent conserver tous ces actes pendant près d'un siècle avant de les verser aux archives publiques. Le notariat a donc dû s'adapter à la révolution numérique.

Le nouvel article 1316-1 du Code civil, issu de la loi précitée du 13 mars 2000, a donné la possibilité d'établir l'acte authentique sur support électronique, sous réserve que puisse être dûment identifiée la personne dont il émane et qu'il soit établi et conservé dans des conditions de nature à en garantir l'intégrité (voir *supra* n° 1116). Un décret n° 2005-973 du 10 août 2005 a précisé les conditions de réception de l'acte authentique sur support électronique.

Aujourd'hui, chaque notaire dispose d'une « clé REAL » (du nom de la société Real not, filiale du groupe ADSN, prestataire de services de certification électronique), assortie d'un accès sécurisé au moyen d'un code spécifique. Cette clé, qui contient les éléments d'identification du notaire et sa signature, garantit l'authenticité de la signature électronique du notaire. Pour signer, le notaire insère sa clé dans le port USB de son ordinateur. Son utilisation par le notaire est sécurisée grâce à un code PIN (*Personal Identity Number*, numéro d'identification personnel, qui est un nombre de quatre chiffres). Quant aux parties à l'acte, elles utilisent un signet électronique afin d'apposer leur signature sur une « tablette LCD signature ». Lors de l'écriture sur l'écran, un capteur enregistre diverses informations biométriques rendant improbable une contrefaçon (ex. : pression, rythme et vitesse d'écriture). Enfin, l'archivage des AASSE est effectué au sein d'un minutier central électronique (Micen), qui les conserve pendant au moins 75 ans avant de les verser aux archives départementales. Le notaire rédacteur de l'acte y bénéficie d'un accès exclusif, selon des procédures de sécurité et de confidentialité très élevées.

B. La force probante

1131. Pleine foi de l'existence de l'acte. Dans la mesure où l'acte est authentifié par un officier public, il a une force probante exceptionnelle (au sens étymologique du terme, *authentique* exprime une autorité qui ne peut être mise en doute). C'est ainsi que l'article 1319, alinéa 1er du Code civil dispose que : « L'acte authentique fait pleine foi de la convention qu'il renferme entre les parties contractantes et leurs héritiers ou ayants cause. » L'acte authentique va donc s'imposer au juge qui ne dispose d'aucun pouvoir d'appréciation. En effet, il ne faut pas s'arrêter à la rédaction maladroite de ce texte qui n'évoque la force probante de l'acte qu'à l'égard des seules parties.

Cette force probante exceptionnelle produit effet à l'égard des parties et des tiers, et elle s'impose en tant que telle au juge. En outre, la loi du 13 mars 2000 a précisé que « l'écrit sur support électronique a la même force probante que l'écrit sur support papier » (C. civ., art. 1316, al. 3).

1132. Énonciations de l'acte. Toutefois, il convient d'opérer une distinction en ce qui concerne les énonciations de l'acte.

1133. D'une part, les *mentions de l'acte qui ont été constatées personnellement par l'officier public*, comme la présence des parties, l'indication de la date de l'acte, ou la teneur des déclarations qu'il a recueillies. Ces mentions ont une valeur probante remarquable, dans la mesure où elles font foi jusqu'à inscription de faux (C. civ., art. 1319, al. 2).

Cette procédure consiste pour l'adversaire à mettre en cause l'honnêteté de l'officier public qui a rédigé l'acte. Une telle procédure est longue, coûteuse et dangereuse, car si le demandeur perd son procès il sera condamné à des dommages et intérêts, ainsi qu'à une amende (C. proc. civ., art. 305). En outre, dès lors que la procédure d'inscription de faux est mise en œuvre, aucun autre moyen de contestation de l'authenticité de la signature et des énonciations constatées personnellement par l'officier public n'est recevable (Civ. 1re, 11 juin 2003, *Bull.* no 139).

1134. Date certaine *erga omnes*. En application de ces règles, l'acte authentique notarié a date certaine dès sa rédaction, tant à l'égard des tiers qu'à l'égard des parties. Ce régime diffère donc de celui de l'acte sous seing privé. En effet, à l'égard des tiers, la date certaine de l'acte sous seing privé n'est pas celle de la rédaction de l'acte, mais en général celle de l'accomplissement d'une formalité postérieure dite de l'enregistrement de l'acte par un fonctionnaire de l'administration de l'Économie et des Finances (voir *infra* no 1155).

1135. D'autre part, les *mentions de l'acte qui n'ont pas été constatées personnellement par l'officier public*. Il en est ainsi, par exemple, des déclarations de l'une ou l'autre des parties quant à la surface de l'appartement vendu, la réalité de la reconnaissance d'un enfant naturel, etc. (en pratique, pour souligner qu'un paiement évoqué à propos d'une opération juridique constatée dans l'acte authentique ne résulte que des déclarations des parties, le notaire précise que ledit paiement a eu lieu «*hors de la vue et de la comptabilité du notaire*»).

Ces mentions ont une force probante moins importante, car elles ne mettent pas en cause l'officier public lui-même. C'est la raison pour laquelle elles font foi jusqu'à preuve contraire (Civ. 1re, 13 mai 1986, *Bull.* no 122; Civ. 1re, 11 mars 2009, no 07-20132). L'adversaire peut donc essayer de rapporter la preuve de leur inexactitude, selon les règles du droit commun.

§ 2. Les actes sous seing privé

1136. Définition. L'acte sous seing privé (ASSP) est un acte rédigé par les parties et signé par elles, sans l'intervention d'un officier public. Aussi, lorsqu'un acte authentique est irrégulier, au motif qu'il manquerait la signature du notaire, il peut quand même valoir à titre d'ASSP s'il comporte au moins la signature des particuliers (C. civ., art. 1318 : «*L'acte qui n'est point authentique par l'incompétence ou l'incapacité de l'officier, ou par un défaut de forme, vaut comme écriture privée, s'il a été signé des parties*»).

A. Les conditions d'existence

1137. Plan. La seule condition de forme qui est exigée tient à la signature (le seing) des parties (1). Toutefois, des règles plus sévères peuvent gouverner certains actes sous seing privé (2).

1. La signature des parties

1138. Seing (du latin *signum*). Une seule et unique condition est nécessaire à la validité des ASSP, en l'absence de législations particulières. Il s'agit de la signature des parties à l'acte (Civ. 1re, 21 févr. 2006 : *Bull.* no 93). Aucune autre condition de forme n'est exigée, comme l'indication du nom des parties ou la mention de la date de l'acte. Quant à la formule «lu et approuvé», elle est dépourvue de toute portée juridique (Civ. 1re, 27 janvier 1993, *Bull.* no 39; Civ. 1re, 30 oct. 2008, no 07-20001).

1139. Blanc-seing. En somme, un ASSP peut se trouver réduit à une simple signature sur une page blanche. Il est qualifié de *blanc-seing,* lequel fait foi en tant que tel et engage son auteur (Com., 28 févr. 2006, no 04-17204 : *Bull.* no 54). Tout au plus, les abus de blanc-seing sont punis, dès lors que le porteur du papier signé en profite pour inscrire frauduleusement au-dessus de la signature une quittance ou une obligation. L'incrimination de l'abus de blanc-seing de l'article 407 de l'ancien Code pénal n'ayant pas été reprise dans le nouveau Code pénal, entré en vigueur en 1994, l'auteur de tels faits est passible, selon les cas, de deux autres incriminations : l'abus de confiance (Crim., 21 sept. 1994, *Bull.* no 300), et le faux en écriture (Crim., 20 juin 1996, *Bull.* no 269).

1140. Forme. Jusqu'à la réforme du 13 mars 2000, la signature devait être manuscrite. Aussi les juges écartaient-ils les simples croix portées sur l'acte par des personnes ne sachant pas écrire (Civ. 1re, 15 juill. 1957, *Bull.* no 331), les empreintes digitales (Civ., 15 mai 1934, *DP*

1934. 1. 113), ou les signatures reproduites sur un tampon, à moins qu'elles n'aient été autorisées par une législation spéciale (Req., 11 mai 1915, *DP* 1916. 1. 11). Quant à la signature informatique, souvent sous l'expression d'un code confidentiel chiffré, la Cour de cassation refusait de l'assimiler à un acte sous seing privé (Civ. 1re, 8 nov. 1989, *D.* 1990. 369, note Gavalda).

Désormais, le nouvel article 1316-4, alinéa 2 du Code civil reconnaît aussi bien la signature manuscrite que la signature électronique. Aux termes de ce texte, la signature électronique « consiste en l'usage d'un procédé fiable d'identification garantissant son lien avec l'acte auquel elle s'attache ». Le même texte précise que « la fiabilité de ce procédé est présumée jusqu'à preuve contraire, lorsque la signature électronique est créée, l'identité du signataire assurée, et l'intégrité de l'acte garantie dans des conditions fixées par décret en Conseil d'État ». Ces conditions ont été fixées par un décret n° 2001-272 du 30 mars 2001, plusieurs fois modifié, qui distingue la signature électronique simple et la signature électronique sécurisée bénéficiant seule de la présomption de fiabilité.

1141. Signature électronique sécurisée (SEE). La fiabilité de la signature électronique sécurisée repose sur deux conditions (Décr. 30 mars 2002, art. 1er, 2). D'une part, la signature doit être créée grâce à un dispositif qui garantit qu'elle est propre au signataire, que ce dernier en a l'accès exclusif, et qu'elle ne peut être utilisée ou falsifiée par des tiers. D'autre part, ce procédé conçu par le constructeur ou l'éditeur du logiciel doit avoir obtenu un certificat électronique délivré, après une procédure d'évaluation, par un organisme de certification agréé par le ministère de l'Économie et des Finances.

La SEE repose sur un procédé de cryptologie asymétrique qui permet de rendre un texte inintelligible, préalablement à son émission, à charge pour le destinataire de le déchiffrer en le restituant dans son état initial. En général, chaque utilisateur dispose de deux clés constituées d'une série de nombres. D'une part, une clé privée ou secrète de cryptage qu'il conserve. Cette clé permet de chiffrer le texte ou le contrat et de créer une signature. D'autre part, une clé publique qui permet au destinataire du texte de vérifier la signature électronique de l'auteur du texte et de le décrypter. Pour garantir l'auteur du texte et/ou son destinataire contre les falsifications du texte initial et autres usurpations d'identité et de signature, en particulier sur l'Internet, il est fait appel à une autorité morale tierce chargée de délivrer un certificat, le prestataire de service de certification (PCS). Ce certificat électronique permet de garantir le lien entre l'utilisateur et son identité virtuelle, exprimée par sa signature électronique, ainsi que la correspondance entre la clé privée et la clé publique. Souvent encore, le tiers prestataire est chargé de conserver les textes et contrats électroniques pour en faciliter la preuve en justice (pour les actes notariés électroniques : voir *supra* n° 1130).

2. *Les formalités particulières*

1142. De très nombreuses lois particulières exigent d'autres conditions de forme que celles tenant à la signature des parties. Il en est ainsi en matière de baux, d'assurance, de crédit, etc.

Toutefois, ce qui nous intéresse ici, c'est l'examen de dispositions qui figurent dans le Code civil sous la rubrique : « De l'acte sous seing privé » (art. 1322 et s.). Ces dispositions s'attachent non pas à un contrat déterminé, mais à des catégories beaucoup plus larges.

Plan. Il s'agit de la formalité dite du double de l'article 1325 du Code civil pour les contrats synallagmatiques (a), et d'une autre formalité organisée par l'article 1326 du Code civil pour certains contrats unilatéraux (b).

a. La formalité de l'article 1325 du Code civil

1143. Formalité du double. L'article 1325 concerne « les actes sous seing privé qui contiennent des conventions synallagmatiques ». Son domaine d'application est donc considérable, puisque les conventions synallagmatiques sont toutes celles pour lesquelles chacune des parties contractantes s'engage envers l'autre (ex. : vente, bail, mandat...).

Pour ces conventions, l'article 1325 exige qu'il soit établi autant d'originaux que de parties. C'est ce que l'on appelle la formalité du « double » (ou du triple, etc.). Le nombre d'originaux établis est indiqué sur chacun d'eux. Tout au plus, l'alinéa 2 de l'article 1325 admet qu'un seul original soit établi, à condition de le déposer entre les mains d'un tiers qui pourra le produire à la requête de chacune des parties.

Par ailleurs, l'exigence d'une pluralité d'originaux est réputée satisfaite pour les contrats sous forme électronique, lorsque chaque partie dispose d'un exemplaire ou y a accès (C. civ., art. 1325, al. 4).

1144. Sanction. À défaut du respect de la formalité du double, l'écrit est dépourvu de valeur en tant qu'ASSP. C'est donc l'*instrumentum* qui est atteint dans sa force probante. En revanche, l'omission de la formalité reste sans influence sur la validité de la convention elle-même, autrement dit le *negotium* (Civ. 3e, 13 février 1991, *Bull.* n° 58). La preuve de celle-ci sera si ce n'est impossible, du moins très difficile à établir. Certes, il existe d'autres modes de preuve que l'écrit, comme les témoignages ou les présomptions de fait, mais leur force probante est souvent moins importante que celle de l'écrit. De plus, il n'est pas toujours possible d'y recourir, spécialement s'il s'agit d'un acte juridique civil d'un montant supérieur à 1 500 euros, à moins qu'il n'existe un commencement de preuve par écrit (voir *infra* n° 1165).

b. La formalité de l'article 1326 du Code civil

1145. Aux termes de l'article 1326 du Code civil : « L'acte juridique par lequel une seule partie s'engage envers une autre à lui payer une somme d'argent ou à lui livrer un bien fongible doit être constaté dans un titre qui comporte la signature de celui qui a souscrit cet engagement ainsi que la mention écrite, par lui-même, de la somme ou de la quantité en toutes lettres et en chiffres. »

1146. Choses fongibles. Des choses fongibles ou de genre sont des choses qui sont simplement déterminées par leur nombre, leur volume ou leur quantité. Elles peuvent être employées indifféremment pour exécuter l'obligation. Par exemple, une commande de dix tonnes de fourrage ou de plusieurs quintaux de blé est rarement individualisée. Peu importe ce qui sera livré, dès lors que la mesure est celle qui était convenue.

1147. Contrats unilatéraux. La formalité de l'article 1326 est étrangère aux contrats synallagmatiques. Cette formalité n'intéresse que les contrats unilatéraux, c'est-à-dire ceux qui n'entraînent d'obligations qu'à la charge de l'une des parties, comme le cautionnement, la donation ou le prêt (Civ. 1re, 17 nov. 1999, *Bull.* n° 309). En outre, elle ne s'applique pas lorsqu'il s'agit de prouver des actes de commerce à l'égard de commerçants. En effet, selon l'article L. 110-3 du Code de commerce, ces actes de commerce peuvent se prouver par tous moyens à moins qu'il n'en soit autrement disposé par la loi.

Dans son domaine, l'article 1326 impose que l'acte soit signé par celui qui s'oblige, et qu'il comporte « la mention écrite par lui-même de la somme ou de la quantité en toutes lettres et en chiffres ». À défaut de la signature ou de la mention écrite par le débiteur, l'acte ne peut servir comme moyen de preuve (il peut éventuellement servir de commencement de preuve par écrit : voir *infra* n° 1161). Cependant, le contrat unilatéral n'en restera pas moins valable puisque la formalité prescrite par l'article 1326 est seulement exigée à titre de preuve. Il en irait autrement si la formalité était exigée à titre de validité en application de lois particulières.

1148. Cautionnement. L'exemple le plus topique est celui du contrat de cautionnement conclu par acte sous seing privé entre une caution personne physique et un créancier professionnel, comme une banque. Dans ce cas, l'article L. 341-2 du Code de la consommation exige, à peine de nullité de l'engagement de caution, une mention manuscrite au contenu prédéterminé (« *En me portant caution de X..., dans la limite de la somme de... couvrant le paiement du principal, des intérêts et, le cas échéant, des pénalités ou intérêts de retard et pour la durée de..., je m'engage à rembourser au prêteur les sommes dues sur mes revenus et mes biens si X... n'y satisfait pas lui-même* »). En revanche, restent régis par l'article 1326 du Code civil, les cautionnements donnés par des personnes morales non commerçantes, ceux donnés au profit de créanciers non professionnels, et ceux donnés pour la garantie des obligations autres qu'un prêt.

1149. Mention dactylographiée de la somme due. La loi du 13 mars 2000 a supprimé l'exigence, formulée par l'article 1326 du Code civil, d'une mention écrite de la main même du débiteur, c'est-à-dire d'une mention manuscrite (précédente rédaction : « *de sa main* »). Désormais, il est simplement exigé que la mention par laquelle le débiteur s'engage à payer une somme d'argent soit « *apposée par lui-même* ». Cette modification permet d'ouvrir la règle de l'article 1326 à l'écrit électronique.

1150. Difficultés. Nul ne s'est vraiment préoccupé d'apprécier la portée de la réforme à l'égard d'un écrit sur support papier. Concrètement, pour servir de preuve conformément à l'article 1326, la mention de la somme due, stipulée dans une reconnaissance de dette signée du débiteur, doit-elle être manuscrite ou, au contraire, peut-elle être simplement dactylographiée ?

Pour la Cour de cassation, la mention du montant de la dette peut désormais être dactylographiée, sous réserve qu'un procédé permette de s'assurer qu'elle émane bien du signataire de l'acte (Civ. 1re, 13 mars 2008, n° 06-17534 : *Bull.* n° 73). Cette réserve est destinée à protéger le signataire d'une reconnaissance de dette contre une falsification de l'acte par le créancier qui serait tenté d'inscrire une somme supérieure, surtout s'il était en possession d'un blanc-seing. C'était d'ailleurs la raison d'être de l'ancienne exigence de la mention manuscrite de l'article 1326 du Code civil. Il suffisait de procéder à une analyse graphologique pour déjouer la manœuvre frauduleuse du créancier. Malheureusement, en passant de la mention manuscrite à la mention dactylographiée on ne voit pas comment une expertise peut établir que la personne qui a signé une reconnaissance de dette sur un support papier est celle qui a tapé son montant sur un clavier d'ordinateur !

B. La force probante

1151. Texte. Dès lors qu'il a été régulièrement établi, « l'acte sous seing privé, reconnu par celui auquel on l'oppose, ou légalement tenu pour reconnu, a, entre ceux qui l'ont souscrit et entre leurs héritiers et ayants cause, la même foi que l'acte authentique » (C. civ., art. 1322). Cette disposition ne doit pas être prise au pied de la lettre. La force probante d'un ASSP est moindre que celle d'un acte authentique. Alors qu'un acte authentique fait foi jusqu'à inscription de faux et a date certaine *erga omnes* dès sa rédaction, en principe, l'ASSP fait foi jusqu'à preuve contraire et il n'acquiert date certaine qu'en vertu d'une formalité postérieure à sa rédaction.

Plus précisément, la force probante de l'ASSP est susceptible de degrés. C'est ainsi qu'il convient de distinguer la force probante, d'une part de la signature et de l'écriture de l'acte, d'autre part de ses énonciations, enfin de sa date.

1152. Écriture et signature. La force probante de l'écriture et de la signature de l'ASSP est moindre que celle attachée à un acte authentique, faute d'avoir été constatées par un officier public.

Dans cette occurrence, l'article 1323 du Code civil énonce que l'ASSP ne peut faire foi que si la partie à laquelle on l'oppose avoue, c'est-à-dire reconnaît son écriture ou sa signature.

Au contraire, si cette personne désavoue formellement son écriture ou sa signature, autrement dit affirme qu'il s'agit d'un faux, l'acte perd provisoirement toute valeur probante. Dans ce cas, l'article 1324 du Code civil organise une procédure judiciaire de vérification d'écritures que l'adversaire doit mettre en œuvre (voir aussi : C. proc. civ., art. 287 à 302). Le plus souvent, pour régler ce genre d'incidents, le tribunal ordonnera des mesures d'instruction, spécialement en désignant des experts en graphologie, à moins qu'il ne procède lui-même à l'examen de l'écrit litigieux (Civ. 1re, 20 février 2007, *Bull.* n° 76). Si la signature et l'écriture sont reconnues par le tribunal, l'acte pourra valoir comme preuve, et il aura la même foi que l'acte authentique. Dans le cas contraire, il sera dénué de toute force probante (Civ. 1re, 13 oct. 1992 : *Bull.* n° 253).

1153. Écrit et signature électroniques. Si la loi du 13 mars 2000 a fait œuvre de modernisation en assimilant l'écrit électronique à l'écrit papier, elle n'a pas modifié pour autant le régime de la preuve littérale des ASSP. Dès lors que l'écrit et la signature électroniques sont sécurisés, ils ont la même force probante que l'écrit sur support papier (C. civ., art. 1316-1), ou que la signature manuscrite (C. civ., art. 1316-4, al. 4). Ils font donc foi entre les parties à l'acte jusqu'à preuve contraire. À cet effet, de nouvelles dispositions ont été introduites dans le Code de procédure civile en matière de vérification d'écriture. D'une part, si la dénégation ou le refus de reconnaissance porte sur un écrit ou une signature électroniques, le juge doit vérifier que les conditions, exigées par les articles 1316-1 et 1316-4 pour la validité de l'écrit et de la signature électroniques, sont satisfaites (C. proc. civ., art. 287, al. 2). D'autre part, lorsque le juge est confronté à une signature électronique présumée fiable, il dispose d'un pouvoir d'appréciation pour dire si les éléments dont il dispose justifient le renversement de la présomption de fiabilité (C. proc. civ., art. 288-1).

1154. Énonciations. Si personne ne conteste les énonciations de l'ASSP, qu'il s'agisse d'une partie ou d'un tiers, ces énonciations s'imposent au juge. Seulement, la personne à qui ces mentions sont opposées peut toujours prouver qu'elles ne correspondent pas à la réalité. En effet, à son égard, les mentions ne font foi que jusqu'à preuve contraire. Si cette personne conteste les énonciations, il faudra éventuellement tenir compte de l'article 1341 du Code civil, qui interdit de prouver par témoins « contre et outre le contenu aux actes » (voir *infra* n° 1165). Cela signifie qu'un écrit est nécessaire pour prouver l'inexactitude du contenu de cet acte écrit.

1155. Date. L'article 1328 du Code civil définit méticuleusement la force probante de la date de l'ASSP.

D'une part, dans les rapports entre les parties à l'acte, la date fait foi, comme les autres mentions, jusqu'à preuve contraire.

D'autre part, vis-à-vis des tiers, la date de l'acte ne leur est opposable qu'à la condition d'être certaine. Trois circonstances permettent à un ASSP d'acquérir date certaine. D'abord, le décès de l'un de ceux qui ont souscrit l'acte. Dans cette hypothèse, la date certaine est celle du décès, dans la mesure où il n'y a plus de possibilité de rédaction postérieure. Ensuite, la mention de l'ASSP dans un acte authentique, la date retenue étant celle de l'acte authentique. Enfin, l'enregistrement de l'acte auprès du bureau d'enregistrement compétent qui dépend du ministère de l'Économie et des Finances (à cette occasion des droits sont dus au Trésor public). Dans ce dernier cas, la date retenue est celle de l'accomplissement de la formalité, c'est-à-dire de l'inscription de l'acte sur un registre public par un fonctionnaire public (le mot enregistrement est dérivé du mot registre).

À défaut de l'un ou l'autre de ces procédés, la date de l'ASSP n'étant pas certaine, tout se passera pour les tiers comme si l'acte n'avait pas eu lieu : l'acte leur est inopposable. En somme, pour les tiers, l'état du droit reste ce qu'il était avant la convention.

Sous-section II Les preuves constituées *a posteriori*

1156. Lorsque le demandeur n'a pu se réserver, à l'avance, une preuve écrite de son droit, il cherchera à en établir d'autres, une fois son droit contesté.

Ces moyens de preuve, sont au nombre de quatre. Les plus courants sont les témoignages et les présomptions de fait, les plus rares l'aveu et le serment.

1157. Preuve testimoniale. La preuve par témoins résulte des déclarations (témoignages) des personnes (témoins), qui relatent ce qu'elles ont vu ou entendu. Ces témoignages peuvent être écrits ou oraux. Le plus souvent, les témoins sont entendus au cours d'une enquête ordonnée par le tribunal (C. proc. civ., art. 204).

La force probante des témoignages est moindre que celle attachée à l'écrit. En effet, les juges du fond ont un pouvoir souverain pour apprécier la pertinence des témoignages qui leur sont soumis (Civ. 2e, 18 janv. 1984, *Bull.* no 8). Ils ne sont donc pas liés par les témoignages proposés. Cette règle est normale : d'une part, il s'agit d'une question de fait, d'autre part, les témoins, même de bonne foi, déforment souvent la réalité.

1158. Ancien Droit. La force probante des témoignages était fort différente sous l'Ancien Régime. Jusqu'aux alentours du XVIe siècle, il était un principe selon lequel : « Témoins passent lettres. » Il est vrai que l'écriture était peu répandue, et même suspecte. On disait encore que la *vox viva* des témoins était préférable à la *vox mortua* des actes écrits. Par la suite, le principe s'est inversé et l'adage est devenu : « Lettres passent témoins. »

De plus, contrairement à l'Ancien Droit, la valeur probante de la commune renommée est aujourd'hui quasiment nulle. Il s'agit pour une personne de rapporter les on-dit, c'est-à-dire les rumeurs de seconde ou troisième main qui circulent et dont elle ne connaît souvent pas l'origine.

1159. Présomptions de fait. Les présomptions de fait, encore appelées *présomptions du fait de l'homme*, qu'il faut se garder de confondre avec les présomptions légales (voir *supra* no 1089), sont définies par l'article 1349 du Code civil. Il s'agit « des conséquences [...] que le magistrat tire d'un fait connu à un fait inconnu ». Autrement dit, à partir de la constatation de certains indices ou circonstances établies, le juge va forger son intime conviction quant à l'existence d'un ou plusieurs faits litigieux. C'est donc un mode de raisonnement qui permet au juge de présumer l'existence de faits inconnus. Par exemple, à partir d'une facture, d'une lettre non signée, ou des résultats d'une expertise, le juge va induire l'existence d'une obligation de remboursement d'une dette.

La force probante des présomptions de fait est faible. N'étant pas un mode de preuve scientifique, le juge dispose d'un pouvoir souverain d'appréciation (Civ. 1re, 1er juin 1954, *D.* 1954. 589). Il peut donc les écarter s'il n'est pas convaincu, ou les retenir si elles lui paraissent déterminantes.

De plus, l'article 1353 du Code civil exprime des réserves à l'égard des présomptions de fait. D'abord, en précisant qu'elles « sont abandonnées aux lumières et à la prudence du magistrat ». Ensuite, en invitant le magistrat à ne les retenir que si elles sont « graves, précises et concordantes ». Néanmoins, les juges oublient souvent cette restriction, et ils n'hésitent pas à former leur intime conviction à partir d'une présomption unique, dès lors qu'elle leur paraît être déterminante (Civ. 3e, 12 avril 1972, *Bull.*, no 218).

1160. Loyauté de la preuve : enregistrement et SMS. Certains procédés de preuve peuvent être déclarés irrecevables en justice en raison de leur déloyauté sur des fondements les plus divers, comme l'article 9 du Code civil relatif au respect de la vie privée ; l'article 9 du Code de procédure civile relatif aux faits nécessaires à la solution du litige ; l'article 6 de la Conv. EDH qui définit le droit à un procès équitable, ou l'article 226-1 du Code pénal qui réprime des atteintes à la vie privée, en particulier par des enregistrements d'une personne sans son consentement.

C'est ainsi qu'ont été écartés du procès civil des **enregistrements de conversations téléphoniques** réalisés par une partie à l'insu de l'auteur des propos tenus (Civ. 2e, 7 oct. 2004 : *Bull.* no 447 ; Com., 3 juin 2008, no 07-17147), y compris dans le cadre de l'entreprise (Soc., 14 mars 2000 : *Bull.* no 101, pour qui ce mode de preuve n'est valable que si les salariés ont été dûment avertis du recours à des écoutes téléphoniques).

En revanche, la preuve rapportée par **SMS** est admise au motif que leurs auteurs ne peuvent ignorer qu'ils sont conservés sur le téléphone du destinataire (Soc., 23 mai 2007, no 06-43209 : *Bull.* no 85). Dans les affaires de divorce, l'épouse peut produire un SMS recueilli en mettant la main sur le portable de son conjoint, à condition qu'il ait été obtenu sans violence et sans fraude (Civ. 1re, 17 juin 2009, no 07-21796, *Bull.* no 132).

On ajoutera que le procès pénal admet qu'un enregistrement subreptice puisse être utilisé par la victime d'une infraction pour en caractériser les éléments matériels (Crim., 31 janv. 2007, no 06-82383 : *Bull.* no 2).

1161. Aveu. L'aveu consiste pour une personne à reconnaître pour vrai un fait qui est allégué contre elle, c'est-à-dire un fait qui va produire contre elle des conséquences juridiques. Par exemple, une personne avoue être redevable d'une somme de 100 000 euros à celui qui la réclame. Cet aveu peut être judiciaire ou extrajudiciaire (C. civ., art. 1354).

– L'*aveu judiciaire* est fait au cours d'un procès. Un tel aveu a une force probante exceptionnelle, dans la mesure où : « Il fait pleine foi contre celui qui l'a fait » (C. civ., art. 1356, al. 2). En somme, le juge, même s'il n'est pas convaincu, doit tenir pour vrai le fait avoué. En outre, l'aveu est indivisible, en ce sens qu'un plaideur ne peut en retenir que l'un des éléments qui lui serait favorable. Par exemple, si au cours d'un procès une personne reconnaît avoir emprunté de l'argent mais ajoute qu'il a remboursé cette dette, son adversaire ne peut se prévaloir de la seule reconnaissance de la dette. L'aveu est également irrévocable ; son auteur ne pouvant le rétracter sous prétexte qu'il aurait commis une erreur de droit (C. civ., art. 1356). C'est l'exemple d'une personne qui se rend compte tardivement que son aveu l'oblige à rembourser sa dette ! En revanche, cette personne peut se rétracter en cas d'erreur de fait. Par exemple, elle avoue une dette d'argent, puis se souvient qu'elle avait entièrement remboursé cette somme.

- L'*aveu extrajudiciaire* est fait en dehors du procès relatif au droit contesté. Il peut s'agir d'un aveu effectué dans une lettre ou même oralement. Un tel aveu a une force probante faible : d'une part, il doit être lui-même prouvé (par écrit, témoignage, etc.) ; d'autre part, il ne lie aucunement le juge (Civ. 1re, 1er juillet 2001, *Bull.* no 213).

1162. Serment. Il s'agit d'un procédé de preuve encore plus rare que l'aveu. Le serment peut être décisoire ou supplétoire (C. civ., art. 1357).

- Le *serment décisoire* consiste pour un plaideur, au cours d'un procès, à déférer le serment à son adversaire, c'est-à-dire à lui demander de jurer que tel fait est exact ou inexact. La force probante est très grande, puisque si l'adversaire prête serment, le juge est lié et l'adversaire gagne le procès (C. civ., art. 1363). Toutefois, si la partie à qui le serment a été déféré refuse de prêter serment, elle perd son procès (C. civ., art. 1361). Plus curieux, elle peut référer le serment, c'est-à-dire s'en remettre au serment de celui qui le lui avait déféré (C. civ., art. 1361). Dans cette situation, on applique la règle selon laquelle celui qui prête serment gagne son procès.
- Le *serment supplétoire* est déféré par le juge. Seulement, cette fois, le juge n'est pas lié par le serment : il reste libre de sa décision. En pratique, ce serment n'est guère utilisé par le juge qui préférera ordonner une enquête ou une expertise (voir *supra* no 1108).

Section II
L'utilisation des moyens de preuve

1163. Systèmes de preuve. Il s'agit de préciser si celui à qui incombe la preuve peut utiliser un moyen de preuve quelconque ou seulement ceux déterminés par la loi. La réponse diffère selon le système de preuve retenu.

- Avec le *système de la preuve légale,* la loi détermine, avec rigueur et de manière limitative, les seuls moyens de preuve qui sont recevables, en fonction de l'objet du litige. Par exemple, elle exigera un écrit pour prouver un acte juridique, tel un contrat.
- Avec le *système de la preuve libre*, les parties peuvent utiliser tous les moyens de preuve admis par la loi. Par exemple, pour prouver les circonstances d'un accident, elles pourront faire valoir des présomptions de fait ou des témoignages.

Alors qu'en droit pénal, le système de la preuve libre prévaut, en droit civil, les deux systèmes se combinent de la manière suivante. En principe, le système de la preuve légale est applicable aux actes juridiques. Quant au système de la liberté de la preuve, il est applicable aux faits juridiques, tels que les délits et les quasi-délits.

Le bon sens. La raison d'être de ce partage se comprend aisément. Si notre droit est exigeant pour les actes juridiques, c'est qu'il est relativement facile aux parties de s'en ménager à l'avance une preuve. Il suffit, par exemple, de rédiger par écrit leur contrat. Si notre droit est moins exigeant pour les faits juridiques, c'est qu'il est presque toujours impossible aux intéressés de s'en ménager à l'avance la preuve. Un automobiliste ne peut guère se ménager à l'avance des preuves des circonstances d'un accident qui ne s'est pas encore produit, sauf à parsemer son trajet habituel de caméras ou de témoins potentiels !

Plan. Il convient de présenter le système de preuve retenu en droit civil, d'une part, pour les actes juridiques (Sous-section I), d'autre part, pour les faits juridiques (Sous-section II).

Sous-section I La preuve des actes juridiques

1164. Plan. Le principe en cette matière étant celui de la preuve légale, les actes juridiques ne peuvent se prouver que par des moyens de preuve parfaits, à savoir l'écrit, l'aveu judiciaire et le serment décisoire (§1). Toutefois, de larges exceptions permettent de recourir à des moyens de preuve imparfaits, autrement dit à tous les modes de preuve connus de notre droit, en particulier les témoignages et les présomptions (§2).

§ 1. Le principe de la preuve légale

1165. Source. L'article 1341 du Code civil détermine le moyen de preuve parfait recevable pour prouver un acte juridique : « Il doit être passé acte devant notaires ou sous signatures privées de toutes choses excédant une somme ou une valeur fixée par décret. » Cette somme est actuellement de 1 500 euros. Aussi ne peut-on prouver un acte juridique qu'au moyen d'une preuve littérale, dès lors qu'il excède une valeur de 1 500 euros. Cet écrit peut être aussi bien un acte authentique qu'un acte sous seing privé régulier en la forme.

Ce même article 1341 exige un écrit pour prouver « contre et outre le contenu aux actes », quelle que soit, cette fois, la valeur de l'acte. Prouver contre le contenu d'un acte, c'est contester l'exactitude de ses mentions. Prouver outre le contenu d'un acte, c'est vouloir ajouter quelque chose d'autre à ses mentions.

Ces deux règles formulées par l'article 1341 ne s'appliquent pas aux tiers. S'il s'agit pour eux de prouver un acte juridique auquel ils n'étaient pas parties, ils peuvent utiliser tous moyens de preuve (Civ. 1re, 9 mai 1996 : *Bull.* n° 189).

On ajoutera que les actes juridiques peuvent se prouver par deux autres moyens de preuve parfaits : l'aveu judiciaire et le serment décisoire. Ces deux moyens de preuve, qui ont une force probante exceptionnelle, permettent de suppléer l'écrit, voire de le combattre.

§ 2. L'exception de la preuve libre

1166. Dans au moins sept circonstances, la preuve de l'acte juridique est libre. Les parties peuvent donc produire n'importe quel moyen de preuve connu de notre droit. Éventuellement, elles utiliseront un moyen de preuve parfait, comme l'écrit, si elles ont la chance d'en disposer. À défaut, elles utiliseront des moyens de preuve imparfaits, comme la preuve testimoniale ou les présomptions de fait.

1167. 1re) Acte de commerce. En principe, en matière commerciale la preuve est libre. Ainsi l'article L. 110-3 du Code de commerce énonce-t-il : « À l'égard de commerçants, les actes de commerce peuvent se prouver par tous moyens à moins qu'il n'en soit disposé autrement par la loi. »

Tous les actes de commerce ne bénéficient pas de la liberté de la preuve, mais seulement ceux qui ont été conclus entre commerçants. L'exemple type est l'acquisition par un commerçant de marchandises à un grossiste ou à une entreprise commerciale afin de les revendre à des consommateurs. Même si le montant de cette opération, appelée par l'article L. 110-1 du Code de commerce « achat de biens meubles pour les revendre », s'élève à plusieurs millions d'euros, la preuve est libre. Elle pourra donc être rapportée par tous moyens, y compris par témoignages ou présomptions, à moins d'une loi spéciale en disposant autrement (ex. : l'article L. 112-3 du Code des assurances impose la preuve par écrit du contrat d'assurance, même pour un intérêt inférieur à 1 500 euros, et quelle que soit sa nature juridique : commerciale, civile ou mixte). En revanche, si une personne qui n'est pas commerçante, en fait un particulier, achète des biens meubles à un autre particulier, la preuve littérale est exigée au-delà de 1 500 euros, puisqu'il s'agit d'un contrat civil.

1168. Acte mixte. Reste le cas de l'acte mixte, commercial pour l'une des parties, et civil pour l'autre. Par exemple, le consommateur qui achète des biens chez un commerçant. Ce contrat est civil pour le consommateur, et commercial pour le commerçant. Dans ce cas, la preuve peut être faite par tous moyens par le non-commerçant contre le commerçant (Civ. 1re, 8 février 2000, *Bull.* n° 35 ; Civ. 1re, 19 juin 2008, n° 07-11032). En revanche, elle doit suivre les règles civiles lorsqu'elle est faite par le commerçant contre celui pour qui l'acte est civil, donc au moyen d'un écrit au-delà de 1 500 euros, et par tous moyens en deçà (Civ. 1re, 2 mai 2001, *Bull.* n° 208 ; Civ. 1re, 18 févr. 2009, n° 07-22076).

1169. 2e) Acte civil de moins de 1 500 euros. Cette exception nous la connaissons : elle résulte de la lecture *a contrario* des dispositions de l'article 1341 du Code civil. Si la preuve d'un acte civil d'un montant de 1 500 euros et plus doit être rapportée par écrit, elle est libre lorsque l'acte porte sur une somme inférieure à ce montant.

1170. 3e) Commencement de preuve par écrit. L'article 1347 du Code civil précise que les règles de preuve en matière civile reçoivent exception lorsqu'il existe un commencement de preuve par écrit.

Cet écrit ce n'est ni l'acte authentique, ni l'acte sous seing privé constatant l'opération juridique. En général, il s'agit d'un écrit qui, bien que non rédigé pour constater l'acte juridique, en mentionne incidemment l'existence. Il peut s'agir d'une lettre manuscrite même non signée, d'un brouillon ou d'un projet d'acte, d'une photocopie d'une reconnaissance de dette (Civ. 1re, 14 février 1995, *D.* 1995, p. 340), voire d'un chèque (Civ. 1re, 8 juin 1998 : *D.* 1999, 453). Il peut aussi s'agir d'un acte nul en la forme tel un acte sous seing privé dont la formalité du double n'aurait pas été respectée (C. civ., art. 1325). Souvent encore, il s'agit d'un écrit qui constate un engagement unilatéral de payer une somme d'argent (cautionnement et prêt, par exemple), dépourvu des mentions requises par l'article 1326 du Code civil, en particulier l'indication du montant de la somme due (Civ. 1re, 27 mai 1986, *Bull.* n° 141).

Deux conditions sont toutefois exigées par l'article 1347 du Code civil. D'une part, l'écrit doit émaner de la partie à qui on l'oppose. En somme, il correspond à une sorte de reconnaissance écrite implicite de l'adversaire, autrement dit du débiteur. D'autre part, cet écrit doit rendre vraisemblable l'existence du fait allégué. L'appréciation de cette probabilité relève du pouvoir souverain des juges du fond (Civ. 1re, 21 oct. 1997, *Bull.* no 284).

Applications. Jean écrit à Pierre : « Merci pour les 10000 euros, je te les rendrai dès mon retour à Paris. » On peut penser qu'il s'agit d'un commencement de preuve par écrit, qui rend probable l'existence d'un contrat de prêt. Mais si Jean écrit à Pierre : « Je viens d'acheter une voiture d'occasion au prix de 10000 euros. Merci et à bientôt. » Cette fois, la formule est trop équivoque pour rendre vraisemblable l'existence d'un contrat de prêt.

« Acte par écrit » par assimilation. L'article 1347, alinéa 3 du Code civil assimile à un commencement de preuve par écrit les déclarations faites par une partie lors de sa comparution personnelle, ainsi que son refus de réponse ou son absence de comparution.

Nuances jurisprudentielles. Le commencement de preuve par écrit est insuffisant en lui-même pour rapporter la preuve de l'acte juridique. En effet, il ne s'agit pas d'un mode de preuve (la doctrine est partagée : certains auteurs le citent comme un moyen de preuve imparfait). Pour la jurisprudence, comme son nom l'indique, il s'agit d'un début de preuve, qui permet de prouver l'acte juridique par tous moyens, sous réserve qu'ils soient extérieurs à l'acte lui-même, en particulier des témoignages ou des présomptions (Civ. 1re, 4 oct. 2005, *Bull.* no 361).

1171. 4e) Copie fidèle et durable. Aux termes de l'article 1348, alinéa 2 du Code civil, la preuve est libre en présence d'une copie fidèle et durable de l'acte sous seing privé dont une partie ou le dépositaire n'a pas conservé l'original.

À cet égard, est réputée durable toute reproduction indélébile de l'original qui entraîne une modification irréversible du support, tel un microfilm, un vidéo-disque, ou un fichier magnétique.

Photocopies. Une simple photocopie sur papier ne paraît pas répondre à cette condition, dans la mesure où elle est aisément falsifiable. Pourtant, la jurisprudence a évolué sur cette question. D'abord, elle a dénié toute valeur juridique à une photocopie (Com., 15 déc. 1992, *Bull.* no 419). Puis, elle a assimilé une photocopie à un commencement de preuve par écrit (Civ. 1re, 14 février 1995, préc.). Enfin, elle lui a attribué la qualification de reproduction fidèle et durable, n'hésitant pas à énoncer qu'elle faisait pleine preuve de l'existence d'un contrat dont l'original a été perdu (Civ. 1re, 25 juin 1996, *Bull.* no 270 ; 30 mai 2000 : *Bull.* no 164).

1172. 5e) Impossibilité de se procurer une preuve écrite. L'article 1348, alinéa 1er du Code civil écarte la preuve écrite lorsque l'une des parties n'a pas eu la possibilité de se procurer une preuve littérale de l'acte juridique.

Il peut s'agir d'une impossibilité matérielle, comme la perte de l'écrit à la suite d'une cause étrangère (vol, incendie, etc.), voire de l'impossibilité pour un notaire de retrouver l'original (Civ. 1re, 17 déc. 1991 : *Bull.* no 359).

Il peut encore s'agir d'une impossibilité morale de se procurer un écrit. C'est le cas, par exemple, pour un prêt d'argent entre époux, parents, ou amis très proches (Civ. 1re, 16 déc. 1997, *Bull.* no 374 ; Civ. 1re, 18 sept. 2008, no 06-21384, qui se contente « d'une relation sentimentale» ; Civ. 1re, 20 mai 2009, no 08-14761, *Bull.* no 97, qui retient «des liens de parenté et d'affection»). De même, il est difficile pour un dentiste ou un avocat d'exiger du client qu'il constate par écrit son obligation de payer les honoraires dès une première consultation (Civ. 1re, 9 mai 1996, *Bull.* no 191).

En tout état de cause, lorsque cette impossibilité matérielle ou morale est retenue, la preuve peut être faite par tous moyens.

1173. 6e) Perte du titre par force majeure. Cette hypothèse, également prévue par l'article 1348, alinéa 1er du Code civil, est quasiment identique à celle de l'impossibilité matérielle de se procurer un écrit. Toutefois, il faut se souvenir que nos tribunaux ne retiennent pas n'importe quel événement comme caractéristique de la force majeure. En général, il est exigé que cet événement soit à la fois imprévisible et irrésistible.

1174. 7e) Dol ou fraude. Lorsqu'un acte est attaqué pour dol ou fraude, ici encore la preuve est libre.

Sous-section II La preuve des faits juridiques

1175. Plan. En matière de faits juridiques, le principe est celui de la liberté de la preuve (§1). Toutefois, ce principe connaît des exceptions renvoyant au régime de la preuve légale (§2).

§ 1. Le principe de la preuve libre

1176. En matière de faits juridiques, la preuve peut être rapportée par tous moyens, notamment par des témoignages ou des présomptions (Civ., 24 déc. 1919, *DP* 1920. 1. 12). Ce principe paraît être exprimé par l'article 1348 du Code civil selon lequel : «Les règles ci-dessus (autrement dit celles de la preuve littérale des actes juridiques), reçoivent encore exception lorsque l'obligation est née d'un quasi-contrat, d'un délit ou d'un quasi-délit, etc.»

Il est vrai que l'on peut difficilement concevoir qu'un délit ou un quasi-délit puisse être prouvé par écrit. En ces matières, la preuve préconstituée est peu vraisemblable. Aussi, en cas d'accident de la circulation, la victime essayera-t-elle de prouver l'implication d'un véhicule en recourant à des témoignages spontanés ou en les sollicitant, voire à des présomptions de fait, spécialement les traces de pneus ou de peinture, etc.

1177. Preuve du paiement. En pratique, l'une des parties à un acte ou un tiers (souvent un héritier de l'une des parties ayant conclu l'acte), vont contester la réalité du paiement effectué par l'autre partie, tel qu'il est éventuellement mentionné dans l'acte constatant l'opération juridique. Dans ce cas, la charge de la preuve incombe à celui qui se prétend libéré de son obligation (C. civ., art. 1315, al. 2). Quant aux moyens de preuve admissibles, tout dépend de la nature juridique du paiement.

Traditionnellement, la jurisprudence considérait que le paiement était un acte juridique (Cass. 1re civ., 19 mars 2002 : *Bull.* no 101). Il en résultait les conséquences suivantes. Lorsque le contrat était civil entre les deux parties, la preuve littérale du paiement était exigée au-delà de 1 500 euros, et elle pouvait être rapportée par tous moyens en deçà. Autrement dit, à partir de 1 500 euros, une personne, pour prouver qu'elle avait remboursé une dette contractée à l'égard d'un tiers, ne pouvait produire des témoignages ou des présomptions de fait l'attestant. Il en était de même, en présence d'un contrat mixte, à l'égard de la partie civile. En revanche, à l'égard d'un commerçant, et, *a fortiori*, en présence d'un contrat commercial pour les deux parties, la preuve pouvait être rapportée par tous moyens, même à partir de 1 500 euros.

Cependant, la jurisprudence a abandonné cette solution traditionnelle pour admettre que le paiement constitue non plus un acte juridique, mais un fait juridique (en ce sens : Civ. 1re, 6 juill. 2004 : *Bull.* no 202). C'est la raison pour laquelle, désormais, la Cour de cassation affirme clairement que « *la preuve du paiement, qui est un fait, peut être rapportée par tous moyens* » (Civ. 1re, 30 avr. 2009, no 08-13.705, inédit). Dans cette espèce, une personne, assignée par un particulier en paiement d'une certaine somme, ce dernier détenant une reconnaissance de dette de sa part, a pu rapporter la preuve qu'elle avait déjà réglé en espèces la somme réclamée, et ce grâce aux témoignages de deux personnes présentes lors du règlement.

§ 2. L'exception de la preuve légale

1178. Dans certaines situations pour lesquelles la preuve préconstituée d'un fait juridique est possible, la loi exige un mode de preuve déterminé. Cela revient à adopter le système de la preuve légale.

1179. Actes de l'état civil. Il en est ainsi de la naissance, du mariage ou du décès d'une personne, qui sont des faits juridiques. Ils doivent être prouvés par écrit, spécialement par des actes authentiques, connus sous l'appellation d'actes de l'état civil, comme l'acte de naissance, de mariage ou de décès (C. civ., art. 46 *a contrario*).

Les actes de l'état civil sont tenus dans chaque commune par des personnes appelées « officiers d'état civil » (C. civ., art. 34 et suiv.). En principe, il s'agit du maire (voir *supra* no 783).

1180. Force probante. La force probante de ces divers actes inscrits sur les registres de l'état civil est très grande dans la mesure où il s'agit d'actes authentiques.

Concrètement, ces actes de l'état civil, auxquels on assimile, par dérogation au droit commun, les copies et extraits, font foi jusqu'à inscription de faux.

Quant aux énonciations portées sur ces actes, il convient d'opposer celles qui sont personnellement constatées par l'officier d'état civil, et celles qui ne résultent que des déclarations des intéressés, appelés comparants. Les premières font foi jusqu'à inscription de faux. Les secondes font foi jusqu'à preuve contraire.

Conclusion au droit de la preuve

1181. Caractère d'ordre privé du droit de la preuve. La jurisprudence ne confère pas nécessairement un caractère impératif aux règles qui régissent la preuve. Le droit de la preuve n'aurait donc qu'un caractère supplétif de la volonté des parties. On dit encore que les règles de preuve ont un caractère d'ordre privé.

Dans cette occurrence, la jurisprudence semble admettre la validité des conventions portant sur la preuve, qu'il s'agisse de la charge de la preuve (Com., 19 juillet 1965, *Bull.* n° 456 ; 30 oct. 2007, n° 06-19390 : *Bull.* n° 328) ; des moyens de preuve admissibles (Civ., 24 août 1880 : *S.* 1880.1.413), ou encore de leur force probante (Civ., 17 février 1838 : *S.* 1839.1.317).

Toutefois, tout le droit de la preuve n'est pas supplétif. En particulier, il n'est pas possible d'y déroger lorsque sont en cause des droits dont les intéressés ne peuvent disposer, comme l'état ou la capacité des personnes.

1182. Application aux transactions électroniques. Prenons l'exemple des contrats des porteurs de cartes bancaires, qui peuvent être utilisées pour régler des factures ou retirer de l'argent dans les appareils de distribution automatique de billets de banques (DAB), ou les guichets automatiques de banques (GAB).

Admettons qu'une personne retire plus de 1 500 euros à un distributeur ou règle au moyen de sa carte une telle somme à un commerçant. À la limite, elle pourrait contester le débit de son compte, faute pour la banque de produire un acte sous seing privé. Or, précisément les banques ont mis au point une parade au moyen de clauses insérées dans tous les contrats types. Ces clauses dérogent aux règles gouvernant les moyens de preuve. Il est généralement stipulé : « La banque apporte la preuve des opérations effectuées au moyen de la carte, et la justification de leur imputation au compte sur lequel cette carte fonctionne, au moyen des enregistrements des DAB/GAB et des terminaux électroniques ou de leur reproduction sur un support informatique, la preuve contraire peut être rapportée par tous moyens. » *A priori*, cette clause à laquelle adhère le client est valable, dès lors que l'on admet le caractère supplétif de la matière. Cette solution a d'abord été admise par la Cour de cassation (Civ. 1re, 8 nov. 1989, *Bull.* n° 342, preuve d'un ordre de paiement donné par utilisation d'une carte à puce et composition concomitante d'un code confidentiel). Aujourd'hui, elle est consacrée implicitement par la loi précitée du 13 mars 2000, qui est à l'origine de l'article 1316-2 du Code civil. Cet article, à défaut d'énoncer clairement un quelconque principe de validité des conventions en matière de preuve, en admet l'existence en ces termes : « Lorsque la loi n'a pas fixé d'autres principes, *et à défaut de convention valable entre les parties*, le juge règle les conflits de preuve littérale en déterminant par tous moyens, le titre le plus vraisemblable, quel qu'en soit le support. »

PRINCIPALES ABRÉVIATIONS

AAI	Autorité administrative indépendante
AMP	Assistance médicale à la procréation
Ass. plén.	Assemblée plénière de la Cour de cassation
ASSP	Acte sous seing privé
Bull.	*Bulletins des arrêts de la Cour de cassation*
C.	Code
C. assur.	Code des assurances
C. civ.	Code civil
C. com.	Code de commerce
C. consom.	Code de la consommation
C. constr. et habit.	Code de la construction et de l'habitation
C. fam. et aide soc.	Code de la famille et de l'aide sociale
C. gén. coll. terr.	Code général des collectivités territoriales
C. just. adm.	Code de justice administrative
C. pén.	Code pénal
C. proc. civ.	Code de procédure civile
C. proc. pén.	Code de procédure pénale
C. trav.	Code du travail
C.E.	Arrêt du Conseil d'État
CAA	Cour administrative d'appel
Chbres réun.	Chambres réunies de la Cour de cassation (ex. Ass. plén.)
Civ. 1re, 2e, 3e	Arrêt d'une chambre civile de la Cour de cassation
CJCE	Cour de justice des Communautés européennes
CJUE	Cour de justice de l'Union européenne
COJ	Code de l'organisation judiciaire
Com.	Arrêt de la chambre commerciale de la Cour de cassation
Cons. const.	Conseil constitutionnel
Conv. EDH	Convention européenne des droits de l'homme
Cour EDH	Cour européenne des droits de l'homme
CPI	Code de la propriété intellectuelle
Crim.	Arrêt de la chambre criminelle de la Cour de cassation
CSP	Code de la santé publique

D.	*Recueil Dalloz*
DC	*Recueil critique Dalloz* (1941-1944)
DP	*Recueil Dalloz*, antérieur à 1941
EIRL	Entreprise individuelle à responsabilité limitée
EPA	Établissement public à caractère administratif
EPIC	Établissement public à caractère industriel et commercial
EURL	Entreprise unipersonnelle à responsabilité limitée
G.P. ou *Gaz. Pal.*	*Gazette du Palais*
GIP	Groupement d'intérêt public
IR.	Informations rapides du recueil Dalloz
J.O.	*Journal officiel*
JCP	*Semaine juridique (Édition Générale)*, ou *Juris Classeur Périodique*
JOCE	*Journal officiel des Communautés européennes*
L.	Loi
mod.	Modifié
Ord.	Ordonnance
PFRLR	Principes fondamentaux reconnus par les lois de la République
QPC	Question prioritaire de constitutionnalité
RCS	Registre du commerce et des sociétés
Rec. ou *Rec. Lebon*	Recueil des arrêts du Conseil d'État
Rec. CJCE	Recueil de jurisprudence de la Cour de justice des Communautés européennes
Req.	Arrêt de l'ancienne chambre des requêtes de la Cour de cassation
RTD civ.	*Revue trimestrielle de Droit civil*
S.	*Recueil Sirey*
SA	Société anonyme
SARL	Société à responsabilité limitée
SAS	Société par actions simplifiée
SASU	Société par actions simplifiée unipersonnelle
SNC	Société en nom collectif
Soc.	Arrêt de la chambre sociale de la Cour de cassation
T. confl.	Tribunal des conflits
TFUE	Traité sur le fonctionnement de l'Union européenne
TGI	Tribunal de grande instance
TI	Tribunal d'instance
UE	Union européenne

BIBLIOGRAPHIE

AUBERT et SAVAUX, *Introduction au droit*, Sirey, coll. « Sirey université », 12e éd., 2008.

AUBRY et RAU, *Droit civil français*, t. I, Litec, 7e éd., 1984 par PONSARD.

BEIGNIER et BLERY, *Cours d'introduction au droit*, Montchrestien, coll. « Cours », 2e éd., 2008.

BEUDANT et LEREBOURG-PIGEONNIÈRE, *Cours de Droit civil français*, Rousseau, 2e éd., vol. I, 1934.

BUFFELAN-LANORE et LARRIBEAU-TERNEYRE, *Droit civil : première année*, Sirey, coll. « Sirey université », 16e éd., 2009.

CABRILLAC, *Introduction générale au droit privé*, Dalloz, 8e éd., 2009.

CARBONNIER, *Droit civil, Introduction,* PUF, coll. « Thémis », 27e éd., 2002.

COLIN et CAPITANT, *Cours élémentaire de droit civil français*, Dalloz, 8e éd., 1934, par JULLIOT de la MORANDIÈRE.

CORNU, *Droit civil, Introduction au droit,* Montchrestien, 13e éd., 2007.

COURBE, *Introduction générale au droit*, Dalloz, coll. « Mémentos », 11e éd., 2009.

DOUCHY, *Droit civil : première année*, Dalloz, coll. « Hypercours », 5e éd., 2009.

ENCINAS de MUNAGORRI et LHUILLIER, *Introduction au droit,* Flammarion, coll. « Champs Université », 2006.

FABRE-MAGNAN, *Introduction générale au droit*, PUF, coll. « Licence », 2009.

GEOUFFRE de la PRADELLE, *Essai d'introduction au droit français*, Érasme, 1990.

GHESTIN, GOUBEAUX et FABRE-MAGNAN, *Traité de droit civil : Introduction générale,* LGDJ, 4e éd., 1994.

LARROUMET, *Droit civil : Introduction à l'étude du droit privé*, Économica, 5e éd., 2006.

MAINGUY, *Introduction générale au droit*, Litec, 4e éd., 2008.

MALAURIE et MORVAN, *Droit civil : Introduction générale*, Defrénois, 3e éd., 2009.

MALINVAUD, *Introduction à l'étude du droit*, Litec, 12e éd., 2008.

MARTY et RAYNAUD, *Droit civil : Introduction générale à l'étude du droit*, Sirey, 2e éd., 1988.

MAZEAUD et CHABAS, *Leçons de droit civil : Introduction à l'étude du droit*, Montchrestien, 12e éd., 2000.

PETIT, *Introduction générale au droit,* PUG, 7e éd., 2008.

PLANIOL, *Traité élémentaire de droit civil,* t. I, LGDJ, 4e éd., 1906.

RICCI, *Introduction à l'étude du droit*, Hachette, coll. « Les Fondamentaux », 3e éd., 2007.

RIPERT et BOULANGER, *Traité de droit civil : Introduction générale*, LGDJ, 1956.

TERRÉ, *Introduction générale au droit*, Dalloz, 8e éd., 2009.

INDEX ALPHABÉTIQUE

Les chiffres renvoient aux paragraphes du manuel où la question est principalement examinée.

C

D

TABLE DES MATIÈRES

Deuxième partie

LES SOURCES DU DROIT OBJECTIF

Titre I

Chapitre I

Titre II

Chapitre III

Chapitre III

Achevé d'imprimer en juin 2010 par Normandie Roto Impression s.a.s., 61250 Lonrai
N° d'impression : 102164 - Dépôt légal : juin 2010 - *Imprimé en France*

IMPRIM'VERT
Votre imprimeur agit pour l'environnement